国家社会科学基金重大项目：清代巴县衙门档案整理与研究（课题号：16ZDA126）中期成果
四川省 2016 年度重点出版规划项目

清代巴县档案整理初编

清代巴县档案整理初编

司法卷·道光朝

四川省档案馆/编

西南交通大学出版社
·成都·

图书在版编目（CIP）数据

清代巴县档案整理初编. 司法卷. 道光朝 / 四川省档案馆编. —成都：西南交通大学出版社，2018.3
ISBN 978-7-5643-5578-4

Ⅰ. ①清… Ⅱ. ①四… Ⅲ. ①巴南区 – 地方史 – 历史档案 – 汇编 – 清代②司法档案 – 汇编 – 巴南区 – 清代
Ⅳ. ①K297.192②D929.49

中国版本图书馆 CIP 数据核字（2017）第 165982 号

清代巴县档案整理初编·司法卷·道光朝
Qingdai Baxian Dang'an Zhengli Chubian　Sifajuan　Daoguangchao

四川省档案馆　编

出 版 人	阳　晓
责任编辑	杨岳峰
封面设计	严春艳
出版发行	西南交通大学出版社 （四川省成都市二环路北一段 111 号 西南交通大学创新大厦 21 楼）
发行部电话	028-87600564　028-87600533
邮政编码	610031
网　　址	http://www.xnjdcbs.com
印　　刷	四川玖艺呈现印刷有限公司
成品尺寸	210 mm × 285 mm
印　　张	17
字　　数	269 千
版　　次	2018 年 3 月第 1 版
印　　次	2018 年 3 月第 1 次
书　　号	ISBN 978-7-5643-5578-4
定　　价	360.00 元

编辑委员会

序言

清代四川巴县档案是现已发现的体量最大、时间跨度较长、保存相当完整的清代县级衙门档案，起自乾隆二十二年（1757 年），迄至宣统三年（1911 年），共 11.3 万多卷，250 多万件，是中国也是世界现存内容最丰富的清代县级档案文献资料宝藏，被史学界誉为“一座内容极其丰富的文献宝库”。档案详细记录了从清代乾隆朝至宣统朝中国西南地区重要的政治经济中心——巴县的政治、经济、军事、文化教育、司法、社会生活状况，是了解清代基层社会状况不可替代的重要窗口，同时也是我国重要的历史文化遗产，受到了世界各国的广泛关注。它不仅是历史学和其他人文社会科学学术研究极其难得的史料遗存，也是我国与世界文化交流的重要载体之一。

清代巴县司法档案约 9.9 万卷，占巴县档案总数的 84%，时间跨度从乾隆二十二年 (1757 年) 至宣统三年 (1911 年)，长达 154 年。该类档案内容极为丰富，且较为系统完整，不仅有完善的司法律例、章程等清代司法规章制度文书，而且保存了大量民事诉讼、刑事诉讼案的状纸、签票、堂讯记录和结状等各种司法文献，内容涉及城乡社会经济生活的各个领域，分为民事和刑事诉讼两大部分。言及清代巴县司法档案的重大意义，大致可概括为如下几点：

第一，清代巴县地区是当时川东乃至西南地区重要的商业贸易中心，工商业比较发达，外来移民较多，地理位置独特，社会关系复杂。这些因素导致巴县司法在清代县级司法体系中极具代表性。因此，清代巴县衙门所保存的司法档案是全面、深入地探讨清代司法制度和县级司法运作实况极为珍贵的资料。

第二，清代巴县司法档案中存在着大量的民事诉讼类档案。在基层民事诉讼类档案中习惯法的运用普遍存在，这就为全面研究清代习惯法提供了可能。习惯法是当时社会文化传统和社会习惯的集中体现，而巴县民事司法档案为我们进一步研究清代基层习惯法提供了不可替代的历史资料。同时，民事档案中保存了县衙处理民事诉讼过程的大量笔录，记载了巴县地区民间纠纷因何而起，民众兴讼何求及其伴随时间推移发生的变化，是今人回看当时社会百态的重要管道。巴县民事司法档案距今最远者已有250余年，最近者亦有100多年。当时的社会存在样态，尤其是底层社会样态已经不可能为今人重演。通过清代巴县民事司法纠纷中体现出的各种生动面相管窥当时的社会生活尤其是底层社会生活状况，是研究清代历史最为直接也最为重要的路径。只有如此才有可能呈现出更加立体、生动的巴蜀社会历史面貌。

第三，现存的清代档案文献中，县级刑事案件的记载极为匮乏，清代刑事案件的研究成为清代法制史研究的薄弱环节。清代巴县司法档案详细记载了从乾隆至宣统150多年间，巴县发生的大量命案、凶殴、烟毒、赌博、盗窃、欺诈等刑事诉讼案件，司法狱政管理、治安管理以及移解人犯的来往公文，还有不少因差役借案敲诈勒索、整顿差风的文件，共计42 111卷，占整个清代巴县司法档案的近一半。其内容涉及社会经济、司法制度、文化风俗等各个方面。清代巴县刑事司法档案为研究清代的县级司法状况提供了无可替代的珍贵资料，对于清史研究及中国古代法制史研究有着特殊的意义。通过对清代巴县司法档案中各类刑事案件的具体考察，分析刑事案件发生后从民间上报、衙门讯问、笔录到审转、执行等一整套审理程序，以及对告状、禀状、首状、报状、诉状、供状、结状等司法文书分类规范、监狱管理等问题的具体研究，可以深入了解清代地方尤其是四川及西南地区县级司法机构的运作和司法制度的实际推行状况；探明巴县衙门在处理刑事案件的司法实践上与法律规定之间的差异，进一步分析国家法律表达与地方司法实践的互动关系。

迄今为止，国内外利用清代巴县司法档案进行学术研究已形成一定数量的成果，但从整体看，既存研究与巴县司法档案的浩瀚内容尚很不相称。究其原因，主要在于档案资料的整理、出版还十分有限。巴县司法档案体量巨大，其中值得研究的问题成千上万，但都分散在浩瀚的记载之中，如无工具书指引路径，来自千里之远、万里之遥的国内外研究者很难，甚至可以说不可能通过普遍翻阅档案文书发现问题，选取研究课题。现有研究多系清代历史问题研究者在已进行某问题研究时，到巴县档案中寻求一些佐证，很少有直接从巴县档案中发现问题进行讨论的成果产生，这就极大地降低了巴县档案的史料价值。因此，整理巴县司法档案，选编出版其中有代表性的案件文书，给研究者提供发现档案中蕴藏问题的路径指引是十分重要也十分迫切的文化工程。

四川省档案馆选编的《清代巴县档案整理初编·司法卷·嘉庆朝》《清代巴县档案整理初编·司法卷·道光朝》是继《清代巴县档案整理初编·司法卷·乾隆朝》以后的两部清代巴县司法档案中有代表性的案件档案集，每朝各一册。为了忠实展现档案原貌，避免传抄录入过程中的差错，采用全彩印方式出版。其中，嘉庆朝卷选印案件15例，道光朝卷选印案件10例。清代巴县司法档案案件原件没有标题，编者在对案件进行仔细研读后，首先编出能大体表现出案件内容与性质的标题，由此形成本书的目录。同时，编者还编撰了每一案件的案情导读，对案件发生的事由，案情原委，原告、被告的诉求，县衙对案件的审理经过与判决结果加以简要介绍。使用者可先从目录大体选择所需档案，再阅读案情导读准确选定所需档案，然后具体阅读档案彩印件，获取所需信息。因此，本书是一部方便利用巴县司法档案代表性案件资料的工具书。

本书所编嘉庆朝15个案件、道光朝10个案件尽管只是巴县司法档案之冰山一角，但这部分档案所涉及的多种案件类型和多样的文书形态足以展示清代巴县司法档案内容的丰富多彩，给使用者提供了解巴县司法档案内容、形式和价值的直观参照，不失为一部具有重要意义的史学工具书，也不失为向国内外文化学术界展示巴县档案作为重要历史文化遗产价值的重要成果。希望编者继续沿此路径编出更多成果，为学界进一步研究清代县级司法史提供便利。如是，则学者幸甚，史学幸甚，巴蜀文化幸甚！

是为序。

陳廷湘

2016年10月于四川大學

凡例

FANLI

一、本书共收录四川省档案馆保存的清代巴县道光朝档案10卷，涉及清代巴县衙门处理的10个案件。档案起止时间为道光元年至道光三十年。

二、为方便读者阅读和研究，编者于每个案件前加入“案情导读”，对案情发展及巴县衙门立案、查案、断案经过试加分析，仅供读者参考。

三、本书所辑档案原则上以档案形成时间的先后顺序依次排列。档案形成时间缺日期者，排在当月末；缺月份者，排在当年末。

四、本书所辑档案均按档案原样影印，但大小与原件有差异；出于书籍开本和排版的需求，档案影印缩放比例大小也不一致。

五、本书辑入档案标题以“时间、责任者、事由、文种”四要素顺序著录。“时间”一项，一律使用朝年标注。“事由”一项，原档有标题者一般直接照录；原档标题有明显错误或无标题者，由选编者综合其内容进行修改或自拟，以便阅读。

六、脱落、污损、残缺或模糊难辨的字，用□表示。

目录

MULU

案情导读

道光元年三月十一日，在巴县境内白鹤硚（桥）一处腰店，张德明、谢朋贵等人拦住张殿彦，要张殿彦还钱。张殿彦称并未借钱，不肯给钱。张德明等人推倒张殿彦进行群殴。十九日，张殿彦将张德明告上县衙，知县批示："候验讯"。二十四日，县衙刑房立案，并开始传唤人证。四月初八日刑房验伤结果为："并无伤痕"，且本案无目击证人，欲销案，但张殿彦不服，说不能因新换了知县就敷衍旧案。四月二十四日，新任知县令刑房再传人证审查，随后原被告的辩诉状纸纷纷呈入县衙。六月二十四日，约邻李如山、许荣山等向县衙递交息状，报告了约原被告双方进行调解的情况和息讼的意愿。同日，双方去县衙出具"结状"了结本案。

道光元年张殿彦告张德明等痞搕凶伤案

1 原卷封面

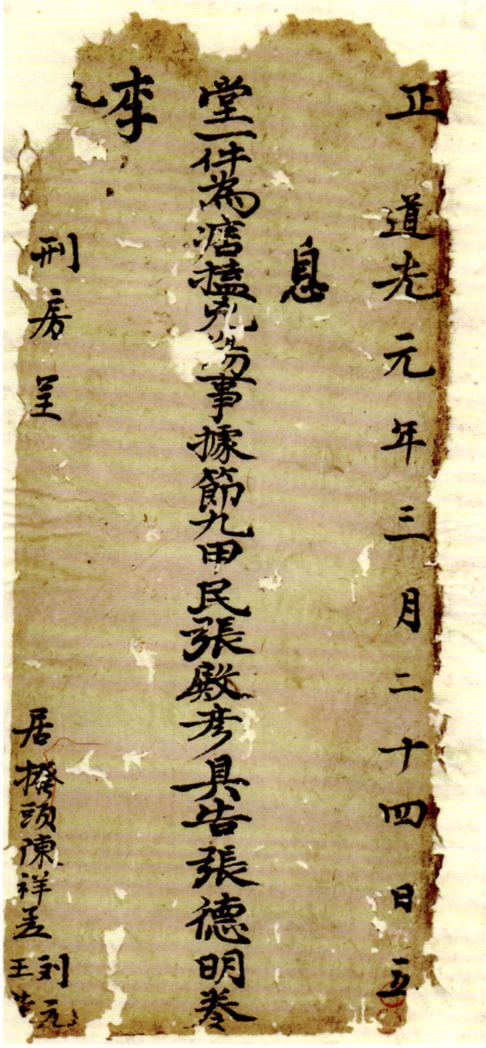
正
道光元年三月二十四日
息
堂一件為痞搕凶傷事據節九甲民張殿彥具告張德明卷
李
刑房 呈
居 擔頭 陳祥 孟 王 到 元

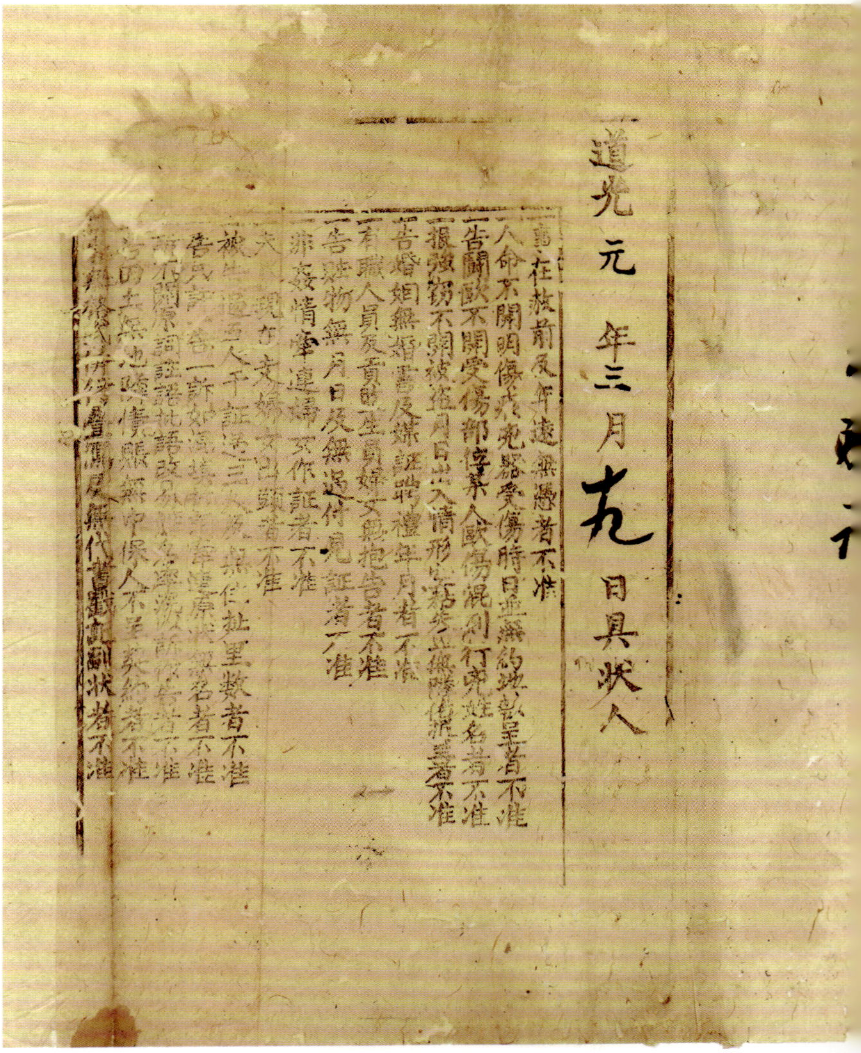
道光元年三月十九日具狀人
一事在赦前及年遠無憑者不准
一人命不開明傷痕兇器受傷時日並無約鄰歐呈者不准
一告鬬毆不開受傷部位并人毆傷混列行兇姓名者不准
一告婚姻無婚書及媒証聘禮年月者不准
一有職人員及貢監生員婦女無抱告者不准
一告債物無月日及無過付見証者不准
一非簽情牽連婦女作証者不准

2 道光元年三月十九日张殿彦告状

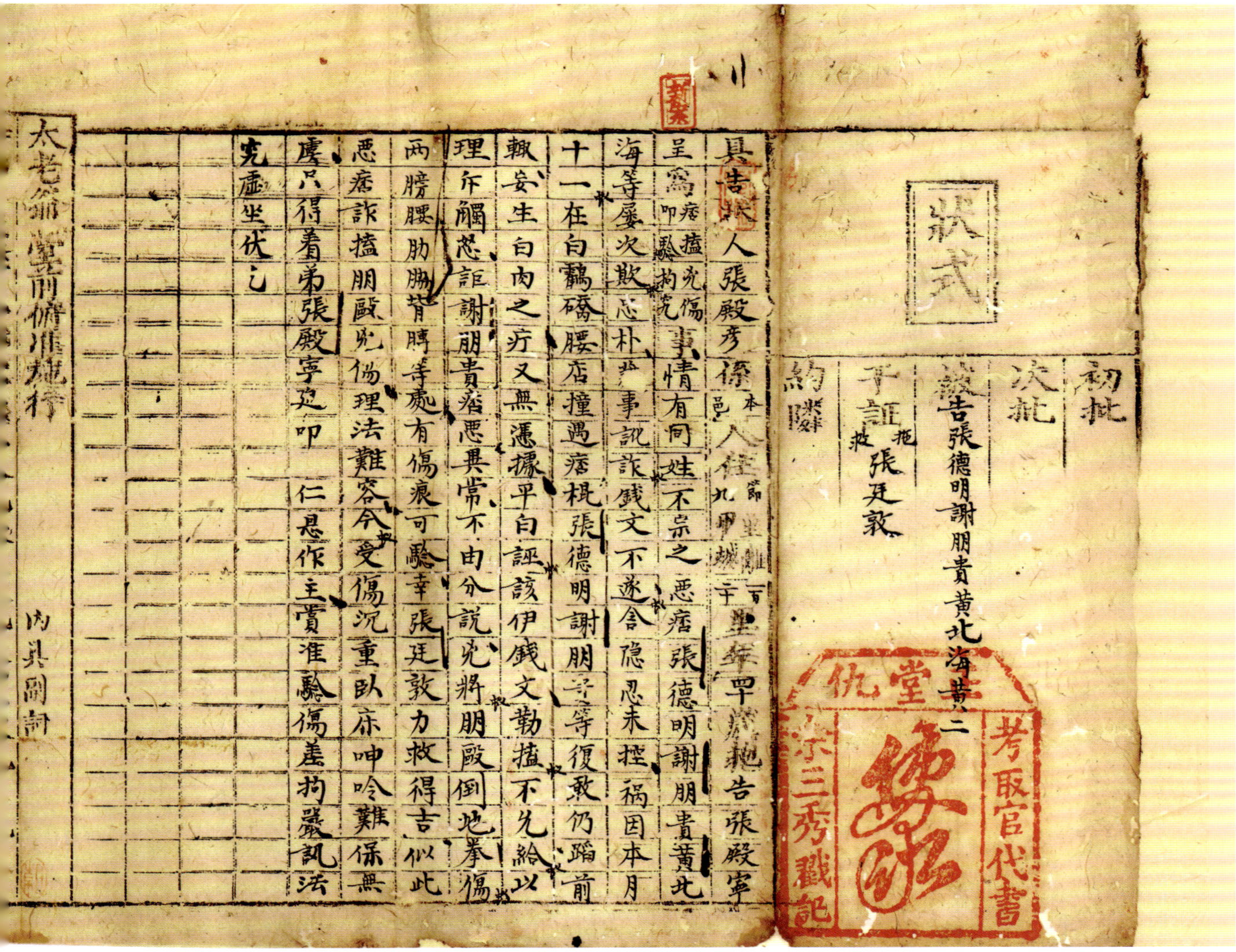

狀式

初批

次批

被告 張德明 謝朋貴 黃北海 黃六二

干證 抱救 張廷敦

約鄰

考取官代書 仇 堂 三秀 戳記

具告狀人張殿彥係本邑人住九甲城下里年罕歲抱告張殿寧

呈爲痞搕兇傷叩驗拘究事情有同姓不宗之惡痞張德明謝朋貴黃北

海等屢次欺忍朴故事訛詐錢文不遂含隱忍未控禍因本月

十一在白鶴磅腰店撞遇痞棍張德明謝朋貴等復敢仍蹈前

轍安生白內之疔又無憑據平白誣該伊錢文勒搕不允給以

理斥觸怒詎謝朋貴痞惡異常不由分說兇將朋殿倒地拳傷

兩膀腰肋胸背膊等處有傷痕可驗幸張廷敦力救得吉似此

惡痞詐搕朋殿兇傷理法難容今受傷沉重臥床呻吟難保無

虞只得着弟張殿寧赴叩

仁恩作主賞准驗傷差拘嚴訊法

究虛坐伏乞

太老爺臺前俯准施行

內具圖詞

3 道光元年三月二十四日县衙刑房拟差刑仵验伤并唤人证票稿

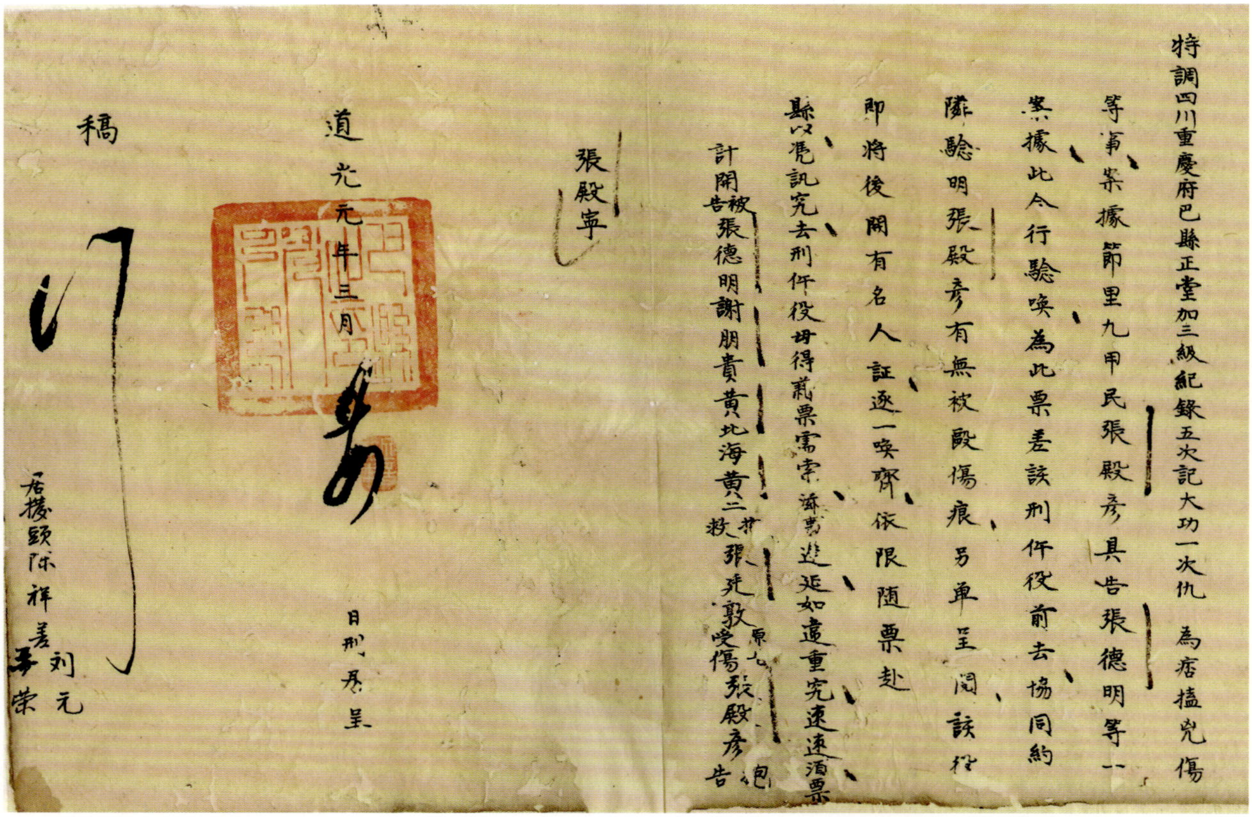
特調四川重慶府巴縣正堂加三級紀錄五次記大功一次仇　為瘩搕兇傷
等事。案據節里九甲民張殿彥具告張德明等一
案，據此，合行驗喚。為此票差該刑仵役前去，協同約
鄰驗明張殿彥有無被毆傷痕，另單呈閱。該役
即將後開有名人證，逐一喚齊，依限隨票赴
縣，以憑訊究。去刑仵役毋得藉票需索、滋事、遲延，如違重究。速速須票
計開
被告　張德明　謝朋貴　黃北海　黃二
救　張廷敦　原告　張殿彥　受傷
張殿寧
道光元年三月　日刑房呈
稿
右楼頭陈祥　差　刘元　荣

4 道光元年四月初八日县衙刑仵彭朝亨、彭华禀状

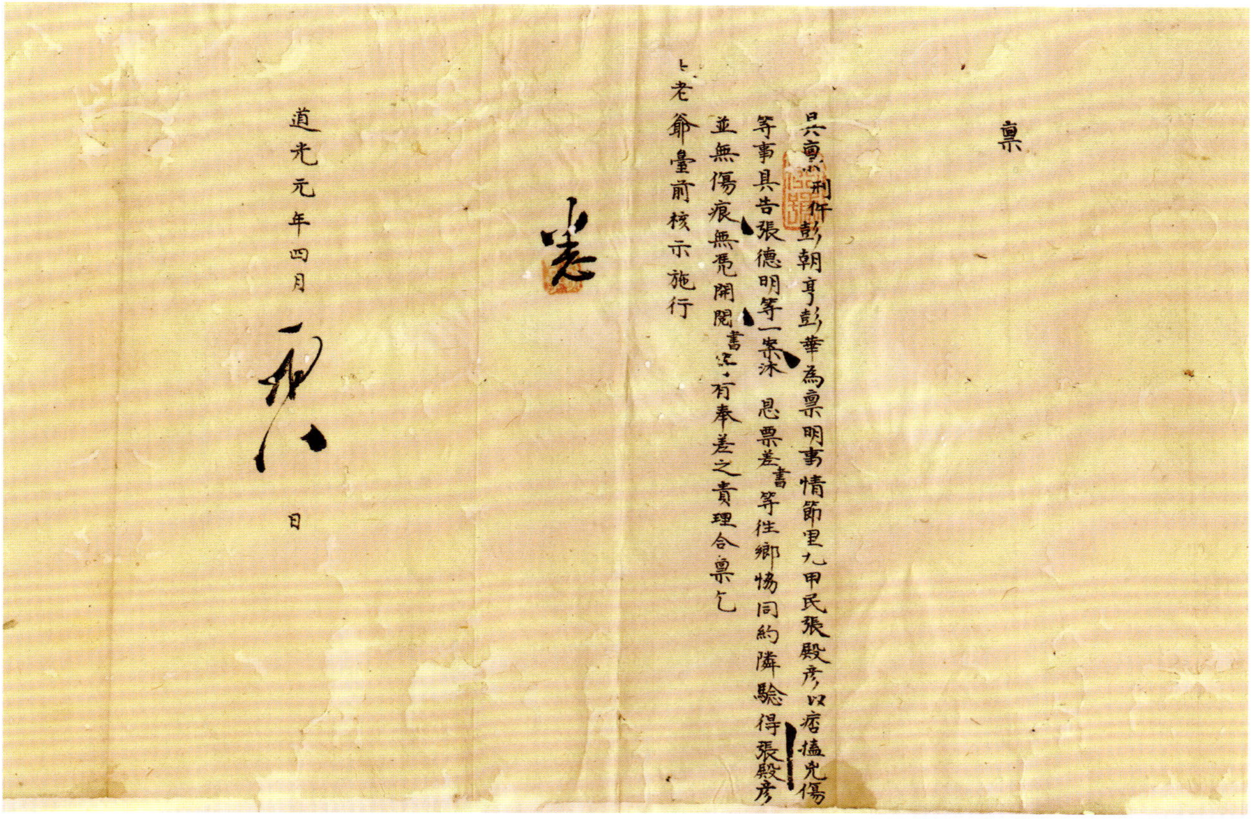

稟

具稟刑仵彭朝亨彭華為稟明事情節里九甲民張殿彥以痞搕兇傷等事具告張德明等一案沐 恩票差書等往鄉協同約鄰驗得張殿彥並無傷痕無憑開閱書[illegible]有奉差之責理合稟乞

大老爺臺前核示施行

差

道光元年四月初八日

5 道光元年四月十三日张殿彦禀状

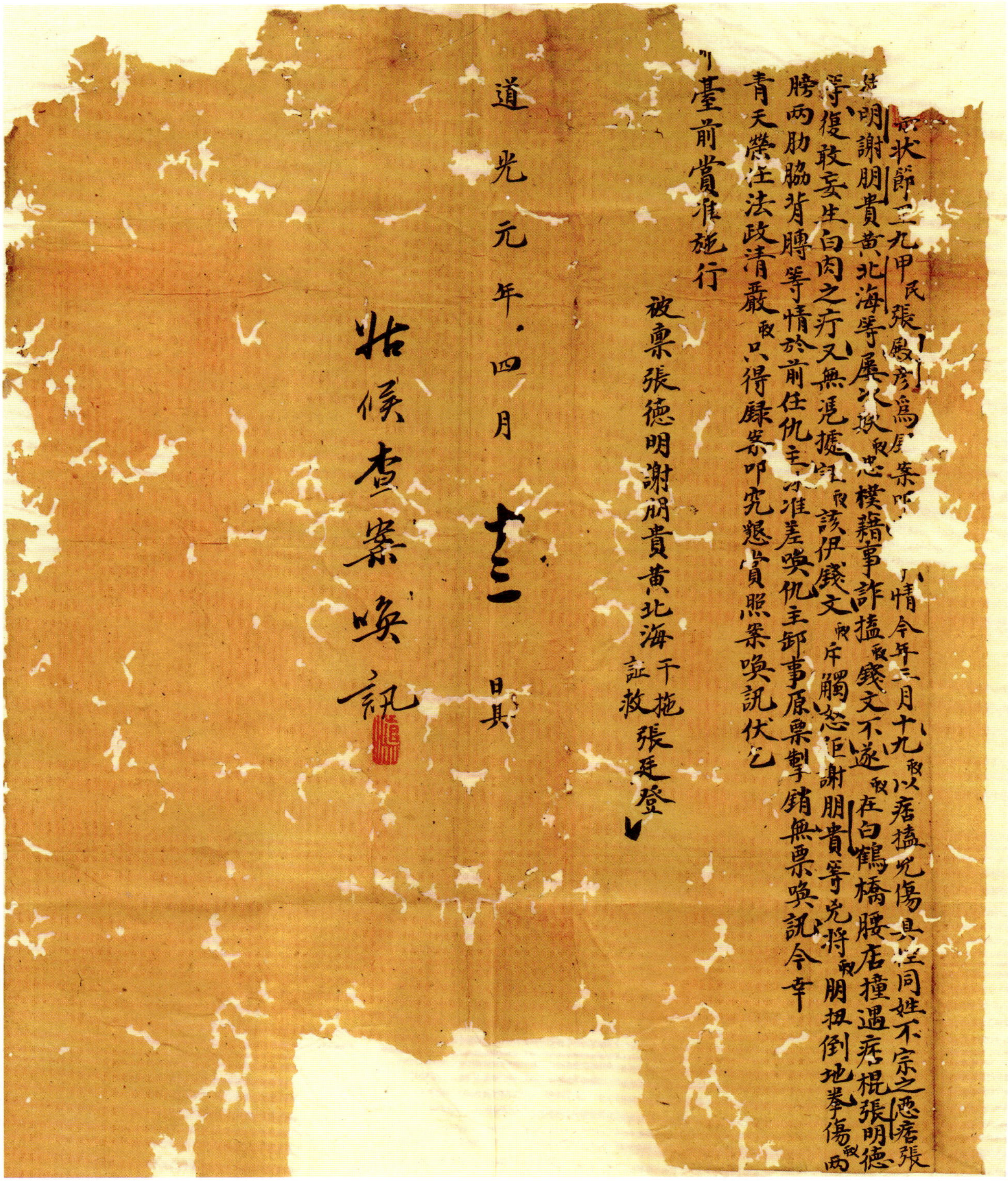

具状節三九甲民張殿彦爲屢案叩[illegible]情今年三月十九蟻以痞搕兇傷具控同姓不宗之惡痞張
德明謝朋貴黄北海等屢次蟻忠樸藉事詐搕蟻錢文不遂蟻在白鶴橋腰店撞遇痞棍張明德
等復敢妄生白肉之疠又無凭據[illegible]蟻該伊錢文蟻斥觸怒詎謝朋貴等兇將蟻朋扭倒地拳傷蟻兩
膀兩肋脇背膊等情於前任仇主[illegible]准差喚仇主卸事原禀製銷無票喚訊今幸
青天蒞任法政清嚴蟻只得隷案叩究懇賞照案喚訊伏乞
臺前賞准施行

被禀張德明謝朋貴黄北海
干証 拖救 張廷登

道光元年四月十三日具

姑候查案喚訊

6 道光元年四月二十四日县衙刑房拟差唤人证票稿

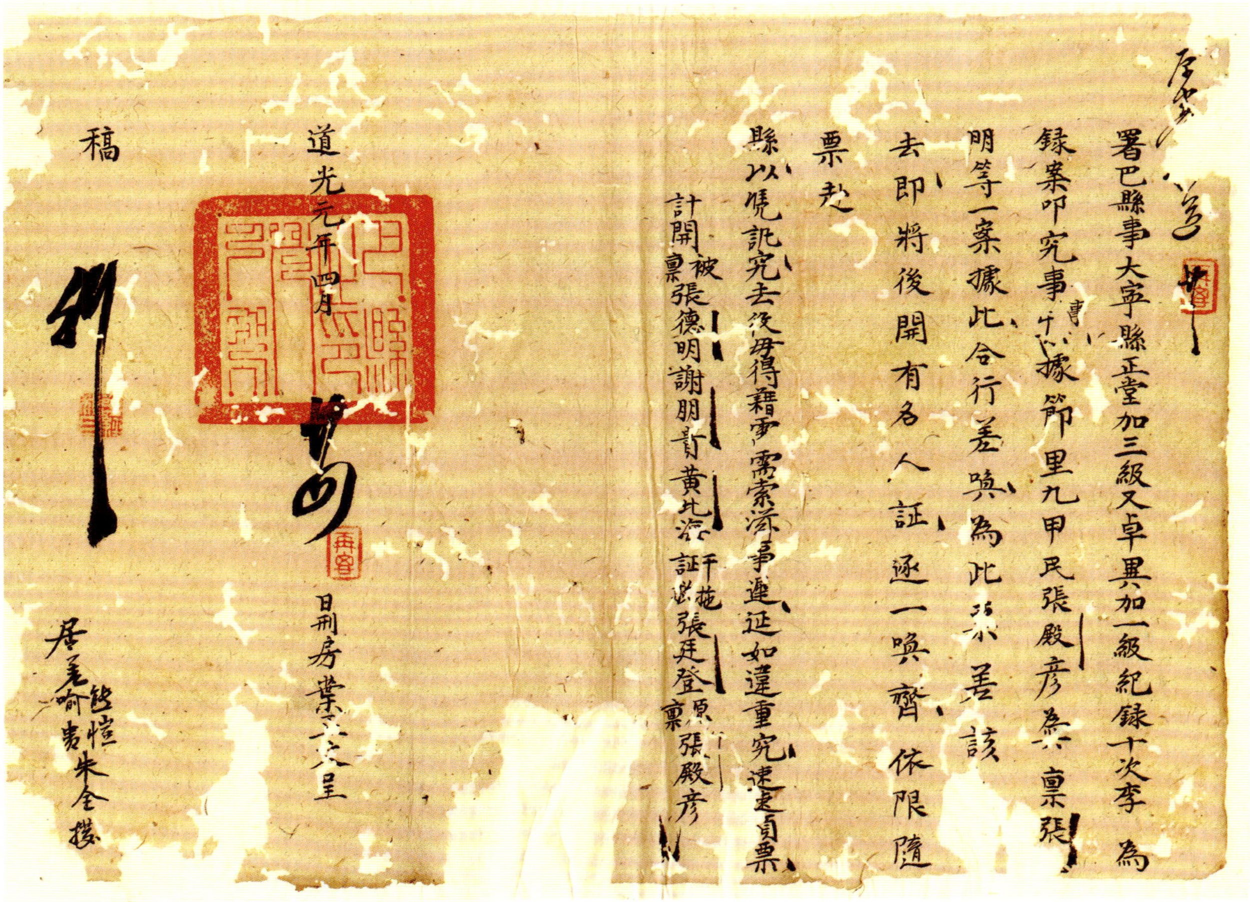
署巴縣事大寧縣正堂加三級又卓異加一級紀錄十次李　為
録案叩究事。據節里九甲民張殿彦具稟張德
明等一案，據此合行差喚。為此票，差該
去役即將後開有名人証逐一喚齊，依限隨
票赴
縣，以憑訊究。去役毋得藉票索詐滋事，遲延，如違重究，速速，須票
計開：被稟張德明　謝朋貴　黃此滄
干証張廷登
原稟張殿彦
道光元年四月　　日刑房葉□□呈
稿
差　熊愷　喻貴　朱全

心不絕欺父子忠朴目前來家肆鬧要錢十千方休痞踞不去

禍廹眉睫為此叩究伏乞

太老爺臺前俯准施行

內具副詞

署巴縣事大寧縣正堂加三級又軍功加一級紀錄十次李 批

此案已據張殿彥具控票喚矣仍着原差速集帶訊毋任串搕滋衅干咎

道光元年五月二十日具狀人

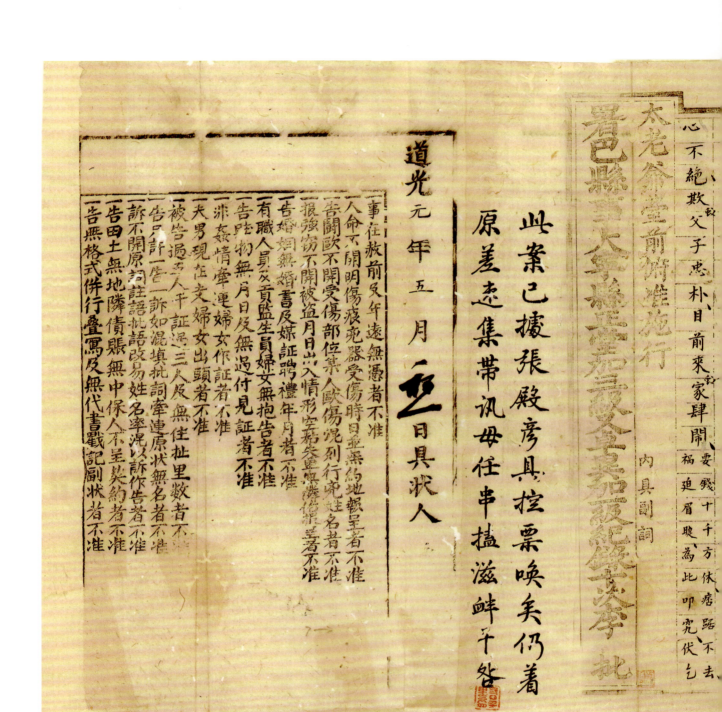

一事在赦前及年遠無憑者不准
一人命不開明傷痕兇器受傷時日並無約地報呈者不准
一告鬭毆不開受傷部位某人毆傷混列行兇姓名者不准
一報強窃不開被盜月日出入情形寔蹟失單並無鄰佑保甲者不准
一告婚姻無婚書及媒証聘禮年月者不准
一有職人員及貢監生員婦女無抱告者不准
一告賍物無月日及無過付見証者不准
一非姦情牽連婦女作証者不准
一夫男現在支婦女出頭者不准
一被告過五人干証過三人及無住址里數者不准
一告只許一告一訴如混填批詞牽連原狀無名者不准
一訴不開原詞註語批語改易姓名率混以訴作告者不准
一告田土無地隣債賬無中保人不呈契約者不准
一告無格式併行疊寫及無代書戳記副狀者不准

7 道光元年五月初一日黄北海告状

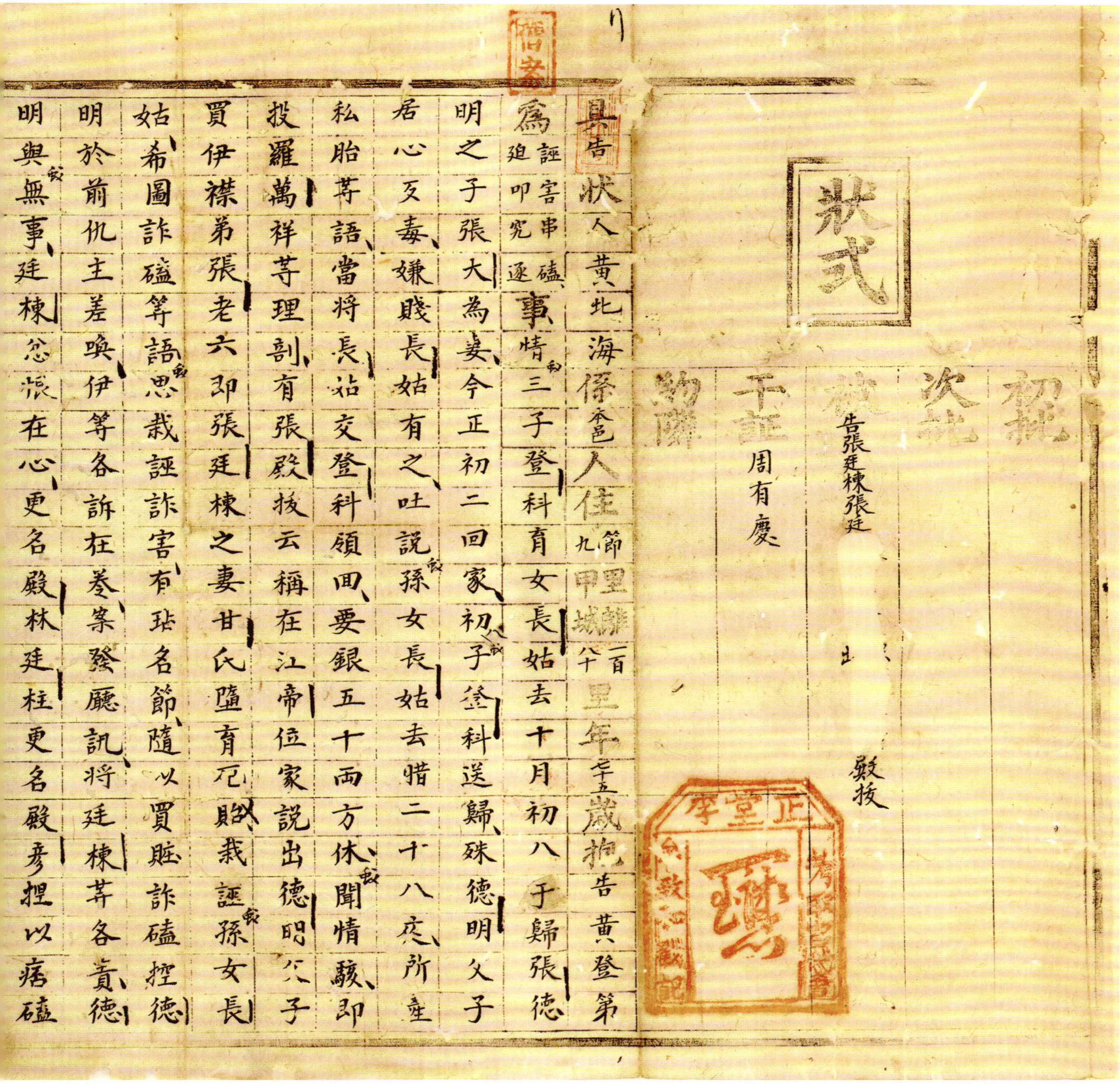

狀式

初批

次批

被告張廷棟張廷……殿援

干証 周有慶

約鄰

具告狀人黃北海係本邑人住節里九甲城腳一百八十里年七十五歲抱告黃登第

為誣害串磕迫叩究逐事

情三子登科育女長姑去十月初八于歸張德明之子張大為妻今正初二回家初八子登科送歸殊德明父子居心叵毒嫌賤長姑有之吐說孫女長姑去措二十八夜所產私胎等語當將長姑交登科領回要銀五十兩方休聞情駭即投羅萬祥等理剖有張殿援云稱在江帝位家說出德明父子買伊襟弟張老六即張廷棟之妻甘氏墮育死胎栽誣孫女長姑希圖詐磕等語思栽誣詐害有玷名節隨以買賍詐磕控德明於前仇主差喚伊等各訴在巻案發廳訊將廷棟等各責德明與無事廷棟忿恨在心更名殿林廷柱更名殿彥捏以痞磕

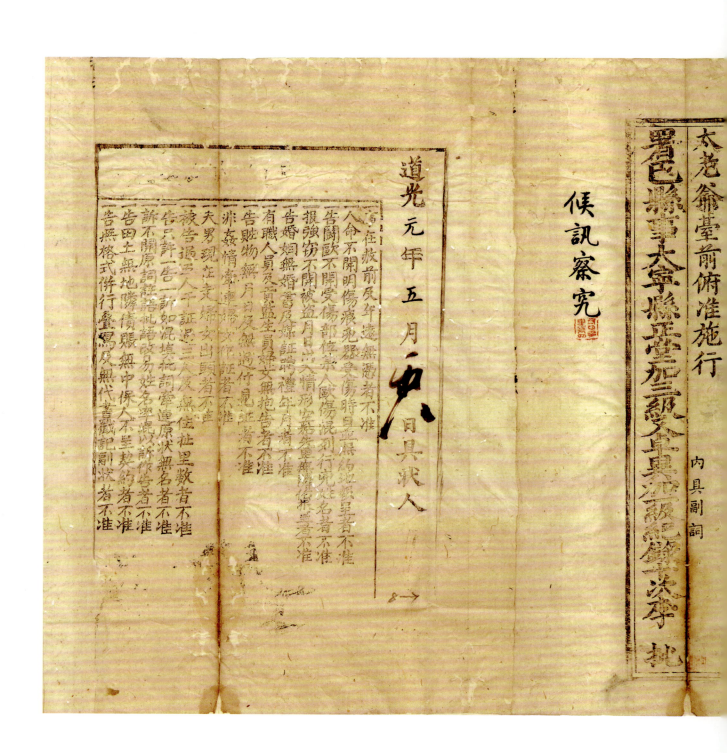

署巴縣事大寧縣正堂加三級又加一級紀錄十次李 批

太老爺臺前俯准施行

內具副詞

候訊察究

道光元年五月　日具狀人

一事在赦前及年遠無憑者不准
一人命不開明傷痕兇器受傷時日並經約地報呈者不准
一告鬭毆不開受傷部位案人毆傷混列行兇姓名者不准
一報強竊不開被盜月日出入情形安贓失單并隣佑牌甲者不准
一告婚姻無婚書及媒証聘禮年月者不准
一有職人員及貢監生員婦女無抱告者不准
一告賍物無月日及無過付見証者不准
一非姦情牽連婦女作証者不准
一夫男現在支婦女出頭者不准
一被告過三人干証過三人及無住址里數者不准
一告只許一告一訴如混填批詞牽連原狀無名者不准
一訴不開原詞註語批語改易姓名牽混以訴作告者不准
一告田土無地隣債賬無中保人不呈契約者不准
一告無格式併行疊寫及無代書戳記副狀者不准

8→

8 道光元年五月初八日张德明诉状

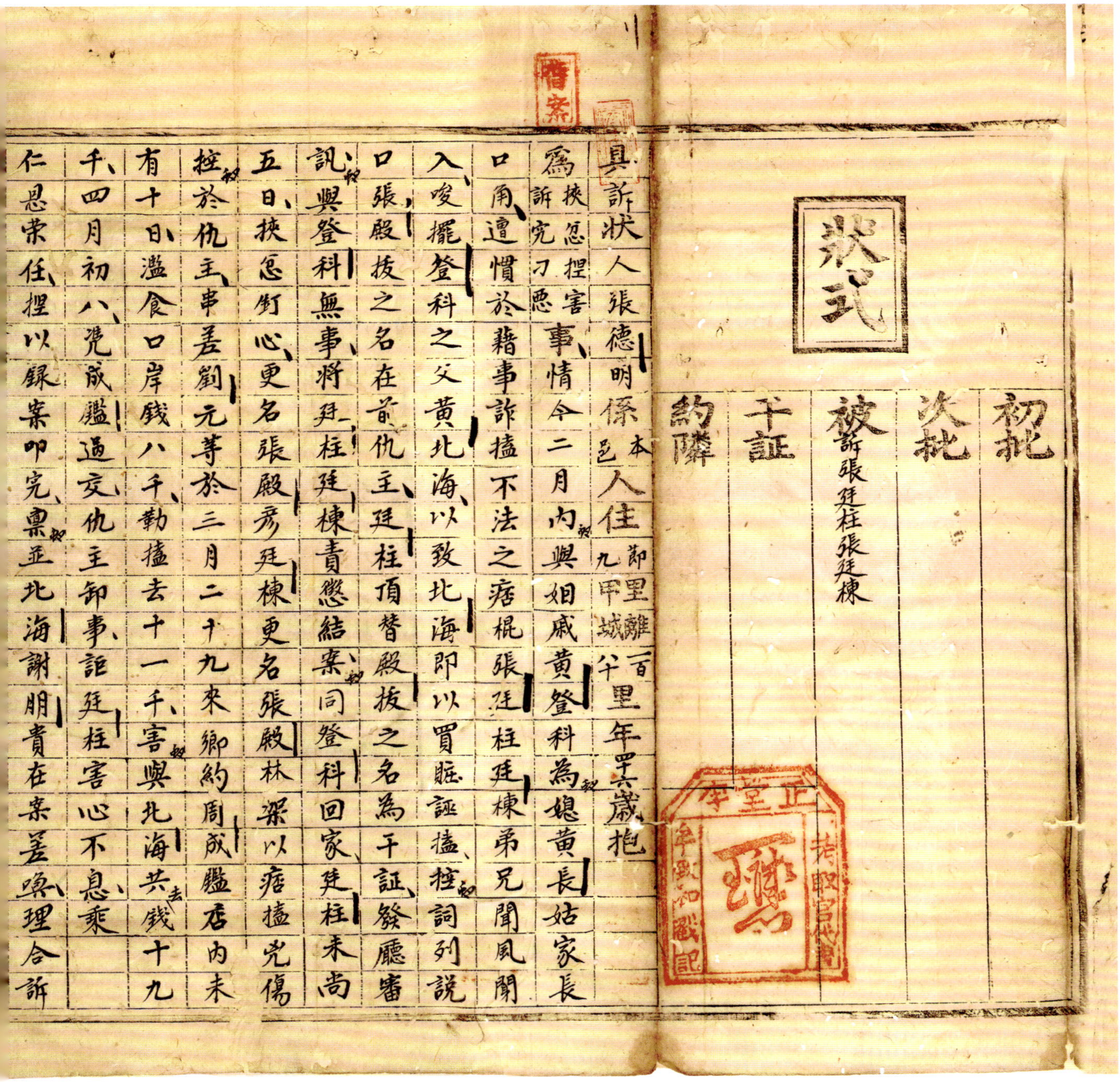

狀式

初批

次批

被訴 張廷柱 張廷棟

干證

約鄰

具訴狀人張德明，係本邑人，住節里九甲，離城一百午里，年四十六歲，抱

為挾怨捏害詐究刁惡事。情今二月內與姻戚黃登科為媳黃長姑家長

口角，遭慣於藉事詐搕不法之痞棍張廷柱、廷棟弟兄聞風闖

入，唆擺登科之父黃北海，以致北海即以買賍誣搕、控詞列說

口張殿拔之名在前，仇主廷柱頂替殿拔之名為干證，發廳審

訊，與登科無事，將廷柱、廷棟責懲結案，同登科回家。廷柱未尚

五日，挾怨釘心，更名張殿彥，廷棟更名張殿林，深以痞搕兇傷

控於仇主，串差劉元等於三月二十九來鄉約周成鑑店內，未

有十日，濫食口岸錢八千，勒搕去十一千，害與北海共去錢十九

千。四月初八，邀成鑑過交仇主卸事，詎廷柱害心不息，乘

仁恩荣任，捏以録案叩究，稟並北海謝朋貴在案。羞喚理合訴

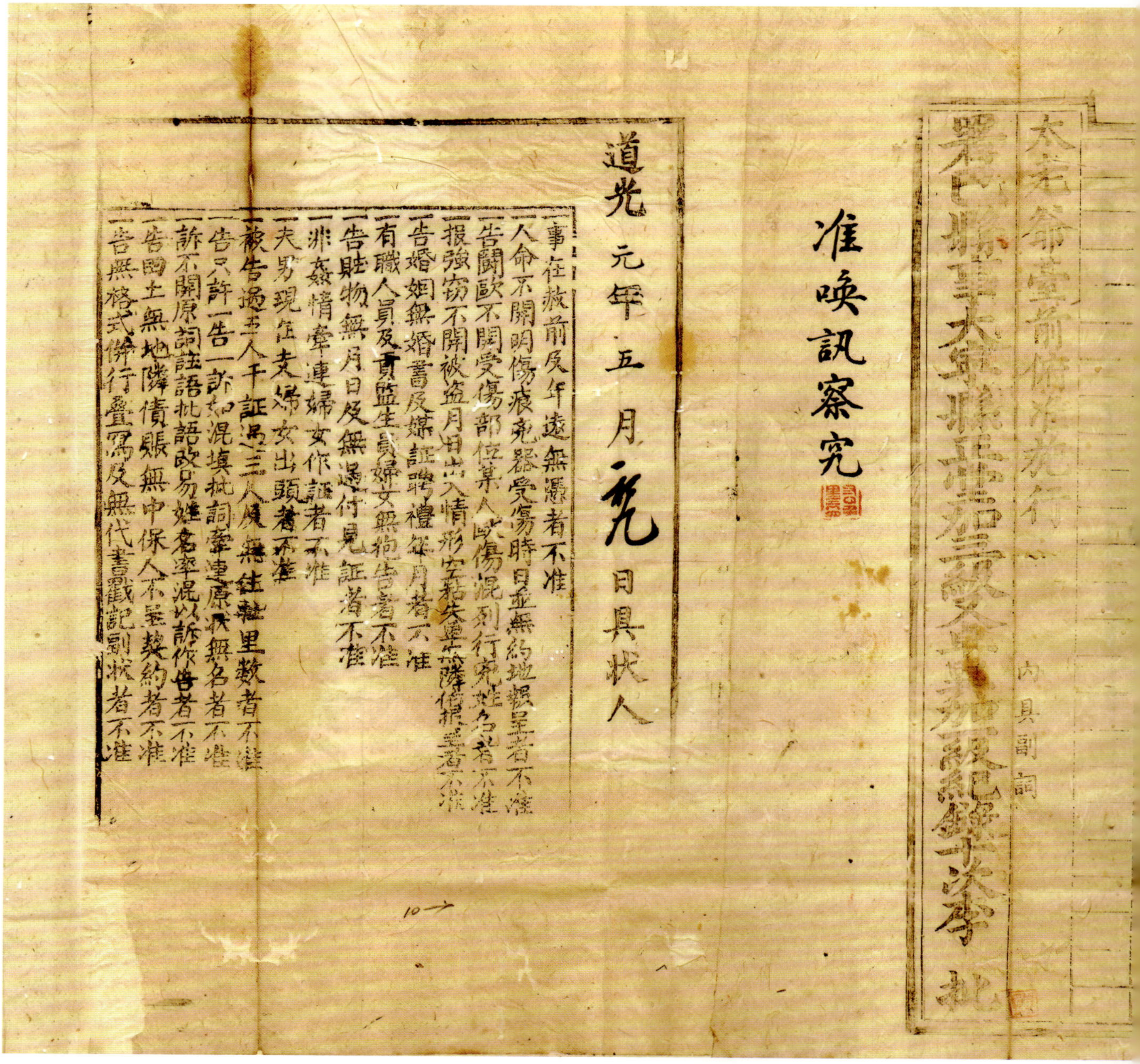
太老爺臺前俯准施行
內具副詞
署巴縣事大寧縣正堂加三級又加五級紀錄十次李　批
准喚訊察究
道光元年五月　日具狀人
一事在赦前及年遠無憑者不准
一人命不開明傷痕兇器受傷時日並無約地保呈者不准
一告鬭毆不開受傷部位某人所傷混列行兇姓名者不准
一報強竊不開被盜月日出入情形空粘失單鄰保佑據實者不准
一告婚姻無婚書及媒證聘禮年月者不准
一有職人員及貢監生員婦女無抱告者不准
一告賍物無月日及無過付見證者不准
一非姦情牽連婦女作證者不准
一夫男現在支婦女出頭者不准
一被告過三人干證過三人及無住址里數者不准
一告只許一告一訴如混填批詞牽連原狀無名者不准
一訴不開原詞註語批語改易姓名率混以訴作告者不准
一告田土無地鄰債賬無中保人不呈契約者不准
一告無格式併行疊寫及無代書戳記副狀者不准

9　道光元年五月初九日张玉珍告状

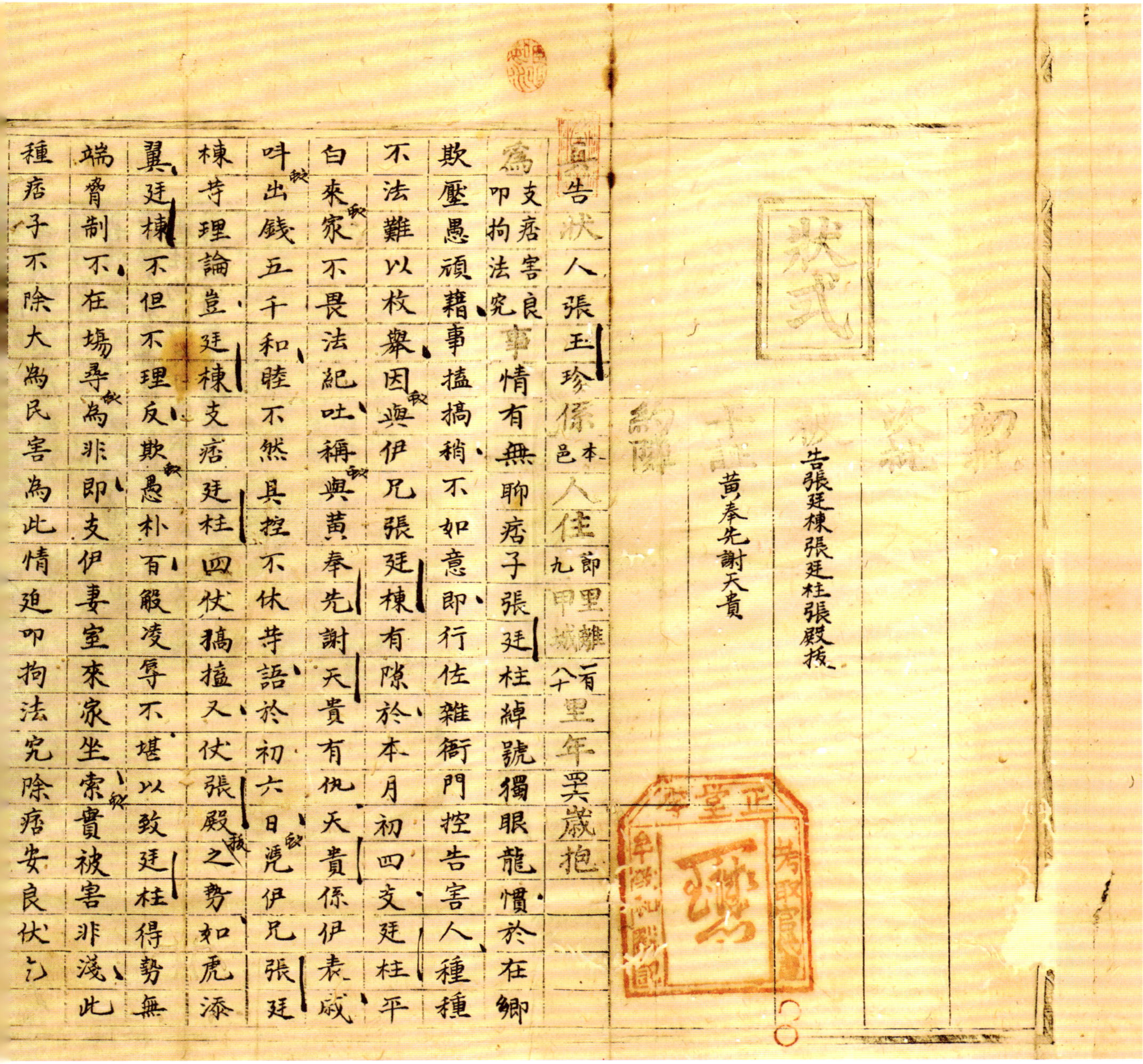
狀式

告張廷棟張廷柱張殿拔

黃奉先謝天貴

具告狀人張玉珍係本邑人住節里九甲離城一百廿里年四十歲抱

為支痞害良叩拘法究事情有無聊痞子張廷柱綽號獨眼龍慣於在鄉欺壓愚頑藉事搕搞稍不如意即行佐雜衙門控告害人種種不法難以枚舉因與伊兄張廷棟有隙於本月初四支廷柱平白來家不畏法紀吐稱與黃奉先謝天貴有仇天貴係伊表戚吽出錢五千和睦不然具控不休等語於初六日凴伊兄張廷棟等理論豈廷棟支痞廷柱四伏搞搕又伏張殿之勢如虎添翼廷棟不但不理反欺愚朴百般凌辱不堪以致廷柱得勢無端脅制不在場尋為非即支伊妻室來家坐索費被害非淺此種痞子不除大為民害為此情迫叩拘法究除痞安良伏乞

10 道光元年五月初九日县衙刑房拟差唤人证票稿

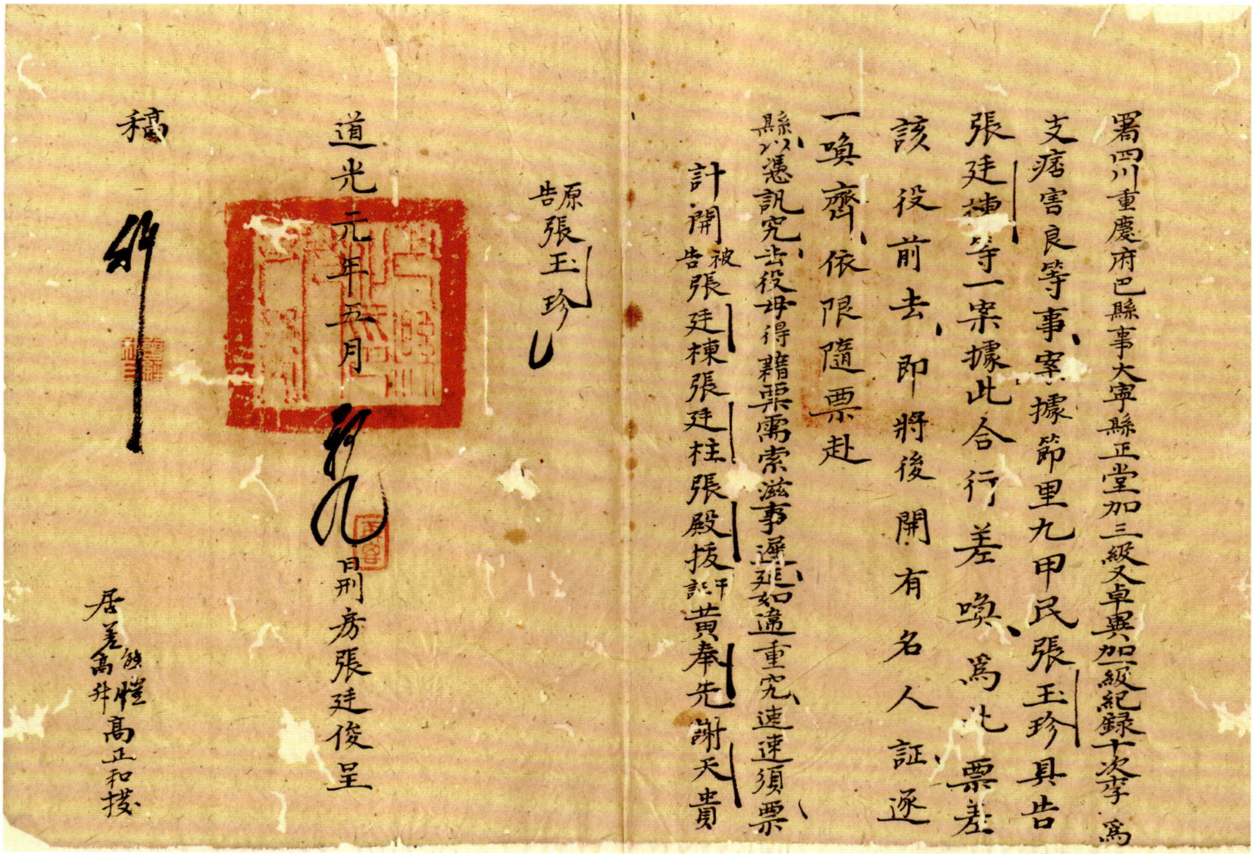
署四川重慶府巴縣事大寧縣正堂加三級又卓異加一級紀錄十次李　爲
支痞害良等事。案據節里九甲民張玉珍具告
張廷棟等一案。據此，合行差喚。爲此票差
該役前去，即將後開有名人證逐
一喚齊，依限隨票赴
縣，以憑訊究。去役毋得藉票需索滋事，遲延。如違重究。速速，須票。
計開
被告張廷棟、張廷柱、張殿援，訊評黃奉先、謝天貴
原告張玉珍
道光元年五月初九日刑房張廷俊呈
稿
行
居差魏樘、高升、高正和拨

11 道光元年五月二十二日张德明、黄北海禀状

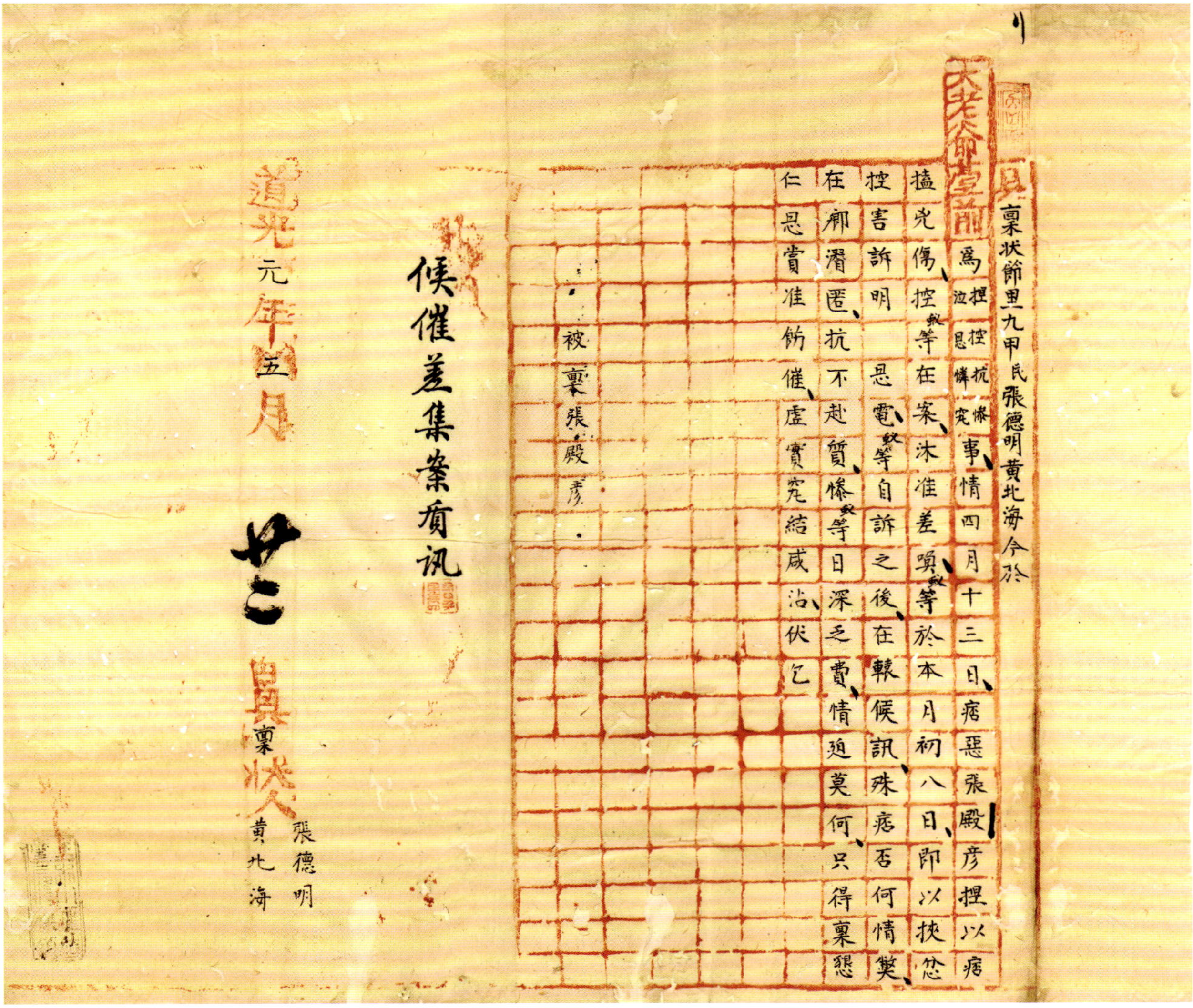
具稟狀節里九甲民張德明、黃北海，今於
大老爺臺前 爲捏控抗慘泣恩憐究事。情四月十三日，痞惡張殿彦捏以痞
搕兇傷控蚁等在案，沐准差喚蚁等於本月初八日，即以挾忿
控害詐明 恩電，蚁等自訴之後，在轅候訊，殊痞否何情弊，
在鄉潛匿，抗不赴質，慘蚁等日深乏費，情迫莫何，只得稟懇
仁恩賞准飭催，虛實究結，咸沾，伏乞
被稟 張殿彦
候催差集案質訊
道光元年五月廿二日具稟狀 張德明 黃北海

12 道光元年五月二十三日张殿彦、张殿（应为“廷”——编者注）栋禀状

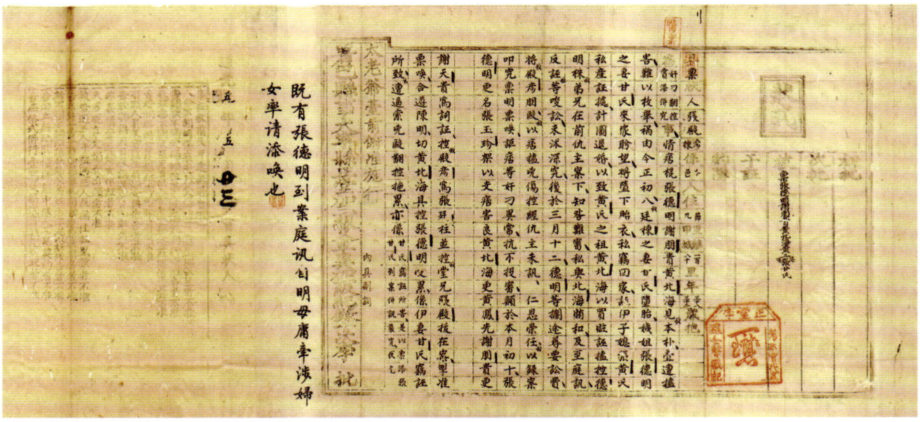

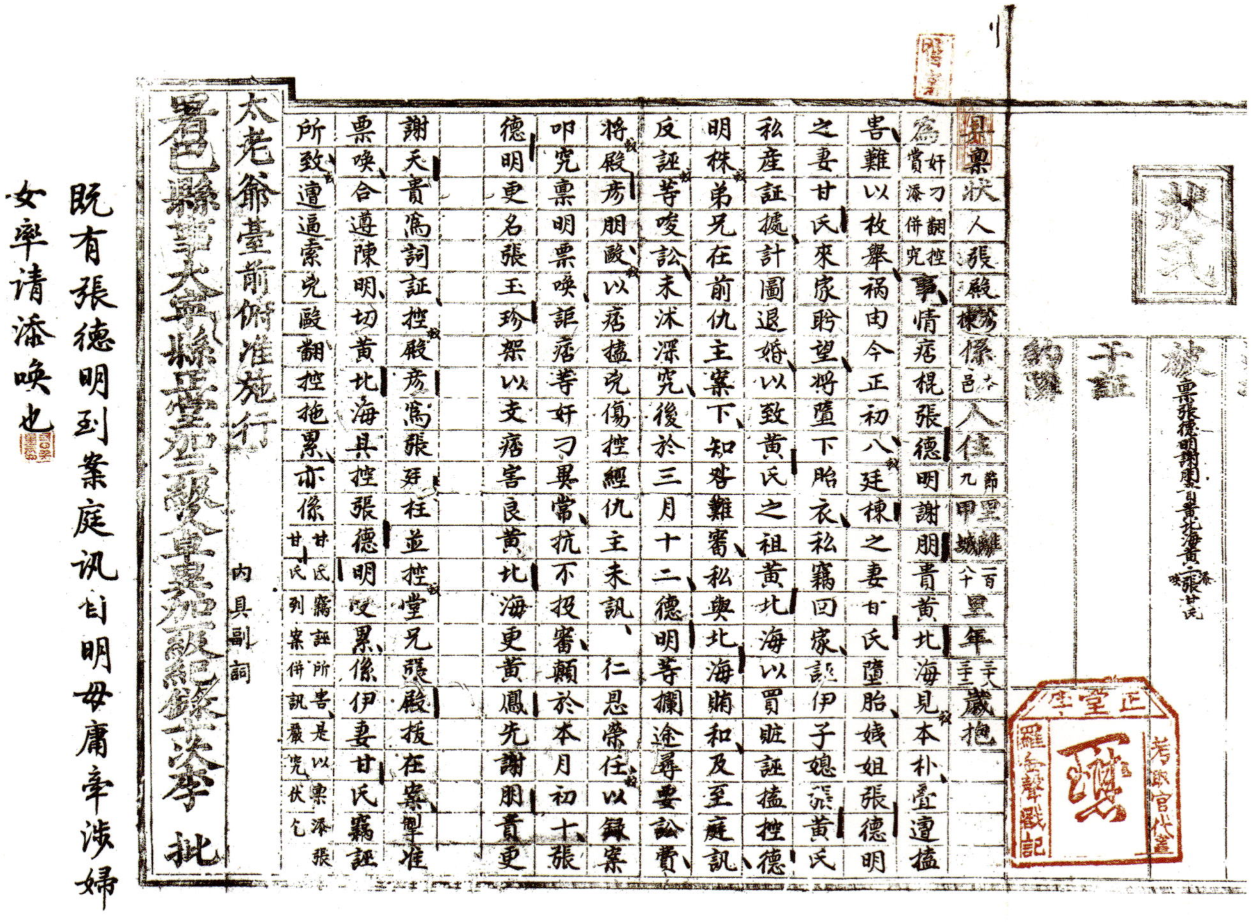

状式

被 票張德明謝朋貴黃北海黃 添喚張甘氏
干證
約鄰

正堂李
羅會馨戳記
考取官代書

具稟狀人張殿彥 棟係巴邑人住節里九甲城離一百八十里年三十三 二十八歲抱
為奸刁翻控 賞添併究事情痞棍張德明謝朋貴黃北海見本朴壹遭搕
害難以枚舉禍由今正初八廷棟之妻甘氏墮胎娥姐張德明
之妻甘氏來家盼望將墮下胎衣私竊回家誣伊子媳張黃氏
私產証據計圖退婚以致黃氏之祖黃北海以買贓誣搕控德
明殊弟兄在前仇主案下知咎難審私與北海賄和及至庭訊
反誣等唆訟未沐深究後於三月十二德明等攔途尋要訟費
將殿彥朋毆以痞搕兇傷控經仇主未訊仁恩榮任以錄案
叩究稟明票喚詎痞等奸刁異常抗不投審顛於本月初十張
德明更名張玉珍架以支痞害良黃北海更黃鳳先謝朋貴更
謝天貴為詞誣控殿彥為張廷枉並控堂兄張殿拔在案 准
票喚合遵陳明切黃北海具控張德明叹累係伊妻甘氏竊誣
所致遭逼索兇毆翻控拖累亦係甘氏竊誣所害是以稟添張甘氏列案併訊嚴究伏乞
太老爺臺前俯准施行
內具副詞
署巴縣事太平縣正堂加五級紀錄十次李 批
既有張德明到案庭訊自明毋庸牽涉婦女率請添喚也

13 道光元年六月初七日张殿彦、张廷栋禀状

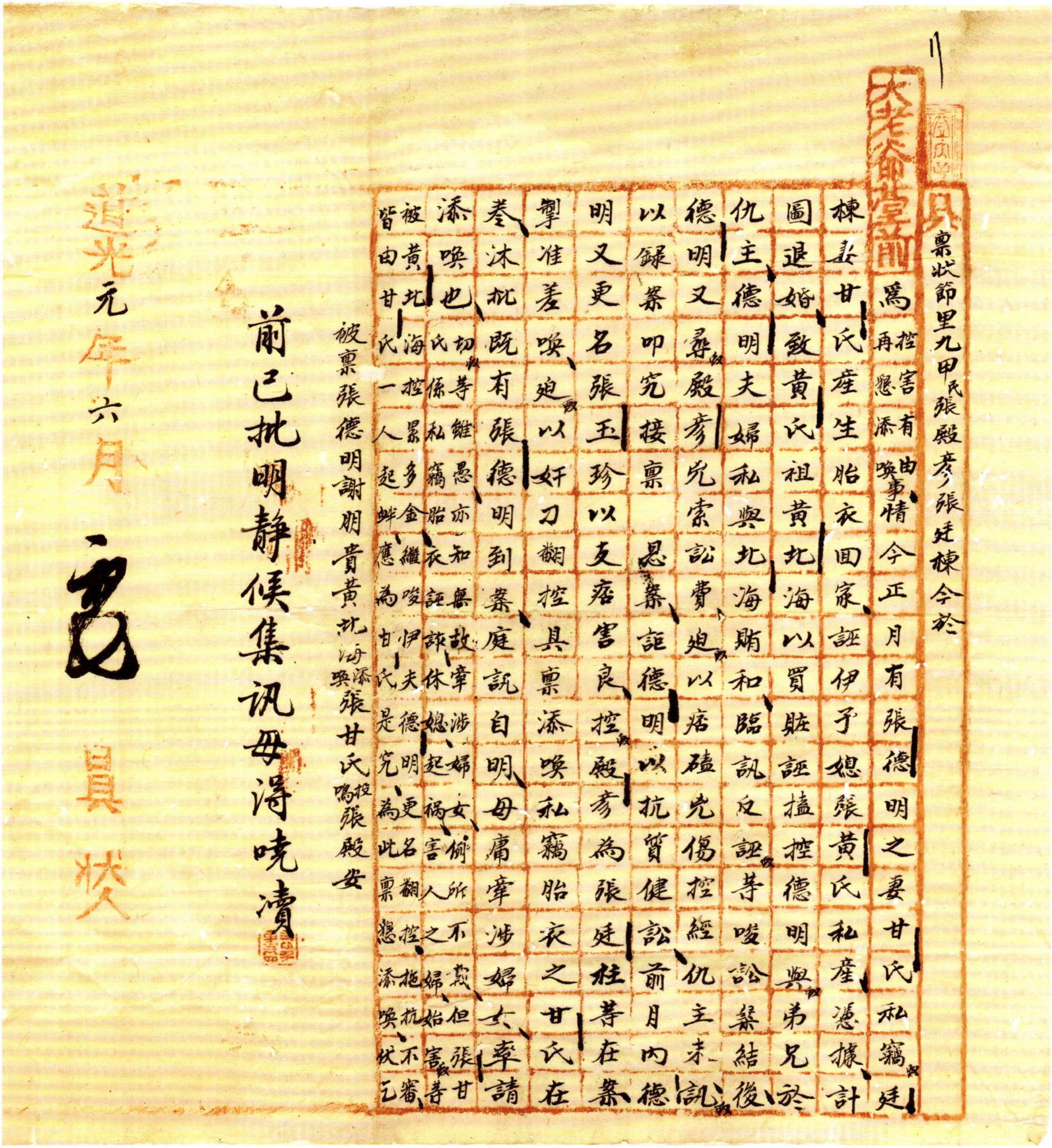

具禀状節里九甲民張殿彥、張廷棟今於

大老爺台前

爲控害有由再懇添喚事。情今正月有張德明之妻甘氏私竊廷棟妻甘氏産生胎衣回家，誣伊子媳張黄氏私産，憑據計圖退婚，致黄氏祖黄北海以買贓誣搕控德明與弟兄於仇主。德明夫婦私與北海賄和，臨訊反誣等唆訟。案結後，德明又尋殿彥兄索訟費，迫以痞磕兄傷控經仇主，未訊以録案叩究。接禀恩案，詎德明以抗質健訟，前月内德明又更名張玉珍以支痞害良控殿彥爲張廷柱等在案。掣准差喚，迫以奸刁翻控，具禀添喚私竊胎衣之甘氏在卷。沐批：既有張德明到案庭訊自明，毋庸牽涉婦女。牵請添喚也。切等雖愚，亦知無故牽涉婦女例所不裁，但張甘氏係私竊胎衣誣詐休媳起禍害人之婦，始害等被黄北海控累多金，繼唆伊夫德明更名翻控抗不審，皆由甘氏一人起衅，應爲首。甘氏是究。爲此禀懇添喚。伏乞

被禀：張德明、謝朋貴、黄北海

添喚：張甘氏

投鳴：張殿安

前已批明，静候集訊，毋得嘵瀆。

道光元年六月　日具状

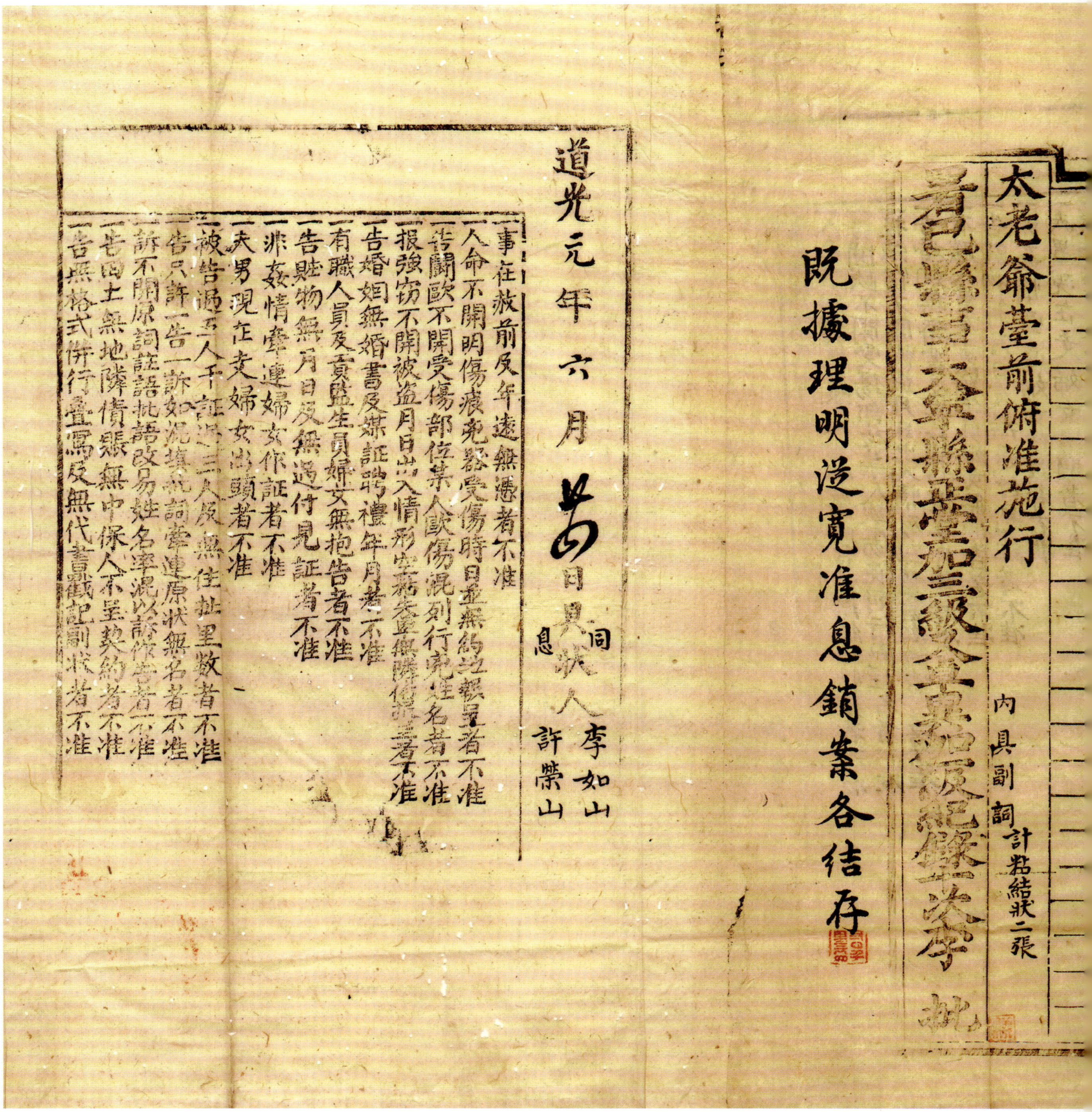

太老爺臺前俯准施行

内具副詞計粘結狀二張

既據理明從寬准息銷案各結存

道光元年六月 日具同息狀人 李如山 許崇山

一事在赦前及年遠無憑者不准
一人命不開明傷痕兇器受傷時日並無約鄰報呈者不准
一告鬬毆不開受傷部位某人毆傷混列行兇姓名者不准
一報強竊不開被盜月日出入情形失物實數並無鄰佑報呈者不准
一告婚姻無婚書及媒證聘禮年月者不准
一有職人員及貢監生員婦女無抱告者不准
一告贓物無月日及無過付見證者不准
一非姦情牽連婦女作證者不准
一夫男現在支婦女出頭者不准
一被告過三人干證過二人及無住址里數者不准
一告只許一告一訴如混填詞牽連原狀無名者不准
一訴不開原詞話語批語改易姓名牽混以訴作告者不准
一告田土無地鄰債賬無中保人不呈契約者不准
一告無格式併行疊寫及無代書戳記副狀者不准

14 道光元年六月二十四日熊钰宗等息状

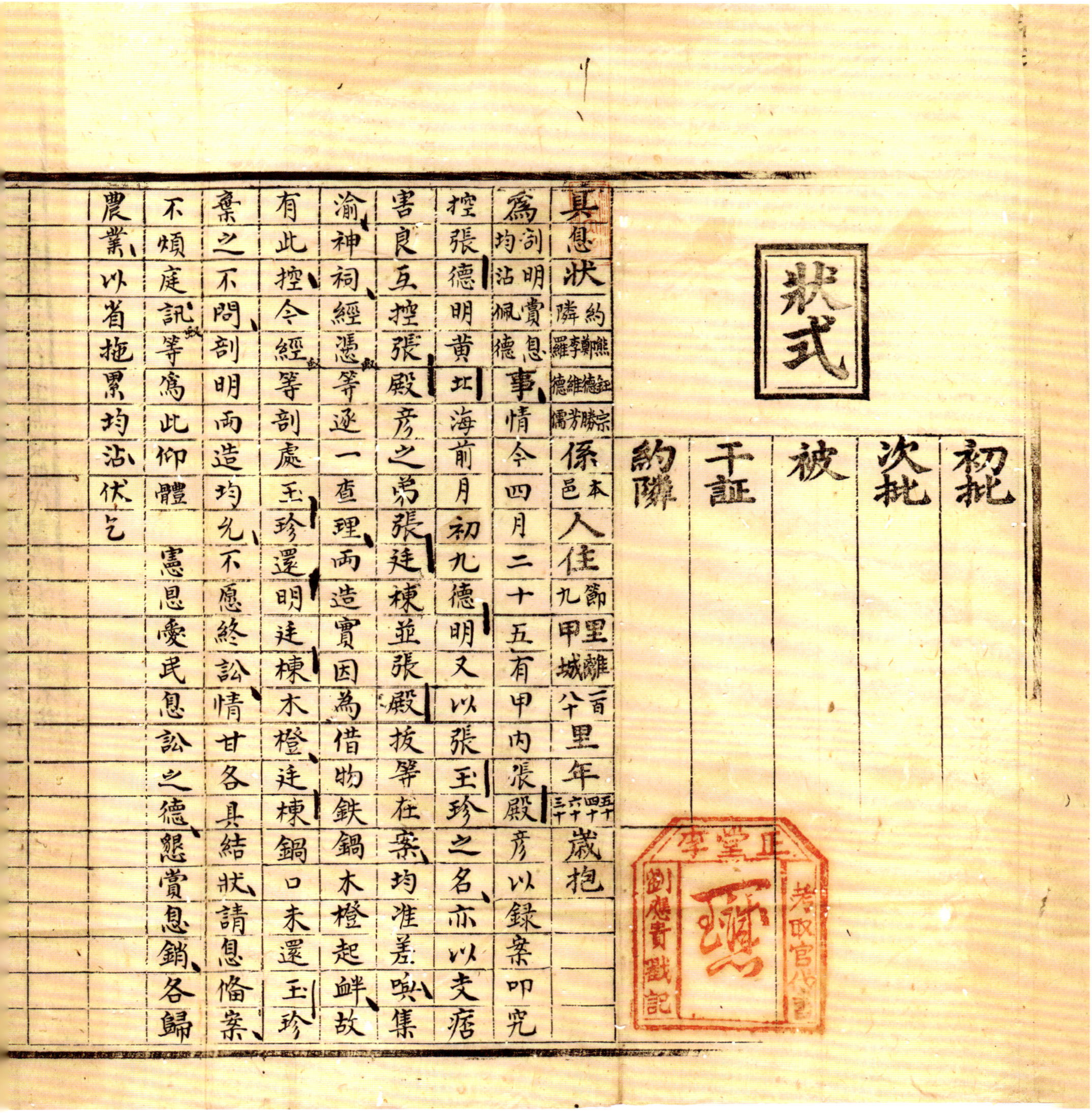

初批

次批

被

干証

約隣

狀式

具息狀約隣熊鈺宗 鄭德芳 李維勝 羅德儒係本邑人住節里離城一百八十里九甲年五十 四十 六十 三十歲抱

為剖明賞息事均沾佩德情今四月二十五有甲內張殿彥以錄案叩究

控張德明黃坮海前月初九德明又以張玉珍之名亦以支痞

害良互控張殿彥之弟張廷棟並張殿拔等在案均准差喚集

渝神祠經憑等（敵）逐一查理兩造實因為借物鉄鍋木橙起衅故

有此控今經等（敵）剖處玉珍還明廷棟木橙廷棟鍋口未還玉珍

棄之不問剖明兩造均允不愿終訟情甘各具結狀請息備案

不煩庭訊等（敵）為此仰體

憲恩愛民息訟之德懇賞息銷各歸

農業以省拖累均沾伏乞

15 道光元年六月二十四日张殿彦、张廷栋结状

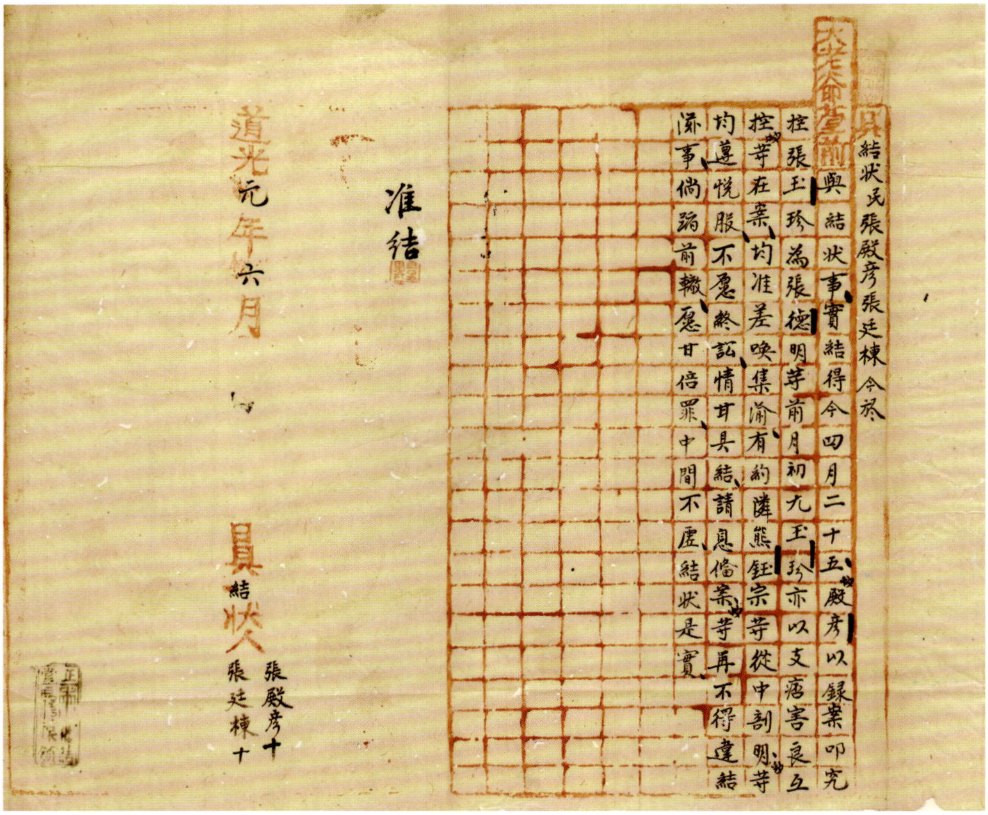
具結狀民張殿彥張廷棟今於
大老爺台前與結狀事實結得今四月二十五殿彥以録案叩究控張玉珍為張德明等前月初九玉珍亦以支瘋害良互控等在案均准差喚集渝有鄰謝熊鈺宗等從中剖明等均遵悅服不愿終訟情甘具結請息備案等再不得違結滋事倘蹈前轍愿甘倍罪中間不虛結狀是實

准結

道光元年六月

具結狀人 張殿彥十 張廷棟十

16 道光元年六月二十四日张玉珍结状

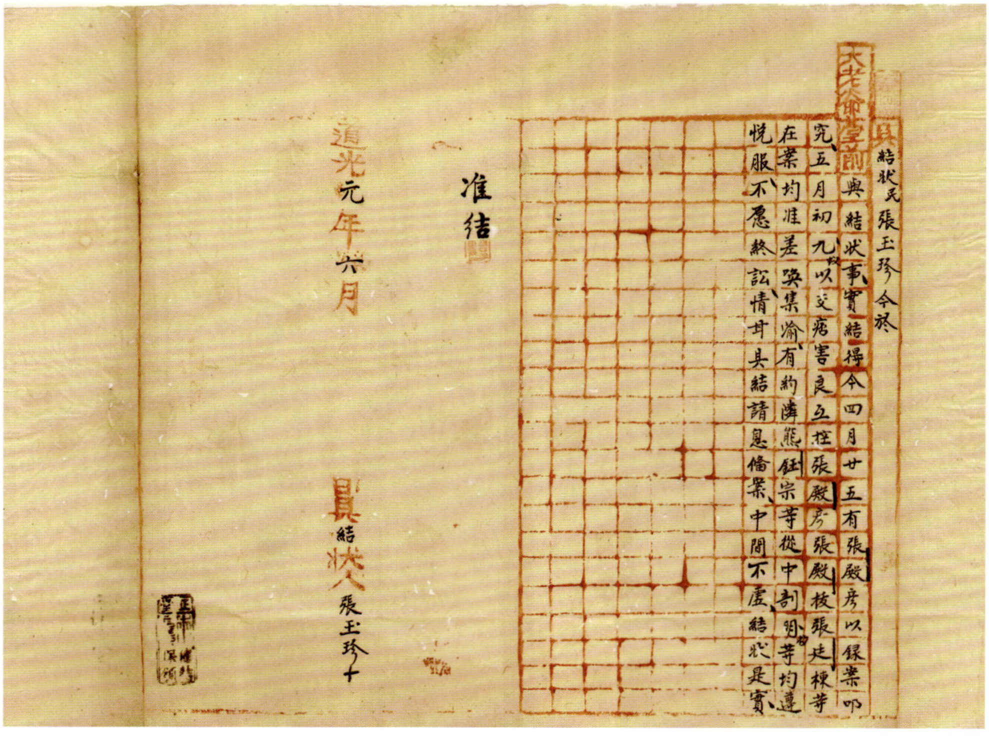
具結狀民張玉珍今於
大老爺台前與結狀事實結得今四月廿五有張殿彥以録案叩究五月初九以支瘋害良互控張殿彥張殿柀張廷棟等在案均准差喚集渝有鄰謝熊鈺宗等從中剖明等均遵悅服不愿終訟情甘具結請息備案中間不虛結狀是實

准結

道光元年六月

具結狀人 張玉珍十

案情导读

清代地方民刑诉讼案件一般遵循属地管理原则，即一般应找当地衙门审理。但道光二年七月，铜梁县民曾世麟控刘纪等一案，却直接告到了四川省提刑按察使司（臬台）。川东道将案件审理权下放到重庆府衙门，重庆府又将案件审理权下放到巴县衙门，这符合清代上控案异地审理的律例规定。

由于程序复杂，本案产生了大量的文书，主要有重庆府下发给巴县的下行文，巴县上报重庆府的上行文，巴县与铜梁县之间关于押解移送嫌犯的平行文，巴县审理本案产生的问据、结状，原被告双方递交县衙的辩诉状等。

道光二年重庆府札委巴县审理铜梁县民曾世麟控刘纪等案

① 原卷封面

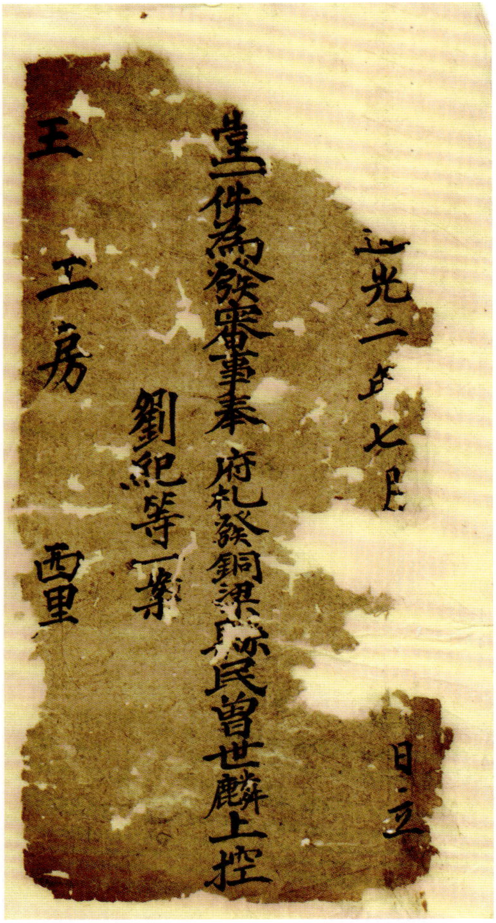
道光二年七月 日立
堂一件為發審事奉 府札發銅梁縣民曾世麟上控
劉紀等一案
王
工房
西里

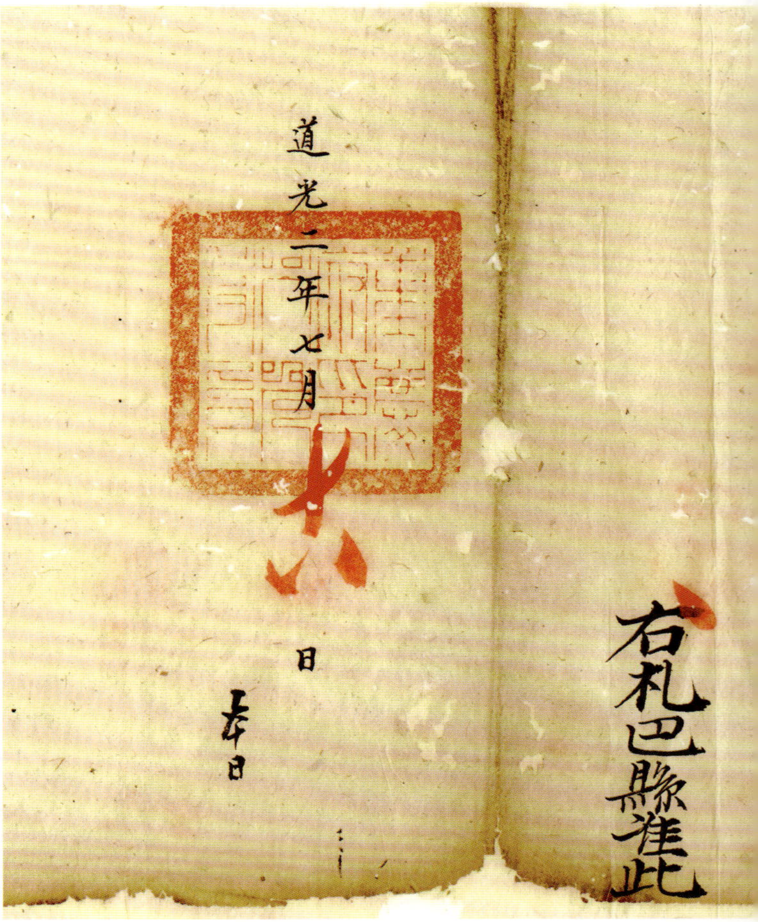
右札巴縣準此
道光二年七月 十六 日

2 道光二年七月十八日重庆府札

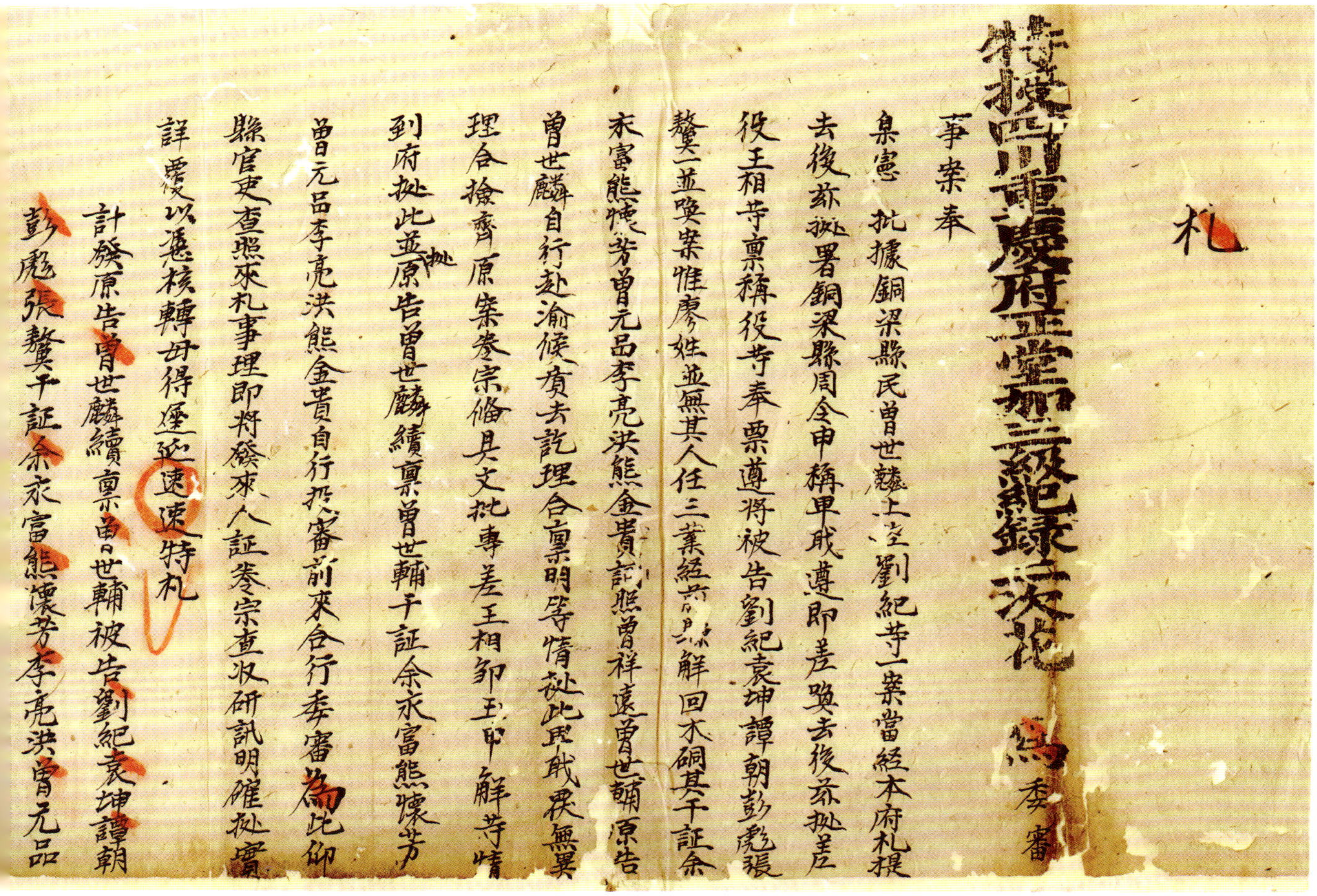
札

特授四川重慶府正堂加三級紀錄二次□　為委審

事案奉

臬憲　批據銅梁縣民曾世麟上控劉紀等一案當經本府札提

去後茲據署銅梁縣周令申稱甲戚遵即差喚去後茲據差

役王相等稟稱役等奉票遵將被告劉紀袁坤譚朝彭彪張

鰲一並喚案惟廖姓並無其人任三業經□□解回木硐其干證余

永富熊懷芳曾元品李亮洪熊金貴訴態曾祥遠曾世輔原告

曾世麟自行赴渝候質去訖理合稟明等情據此民戚甲無異

理合檢齊原案卷宗備具文批專差王相郭玉甲解等情

到府批此並原告曾世麟續稟曾世輔干證余永富熊懷芳

曾元品李亮洪熊金貴自行投審前來合行委審為此仰

縣官吏查照來札事理即將發來人證卷宗查收研訊明確擬實

詳覆以憑核轉毋得遲延速速特札

計發原告曾世麟續稟曾世輔被告劉紀袁坤譚朝

彭彪張鰲干證余永富熊懷芳李亮洪曾元品

3 道光二年七月十八日巴县移解原被告、干证发单

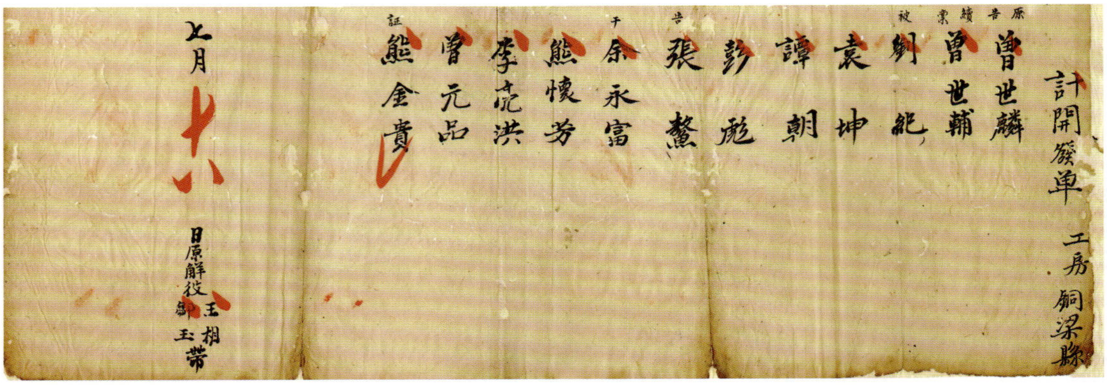
計開發單 工房 銅梁縣
原告 曾世麟
續票 曾世輔
被 劉紀
袁坤
譚朝
彭彪
告 張鰲
干 余永富
熊懷芳
李宬洪
曾元品
証 熊金貴
七月 十八 日原解役 王相 鄧玉 帶

4 道光二年七月十九日朱和义保状

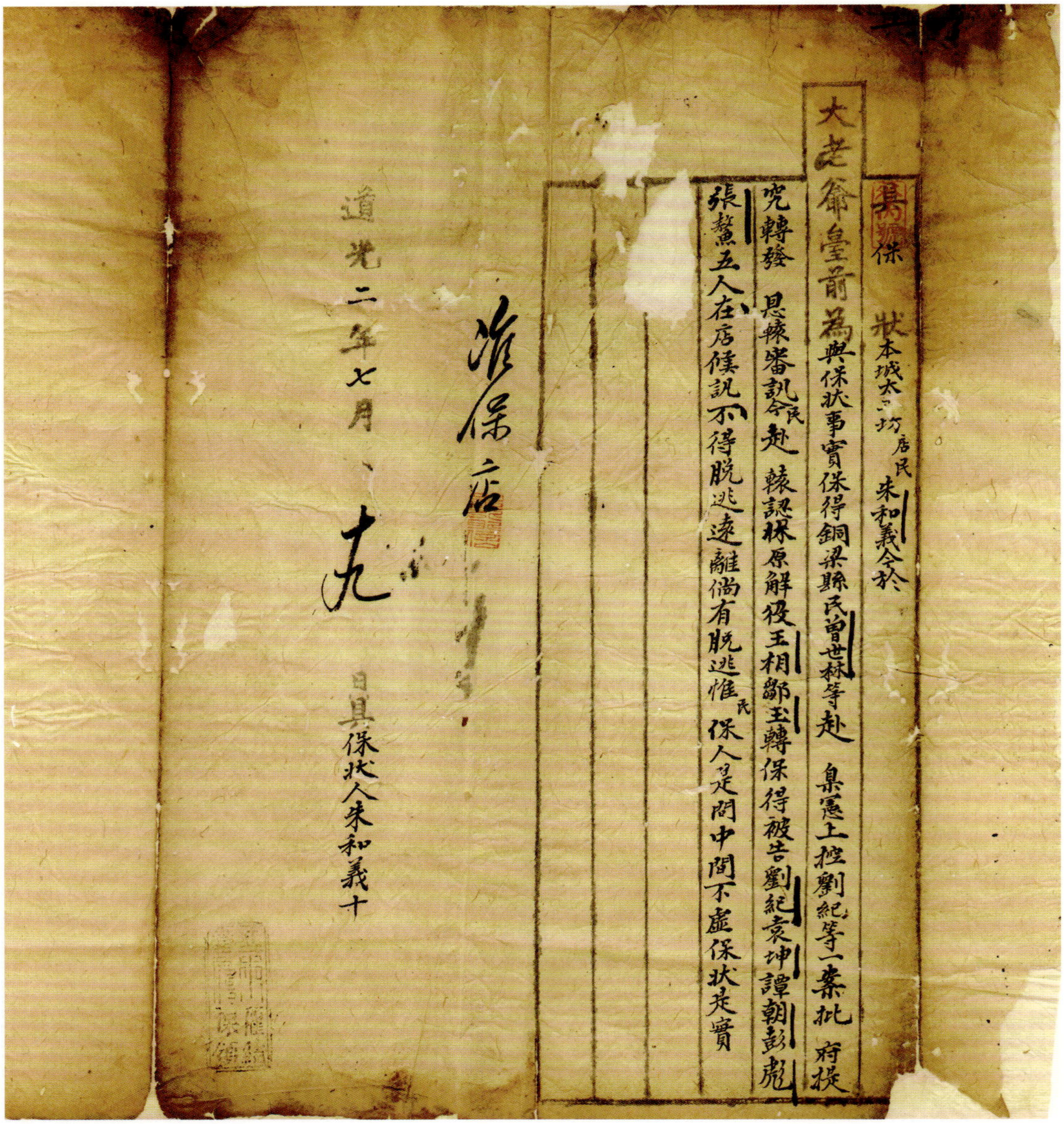
保 狀 本城太平坊居民朱和義今於
大老爺臺前為與保狀事實保得銅梁縣民曾世林等赴
臬憲上控劉紀等一案批 府提
究轉發 恩轅審訊令民赴 轅認保原解役王相鄧玉轉保得被告劉紀袁坤譚朝彭彪
張鰲五人在店候訊不得脫逃遠離倘有脫逃惟民保人是問中間不虛保狀是實
道光二年七月 十九 日具保狀人朱和義十
准保店

5 道光二年七月二十六日巴县衙门工房开审单

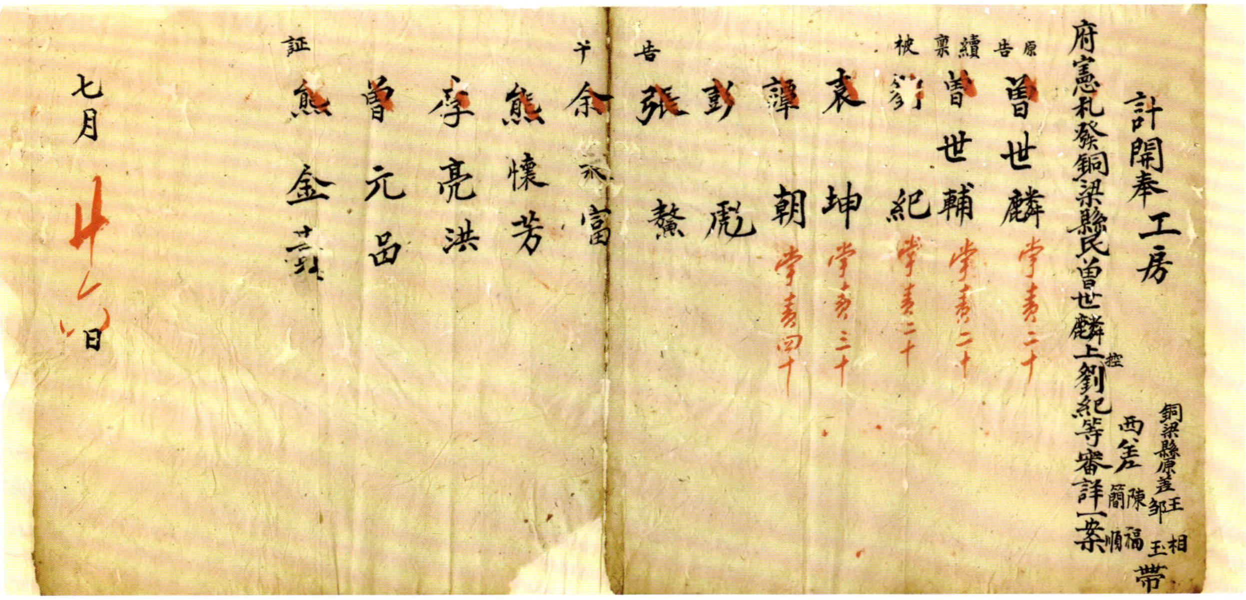
銅梁縣原差王相、鄒玉帶
西差陳福、藺順
計開奉工房
府憲札發銅梁縣民曾世麟上控劉紀等審詳一案
原告 曾世麟 掌責二十
續禀 曾世輔 掌責二十
被 劉紀 掌責二十
袁坤 掌責二十
譚朝 掌責四十
劉彪
告 張鰲
干 余永富
熊懷芳
李亮洪
曾元品
證 熊金焱
七月廿六日

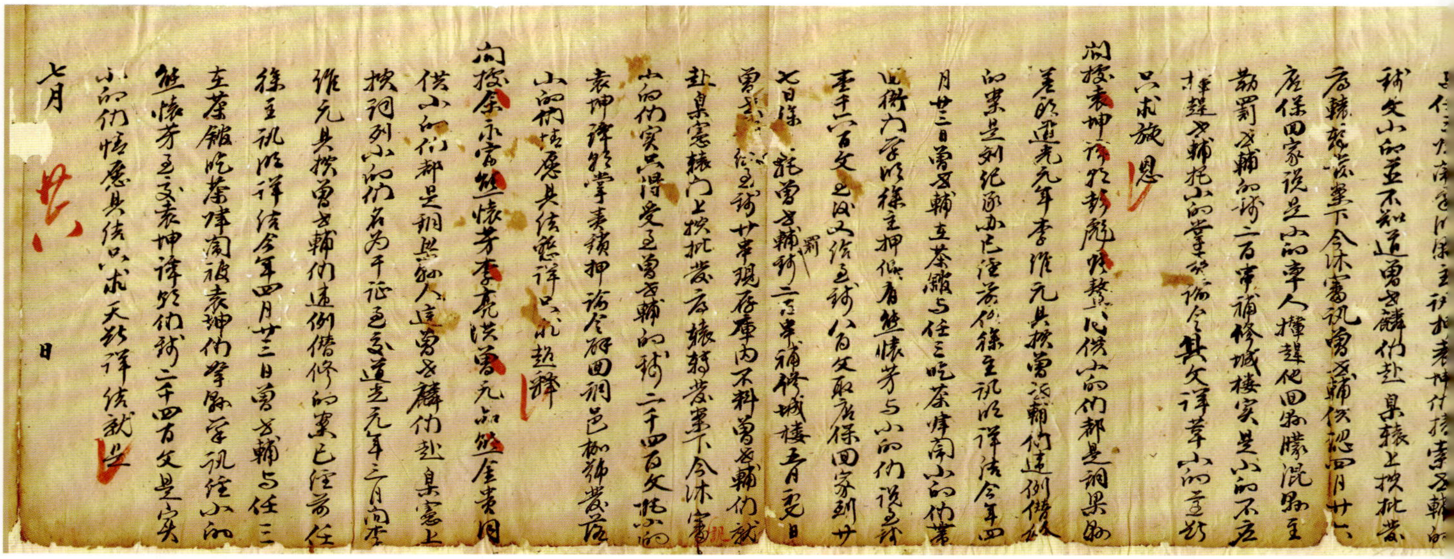

6 道光二年七月二十六日巴县衙门工房讯问笔录

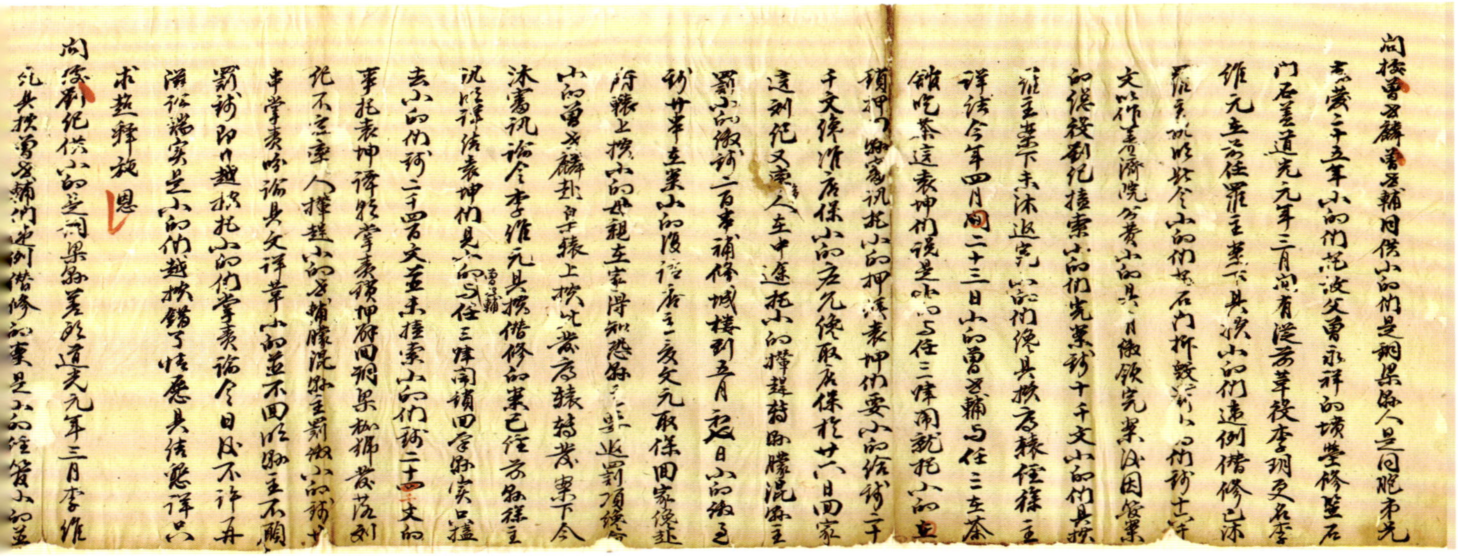

问据曾世麟曾世輔同供小的们是铜梁县人是同胞弟兄
嘉庆二十五年小的们先故父曾永祥的坟茔修筑石
门右差道光元年三月间有泥水匠役李玥又名李
维元与石任罪主业下其挨小的们通远例借修已沐
恩主讯明押令小的们将石门拆毁给小的们钱十六千
文作为济院分赏小的其六月缴领完案没因曾案
内误控刘纪挂索小的们完案钱十千文小的们具挨
恩主案下未沐返完小的们绕具控房椽任禄主
详讯今年四月间二十三日小的曾世輔与任三在茶
馆吃茶这袁坤们说是他与任三律开就托小的
积押了哪客讯托小的押须袁坤们要小的给钱二千
千文纔准店保小的出先绕取店保于廿六日回家
这刘纪又来人在中遥托小的撑辑转的朦混衙主
罚小的缴钱二百串补修城楼到五月初日小的缴足
钱廿串在案小的复话店主一友父元取保回家缴赴
府辕上控小的父亲在家得知恐衙主返罚须绕
小的曾世麟赴府辕上控此案房椽转发案下今
沐审讯谕令李维元具挨借修的案已经衙缘主
讯明详结袁坤们是小的（曾世輔）与任三律开讲回家衙实只揸
去小的们钱二千四百文并未挂索小的们钱二十四文的
事托袁坤译对掌袁摸押府回铜梁松拂发落刘
纪不应率人撑挂小的世辅朦混衙主罚缴小的钱廿
串掌袁吩谕其文详革小的并不回铜衙主不願
罚钱即日赴松托小的们掌袁谕令日后不许再
混控端实是小的们越控错了情愿具结恳详只
求恩释施恩
问据刘纪供小的是铜梁县差役道光元年三月李维
元具挨曾世麟们进例借修的案是小的经管小的并

7 道光二年七月二十六日曾世麟、曾世辅结状

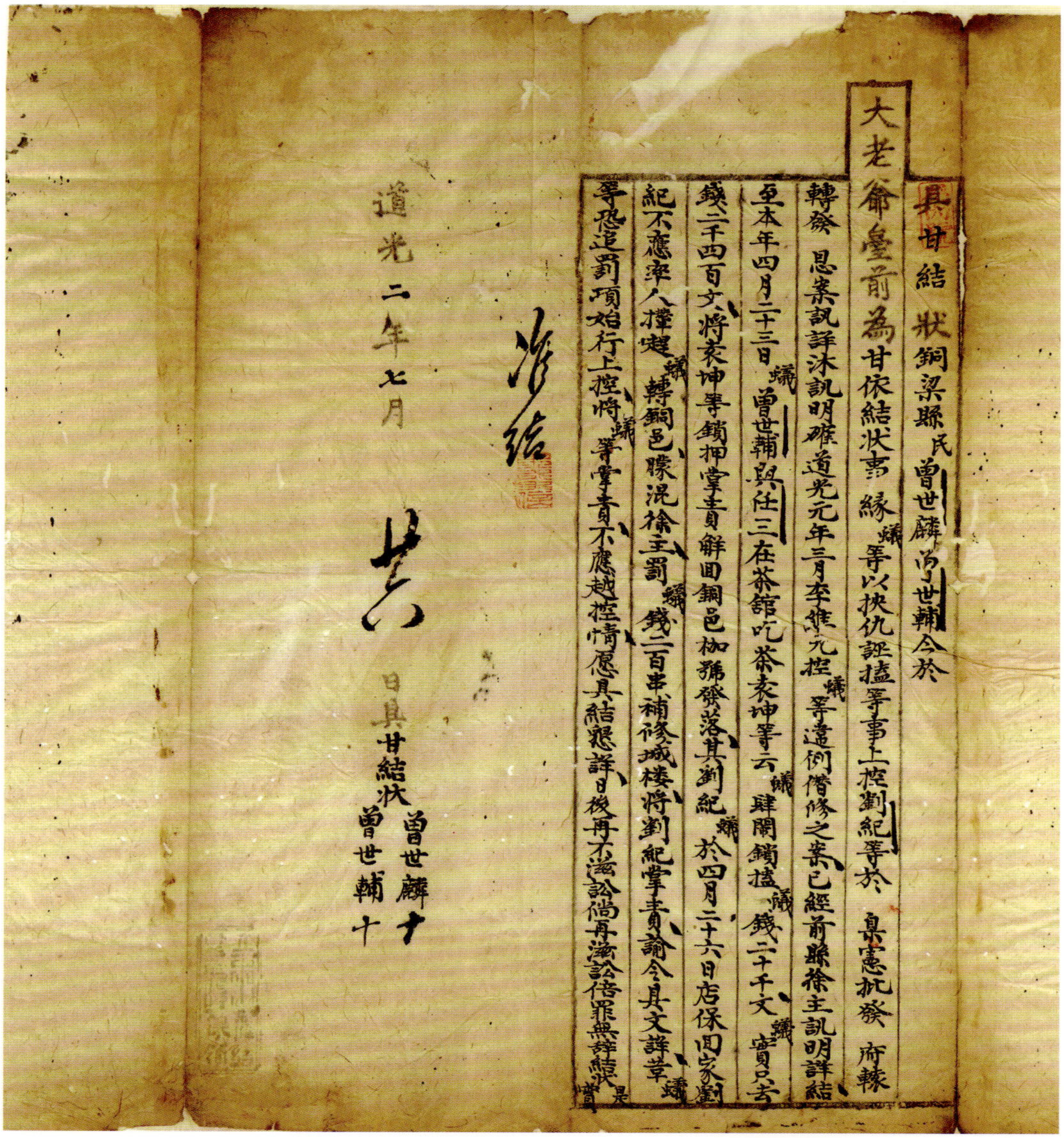
具甘結狀銅梁縣民曾世麟曾世輔今於
大老爺臺前為甘依結狀事緣蟻等以挾仇誣搕等事上控劉紀等於　臬憲批發　府隸
轉發　恩案訊詳沐訊明確道光元年三月李維元控蟻等違例借修之案已經前縣徐主訊明詳結
至本年四月二十三日蟻曾世輔與任三在茶館吃茶袁坤等云蟻肆鬧鎖搕蟻錢二十千文蟻實只去
錢二千四百文將袁坤等鎖押掌責解回銅邑枷號發落其劉紀蟻於四月二十六日店保田家劉
紀不應率人撐毆蟻轉銅邑蒙混徐主罰蟻錢二百串補修城樓將劉紀掌責諭令具文詳革蟻
等恐追罰項始行上控將蟻等掌責不應越控情愿具結懇詳日後再不滋訟倘再滋訟倍罪無辭結狀是實

准結

道光二年七月廿六日具甘結狀曾世麟十
曾世輔十

8 道光二年七月二十六日刘纪结状

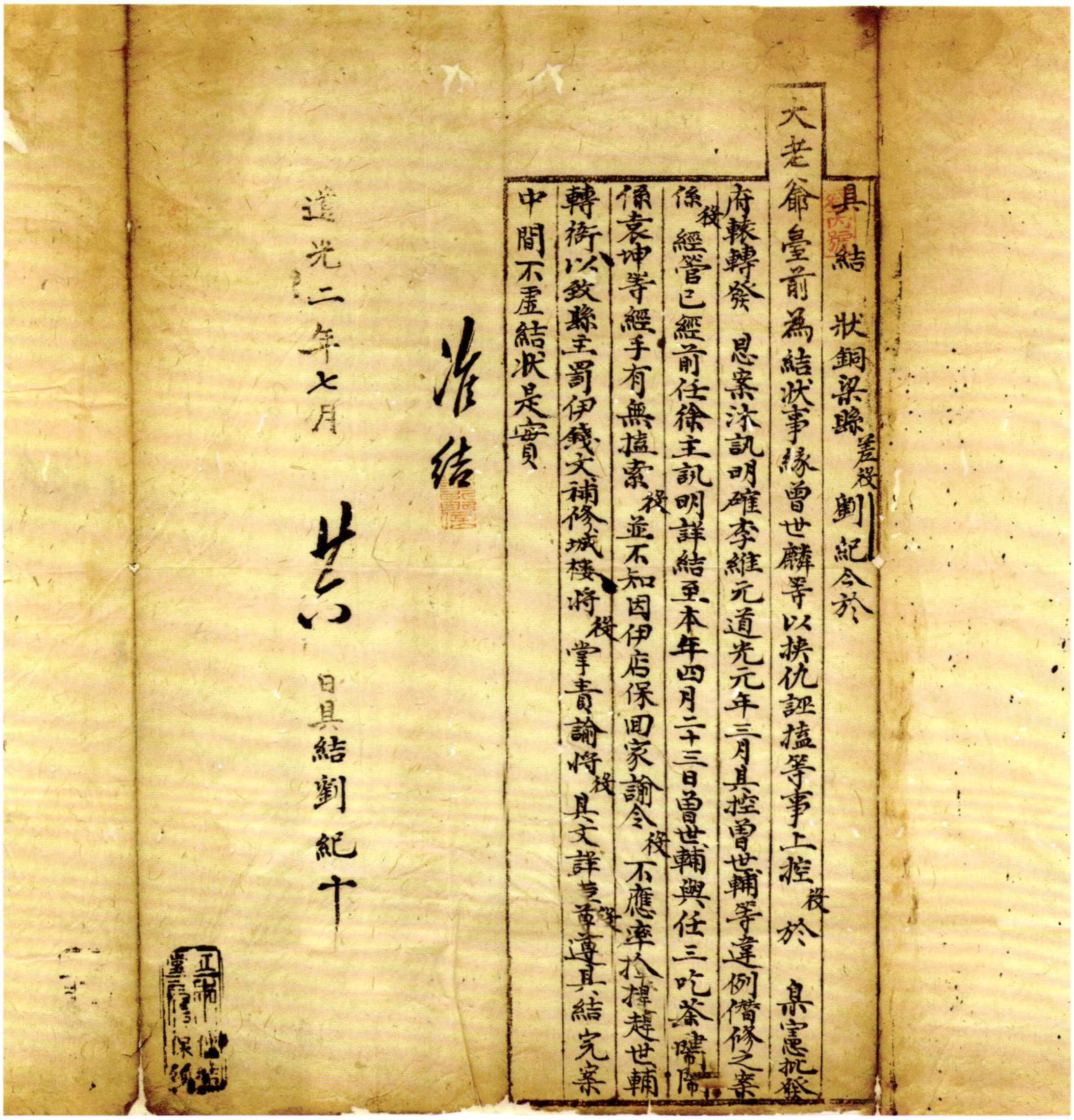
具結狀銅梁縣差役劉紀今於

大老爺臺前為結狀事緣曾世麟等以挾仇誣搕等事上控役於臬憲批發

府轅轉發恩案沐訊明確李維元道光元年三月具控曾世輔等違例借修之案

係役經管已經前任徐主訊明詳結至本年四月二十三日曾世輔與任三吃茶嘯鬧

係袁坤等經手有無搕索役並不知因伊店保回家諭令役不應率於擅趕世輔

轉衙以致縣主罰伊錢文補修城樓將役掌責諭將役具文詳革役遵具結完案

中間不虛結狀是實

准結

道光二年七月廿六日具結劉紀十

9 道光二年七月二十六日袁坤、谭朝、彭彪、张鳌结状

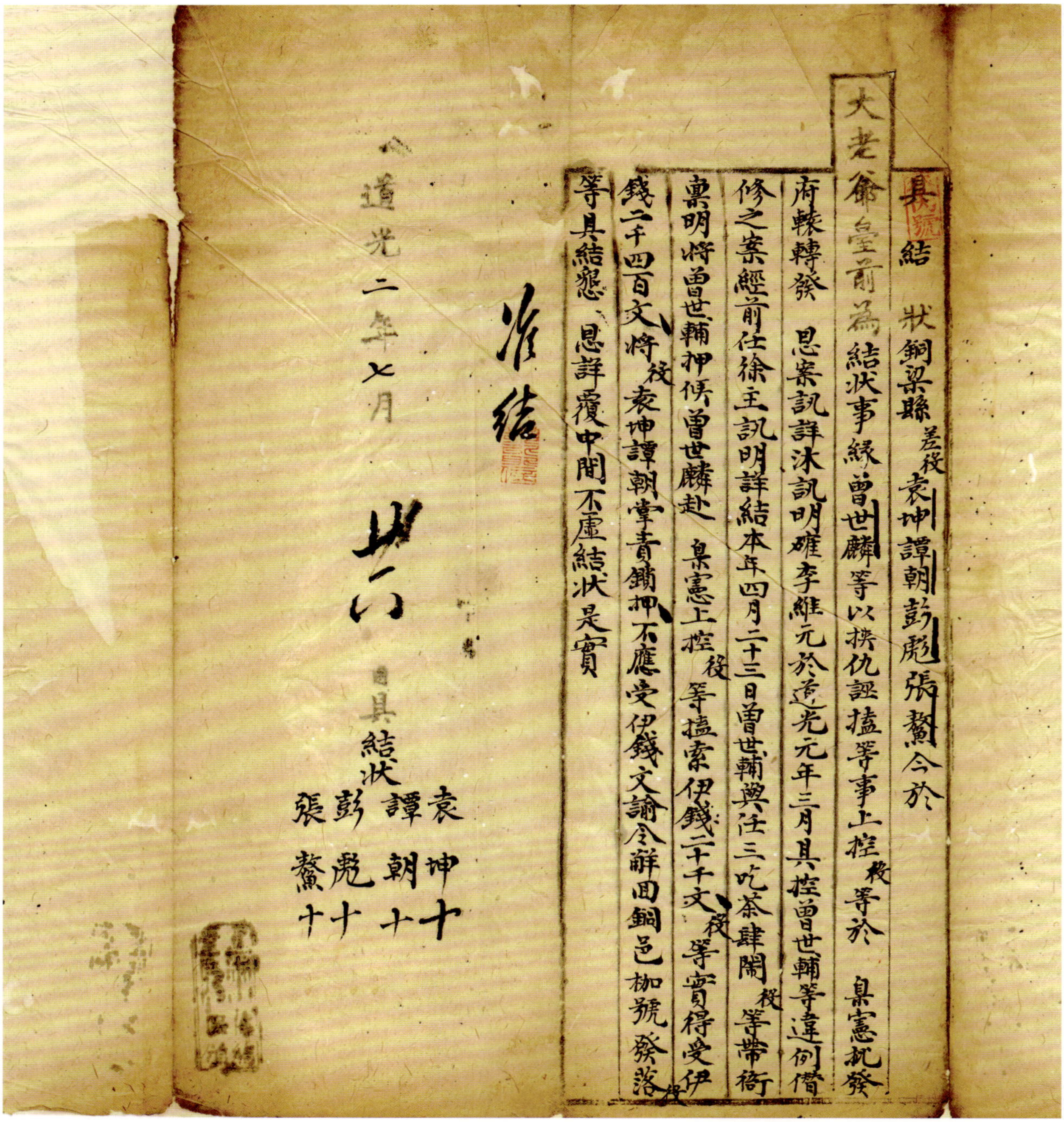
具結狀銅梁縣差役袁坤譚朝彭彪張鰲今於
大老爺臺前爲結狀事緣曾世麟等以挾仇誣搕等事上控役等於 臬憲批發
府轅轉發 恩案訊詳沐訊明確李維元於道光元年三月具控曾世輔等違例僭
修之案經前任徐主訊明詳結本年四月二十三日曾世輔與任三吃茶肆鬧役等帶銜
稟明將曾世輔押候曾世麟赴 臬憲上控役等搕索伊錢二十千文役等實得受伊
錢二千四百文將役袁坤譚朝掌責鎖押不應受伊錢文諭令薛田銅邑枷號發落
等具結愿 恩詳覆中間不虛結狀是實

准結

道光二年七月廿六日具結狀 袁坤十 譚朝十 彭彪十 張鰲十

10 道光二年七月二十六日余永富、熊怀芳、李亮洪、曾元品、熊金贵结状

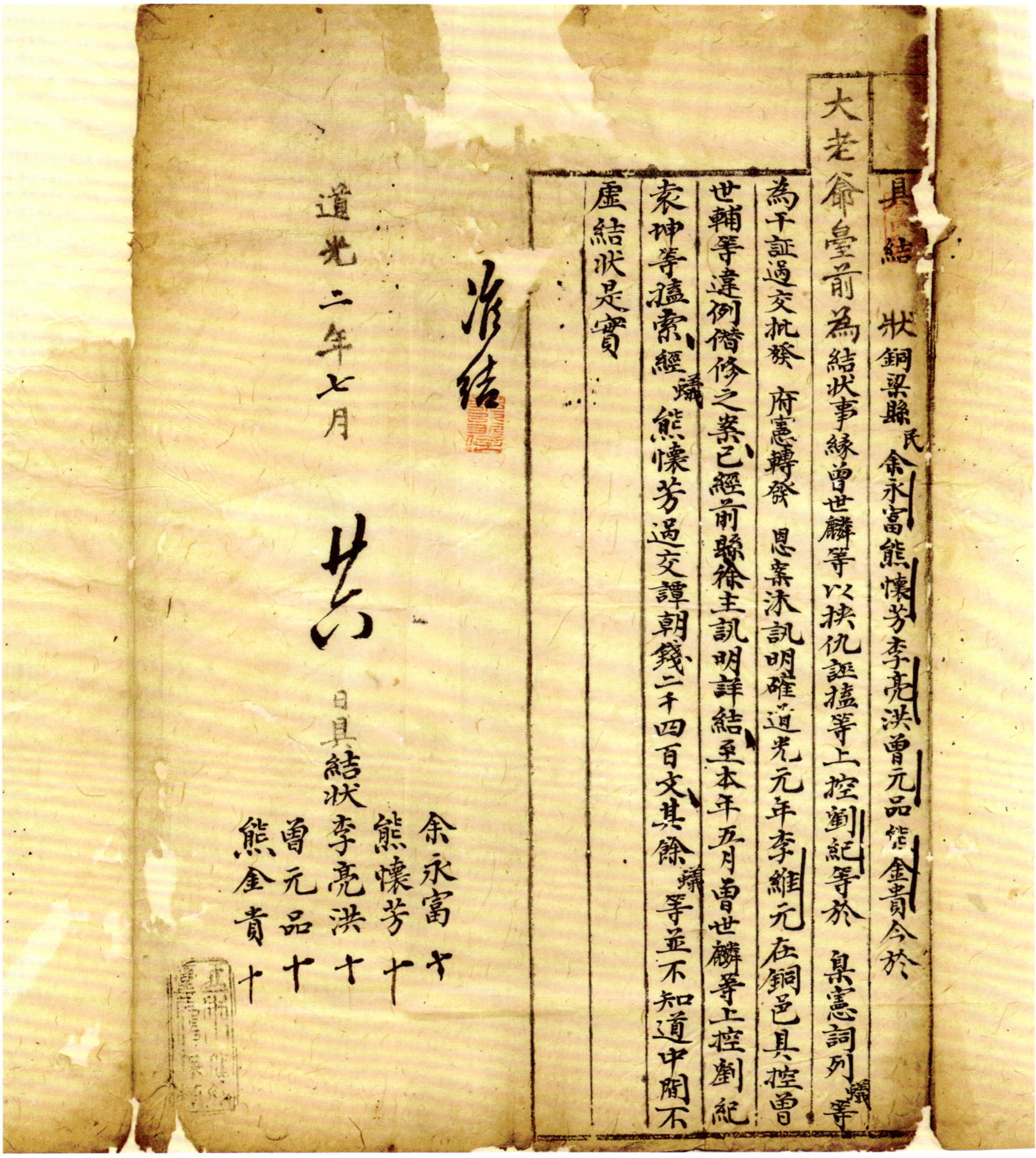

具結狀銅梁縣民余永富、熊懷芳、李亮洪、曾元品、熊金貴今於
大老爺臺前為結狀事。緣曾世麟等以挾仇誣搕等上控劉紀等於臬憲，詞列蟻等
為干証，過交抗發。府憲轉發恩案，沐訊明確。道光元年李維元在銅邑具控曾
世輔等違例僭修之案，已經前縣徐主訊明詳結。至本年五月，曾世麟等上控劉紀、
袁坤等搕索，經蟻熊懷芳過交譚朝錢二千四百文，其餘蟻等並不知道中間，不
虛結狀是實。

准結

道光二年七月廿六日具結狀 余永富十 熊懷芳十 李亮洪十 曾元品十 熊金貴十

11-1 道光二年八月初一日巴县衙门工房拟呈重庆府详文稿

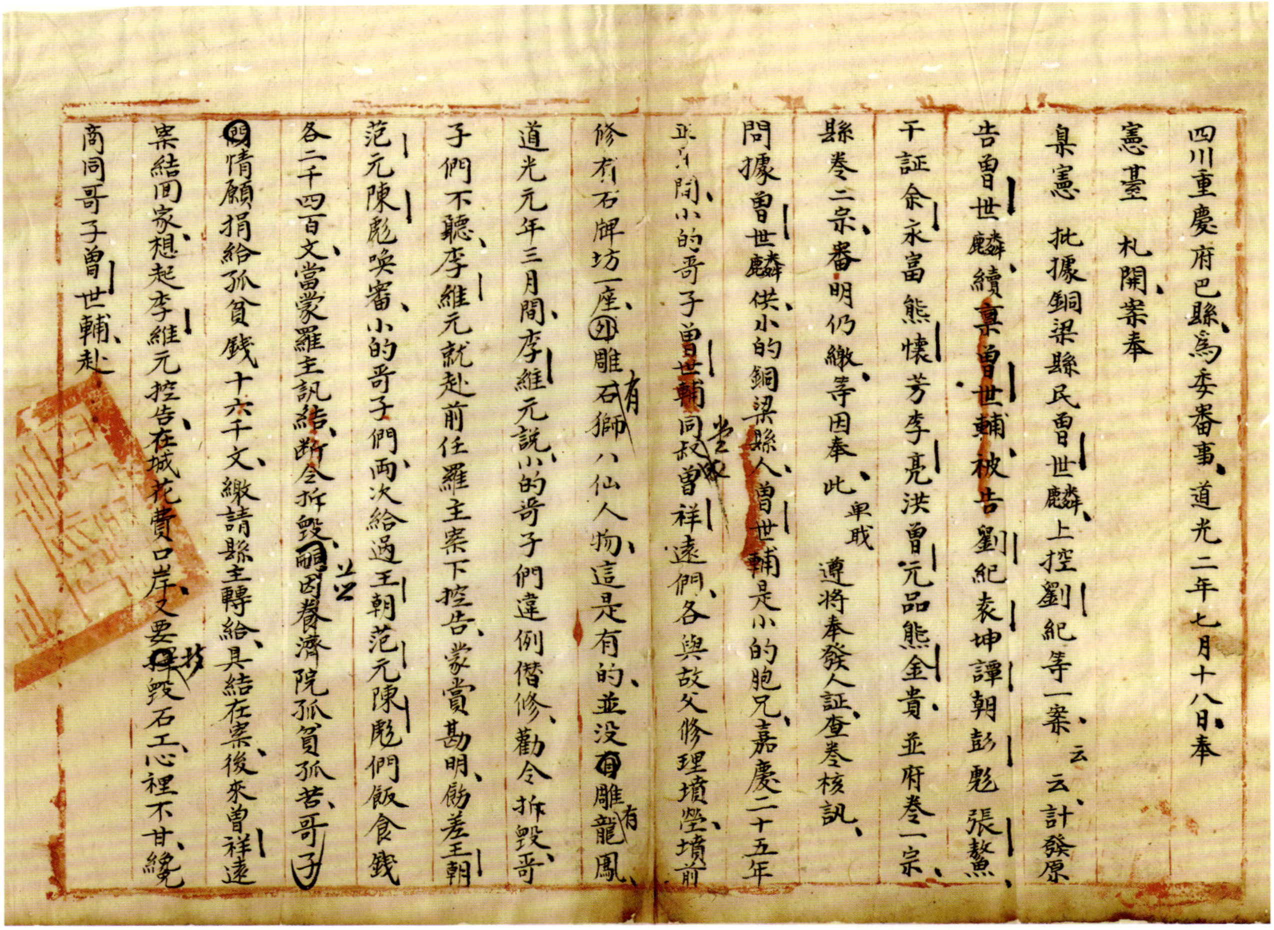
四川重慶府巴縣為委審事。道光二年七月十八日奉
憲臺 札開、案奉
臬憲 批據銅梁縣民曾世麟上控劉紀等一案、云云、計發原
告曾世麟、續稟曾世輔，被告劉紀、袁坤、譚朝、彭彪、張鰲、
干証余永富、熊懷芳、李亮、洪曾元、品熊金貴，並府卷一宗、
縣卷二宗、審明仍繳等因、奉此。卑職遵將奉發人証查卷核訊、
問據曾世麟供：小的銅梁縣人，曾世輔是小的胞兄。嘉慶二十五年
正月間，小的哥子曾世輔同叔曾祥遠們各與故父修理墳塋，墳前
修有石牌坊一座，雕石獅、八仙人物，這是有的，並沒有雕龍鳳。
道光元年三月間，李維元說小的哥子們違例僭修，勸令拆毀，哥
子們不聽，李維元就赴前任羅主案下控告，蒙賞勘明，飭差王朝
范元、陳彪喚審，小的哥子們兩次給過王朝范元、陳彪們飯食錢
各二千四百文，當蒙羅主訊結，斷令拆毀，因養濟院孤貧孤苦，哥子
甘情願捐給孤貧錢十六千文，繳請縣主轉給，具結在案。後來曾祥遠
案結回家，想起李維元控告在城花貴口岸，又要挾毀石工，心裡不甘，繞
商同哥子曾世輔赴

11 - 2

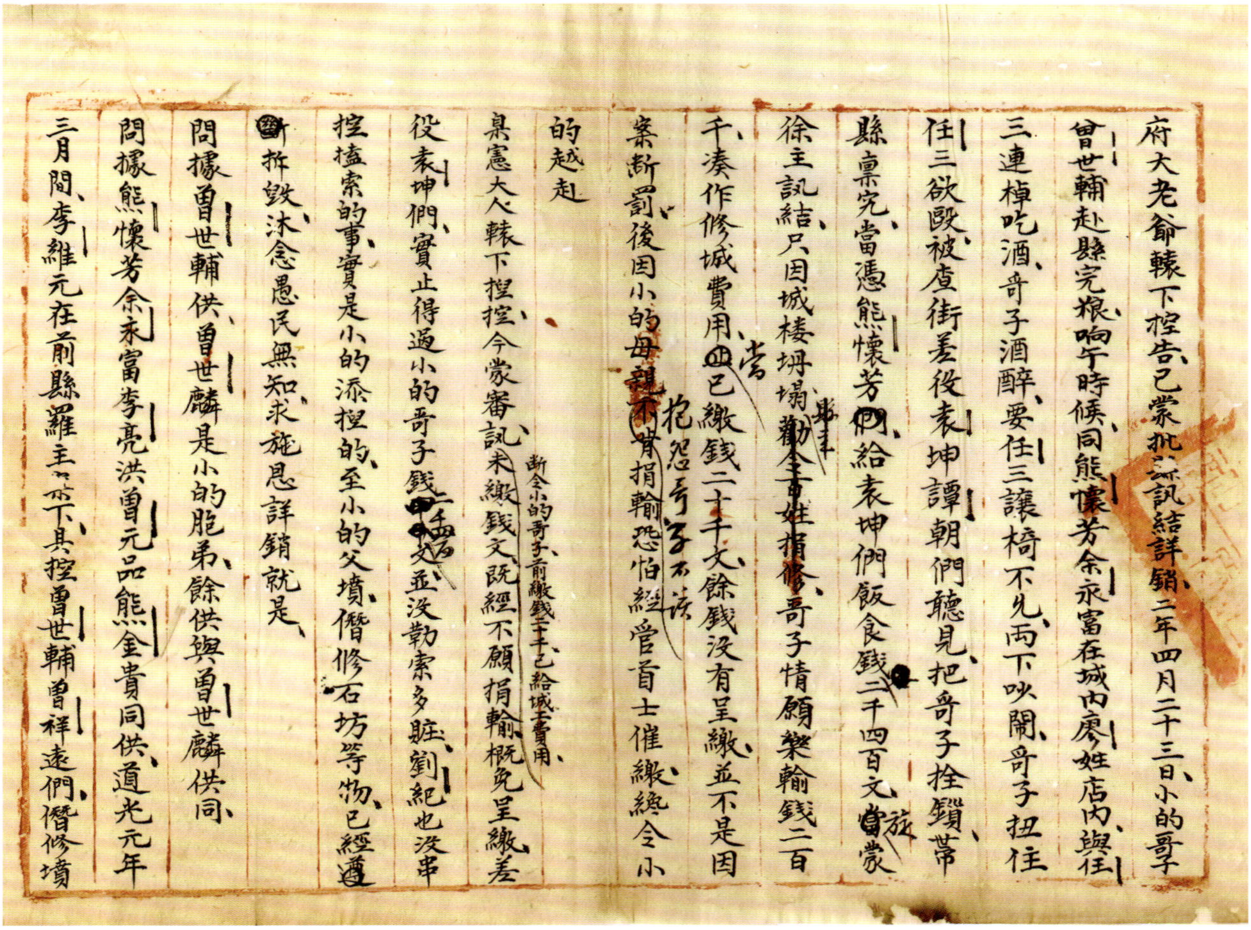
府大老爺轅下控告、已蒙批示訊結詳銷、二年四月二十三日、小的哥子
曾世輔赴縣完粮、晌午時候、同熊懷芳、余永富在城内廖姓店内與任
三連棹吃酒、哥子酒醉、要任三讓椅不允、丙下吵閙、哥子扭住
任三欲毆、被查街差役袁坤、譚朝們聽見、把哥子拴鎖、帶
縣稟究、當憑熊懷芳們給袁坤們飯食錢二千四百文、旋蒙
徐主訊結、只因城樓坍塌、勸令書姓捐修、哥子情願樂輸錢二百
千、湊作修城費用、當已繳錢二十千文、餘錢没有呈繳、並不是因
案斷罰、後因小的母親不肯捐輸、恐怕經管首士催繳、總令小
抱怨哥子不該
的越赴
臬憲大人轅下捏控、今蒙審訊、未繳錢文、既經不願捐輸、槪免呈繳、差
斷令小的哥子前繳錢二十千已給城工費用、
役袁坤們、實止得過小的哥子錢一千二百文、並沒勒索多贓、劉紀也沒串
控搕索的事、實是小的添捏的、至小的父墳、僭修石坊等物、已經遵
斷拆毁、沐念愚民無知、求施恩詳銷就是、
問據曾世輔供、曾世麟是小的胞弟、餘供與曾世麟供同、
問據熊懷芳、余永富、李亮洪、曾元品、熊金貴同供、道光元年
三月間、李維元在前縣羅主〻下具控曾世輔、曾祥遠們僭修墳

11 - 3

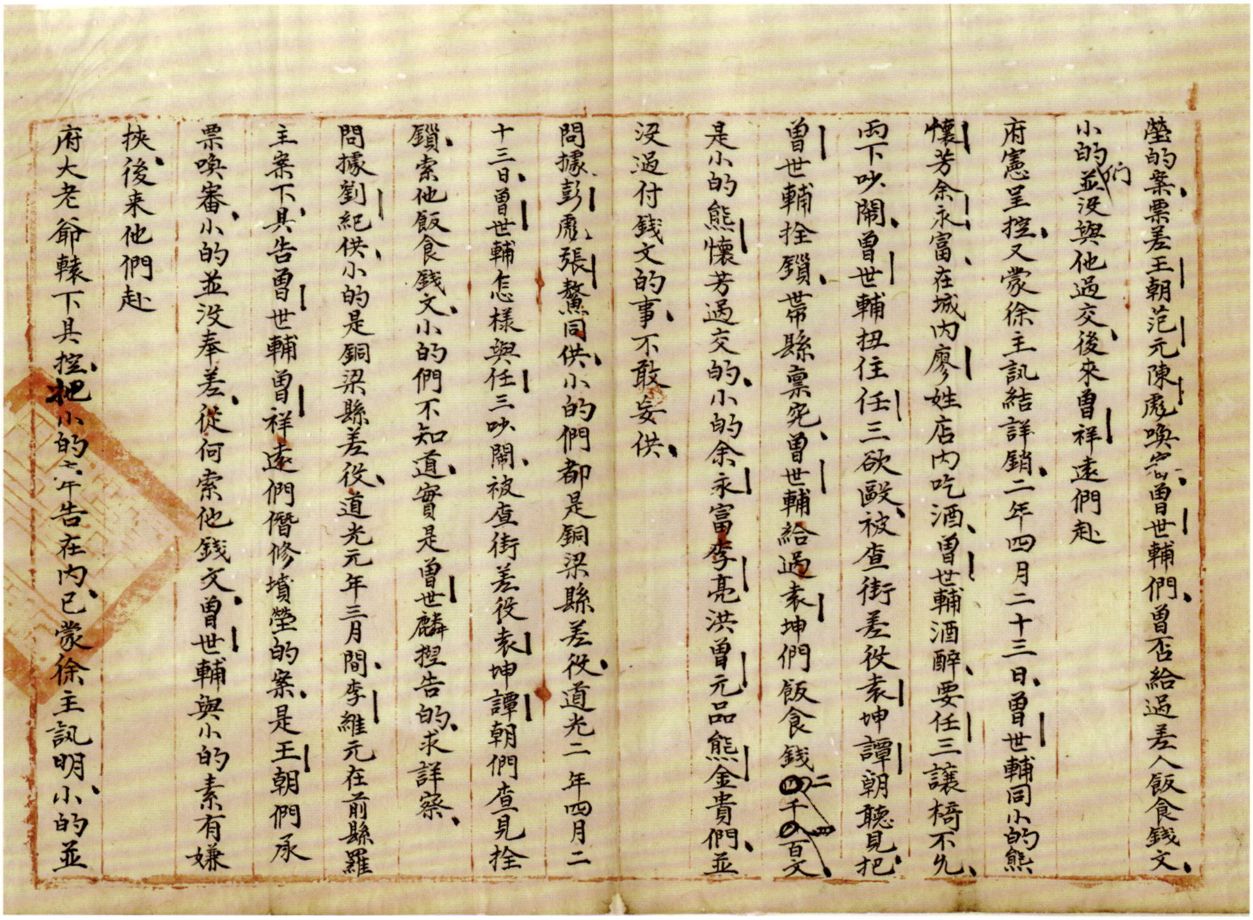
塋的案、票差王朝、范元、陳彪喚案、曾世輔們、曾否給過差人飯食錢文、
小的們並沒與他過交、後來曾祥遠們赴
府憲呈控、又蒙徐主訊結詳銷、二年四月二十三日、曾世輔同小的熊
懷芳、余永富在城內廖姓店內吃酒、曾世輔酒醉、要任三讓椅不允、
兩下吵鬧、曾世輔扭住任三砍毆、被查街差役袁坤、譚朝聽見、把
曾世輔拴鎖、帶縣稟究、曾世輔給過袁坤們飯食錢二千四百文、
是小的、熊懷芳過交的、小的、余永富、李亮洪、曾元品、熊金貴們並
沒過付錢文的事、不敢妄供、
問據彭彪、張鰲同供、小的們都是銅梁縣差役、道光二年四月二
十三日、曾世輔怎樣與任三吵鬧、被查街差役袁坤、譚朝們查見拴
鎖、索他飯食錢文、小的們不知道、實是曾世麟揑告的、求詳察、
問據劉紀供、小的是銅梁縣差役、道光元年三月間、李維元在前縣羅
主案下具告曾世輔、曾祥遠們僭修墳塋的案、是王朝們承
票喚審、小的並沒奉差、從何索他錢文、曾世輔與小的素有嫌
挾、後來他們赴
府大老爺轅下具控、把小的也告在內、已蒙徐主訊明、小的並

11 - 4

沒串搕的事、實是他們妄控、詳蒙批結在案、二年四月二十三日、曾
世輔酒醉、在廖姓店內與任三吵鬧、被小的班內查街差役袁坤
譚朝查見、把曾世輔們拴鎖、帶縣審訊、袁坤譚朝們怎樣
索他飯食錢文、小的先不知道、後來小的查知、已把袁坤譚朝
們村斥過的、小的並沒索他錢文的事、至曾世輔捐修城樓錢文、
是結案後、他自己情願樂輸的、小的豈能聳斷、這是他挾嫌
捏告的、今蒙嚴訊、袁坤們需索飯食錢文、小的實係失於查察、
事後又沒稟究、實是小的錯了、求施恩、
問據袁坤譚朝同供、小的們都是銅梁縣差役、奉票查街、道光二年
四月二十三日晌午、查至廖姓店門、聽得店內吵鬧、小的們隨進店
內、見曾世輔扭住任三欲毆、小的們喝阻不住、纔把曾世輔任三拴
鎖、帶縣稟究、曾世輔給過小的們飯食錢共二千四百文、各分錢
一千二百文、是熊懷若過交、差役劉紀先不知道、事後查知、把小的
們村斥過的、今蒙嚴審、小的們實止得曾世輔飯食錢二千四
百文、並沒多索錢文、實是小的們錯了、求施恩、各等供、據此、該縣
知縣王　審看得銅梁縣民曾世麟、上控劉紀等挾仇誣搕

11 - 5

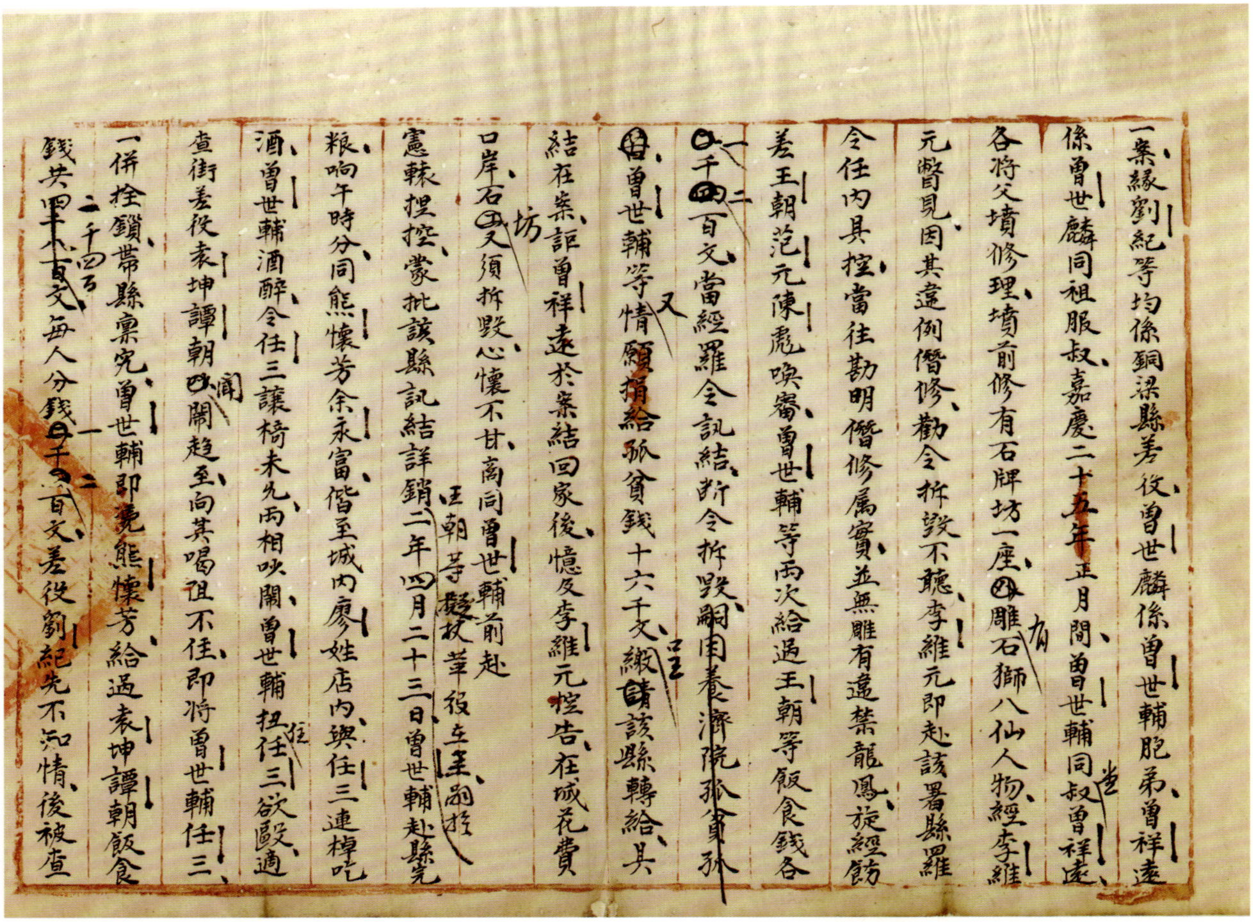
一案緣劉紀等均係銅梁縣差役，曾世麟係曾世輔胞弟，曾祥遠
係曾世麟同祖服叔。嘉慶二十五年正月間，曾世輔同叔曾祥遠
各將父墳修理，墳前修有石牌坊一座，方雕石獅八仙人物，經李維
元瞥見，因其違例僭修，勸令拆毀不聽，李維元即赴該署縣羅
令任內具控，當往勘明僭修屬實，並無雕有違禁龍鳳，旋經飭
差王朝、范元、陳彪喚審，曾世輔等兩次給過王朝等飯食錢各
一千二百文，當經羅令訊結，斷令拆毀，飭回養濟院孤貧孫
曾世輔等情願捐給孤貧錢十六千文，繳請該縣轉給，具
結在案，詎曾祥遠於案結回家後，憶及李維元控告，在城花費
口岸，石坊又須拆毀，心懷不甘，商同曾世輔前赴
憲轅捏控，蒙批該縣訊結詳銷。二年四月二十三日，曾世輔赴縣完　王朝等疑被革役[illegible]
糧，晌午時分，同熊懷芳、余永富偕至城內廖姓店內，與任三連桌吃
酒。曾世輔酒醉，令任三讓椅，未允，兩相吵鬧，曾世輔扭任三欲毆，適
查街差役袁坤、譚朝聞鬧趕至，向其喝阻不住，即將曾世輔、任三
一併拴鎖，帶縣稟究。曾世輔即邀熊懷芳給過袁坤、譚朝飯食
錢共二千四百文，每人分錢一千二百文，差役劉紀先不知情，後被查

11 - 6

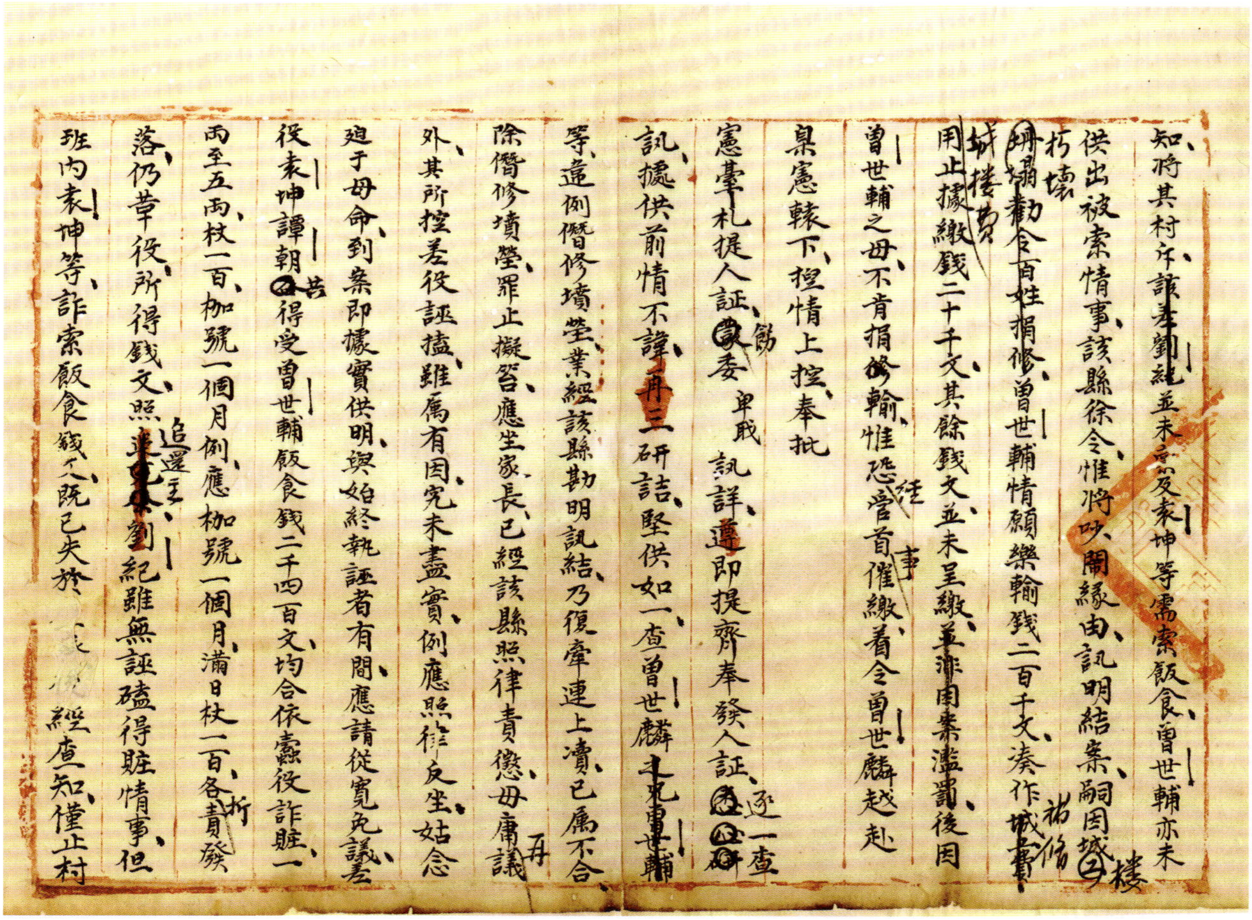
知，將其村斥詐差劉紀並未言及袁坤等需索飯食、曾世輔亦未
供出被索情事，該縣徐令惟將吵鬧緣由訊明結案，嗣因城樓
朽壞
坍塌，勸令百姓捐修，曾世輔情願樂輸錢二百千文，湊作城費
城樓費
用止據繳錢二十千文，其餘錢文並未呈繳，並非因案濫罰。後因
曾世輔之母不肯捐輸，惟恐首事催繳，着令曾世麟越赴
臬憲轅下，捏情上控，奉批
憲臺札提人證，飭委卑職訊詳，遵即提齊奉發人證，逐一查研
訊，據供前情不諱，再三研詰，堅供如一。查曾世麟、曾世輔
等違例僭修墳塋，業經該縣勘明訊結，乃復牽連上瀆，已屬不合。
除僭修墳塋罪止擬笞，應坐家長，已經該縣照律責懲，毋庸再議
外，其所控差役誣搕，雖屬有因，究未盡實，例應照律反坐，姑念
廹于母命，到案即據實供明，與始終執誣者有間，應請從寬免議。差
役袁坤、譚朝得受曾世輔飯食錢二千四百文，均合依蠹役詐贓一
兩至五兩，杖一百，枷號一個月，例應枷號一個月，滿日杖一百，折責發
落，仍革役，所得錢文照追還主。劉紀雖無誣磕得贓情事，但
班內袁坤等詐索飯食錢文，既已失於經查知，僅止村

11 - 7

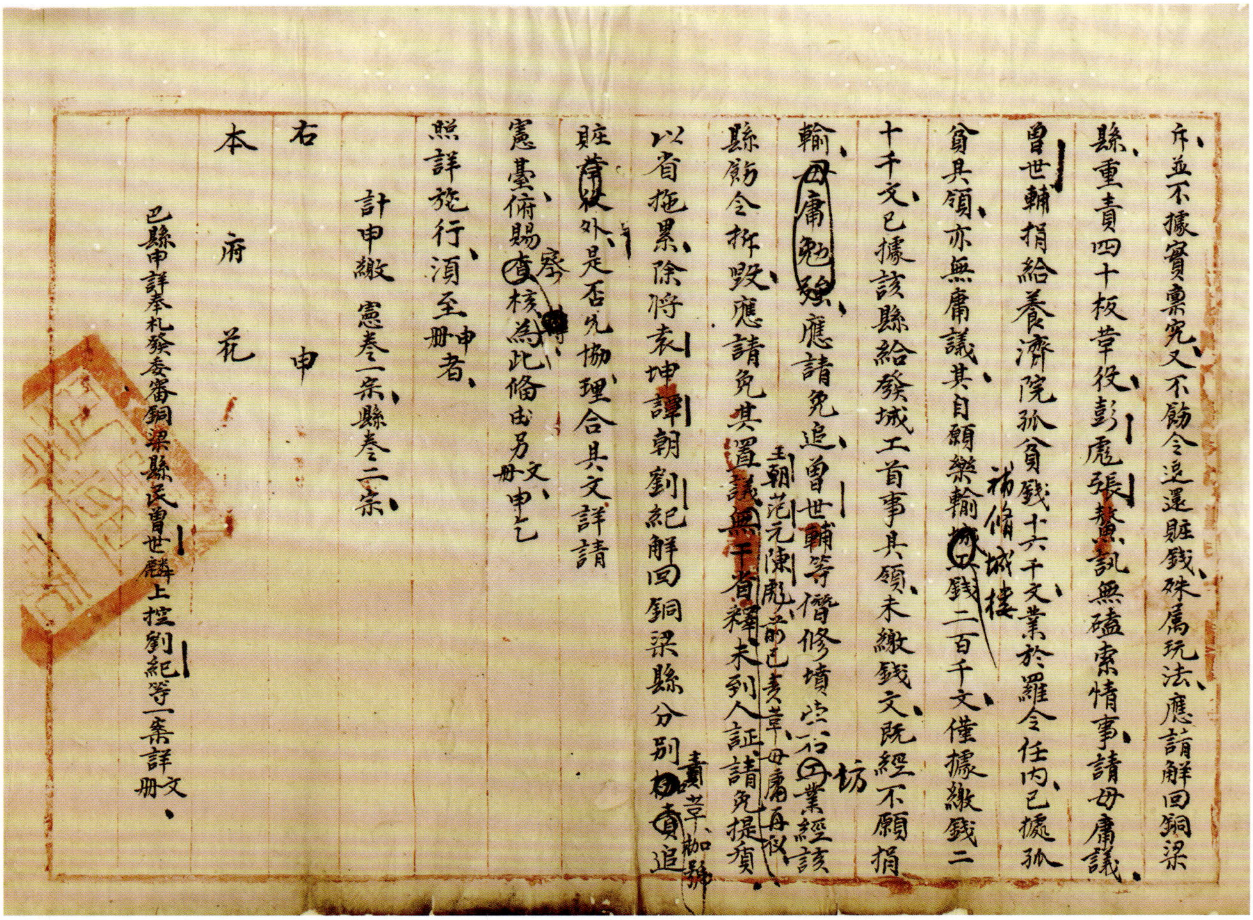
亦並不據實稟究，又不飭令追還贓錢，殊屬玩法，應請解回銅梁
縣重責四十板，革役。彭應張、蔡熙訊無磕索情事，請毋庸議。
曾世輔捐給養濟院孤貧錢十六千文，業於羅令任內已據孤
貧具領，亦無庸議。其自願樂輸修城樓錢二百千文，僅據繳錢二
十千文，已據該縣給發城工首事具領，未繳錢文既經不願捐
輸，毋庸勉強，應請免追。曾世輔等僭修墳莊石坊業經該
縣飭令拆毀，應請免其置議。無干省釋。王朝范元、陳彪亦已責革，毋庸再議。未到人證請免提質，
以省拖累。除將袁坤、譚朝、劉紀解回銅梁縣分別責革、枷號追
贓外，是否允協，理合具文詳請
憲臺俯賜察核，為此備由另冊，申乞
照詳施行，須至冊申者。
計申繳 憲叁一宗、縣叁二宗
右 申
本 府 花
巴縣申詳奉札發委審銅梁縣民曾世麟上控劉紀等一案詳文冊

11 - 8

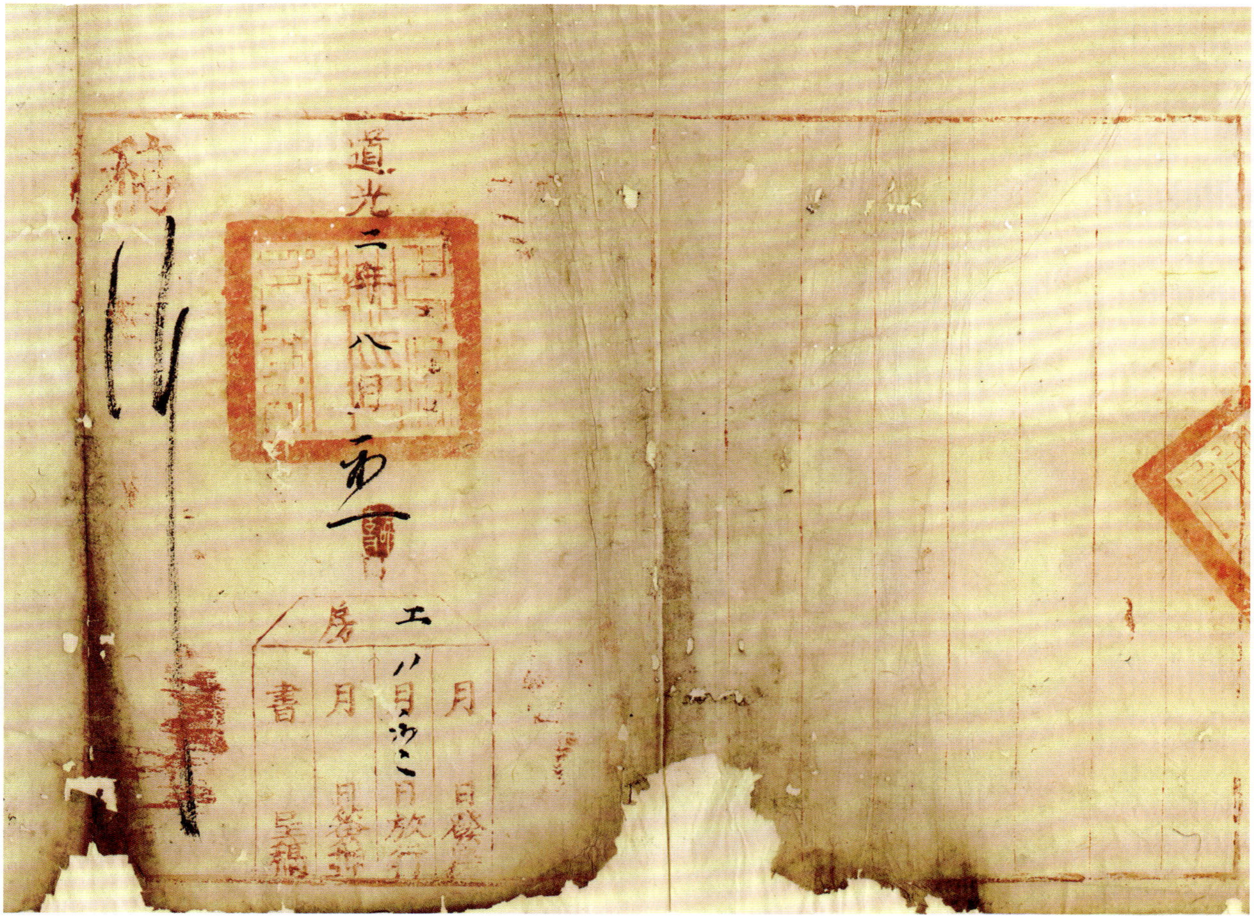
道光二年八月

房

月　日發

月　日放行

書　呈稿

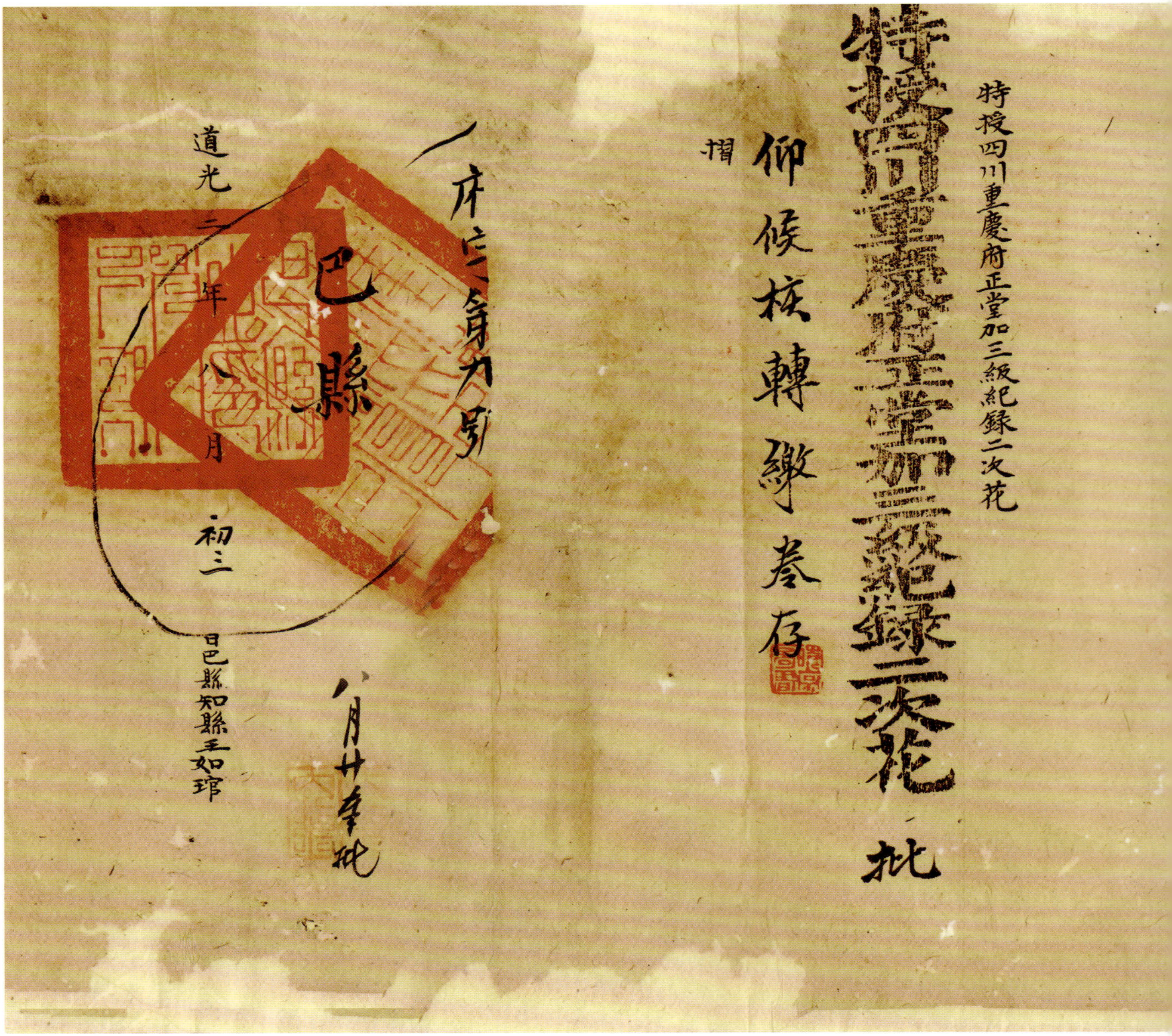
特授四川重慶府正堂加三級紀錄二次花
特授四川重慶府正堂加三級紀錄二次花 批
揖
仰候核轉繳卷存
一[illegible]
巴縣
八月廿[illegible]批
道光二年八月初三日巴縣知縣王如琯

12 道光二年八月初三日巴县衙门详文及重庆府回批

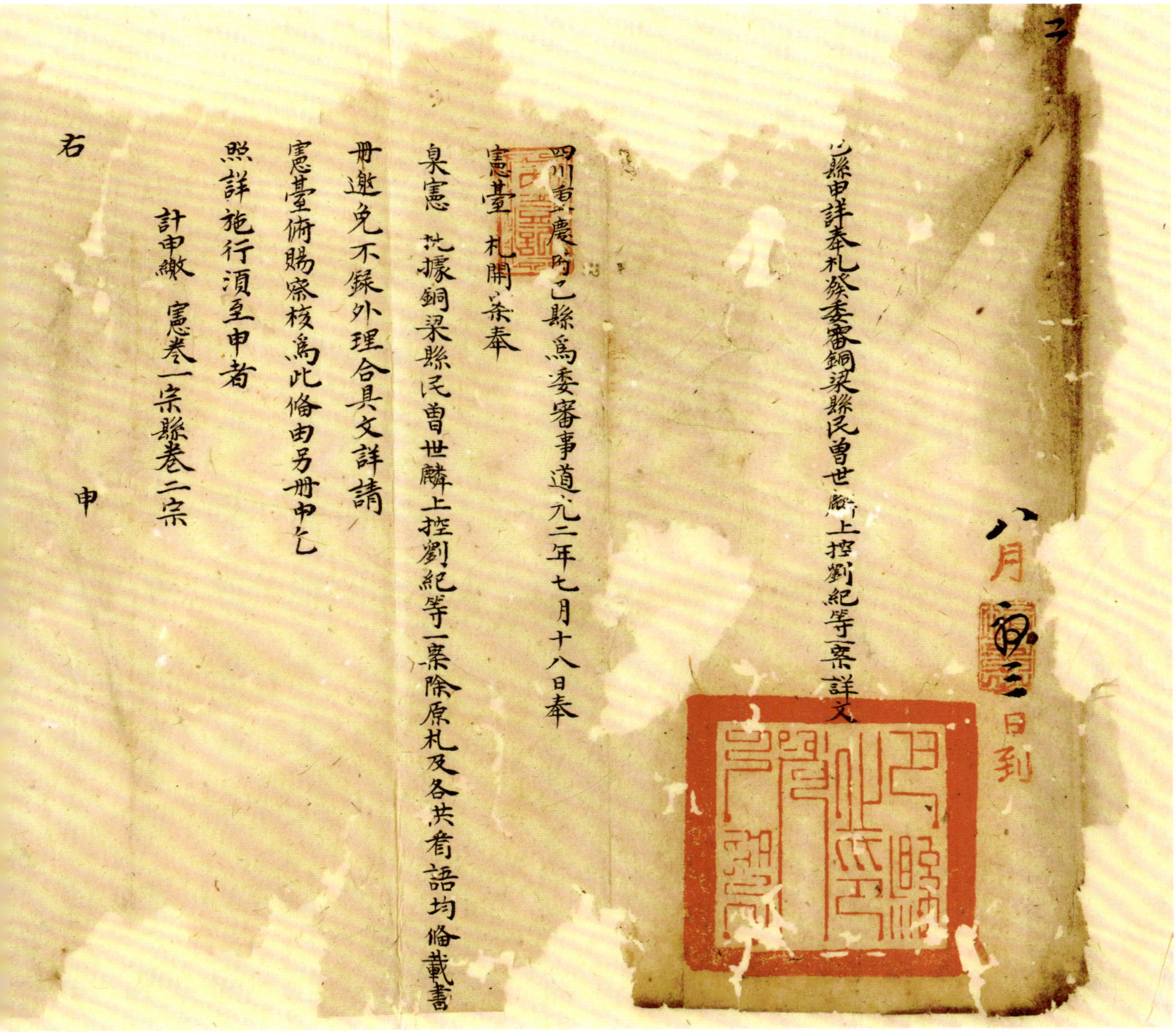
二

巴縣申詳奉札發委審銅梁縣民曾世麟上控劉紀等一案詳文

八月初三日到

四川重慶府巴縣為委審事道光二年七月十八日奉
憲臺札開案奉
臬憲 批據銅梁縣民曾世麟上控劉紀等一案除原札及各共看語均備載書
冊邀免不録外理合具文詳請
憲臺俯賜察核為此備由另冊申乞
照詳施行須至申者
計申繳 憲卷一宗縣卷二宗
右 申

13 道光二年八月十七日重庆府札

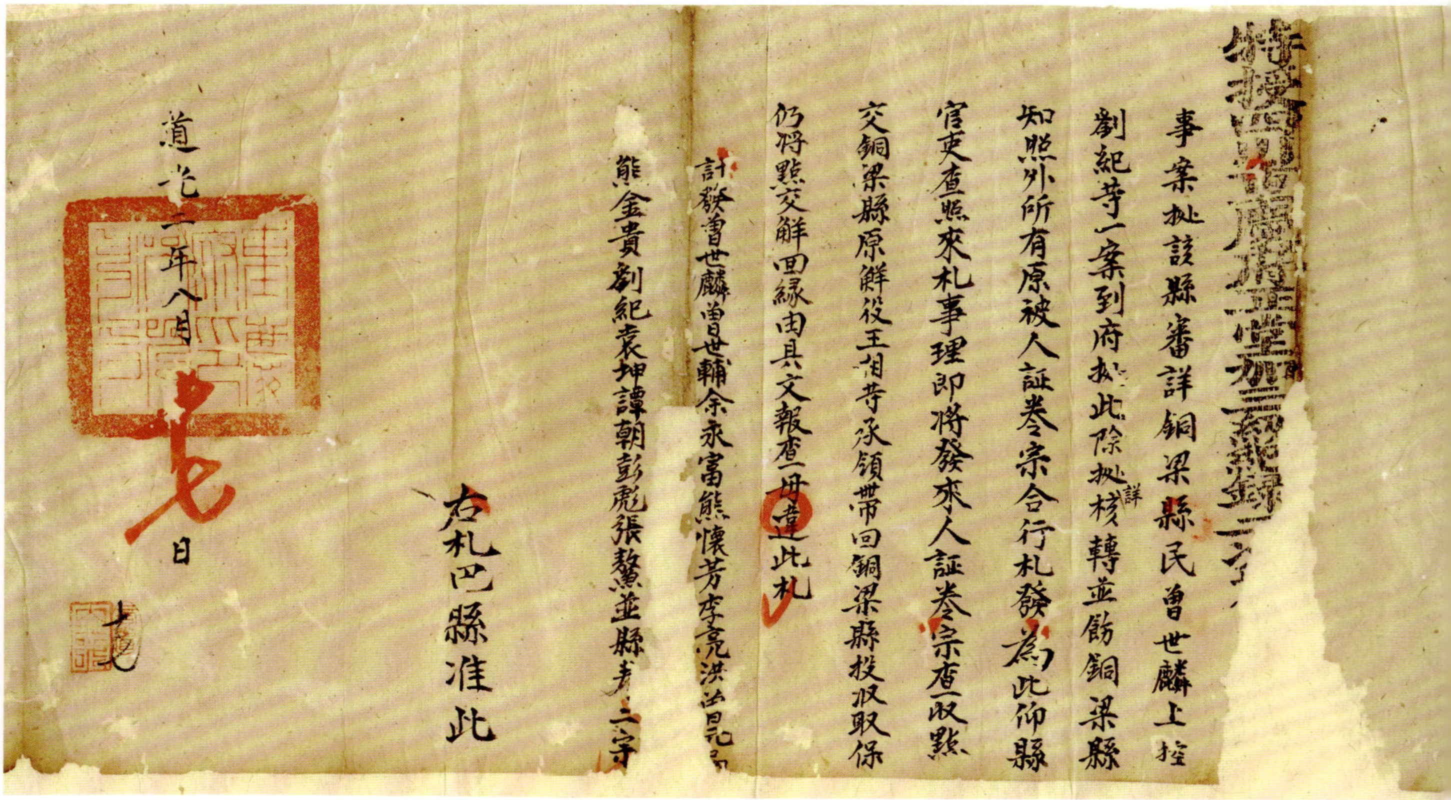
特授四川重慶府正堂加三級紀錄一次
事案批該縣審詳銅梁縣民曾世麟上控
劉紀等一案到府批此除批詳核轉並飭銅梁縣
知照外所有原被人證卷宗合行札發爲此仰縣
官吏查照來札事理即將發來人證卷宗查收照
交銅梁縣原解役王相等承領帶回銅梁縣投收取保
仍將點交解回緣由具文報查毋違此札
計發曾世麟曾世輔余永富熊懷芳李亮洪
熊金貴劉紀袁坤譚朝彭彪張鰲並縣卷二宗
右札巴縣准此
道光二年八月十七日

14 道光二年八月十九日巴县衙门工房拟移解原被告、卷宗移文稿

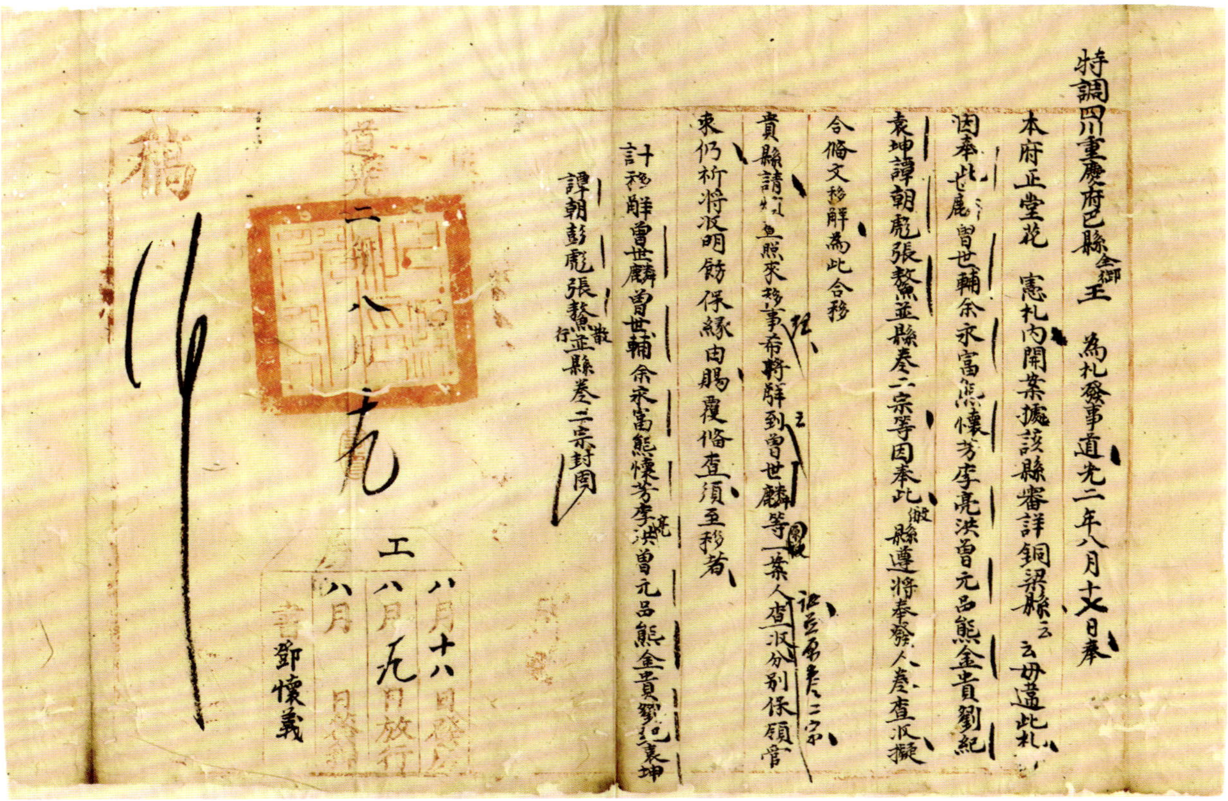
特調四川重慶府巴縣正堂王　為札發事。道光二年八月十六日奉
本府正堂花　憲札內開：案據該縣審詳銅梁縣云云，毋違，此札。
因奉此。曾世輔、余永富、熊懷芳、李亮洪、曾元品、熊金貴、劉紀
袁坤、譚朝彪、張鰲並縣卷二宗等因。奉此，敝縣遵將奉發人卷查收，擬
合備文移解。為此合移
貴縣，請煩查照來移事希將解到曾世麟等一案人卷查收，分別保領、管
束，仍祈將收明飭保緣由賜覆備查。須至移者。
計移解曾世麟、曾世輔、余永富、熊懷芳、李亮洪、曾元品、熊金貴、劉紀、袁坤
譚朝彪、張鰲並縣卷二宗封固
工
八月十八日發房
八月十九日放行
八月　日發行
書鄧懷義
道光二年八月十九
稿

15 道光二年八月二十日巴县衙门工房开点解单

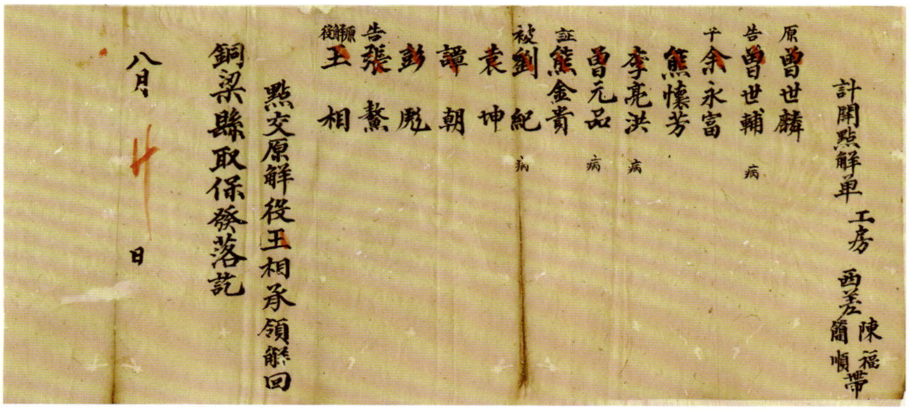
計開點解單 工房 西差 陳福 甯順 帶
原告 曾世麟
告 曾世輔 病
干 余永富
熊懷芳
李亮洪 病
曾元品 病
証 熊金貴
被 劉紀 病
袁坤
譚朝
彭彪
告 張鰲
役解原 王相
點交原解役王相承領解回
銅梁縣取保發落訖
八月 廿 日

16 道光二年八月二十日铜梁县衙解役王相领状

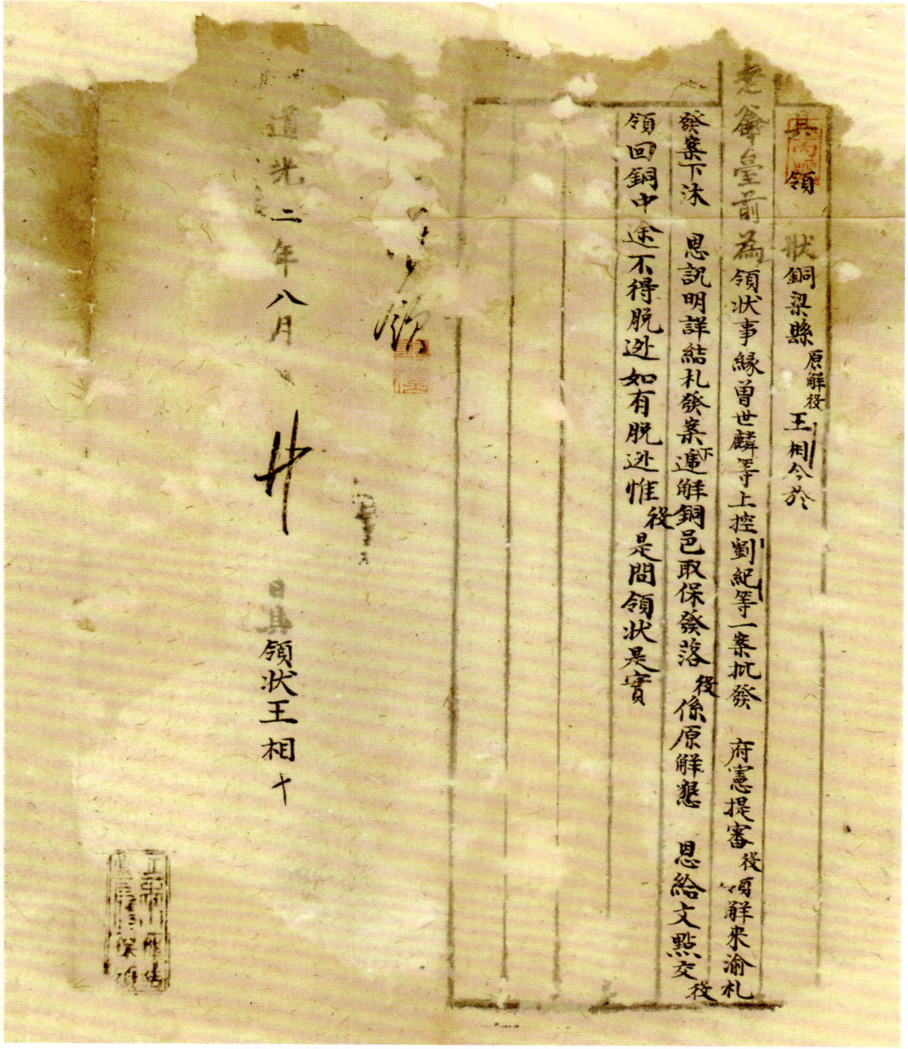
具領狀銅梁縣原解役王相今於
老爺台前為領狀事緣曾世麟等上控劉紀等一案批發 府憲提審役…解來渝札
發案下沐 恩訊明詳結札發案下解銅邑取保發落 役係原解懇 恩給文點交役
領回銅中途不得脫逃如有脫逃惟役是問領狀是實
道光二年八月 廿 日具領狀王相十

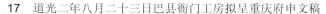

17 道光二年八月二十三日巴县衙门工房拟呈重庆府申文稿

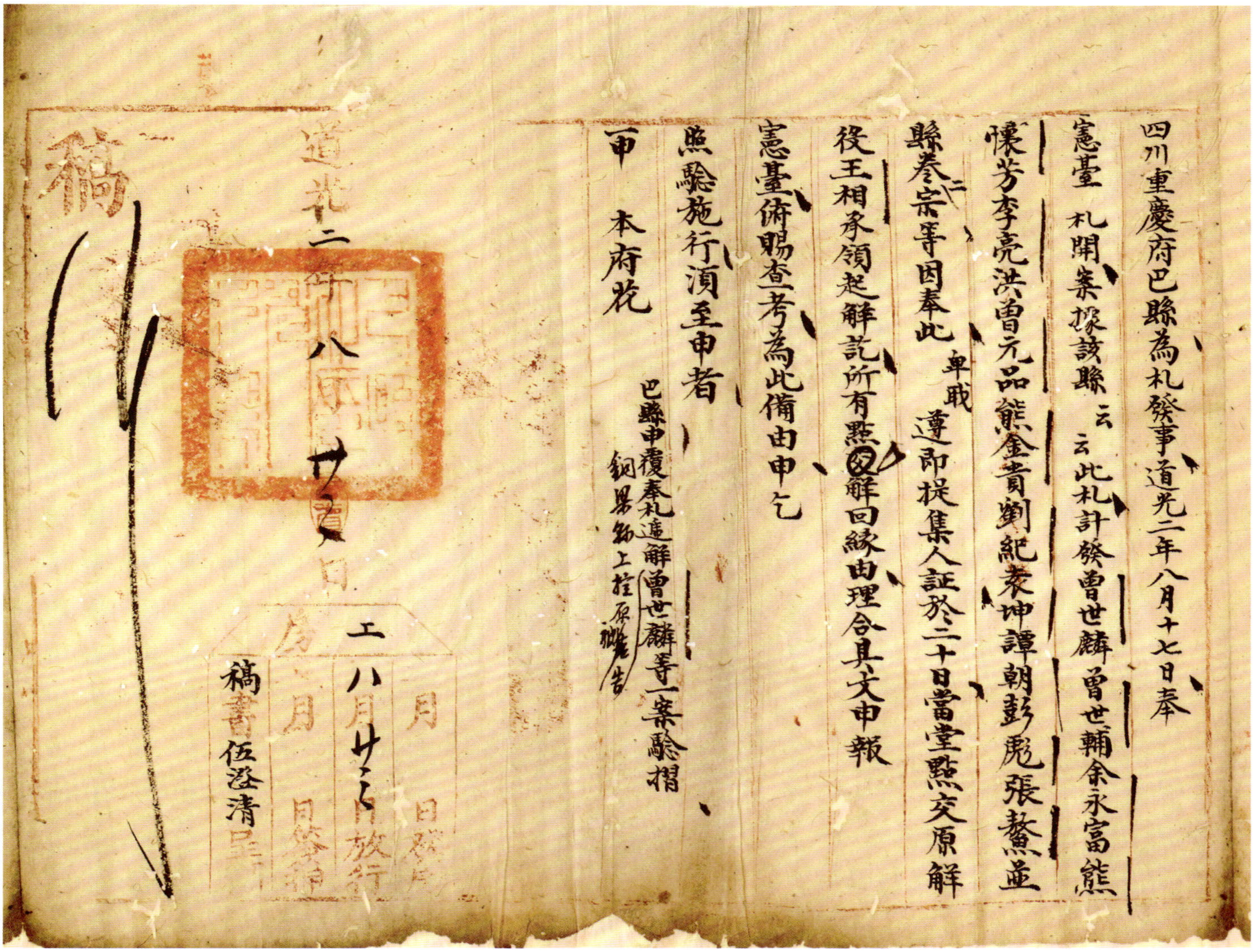
四川重慶府巴縣為札發事道光二年八月十七日奉
憲臺札開案據該縣云云此札計發曾世麟曾世輔余永富熊
懷芳李亮洪曾元品熊金貴劉紀表坤譚朝彭彪張鰲并
縣差宗等因奉此卑職遵即提集人証於二十日當堂照交原解
役王相承領起解訖所有照交解回緣由理合具文申報
憲臺俯賜查考為此備由申乞
照驗施行須至申者
巴縣申覆奉札追解曾世麟等一案驗摺
銅梁縣紀上控原犯告
申 本府花
稿
道光二年八月廿三日
工房
八月廿三日放行
稿書伍澄清呈

18 道光二年八月二十九日铜梁县衙门移文

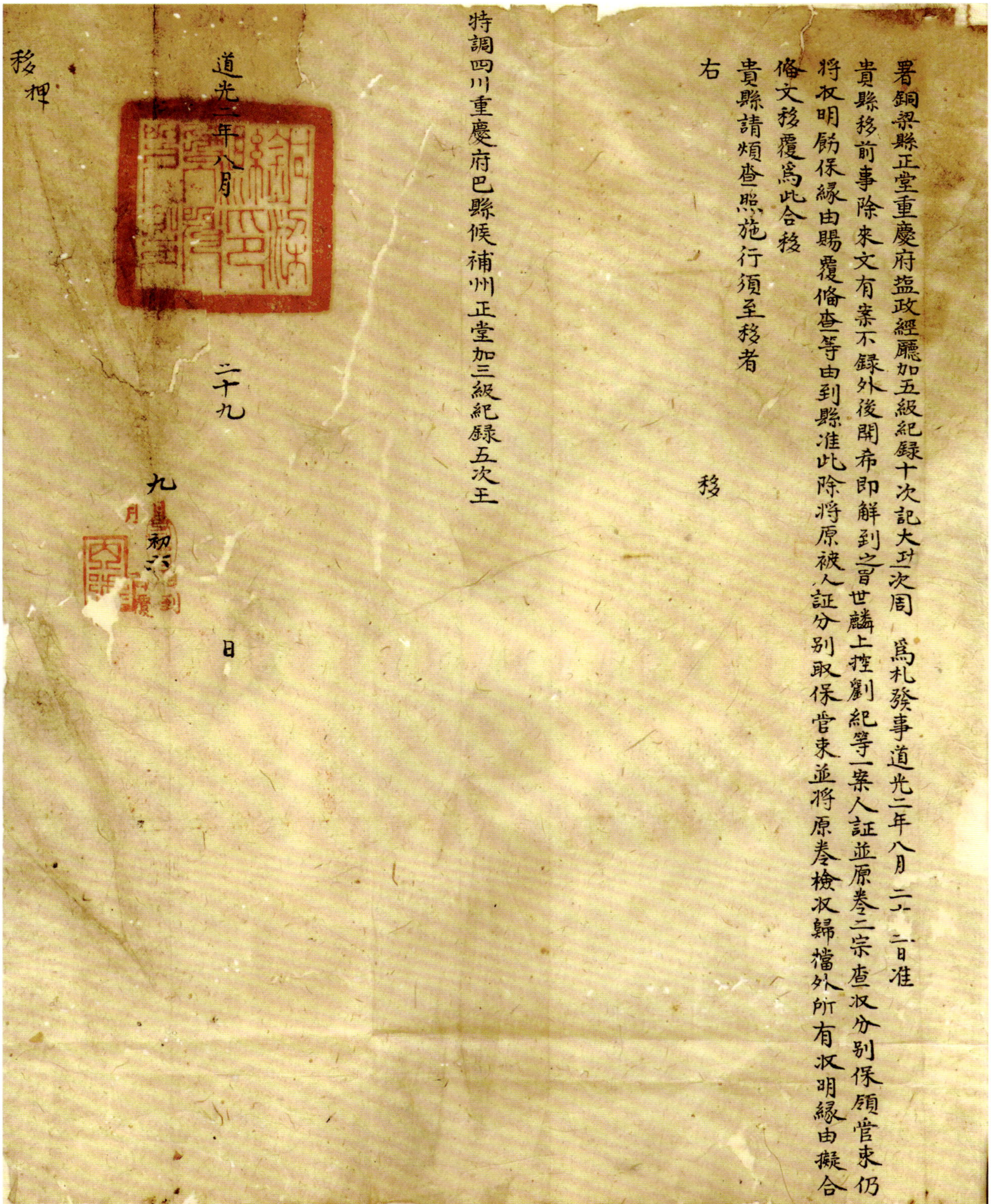

署銅梁縣正堂重慶府鹽政經廳加五級紀錄十次記大功一次周　為札發事道光二年八月二十二日准
貴縣移前事除來文有案不録外後開希即解到之冒世麟上控劉紀等一案人証並原卷二宗查收分別保領管束仍
將收明飭保緣由賜覆備查等由到縣准此除將原被人証分別取保管束並將原卷檢收歸檔外所有收明緣由擬合
備文移覆為此合移
貴縣請煩查照施行須至移者

右　　　　　　　　　　　　　　　　移

特調四川重慶府巴縣候補州正堂加三級紀錄五次王

道光二年八月　　　二十九　　　日

移押

案情导读

道光四年三月初五日，巴县民裴彦凤向县衙递交报状，称妻慕氏初四日用麻绳自缢身死，并称佃主李国元长期霸占其妻，求县衙做主。

人命关天。县衙于初六日立案，初八日签票传唤人证，验尸并填具验尸格，录供，领埋。十一日，慕氏娘家人慕恒升禀称慕氏丈夫裴彦凤之兄裴彦宗与慕氏之死脱不了干系。二十四日，县衙再审，断定李国元为慕氏自缢身死之诱因。五月初四日，县衙向四川总督、四川按察使、川东道、重庆府申报销案，同时同意保释李国元。五月十五日，重庆知府批示，要求巴县查明“有无别故，务得实情，议拟详报”。六月二十七日，重庆府转发四川总督的批示，令巴县重审报明，此案延至十月方始结案。

道光四年裴彦凤具报其妻裴慕氏自缢身死案

1 原卷封面

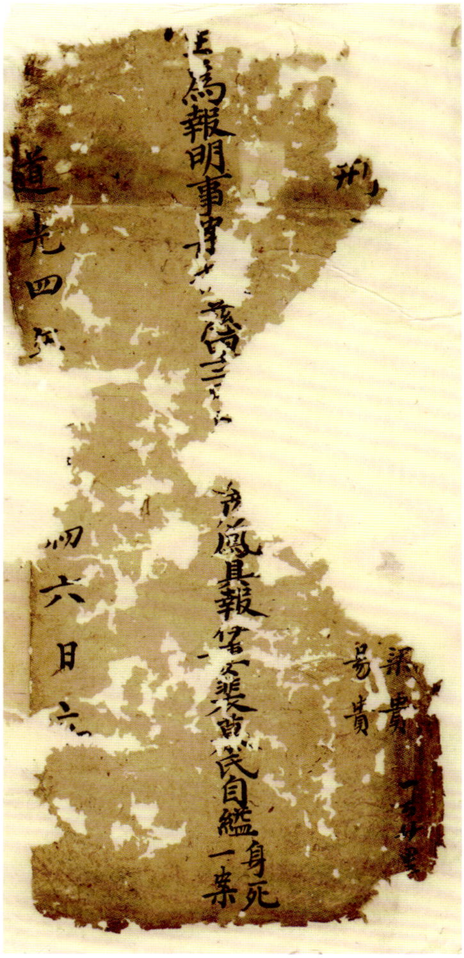
道光四年……
為報明事……
初六日
裴彥鳳具報……裴慕氏自縊身死一案
梁貴
易貴

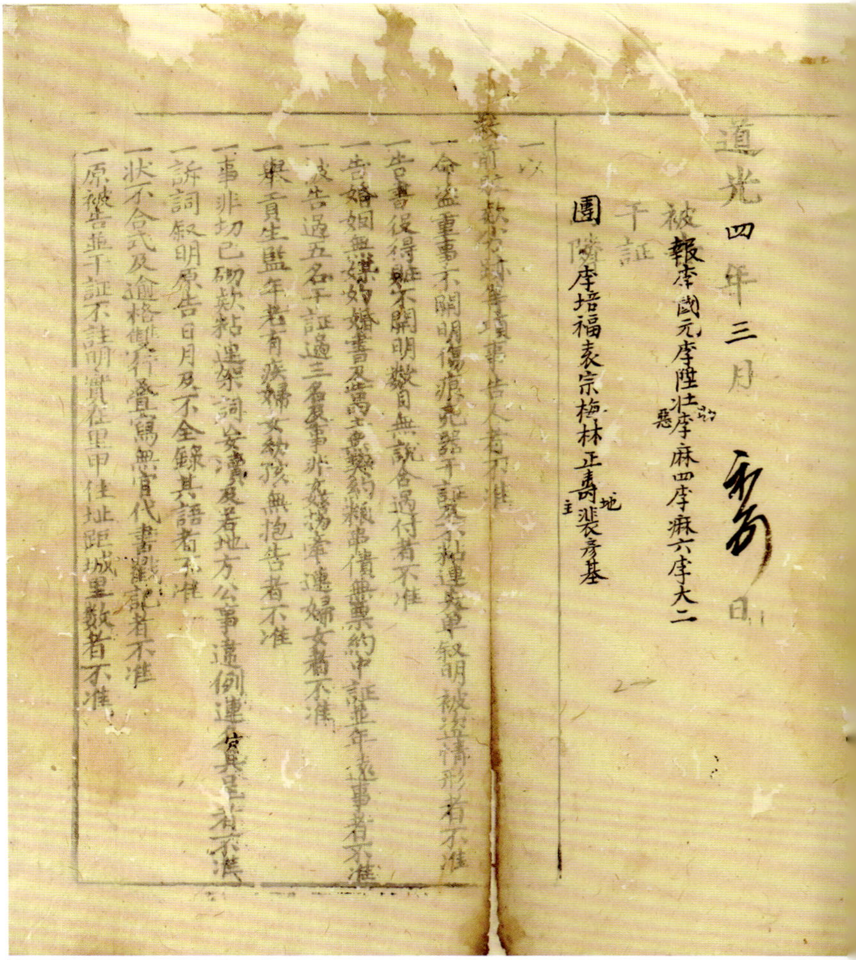
道光四年三月　日
被報　李國元　李陞　李壯　李麻四　李麻六　李大二
干証
團隣　李培福　袁宗　梅林　正壽　地主　裴彥基
一命盜重事不開明傷痕兇器干証不粘連失單敘明被盜情形者不准
一告書役得贓不開明數目無說合過付者不准
一被告過五名干証過三名……婦女者不准
一舉貢生監年老有疾婦女幼孩無抱告者不准
一事非切己砌款粘連牽詞妄濫及著地方公事違例連名具呈者不准
一訴詞敘明原告日月及不全錄其語者不准
一狀不合式及逾格並行書寫無官代書戳記者不准
一原被告並干証不註明實在里甲住址距城里數者不准

2 道光四年三月初五日裴彥凤报状

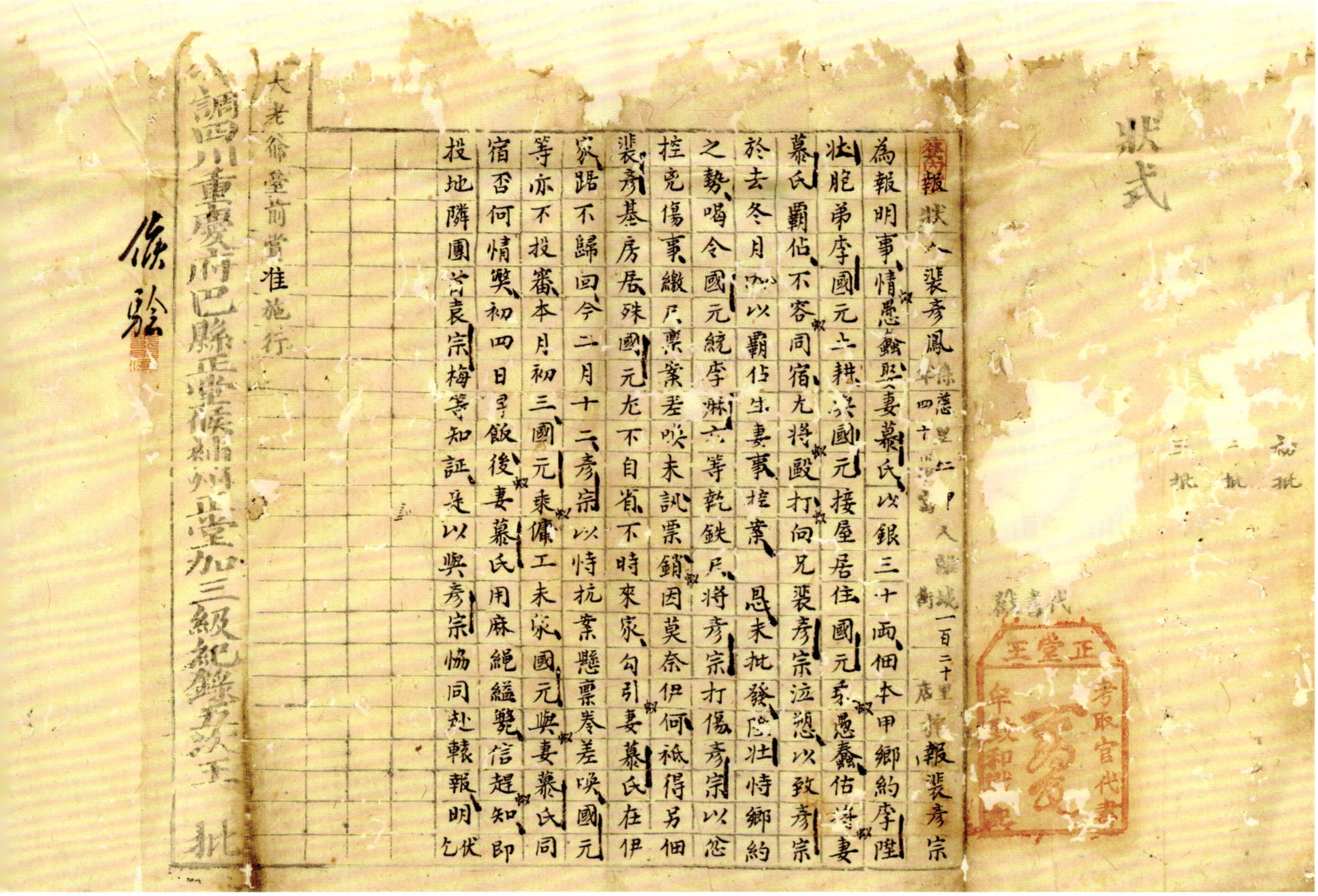
狀式

報狀人裴彥鳳 …… 離城一百二十里 …… 抱報裴彥宗

為報明事。情愚蠢娶妻慕氏，以銀三十兩佃本甲鄉約李陞
狀胞弟李國元之耕，與國元接屋居住。國元素愚蠢，估將妻
慕氏霸佔，不容同宿。允將毆打向兄裴彥宗泣愬，以致彥宗
於去冬月以霸佔生妻事控案。恳未批發，陞壯恃鄉約
之勢，喝令國元統李琳六等執鉄尺將彥宗打傷，彥宗以忿
控兇傷事。繳尺稟案，差喚未訊，稟鎖因莫奈伊何，祇得另佃
裴彥基房居，殊國元尤不自省，不時來家，勾引妻慕氏在伊
家踞不歸。回今二月十二，彥宗以恃抗案懸稟卷，差喚國元
等亦不投審。本月初三，國元乘傭工未家，國元與妻慕氏同
宿。否何情弊，初四日早飯後妻慕氏用麻繩縊斃。信趕知，即
投地隣團首袁宗梅等知証。是以與彥宗協同赴轅報明，乞伏

大老爺臺前賞准施行

調四川重慶府巴縣正堂……加三級紀錄五次王 批

候驗

3 道光四年三月初六日县衙刑房拟差唤人证票稿

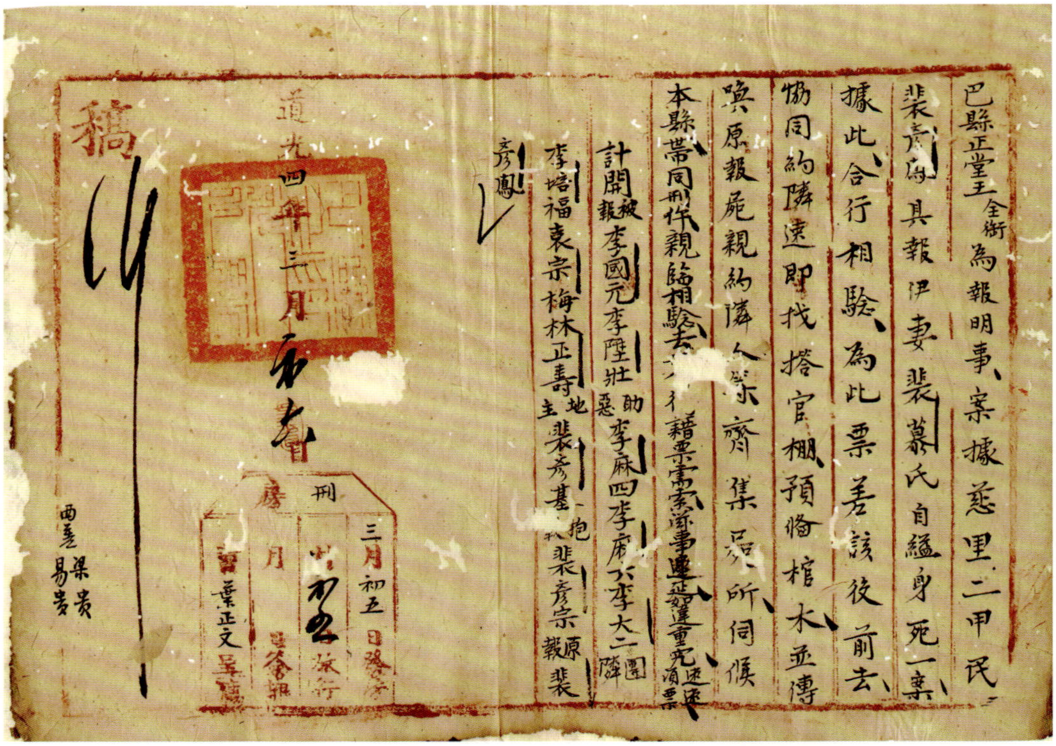
巴縣正堂王全銜為報明事、案據慈里二甲民裴彥周具報伊妻裴慕氏自縊身死一案、
據此、合行相驗、為此票差該役前去、
協同約鄰速即找搭官棚、預備棺木、並傳
喚原報屍親約鄰人等齊集屍所伺候
本縣帶同刑仵親臨相驗。去役毋得藉票需索滋事、違延致干重究、速速。須票
計開
被報 李國元 李陞壯 助惡 李麻四 李麻六 李大二 鄰 圍
李培福 袁宗梅 林正壽 地主 裴彥基 抱報 裴彥宗 原報 裴彥周
道光四年三月 日
稿
西差 梁貴 易貴
刑房 三月初五日

4 道光四年三月初八日县衙刑房点名单

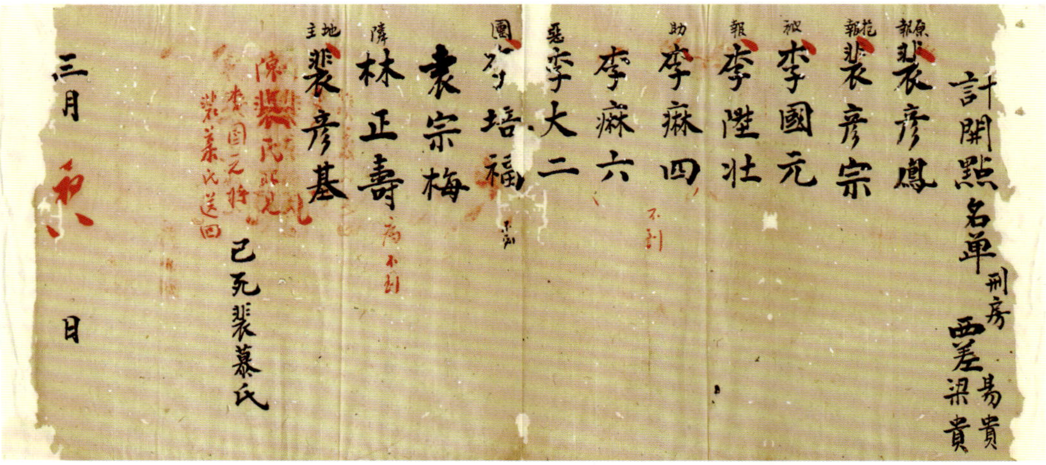
計開點名單 刑房
西差 易貴 梁貴
原報 裴彥周
抱報 裴彥宗
被報 李國元
報 李陞壯
助 李麻四 不到
李麻六
惡 李大二
圍 李培福
袁宗梅
鄰 林正壽 病不到
地主 裴彥基
已死裴慕氏
三月 初八 日

5 道光四年三月初八日裴彦凤申请免检尸首下身结状

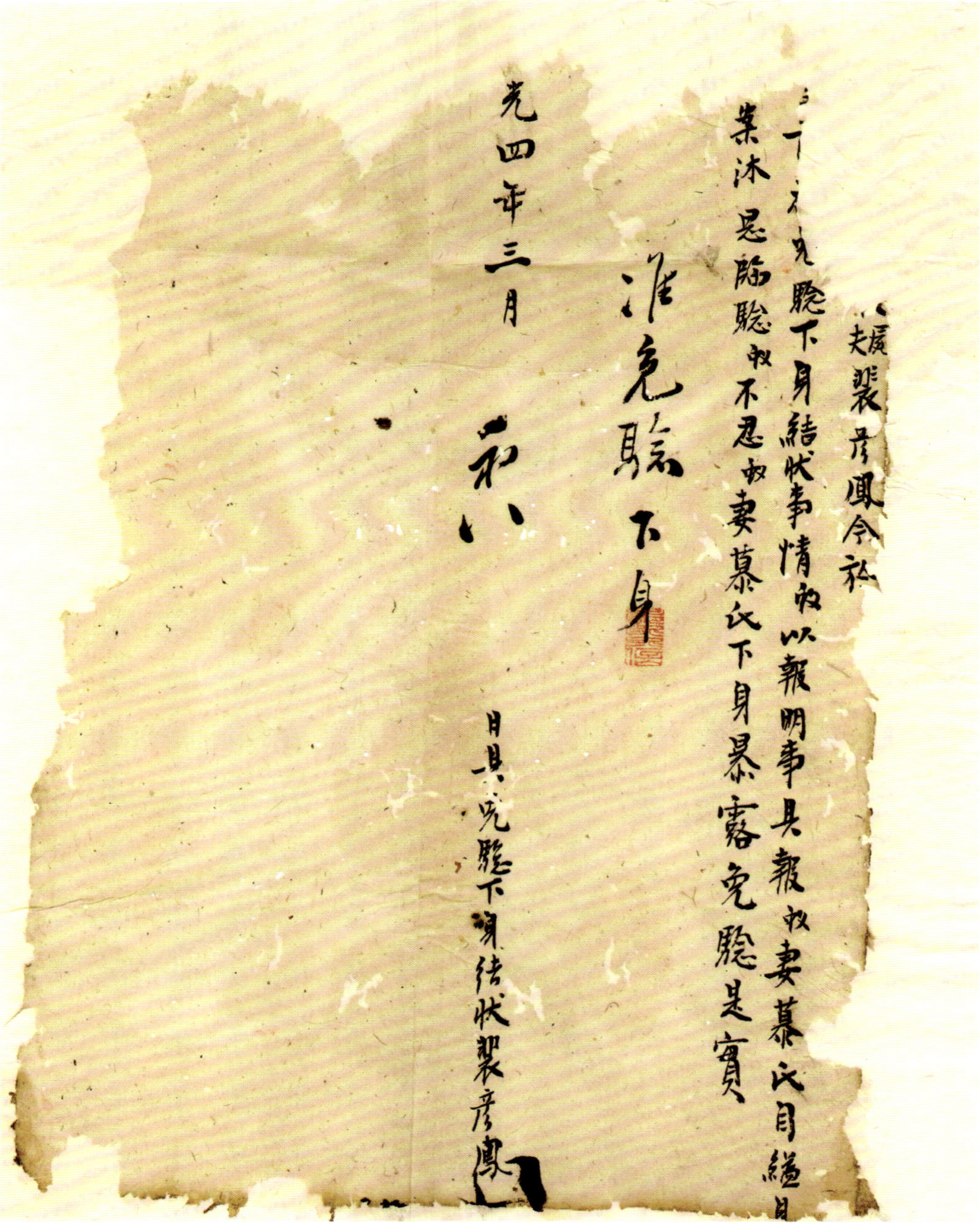
夫裴彦鳳今於
免驗下身結狀事情蟻以報明事具報蟻妻慕氏自縊身
案沐恩臨驗蟻不忍蟻妻慕氏下身暴露免驗是實
准免驗下身
光四年三月
初八
日具免驗下身結狀裴彦鳳

6 道光四年三月初八日县衙刑仵验尸单

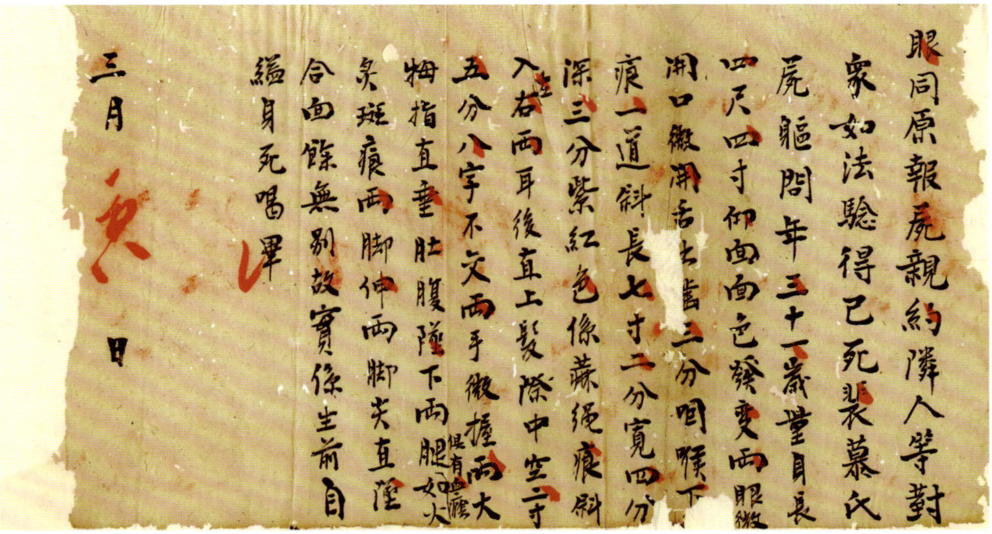
眼同原報屍親約隣人等對
眾如法驗得已死裴慕氏
屍軀問年三十一歲量自長
四尺四寸仰面面色發變兩眼微
開口微開舌尖出齒二分咽喉下
痕一道斜長七寸二分寬四分
深三分紫紅色係蔴繩痕斜
入左右兩耳後直上髮際中空寸
五分八字不交兩手微握兩大
拇指直垂肚腹隆下兩腿如火（俱有□□）
灸斑痕兩脚伸兩脚尖直隆
合面餘無別故實係生前自
縊身死喝畢
三月 日

7 道光四年三月初八日县衙勘查现场勘单

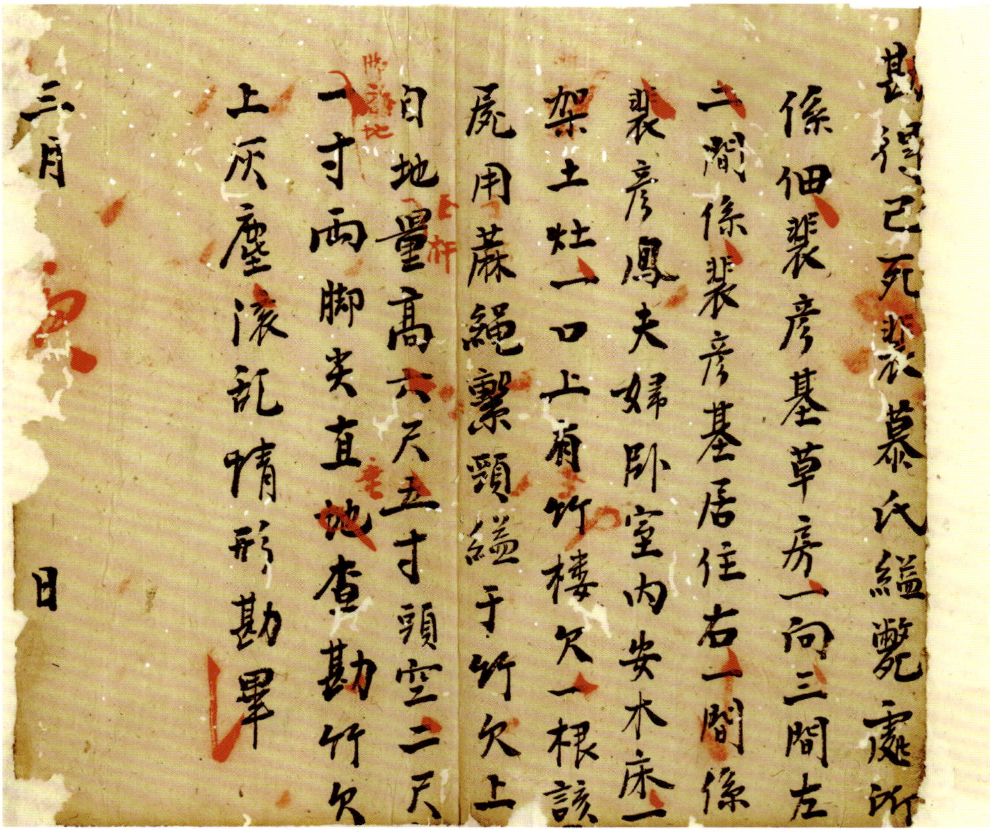
勘得已死裴慕氏縊斃處所
係佃裴彥基草房一向三間左
二間係裴彥基居住右一間係
裴彥鳳夫婦臥室內安木床一
架土灶一口上有竹樓欠一根該
屍用蔴繩繫頸縊于竹欠上
自地量高六尺五寸頭空二尺
一寸兩脚尖直地查勘竹欠
上灰塵滚亂情形勘畢
三月 日

8 - 1 道光四年三月初八日县衙刑房填具验尸格

偹案

8 - 2

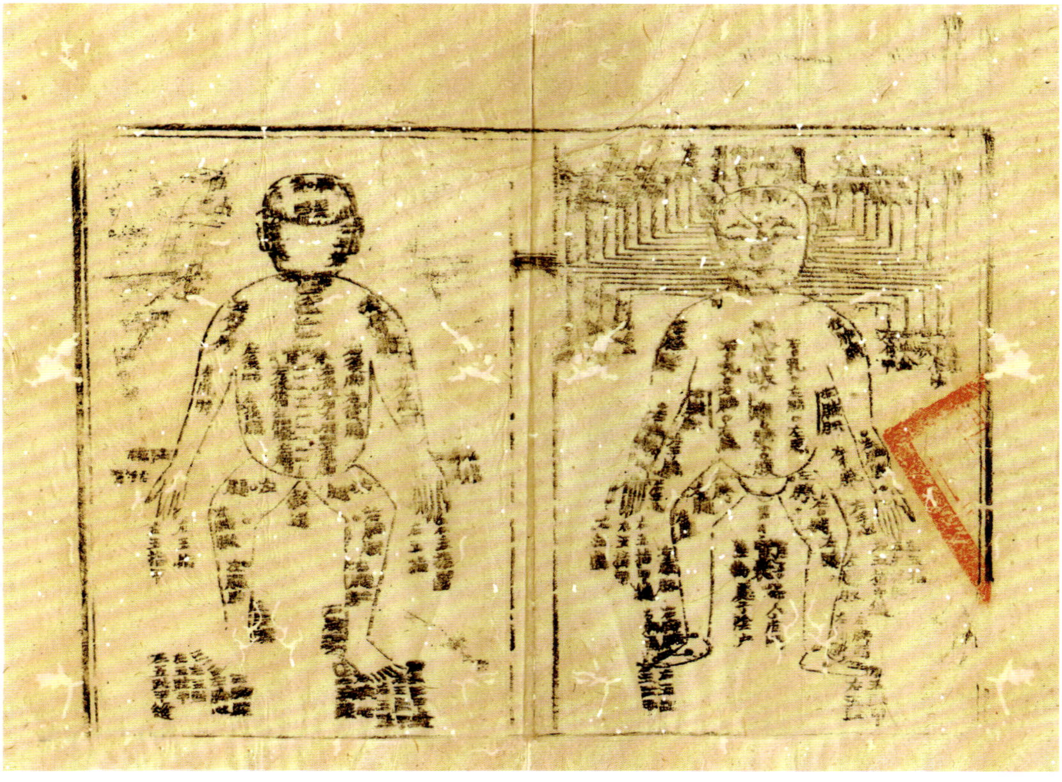

8-3

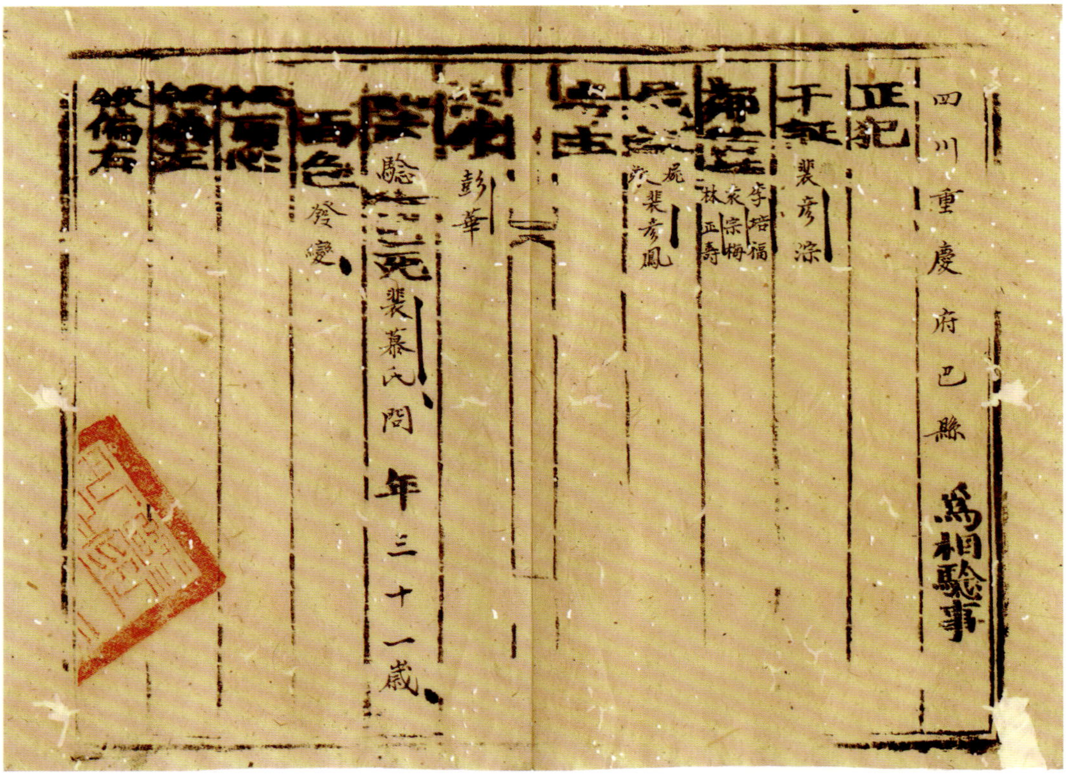
四川重慶府巴縣 爲相驗事
正犯 裴彥淙
干証
李培福 張宗梅 林正壽
屍親 裴彥鳳
彭華
驗得已死裴慕氏問年三十一歲
面色 發變

8-4

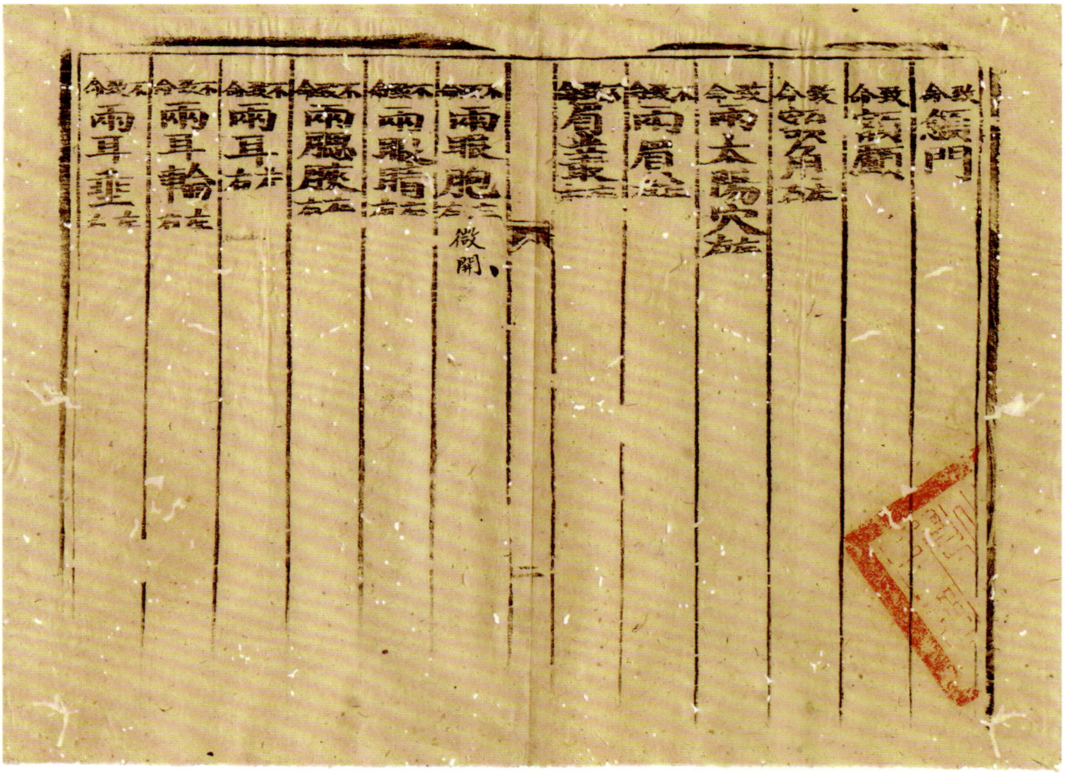
致命 顖門
致命 額顱
致命 額角右左
致命 兩太陽穴右左
不致命 兩眉右左
不致命 眉叢右左
不致命 兩眼胞右左 微開
不致命 兩眼睛右左
不致命 兩腮頰右左
不致命 兩耳右左
不致命 兩耳輪右左
不致命 兩耳垂右左

8 - 5

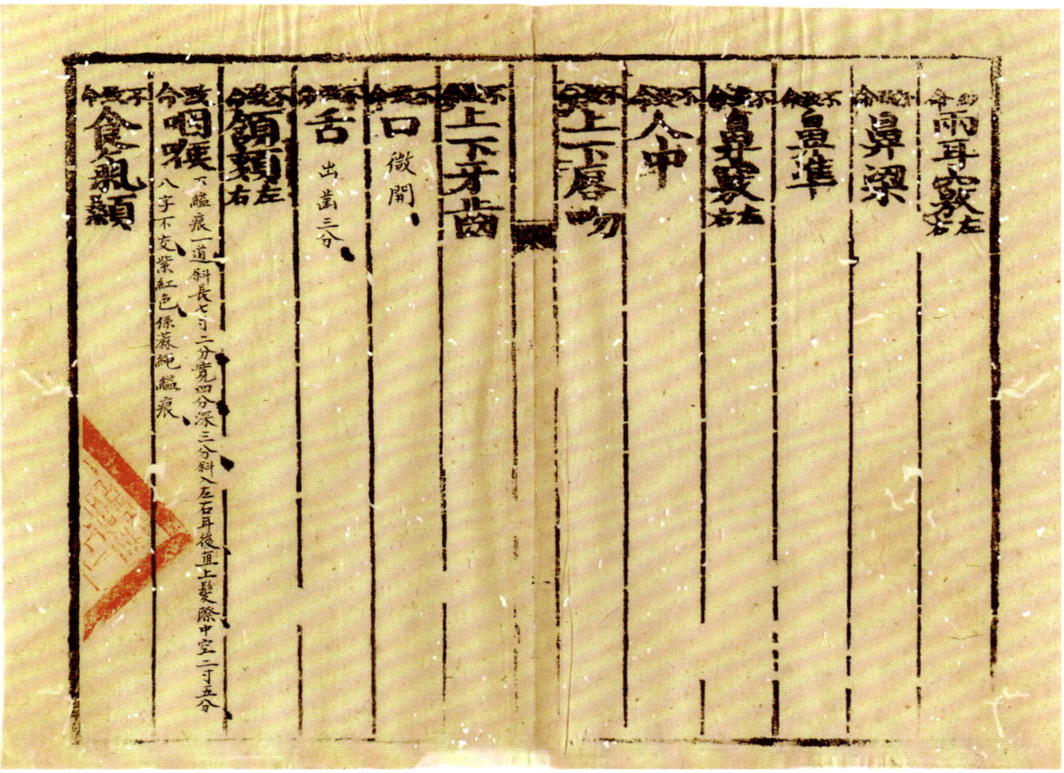

致命 兩耳竅左右

致命 鼻梁

不致命 鼻準

不致命 鼻竅左右

不致命 人中

不致命 上下唇吻

不致命 上下牙齒

不致命 口 微開、

不致命 舌 出齒三分、

不致命 頷頦左右

致命 咽喉 下縊痕一道斜長七寸二分寬四分深三分斜入左右耳後直上髮際中空二寸五分八字不交紫紅色係蔴繩縊痕、

不致命 食氣顙

8 - 6

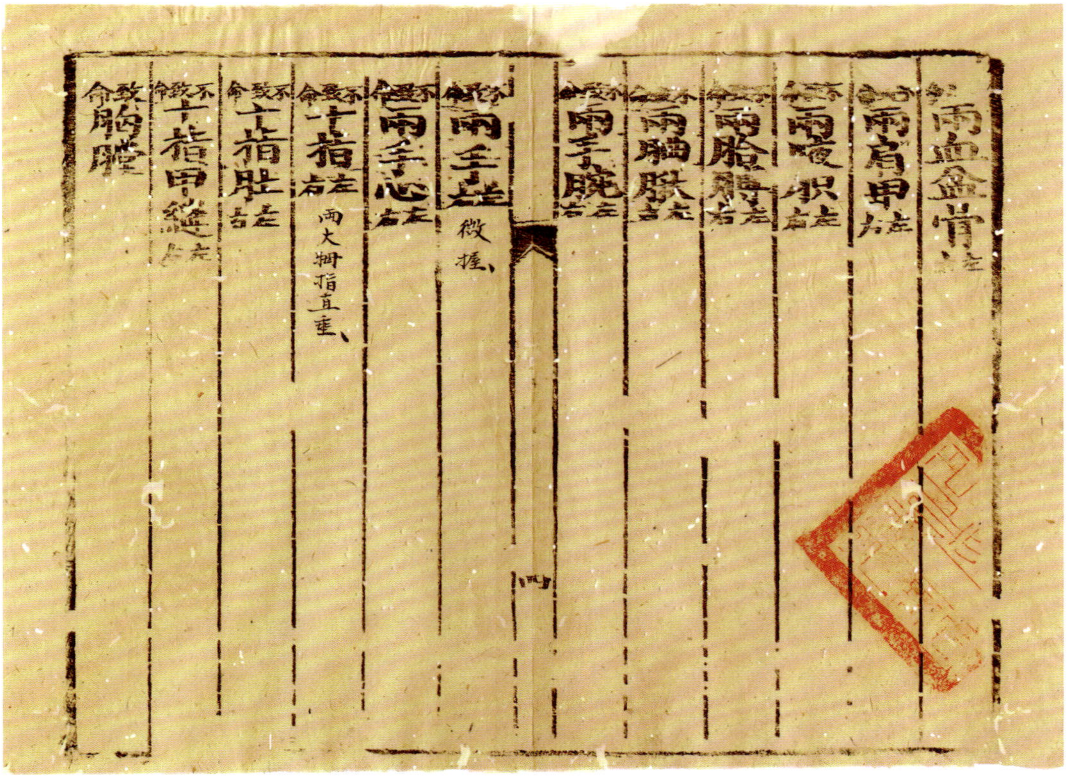

致命 兩血盆骨左右

不致命 兩肩甲左右

不致命 兩腋胑左右

不致命 兩胳膊左右

不致命 兩曲脉左右

不致命 兩手腕左右

不致命 兩手背左右 微握、

不致命 兩手心左右

不致命 十指左右 兩大拇指直豎、

不致命 十指肚左右

不致命 十指甲縫左右

致命 胸膛

8-7

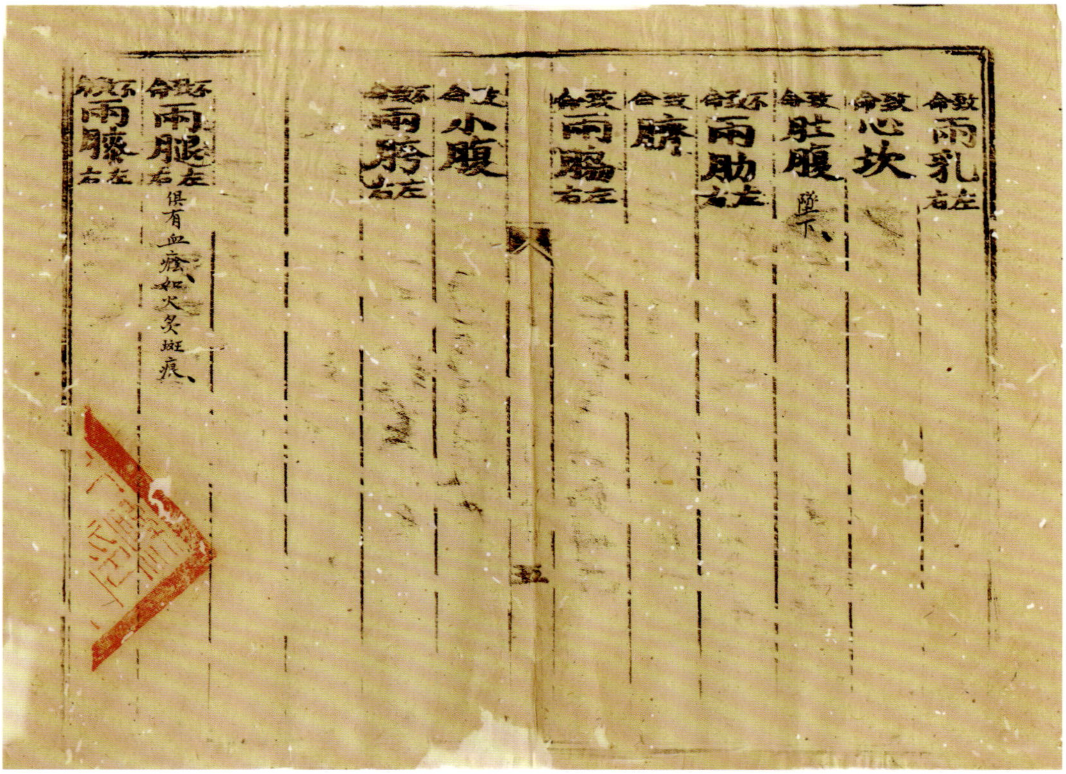

致命 兩乳左右
致命 心坎
致命 肚腹 並下、
不致命 兩肋左右
致命 臍
致命 兩脇左右
致命 小腹
不致命 兩胯左右
不致命 兩腿左右 俱有血瘀、如火炙斑痕、
不致命 兩膝左右

五

8-8

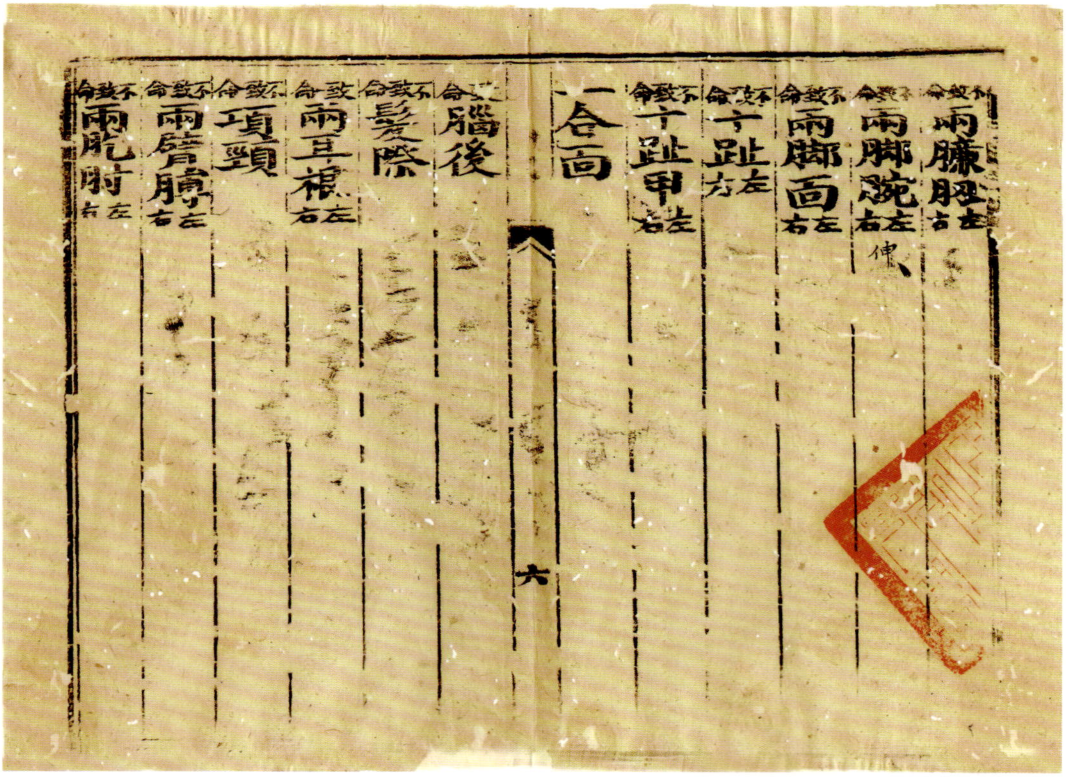

不致命 兩臁肕左右
不致命 兩腳腕左右 伸、
不致命 兩腳面左右
不致命 十趾左右
不致命 十趾甲左右
一合面
致命 腦後
不致命 髮際
致命 兩耳根左右
不致命 項頸
不致命 兩臂膊左右
不致命 兩肐肘左右

六

8－9

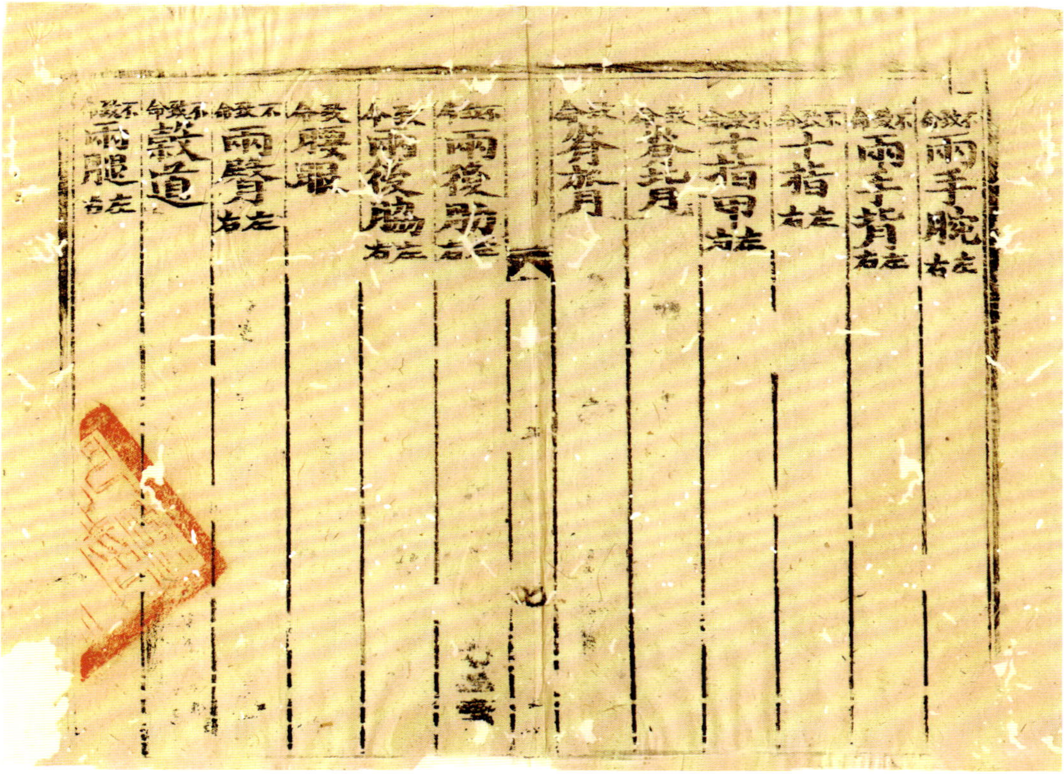
不致命 两手腕 左右
不致命 两手背 左右
不致命 十指 左右
不致命 十指甲 左右
致命 脊背
致命 脊膂
致命 两后肋 左右
致命 两后胁 左右
致命 腰眼
不致命 两臀 左右
不致命 谷道
不致命 两腿 左右

8－10

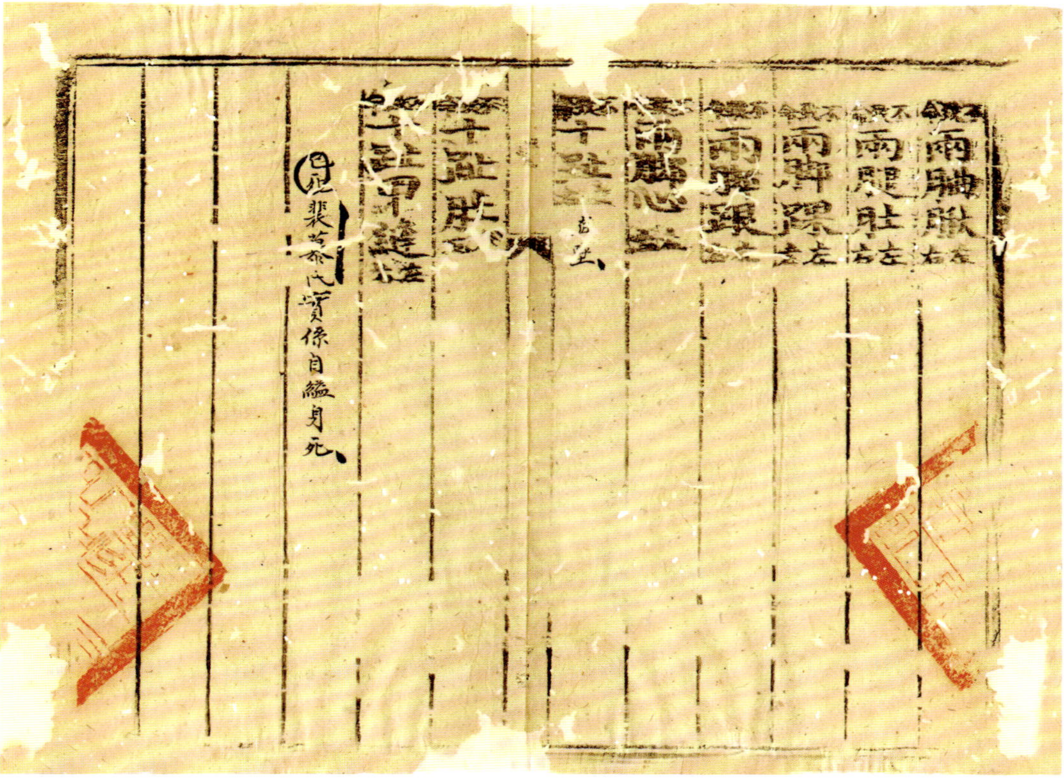
不致命 两腘䐐 左右
不致命 两腿肚 左右
不致命 两脚踝 左右
不致命 两脚跟 左右
不致命 两脚心 左右
不致命 十趾 左右
俱全、
不致命 十趾肚 左右
不致命 十趾甲缝 左右
验得裴慕氏实係自缢身死、

8 - 11

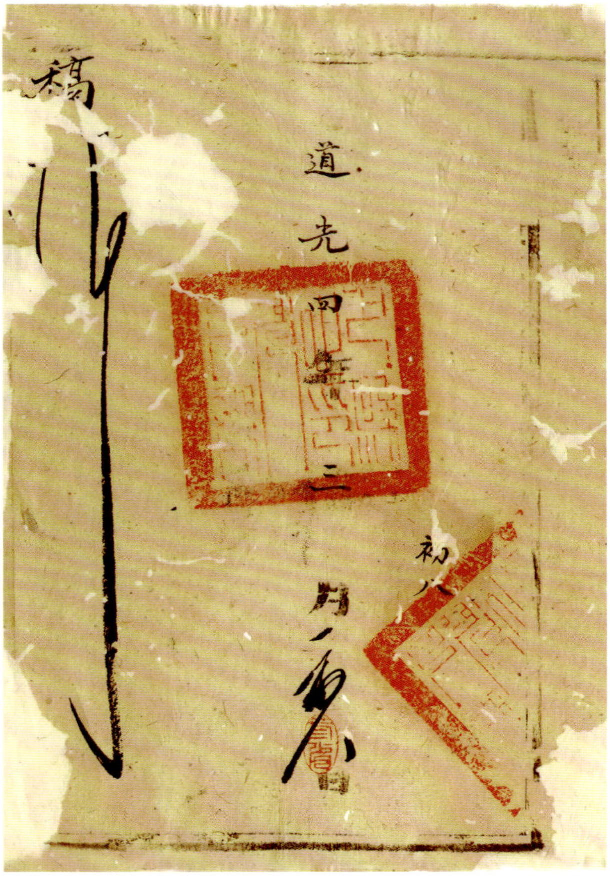

9 道光四年三月初八日县衙刑房讯问笔录

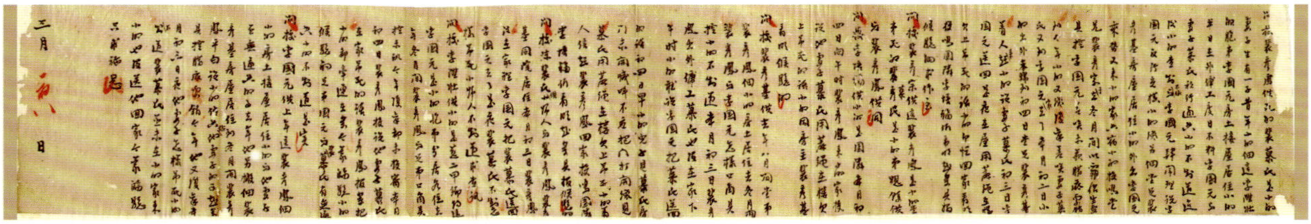

问据裴彦凤供：已故的裴慕氏是小的
妻子，生有一子。昔年小的佃这李陛壮
观音庙李国元房土，接屋居住。小的
平日在外佣工度日，不料李国元与
妻子慕氏私行通奸，小的不知道。道光
四年小的查知，曾向李国元肆闹理说，李
国元反行恃横。小的系另佃李足裴
彦基房屋居住，小的外出，李国元
乘势又来小的家内宿，小的撞见，当
兄裴彦宗于去冬月间，以霸占生妻
具控李国元在案，未获。腊底需销(?)，
知今年小的又搬（家）凑李彦喜院，妻子慕
氏又和李国元去了。本月初二日，小
的出外，李锦和(?)初四日查见裴彦基
着人（来）找小的，说妻子慕氏初三日李
国元送回，是夜在屋用麻绳在楼
欠上吊死的。小的回家看见，
投鸣团邻李培福们看明，赴案具报，
候验的，求作主。
问据裴彦宗供：这裴彦凤是小的堂
弟，死的裴慕氏是小的弟媳。供
与裴彦凤供同。

问据李培福供：小的是团邻。本月初
四日晌午时，裴彦凤来小的家投
说他妻子慕氏用麻绳在楼欠
上吊死的，请小的同房主裴彦基
看明，候验的。
问据裴彦基供：去年八月间，堂弟
裴彦凤佃小的房土居住。去冬月间
裴彦凤与李国元争吵口角，具
控小的不知道。本月初三日裴彦
凤出外佣工，慕氏也没在家。下
午时小的就从李国元把慕氏送回
的。初四日早，小的窥见慕氏房
门未开，喊叫不应，把门打开，才看见
慕氏用麻绳在楼欠上吊死，小的着
人往找裴彦凤回家，投鸣团邻
李培福们看明，赴案具报，候验的。
问据陈裴氏供：小的妇人与裴彦
基同院居住。本月初三日，裴彦凤
没在家，李国元把裴慕氏送回。
李国元去了，是夜裴慕氏不知怎
样吊死，小的妇人不知道，求查讯。
问据李陛壮供：小的是道二甲乡约，这

李国元是小的抱弟，分居各住。去
年冬月间裴彦凤与李国元口角，具
控未讯。今年复都未投审。本月
初四日裴彦凤投说他妻子慕氏
在家吊死的，请小的禀报。裴彦凤把
小的都牵连在案，今蒙讯验，小的
候验的。只是李国元与裴慕氏有无通
奸，小的不知道，是实。
问据李国元供：上年这裴彦凤佃
小的房土，接屋居住，小的与他妻子
并无通奸。小的于去年他另搬佃裴
彦基房屋居住，到冬月间裴彦
凤平白说小的与他妻子通奸，小的于
具控，腊底需销。今年他又复来
月初三日，夜他妻子怎样吊死，小的
不知道。裴慕氏并未在小的家，来
小的也没送他回家。今蒙验
只求施恩。

三月 初八 日

10 道光四年三月初八日裴彦凤领埋尸身结状

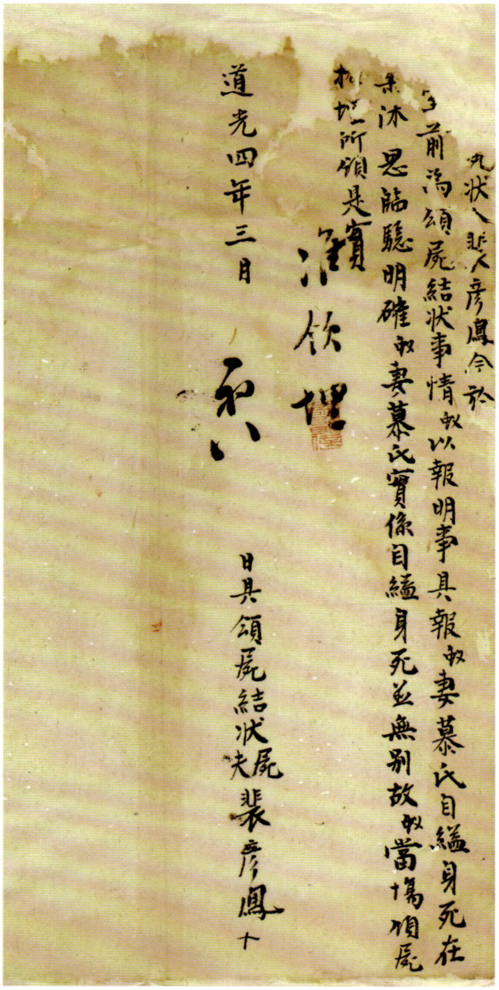

具领尸结状人裴彦凤，今于
台前为领尸结状事。情蚁以报明事具报蚁妻慕氏自缢身死在
案，沐 恩临验明确，蚁妻慕氏实系自缢身死，并无别故，蚁当场领尸
掩埋，所领是实。
准领埋
道光四年三月 初八 日具领尸结状尸夫裴彦凤 十

道光四年三月 十一 日
被禀 裴彦宗 裴彦俸
干证
约邻
一命盗重事不开明伤痕[illegible]者不准
一告书役得赃不开明数目[illegible]者不准
一告婚姻无媒妁婚书[illegible]者不准
一被告过五名干证过三名[illegible]者不准
一举贡生监年老有疾妇女幼孩无抱告者不准
一事非切己砌款粘连牵词妄渎或若地方公事遵例连名具呈者不准
一诉词叙明原告日月及不全录其语者不准
一状不合式及逾格或双行叠写无官代书戳记者不准
一原被告并干证不注明实在里甲住址距城里数者不准

11 道光四年三月十一日慕恒升禀状

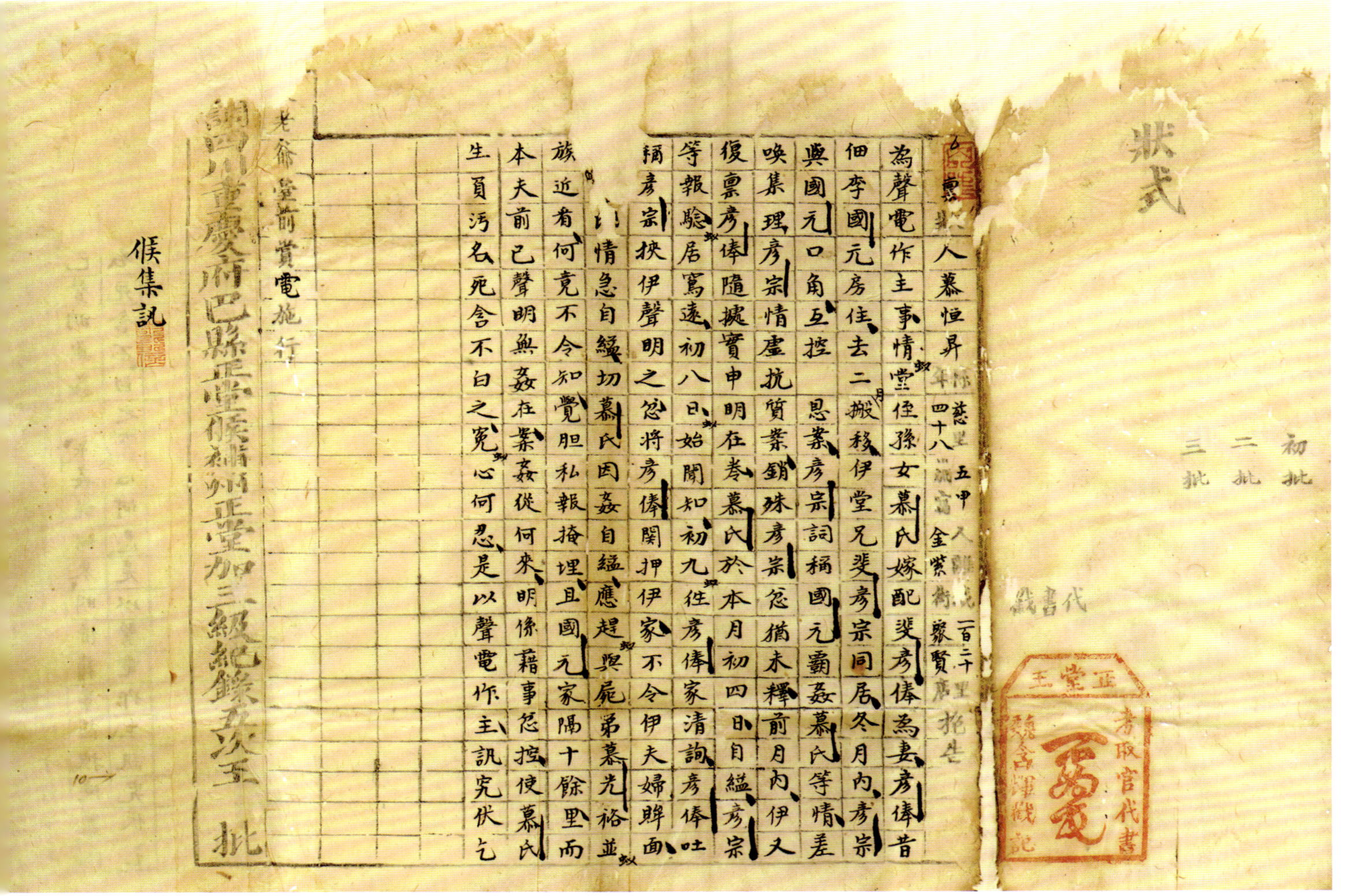
狀式

初批 二批 三批

代書戳

正堂王 考取官代書 戳記

具禀狀人慕恒昇 年四十八歲 住慈里五甲 寓金紫街 離城一百二十里 抱告

為聲電作主事情。堂侄孫女慕氏嫁配裴彥奉為妻，彥奉昔佃李國元房住，去二月搬移伊堂兄裴彥宗同居。冬月內，彥宗與國元口角互控，恳案，彥宗詞稱國元覇姦慕氏等情，差喚集理，彥宗情虚抗質，案銷。殊彥宗怨猶未釋，前月內，伊又復禀，彥奉隨據實申明在卷。慕氏於本月初四日自縊，彥宗等報驗，居窩遠，初八日始聞知，初九往彥奉家清詢，彥奉吐稱彥宗挾伊聲明之怨，將彥奉關押伊家，不令伊夫婦晤面，以[illegible]情急自縊。切慕氏因姦自縊，應趕與屍弟慕光裕並族近者，何竟不令知覺，胆私報掩埋。且國元家隔十餘里，而本夫前已聲明無姦在案，姦從何來，明係藉事怨控，使慕氏生負污名，死含不白之冤，心何忍？是以聲電作主，訊究伏乞

老爺臺前賞電施行

調四川重慶府巴縣正堂候補州正堂加三級紀錄五次王 批

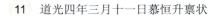

候集訊

12 道光四年三月二十二日县衙刑房开审单

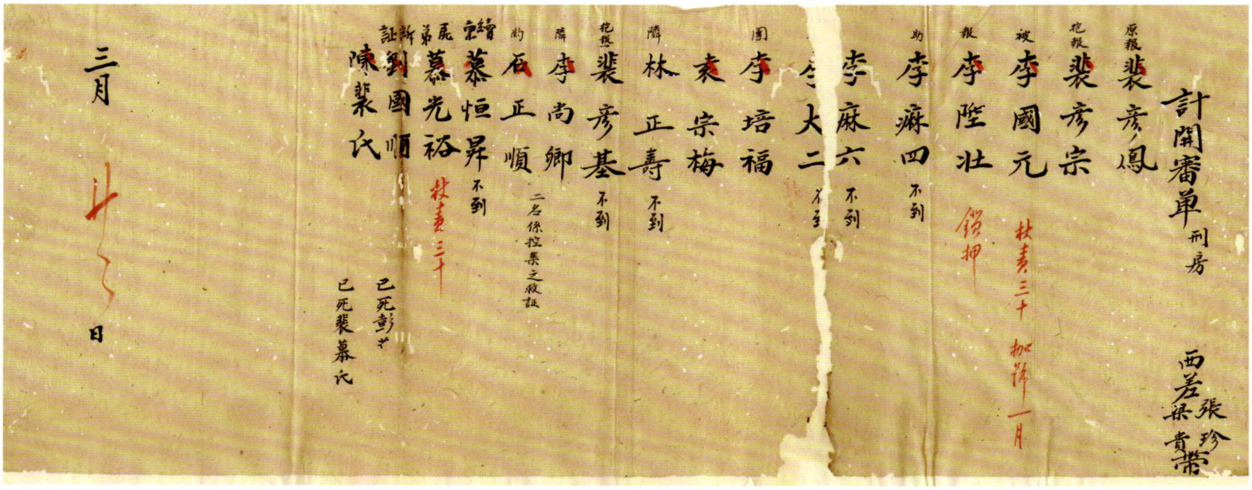
計開審單 刑房
西差 張珍 梁貴榮
原報 裴彥鳳
抱報 裴彥宗
被 李國元 杖責三十 枷號一月
報 李陞壯 鎖押
助 李癩四 不到
李麻六 不到
李大二 在
園 李培福
袁宗梅
隣 林正壽 不到
抱報 裴彥基 不到
隣 李尚卿
約 石正順 二名係控案之敘証
續票 慕恒昇 不到
屍弟 慕光裕 杖責三十
新証 劉國順
陳裴氏
已死彭×
已死裴慕氏
三月 廿二 日

13 道光四年三月二十二日县衙刑房讯问笔录

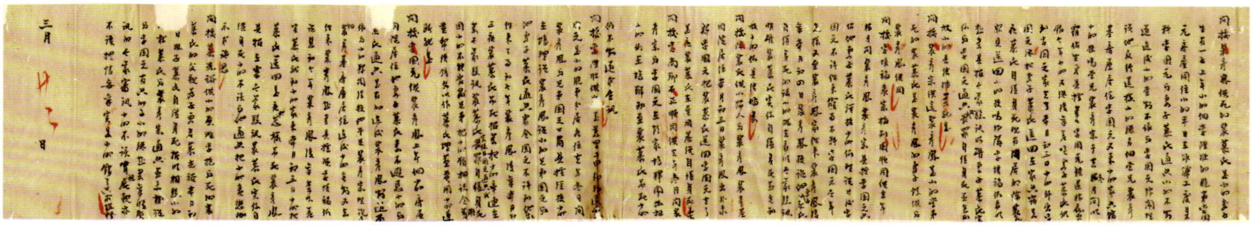

问据裴彦凤供：死的裴慕氏是小的妻子，生有一女。上年小的佃李陞壮的胞弟李国元房屋同住，小的平日在外佣工度日，不料李国元与妻子慕氏通奸，小的不知。迨后小的查知不依，与李国元吵闹，经说他仍行还搬，小的便另佃堂兄裴彦基房屋居住。李国元又来小的家与宿，小的投鸣堂兄裴彦宗，于去腊冬月间以霸占生妻具控李国元，蒙还脂衣案。旋今年九月又凭彦若唤妻子慕氏仍到李国元家去了。本月初三日小的外出，李国元又把妻子慕氏送回在家与宿，是夜慕氏自缢身死。现有同居的陈裴氏瞧见送回。小的投鸣约邻李培福们看明，赴案具报。今蒙验讯明确，妻子慕氏实係与李国元通奸，畏罪自缢身死是实，故小的具结请究就是。

问据裴彦宗供：这裴彦凤是小的堂弟，死的裴慕氏是裴彦凤的妻子，余供与裴彦凤供同。

问据李培福、裴宗梅、刘国顺同供：去年腊月间裴彦凤、裴彦宗具控李国元与他妻子慕氏通奸，经投小的们理说，写字约国元不许往来，写有不料李国元今年九月又至裴彦凤家往来，裴彦凤复今本月初四日裴彦凤投说他妻子慕氏自缢身死，小的们随去看明，今蒙验讯明确，裴慕氏实係自缢身死是实，故小的们具结就是。

问据陈裴氏供：小妇人与裴彦凤、裴彦基同院居住。本月初三日裴彦凤出外未归，李国元把裴慕氏送回，李国元去了，是夜裴慕氏在屋内羞愧自缢身死是实。

问据李尚卿、石正顺同供：去年冬月间裴彦宗与李国元在坊家场辩闹扯，小的们在场解劝，至裴慕氏吊死各情，俱不知道，求恩讯是。

问据李陞壮供：小的是慈里二甲约保。国元是小的胞弟，分居各住。去年冬月间裴彦凤与兄弟国元口角，具控经投小的在场理说，裴彦凤说小的兄弟国元与他妻子慕氏通奸，当令国元不许和裴往来了了。那今年裴彦凤复本月初三夜裴慕氏吊死，招案把小的兄弟连在案，今蒙验讯，裴慕氏实係与国元通奸，畏罪自缢身死，国小的不能容留兄弟，把小的锁押，请今酌量帮给钱文，以作慕氏埋葬费用，小的遵断就是。

问据李国元供：裴彦凤上年佃存房屋同院居住，他妻子慕氏素不避忌小的，与慕氏通奸是有的，近因裴彦凤皆道知不依，与小的吵闹，经投他堂兄裴彦宗理说，佃裴彦基房屋居住，近因小的每每又去往来，裴彦凤就具控，经李培福们说是和了，今年裴彦凤复慕氏不忌，唉慕氏就和小的家来。本月初三日小的把慕氏送回，是夜忘被裴彦凤具控在案，今蒙验讯，裴慕氏实係自缢身死，小的不该与他通奸，把小的责惩枷示，求施恩。

问据慕克裕供：小的原姓李，抱与死的裴慕氏的父亲为子，更名慕克裕。本月初日胞姐子慕氏自缢身死，报明相验，小的就慕氏与裴彦宗通奸并未报验，与李国元有奸，小的便去裴彦凤质讯，他已家富讯，小的不该胃屍视，亦不该把情每每实是小的错了，只求施恩。

三月廿七日

14 道光四年三月二十四日县衙刑房开审单

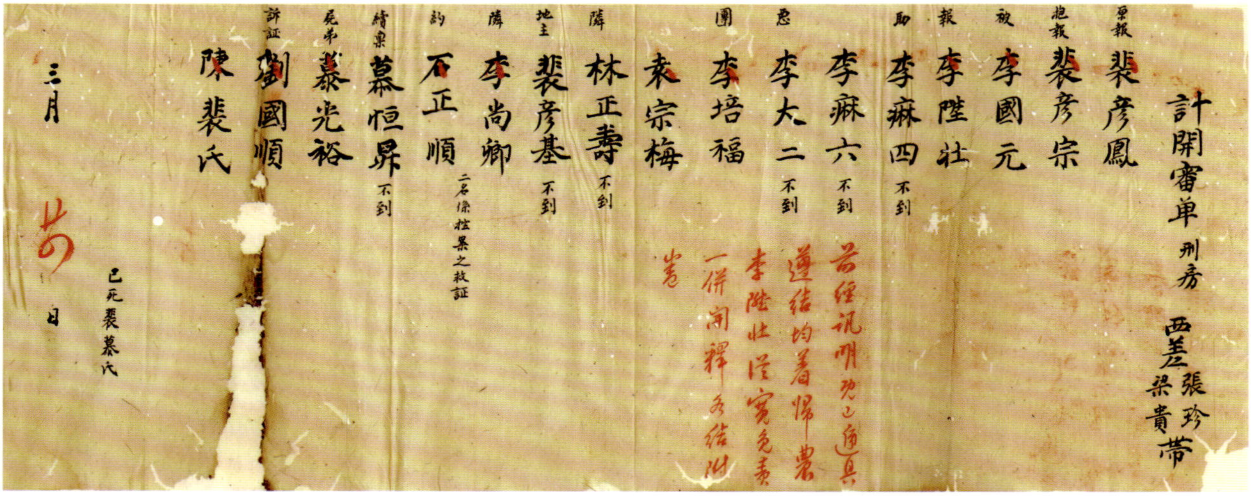
計開審單 刑房
西差 張珍 梁貴 帶
原報 裴彥鳳
抱報 裴彥宗
被 李國元
助 李陞壯
李麻四 不到
李麻六 不到
悉 李大二 不到
團 李培福
袁宗梅
隣 林正壽 不到
地主 裴彥基 不到
隣 李尚卿
約 石正順 二名係柱案之救証
練 慕恒昇 不到
死弟 慕光裕
訴証 劉國順
陳裴氏
前經訊明，如已通具遵結，均着歸案。李陞壯從寬免責，一併開釋，各結附卷。
三月 廿四 日
已死裴慕氏

15 道光四年三月二十四日裴彦凤、裴彦宗、陈裴氏结状

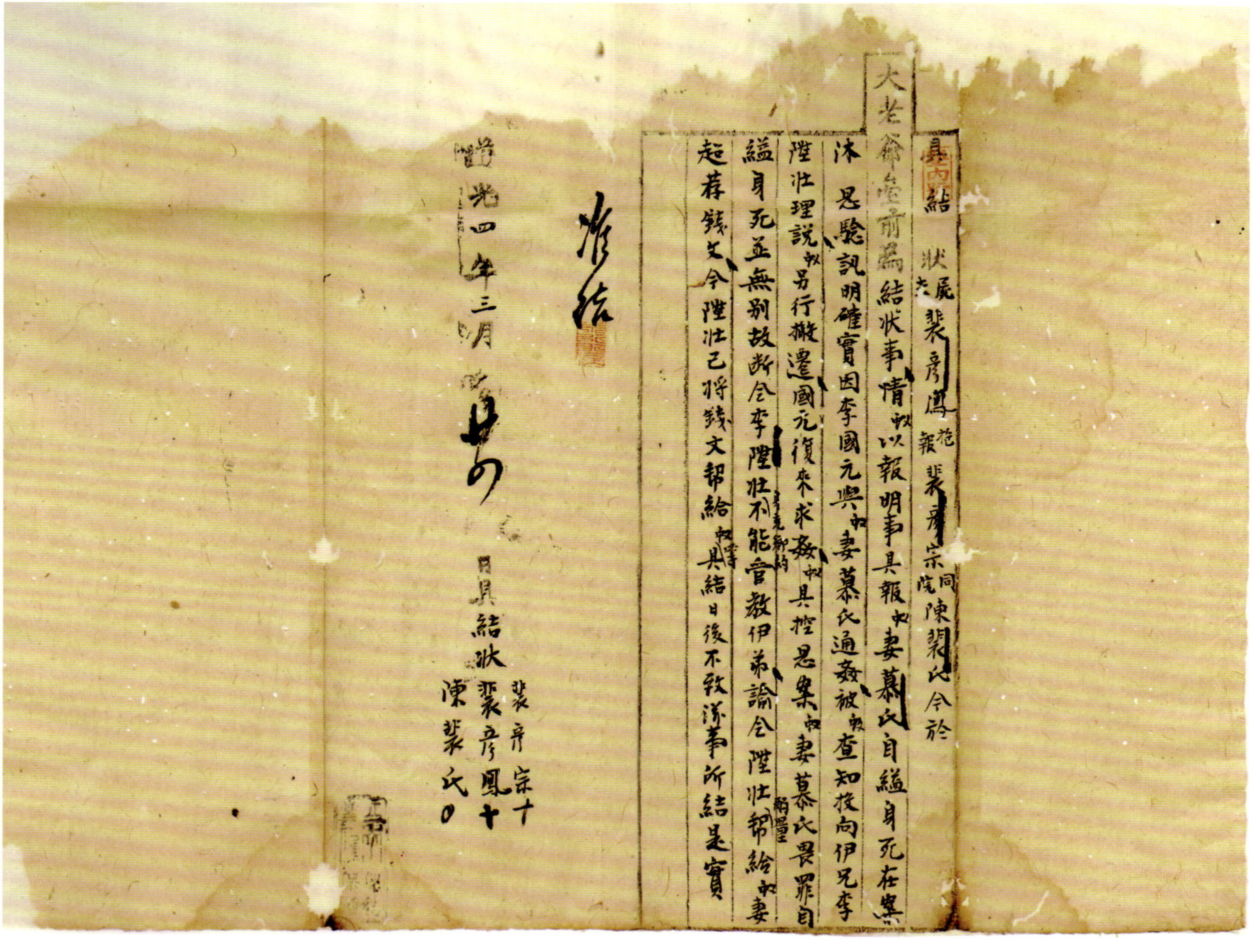
具結狀 屍夫裴彥鳳 抱報裴彥宗 同屍陳裴氏 今於
大老爺台前為結狀事情。蟻以報明事具報蟻妻慕氏自縊身死在案，
沐恩驗訊明確，實因李國元與蟻妻慕氏通姦，被蟻查知，投向伊兄李
陞壯理說，蟻另行撥還國元，復來求姦，蟻具控恩案，蟻妻慕氏畏罪自
縊身死，並無別故。斷令李陞壯不能管教伊弟，諭令陞壯帮給蟻妻
起葬錢文，今陞壯已將錢文帮給，蟻等具結，日後不致滋事，所結是實。
准結
道光四年三月 廿四 日具結狀 裴彥宗 十 裴彥鳳 十 陳裴氏 〇

16 道光四年三月二十四日团邻李培福等结状

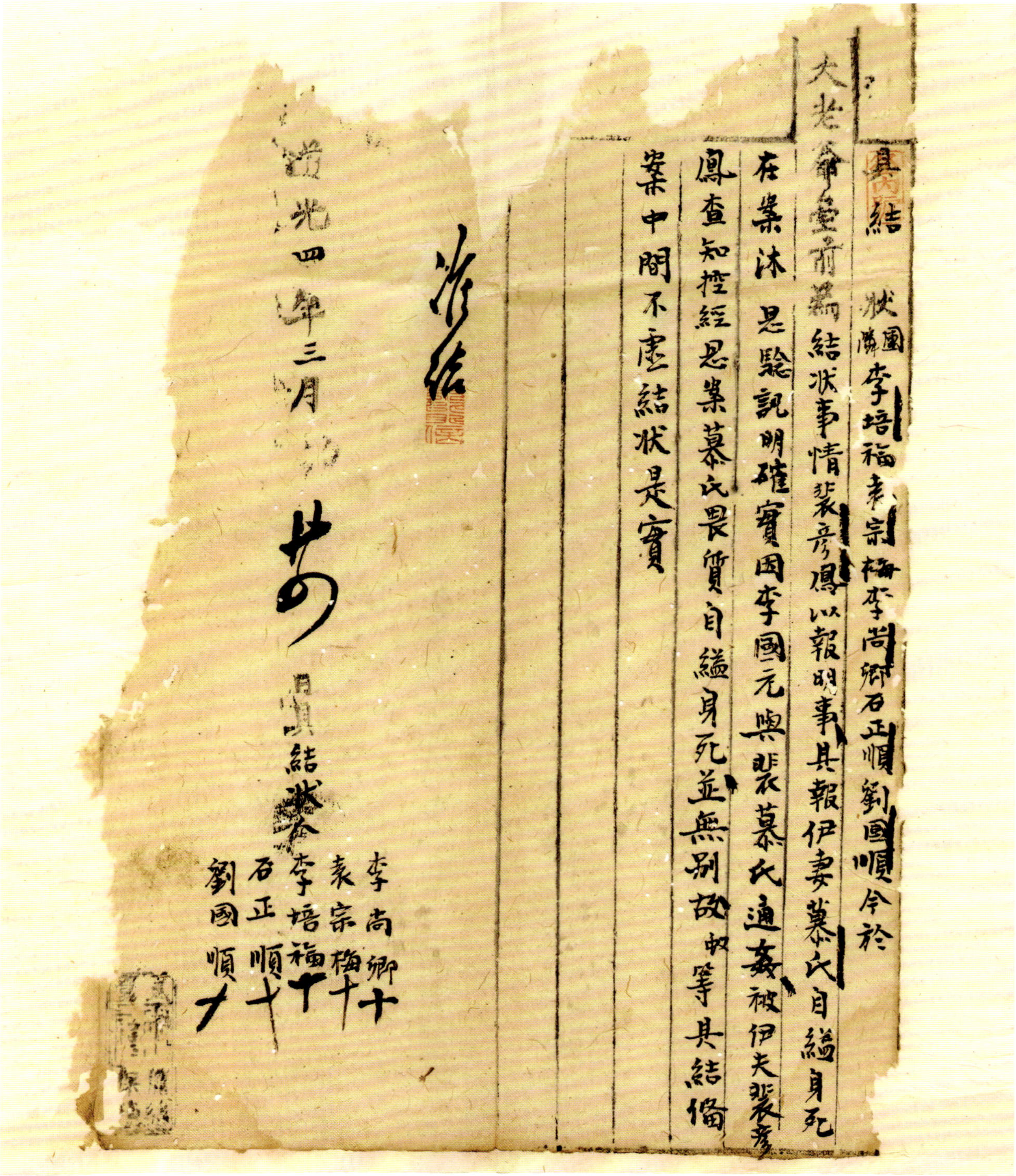
具結狀團鄰李培福、袁宗梅、李尚卿、石正順、劉國順今於
大老爺臺前為結狀事情裴彥鳳以報明事具報伊妻裴慕氏自縊身死
在案沐恩驗訊明確實因李國元與裴慕氏通姦被伊夫裴彥
鳳查知控經恩案慕氏畏質自縊身死並無別故蟻等具結備
案中間不虛結狀是實
准結
道光四年三月　日具結狀
李尚卿十
袁宗梅十
李培福十
石正順十
劉國順十

17 道光四年三月二十四日李升壮结状

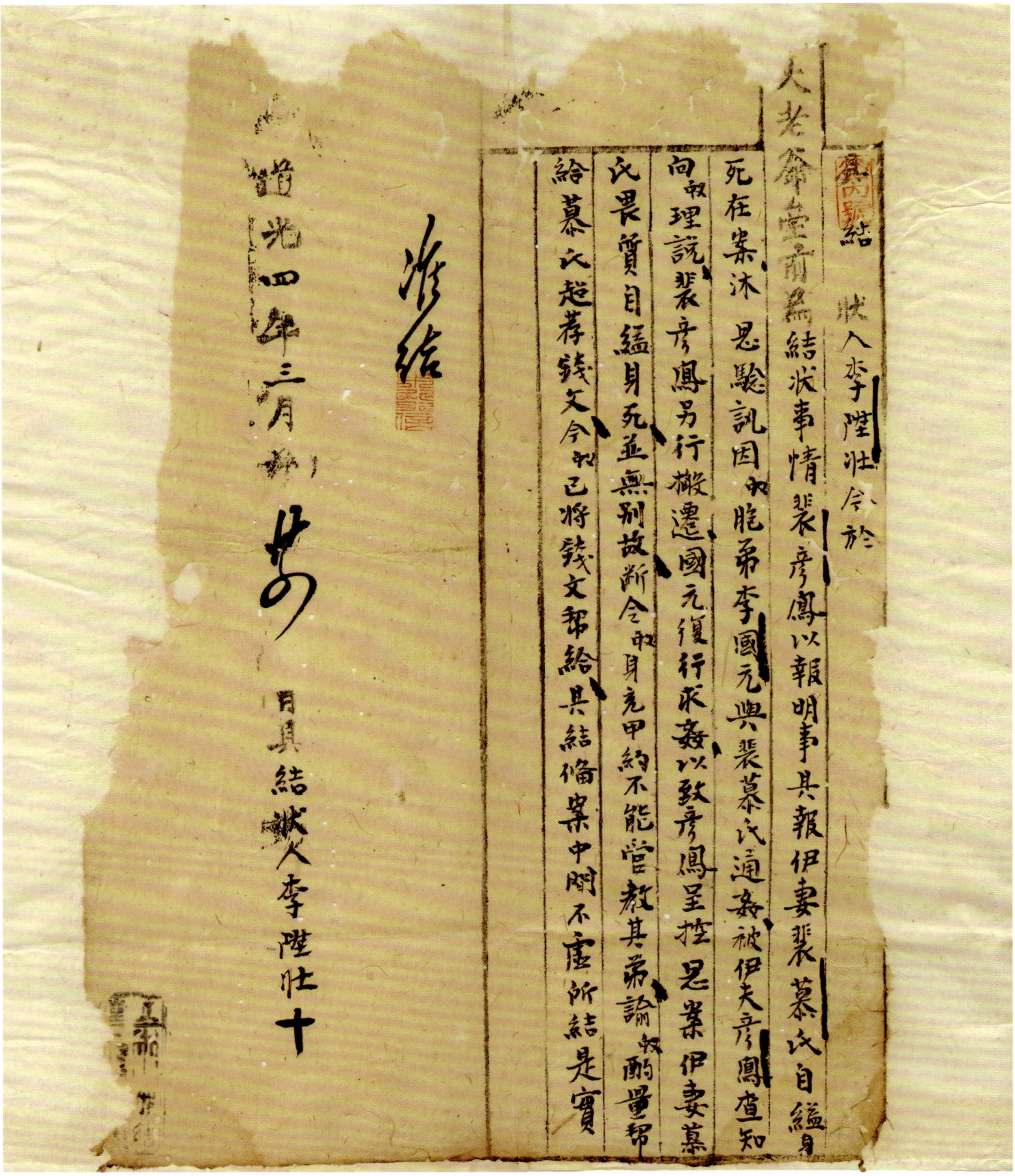
具結狀人李陞壯，今於
大老爺臺前爲結狀事。情裴彥鳳以報明事具報伊妻裴慕氏自縊身死在案，沐恩驗訊，因蟻胞弟李國元與裴慕氏通姦，被伊夫彥鳳查知，向蟻理說，裴彥鳳另行搬遷，國元復行來姦，以致彥鳳呈控。恩案伊妻慕氏畏質自縊身死，並無別故。斷令蟻身充甲約，不能管教其弟，諭蟻酌量幫給慕氏超薦錢文，今蟻已將錢文幫給，具結備案。中間不虛，所結是實。
准結
道光四年三月廿四日具結狀人李陞壯 十

18 道光四年三月二十四日慕光裕结状

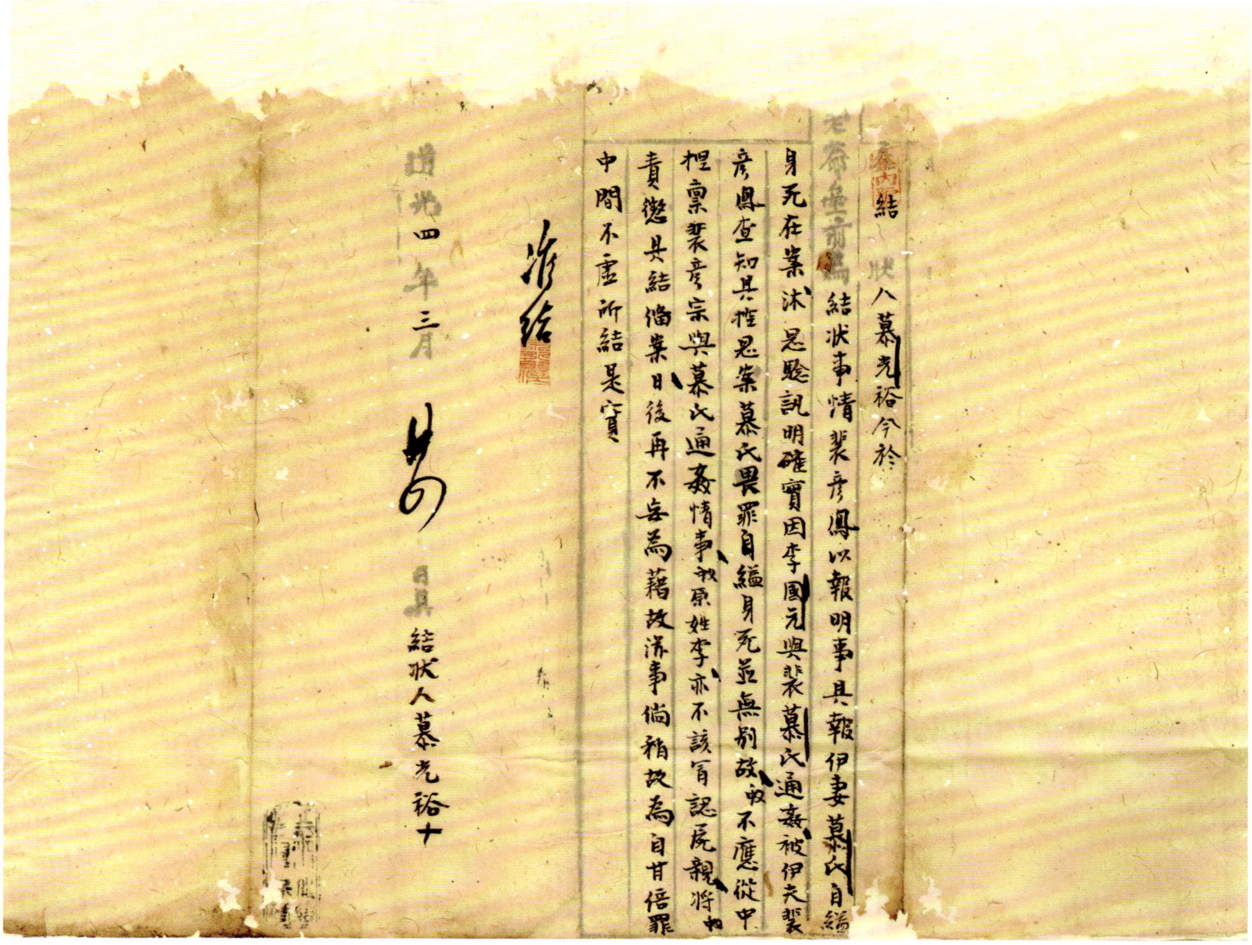
具結狀人慕光裕今於
老爺台前爲結狀事情裴彥鳳以報明事具報伊妻慕氏自縊
身死在案沐恩驗訊明確實因李國元與裴慕氏通姦被伊夫裴
彥鳳查知其姪兒案慕氏畏罪自縊身死並無別故殊不應從中
捏禀裴彥宗與慕氏通姦情事報原姓李亦不該盲認屍親將如
責懲具結備案日後再不妄爲藉故滋事倘複故為自甘倍罪
中間不虛所結是實
准結
道光四年三月廿四日具結狀人慕光裕十

19 道光四年四月十七日县衙刑房开单

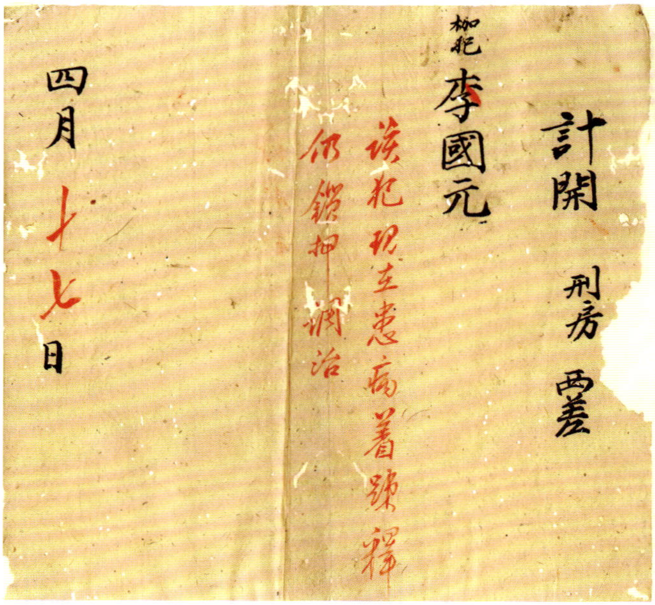
計開 刑房 西差
枷犯 李國元
該犯現在患病著縣釋
仍鎖押調治
四月十七日

20 道光四年四月二十日陈联先保状

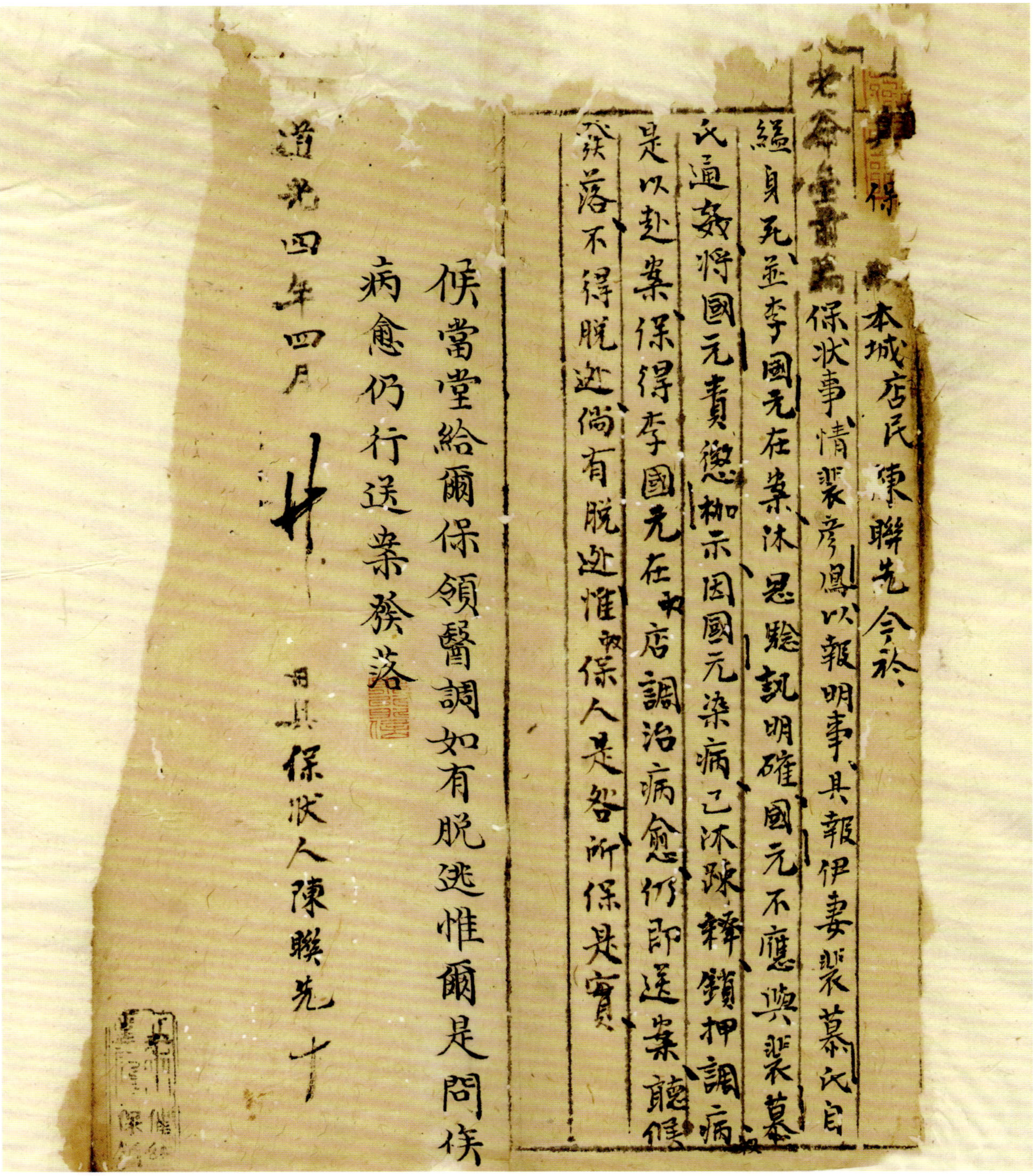
具保
本城居民陳聯先今於
大老爺台前為保狀事情裴彥鳳以報明事具報伊妻裴慕氏自
縊身死並李國元在案沐恩驗訊明確國元不應與裴慕
氏通姦將國元責懲枷示因國元染病已沐踈釋鎖押調病
是以赴案保得李國元在外店調治病愈仍即送案聽候
發落不得脫逃倘有脫逃惟保人是咎所保是實
候當堂給爾保領醫調如有脫逃惟爾是問俟
病愈仍行送案發落
道光四年四月 廿 日具保狀人陳聯先 十

21 - 1 道光四年五月初四日县衙刑房拟详报裴慕氏自缢案详折稿

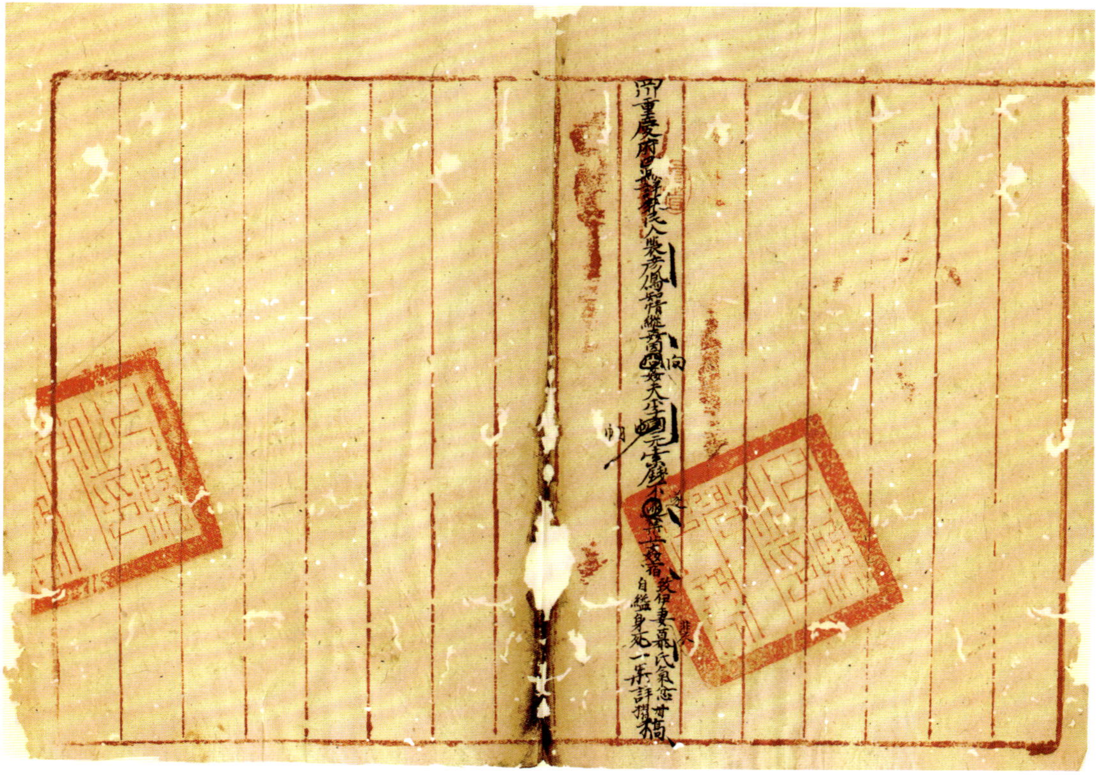

四川重慶府巴縣為詳報民人裴彥鳳[illegible]因向李幗元索錢不遂[illegible]致伊妻慕氏氣忿自縊身死一案詳擬稿

21 - 2

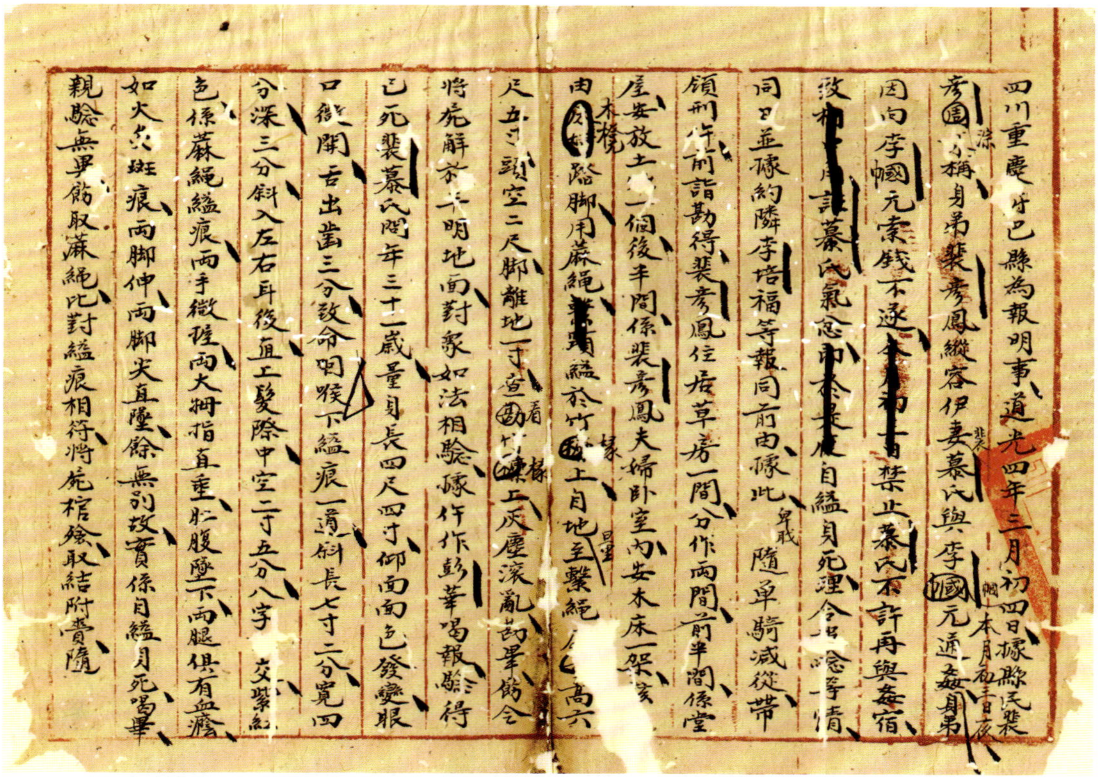

四川重慶府巴縣為報明事。道光四年三月初四日據縣民裴
彥國（添：宗）稱：身弟裴彥鳳縱容伊妻慕氏與李幗元通姦，身弟本月初三日夜
因向李幗元索錢不遂，[illegible]禁止慕氏不許再與姦宿，
致[illegible]詈慕氏氣忿，[illegible]自縊身死，理合[illegible]懇[illegible]等情。
同日並據約鄰李培福等報同前由。據此，卑職隨單騎減從，帶
領刑仵前詣勘得：裴彥鳳住居草房一間，分作兩間，前半間係堂
屋，安放土[illegible]一個，後半間係裴彥鳳夫婦臥室，內安木床一架，家
由木[illegible]踏腳，用蔴繩[illegible]縊於竹[illegible]上，自地至繫繩處高六
尺五寸，頸空二尺，腳離地一寸，查看竹[illegible]上灰塵滾亂，勘畢，飭令
將屍解於平明地面，對眾如法相驗，據仵作彭華喝報：驗得
已死裴慕氏問年三十二歲，量身長四尺四寸，仰面，面色發變，眼
口微開，舌出齒三分，致命咽喉下縊痕一道，斜長七寸二分，寬四
分，深三分，斜入左右耳後，直上髮際，中空二寸五分，八字交繫紋，
色係蔴繩縊痕，兩手微握，兩大拇指直垂，肚腹墜下，兩腿俱有血蔭，
如火炙斑痕，兩腳伸，兩腳尖直墜，餘無別故，實係自縊身死。喝畢，
親驗無異，飭取蔴繩比對縊痕相符，將屍棺殮，取結附賚。隨

21-3

問據裴[illegible]供裴彥鳳是小的胞弟死的裴慕氏是小的弟媳與小的分爨隣近居住裴慕氏與李幗元通姦小的早有風聞屢叫兄弟拐獲送官兄弟總是不肯小的就沒有管了道光四年三月初四日早兄弟來向小的說初[illegible]他同李幗元要錢不肯禁止他妻子慕氏不許再與姦宿他妻子氣忿就在房內竹椽上自縊身死的話小的忙投約隣李培福們攏去看明赴案報驗的

問據約隣李培福袁宗梅林正春同供小的們與裴彥鳳隣近居住李幗元與裴慕氏通姦小的們早有風聞只是裴彥鳳知情縱容所以沒有管的道光四年三月初四日早裴彥鳳來投小的們說初三日他弟兄裴彥鳳因向李幗元要錢不肯禁止慕氏不許再與姦宿慕氏氣忿在房內竹椽上用麻繩自縊身死的話小的們忙去看明協同赴案[illegible]

[illegible]彥鳳回來撞見小的當就走避過後裴慕氏[illegible]小的說他丈夫裴彥鳳只要小的幫給錢米就不計較小的應允時常給送錢米與裴慕氏姦宿四年三月初三日挨晚時小的走到裴

21-4

問據裴彥鳳供小的巴縣人年四十歲平日傭工度日死的裴慕氏是小的妻子與李幗元向來認識見面不避道光三年八月間記不得日子小的妻子與李幗元同坐說笑小的回家撞見李幗元當就走避小的隨向妻子盤出姦情因家裡窮苦叫妻子與李幗元說明幫給錢文許他來往後來李幗元陸續給送錢米時與妻子姦宿小的利他資助並不阻止四年三月初三日[illegible]小的因沒用度向李幗元要錢李幗元不肯小的氣忿當把李幗元[illegible]禁止妻子再不許再與姦宿妻子不依與小的吵鬧小的把他罵了一陣並說如果再與李幗元通姦定要一併殺死[illegible]就各自去睡了不料妻子氣忿乘小的睡熟悄悄在房內竹椽上用麻繩自縊身死第二日早小的起來看見[illegible]知哥子裴彥[illegible]投鳴約隣李培福們攏來看明赴案報驗的

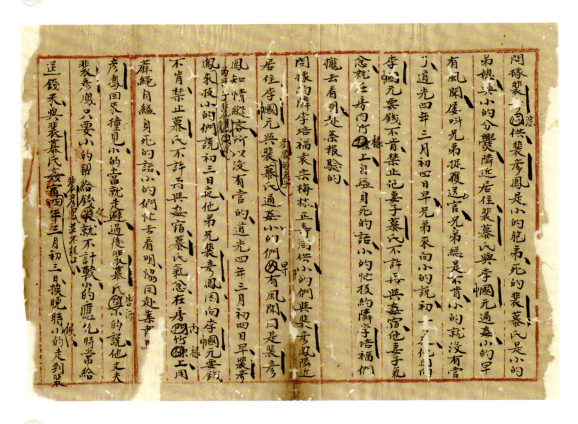

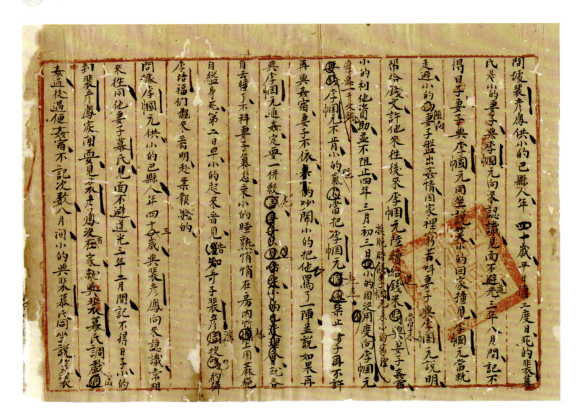

問據李幗元供小的巴縣人年四十三歲與裴彥鳳向來認識常相來往同他妻子慕氏見面不避道光三年二月間記不得日子小的到裴彥鳳家閒耍見裴彥鳳沒在家就與裴慕氏調戲成姦過後遇便姦宿不記次數八月間小的與裴慕氏同坐說笑裴

21 - 5

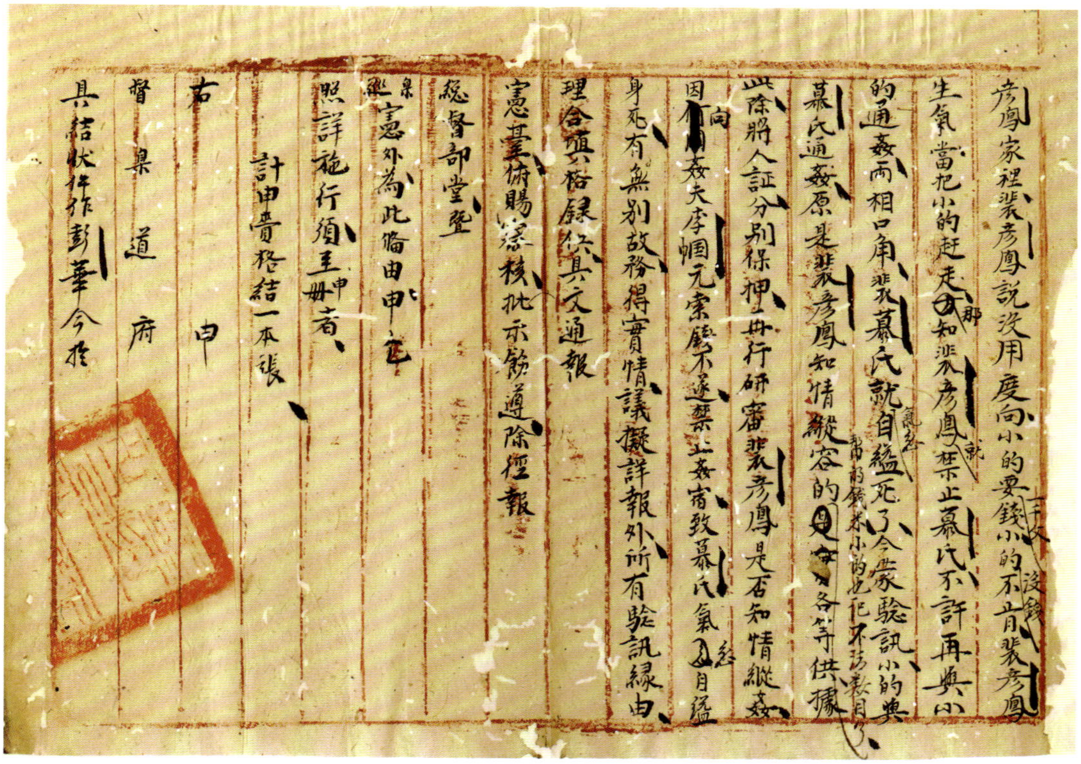
彦鳳家裡，裴彦鳳說沒用度，向小的要錢，小的不肯，裴彦鳳
生氣，當把小的赶走。那知裴彦鳳就禁止慕氏，不許再與小
的通姦，兩相口角，裴慕氏就氣忿自縊死了。今蒙驗訊，小的與
慕氏通姦，原是裴彦鳳知情縱容的，是實。各等供。據
此除將人證分別保押，一面行研審裴彦鳳是否知情縱姦，
因何向姦夫李幗元索錢不遂禁止姦宿，致慕氏氣忿自縊
身死，有無別故，務得實情，議擬詳報外，所有驗訊緣由，
理合填具格錄，併具文通報
憲臺俯賜察核，批示飭遵。除逕報
總督部堂暨
臬 巡 憲外，為此備由申乞
照詳施行。須至冊者。
計申賫格結一本張
右
申
督 臬 道 府
具結狀仵作彭華今於

21 - 6

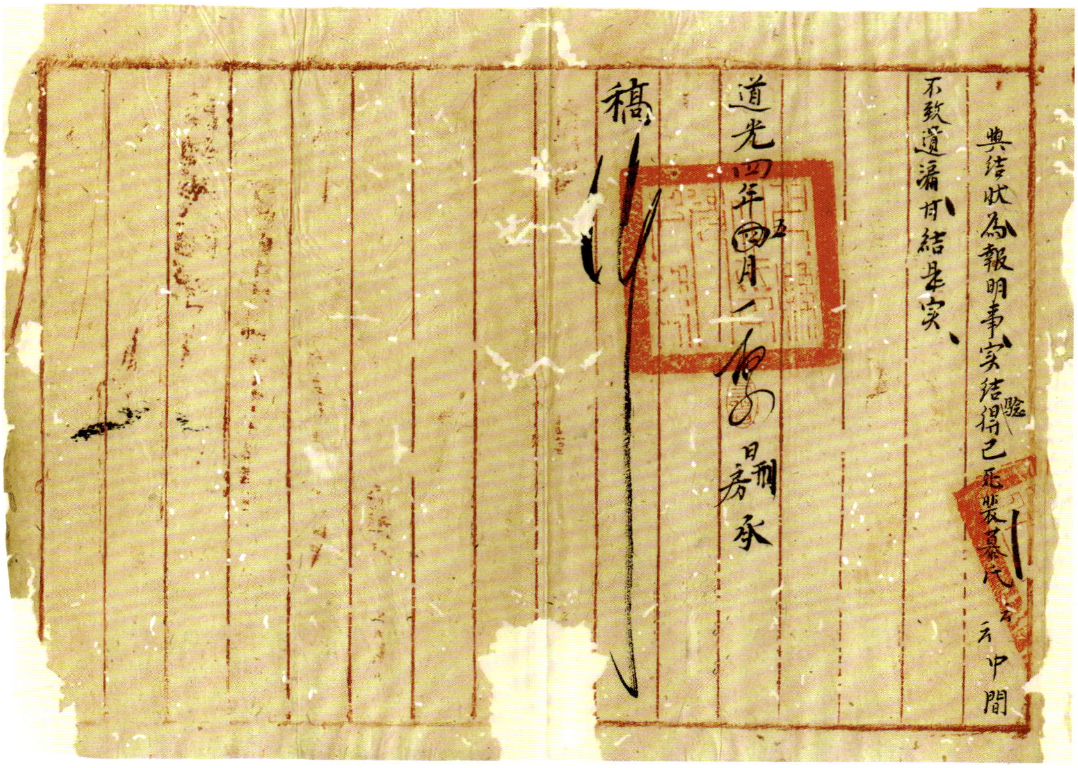
與結狀為報明事，實結得已死裴慕氏 云 云中間
不致遺漏，甘結是實。
道光四年四月 日
刑房承
稿

22 道光四年五月十四日县衙刑房开单

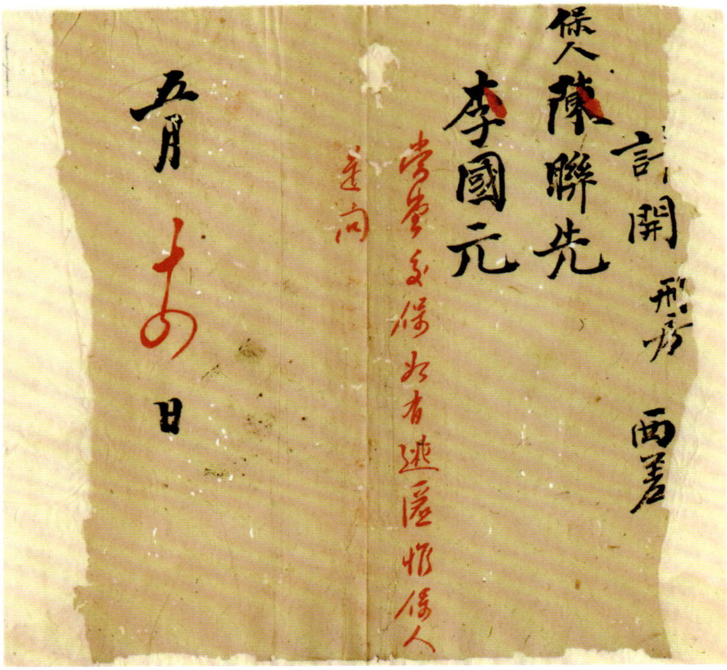

23 道光四年五月十五巴县详文及重庆府批

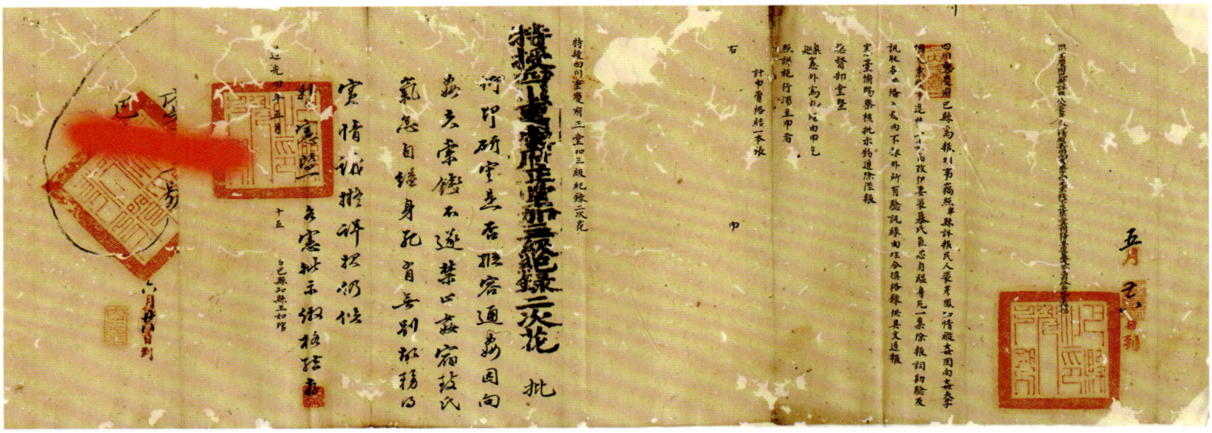

四川重慶府巴縣詳報民人裴彥鳳知情縱姦因向姦夫李懷元索錢不遂禁其姦宿致伊妻裴慕氏氣忿自縊身死一案由

五月廿六日到

四川重慶府巴縣爲報明事竊照卑縣詳報民人裴彥鳳知情縱姦因向姦夫李懷元索錢不遂禁其姦宿致伊妻裴慕氏氣忿自縊身死一案除報詞勘驗及訊取各供備入冊內不錄外所有驗訊緣由理合填格錄供具文通報

憲台俯賜察核批示飭遵除徑報

總督部堂暨

臬憲外爲此備由申乞

照詳施行須至申者

計申賫格結一本張

右

申

特授四川重慶府正堂加三級紀錄二次花

特授四川重慶府正堂加三級紀錄二次花　批

該縣研審是否縱容通姦因向姦夫索錢不遂禁止姦宿致氏氣忿自縊身死有無別故務得

實情秉公擬詳按例從

速[illegible]憲批示繳檢結存

道光四年五月十五日巴縣知縣王如琯

六月廿□日到

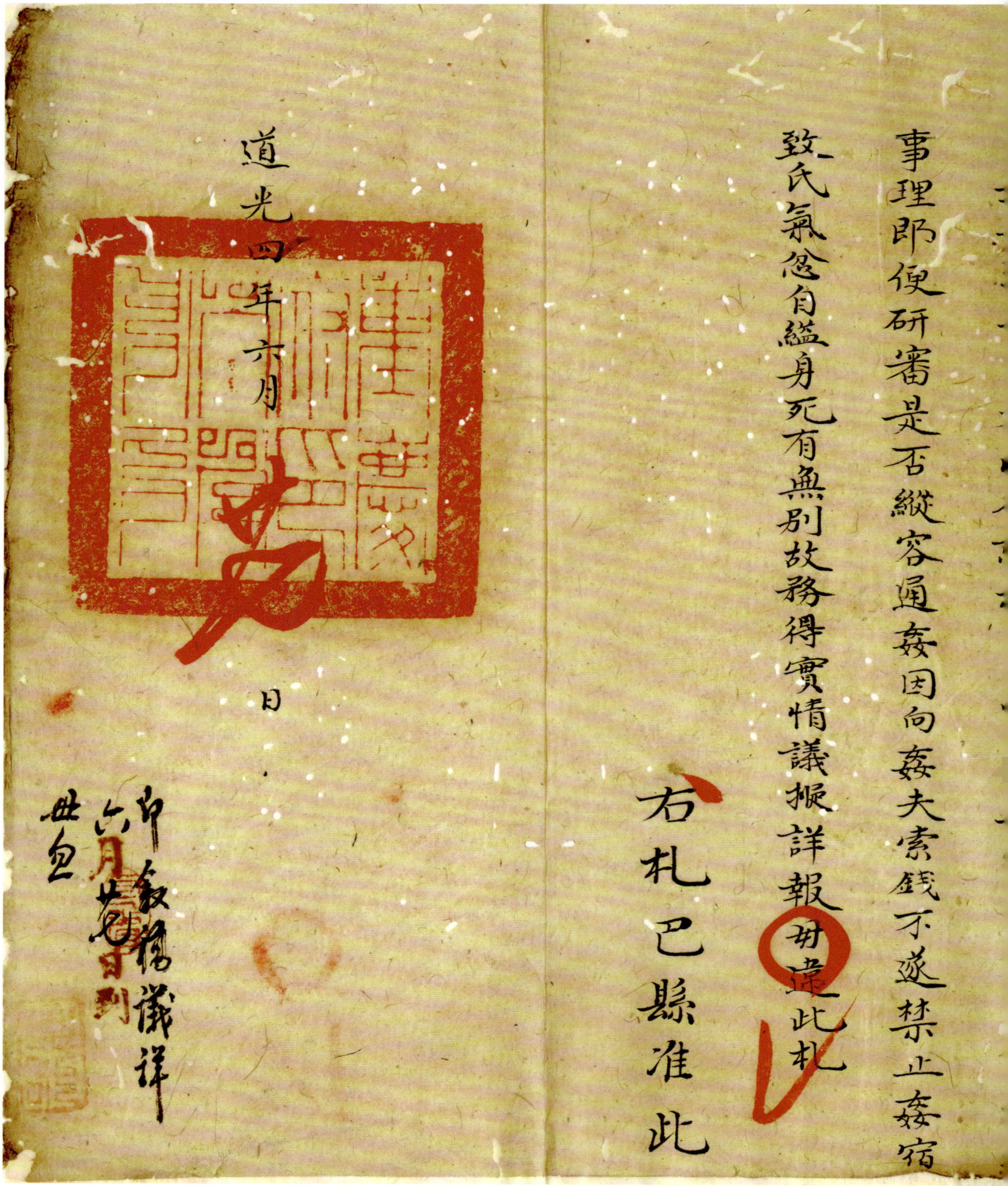
事理即便研審是否縱容通姦因向姦夫索錢不遂禁止姦宿
致氏氣忿自縊身死有無別故務得實情議擬詳報毋違此札
右札巴縣准此
道光四年六月　日
即叙稿議詳
六月廿七日到
毋包

24　道光四年六月二十七日重庆府札

特授四川重慶府正堂加三級紀錄三次記　為報明

事道光四年六月十九日奉

按察使司裕　憲札道光四年五月二十八日奉

署總督部堂戴　批據巴縣詳報民人裴彥鳳知情縱姦因向姦

夫李幗元索錢不遂禁止姦宿致伊妻裴慕氏氣忿自縊身

死一案奉批按察司即飭研審是否縱容通姦因向姦夫索錢

不遂禁止姦宿致氏氣忿自縊身死有無别故務得實情議

擬詳報繳格結存奉此合就札行爲此仰府官吏查照札內

奉批事理即便轉飭研審是否縱容通姦因向姦夫索錢不

25 - 1 道光四年七月二十一日县衙刑房拟详报裴彦凤案详册稿

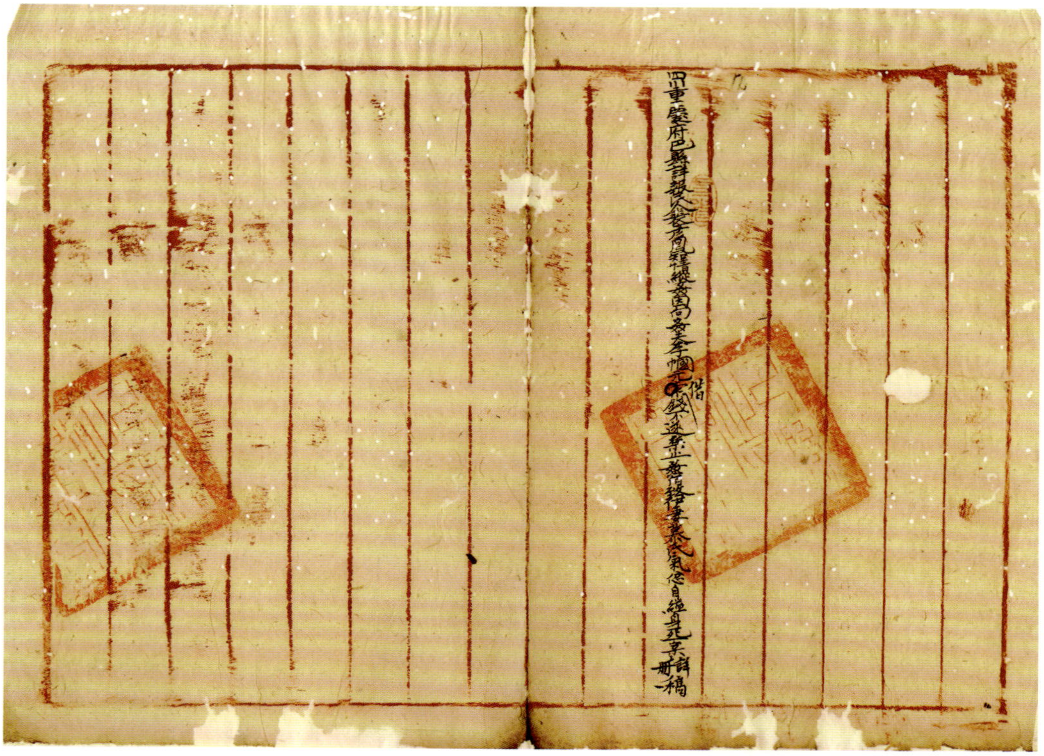
四川重慶府巴縣詳報民人裴彥鳳知情縱姦因向姦夫李㦬元借錢不遂禁止姦宿致妻裴氏氣忿自縊身死一案詳冊稿

25 - 2

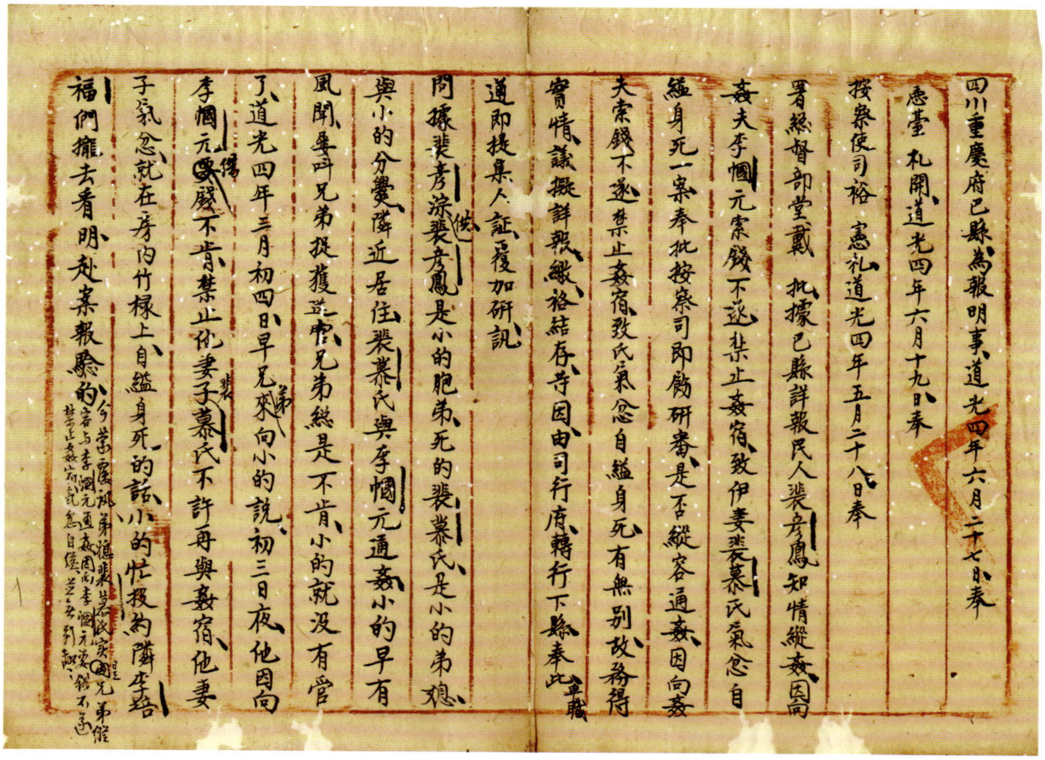
四川重慶府巴縣為報明事。道光四年六月二十七日奉
憲臺札開，道光四年六月十九日奉
按察使司裕 憲札，道光四年五月二十八日奉
署總督部堂戴 批，據巴縣詳報民人裴彥鳳知情縱姦，因向
姦夫李㦬元索錢不遂，禁止姦宿，致伊妻裴慕氏氣忿自
縊身死一案，奉批按察司即飭研審，是否縱容通姦，因向姦
夫索錢不遂，禁止姦宿，致氏氣忿自縊身死，有無別故，務得
實情，議擬詳報，繳，格結存，等因，由司行府，轉行下縣，奉此，（卑職）
遵即提集人證，覆加研訊。
問據裴彥淙（供）：裴彥鳳是小的胞弟，死的裴慕氏是小的弟媳，
與小的分爨，隣近居住。裴慕氏與李㦬元通姦，小的早有
風聞，要叫兄弟捉獲，因兄弟總是不肯，小的就沒有管
了。道光四年三月初四日早，兄弟來向小的說，初三日夜，他因向
李㦬元要錢不肯，禁止他妻子慕氏不許再與姦宿，他妻
子氣忿，就在房內竹椽上自縊身死的話。小的忙投約隣李培
福們攏去看明，赴案報驗的。

25 - 3

問據約隣李培福袁宗梅林正壽同供，小的們與裴彥鳳隣近
居住，李幗元與裴彥鳳的妻子慕氏通姦，小的們早有風聞，因
是裴彥鳳知情縱容，所以沒有管的。道光四年三月初四日早，裴
彥鳳的哥子裴彥淙來投小的們說，初三日夜，他兄弟裴彥鳳因
向李幗元要錢不肯，禁止慕氏不許再與姦宿，慕氏氣忿，在房
內竹椽上用蔴繩自縊身死的話，小的們忙去看明，協同赴案報驗的。
問據裴彥鳳供，小的巴縣人，年四十歲，平日傭工度日。死的裴慕
氏是小的妻子，與李幗元向來認識，見面不避。道光三年八月間，
記不得日子，妻子與李幗元同坐說笑，小的回家撞見，李幗元當
就走避。小的隨向妻子盤出姦情，因家窮苦，吓妻子李幗元
說明，叫給錢文，許他來往。後來李幗元陸續送給錢米，
妻子姦宿，小的他資助，並不阻止。四年三月初三日，挨晚時候，
李幗元來小的家裡，小的因沒用度，向李幗元索錢一千文，
李幗元不肯，小的嘔氣，當把李幗元趕走，禁止妻子不許再
與姦宿，妻子不吵鬧，小的把他罵了一陣，並說如果再與李
幗元通姦，定要一併殺死，就各自去睡了。不料妻子氣忿，乘

25 - 4

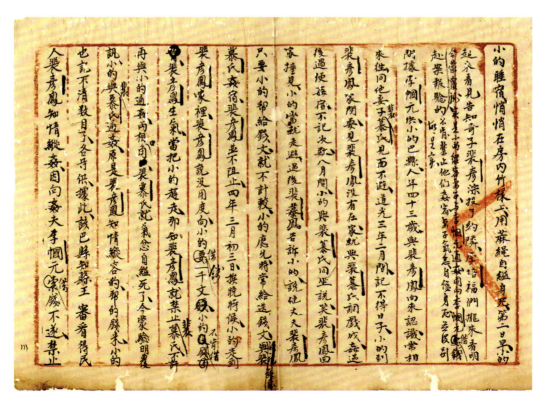

小的睡宿，悄悄在房內竹椽上用蔴繩自縊身死。第二日早，小的
起來看見，告知哥子裴彥淙，投了約隣李培福們攏來看明，
赴案報驗的。
問據李幗元供，小的巴縣人，年四十三歲，與裴彥鳳向來認識，常相
來往，同他妻子慕氏見面不避。道光三年二月間，記不得日子，小的到
裴彥鳳家閒耍，見裴彥鳳沒有在家，就與裴慕氏調戲成姦，過
後遇便姦宿，不記次數。八月間，小的與裴慕氏同坐說笑，裴彥鳳回
家撞見，小的當就走避。過後裴慕鳳告訴小的說，他丈夫裴彥鳳
只要小的幫給錢文，就不計較。小的應允，時常給送錢文，與裴
慕氏姦宿，裴彥鳳並不阻止。四年三月初三日，挨晚時候，小的走到
裴彥鳳家裡，裴彥鳳說沒用度，向小的要一千文錢，小的
裴彥鳳生氣，當把小的趕走，那知裴彥鳳就禁止慕氏不許
再與小的通姦，兩相角口，裴慕氏就氣忿自縊死了。今蒙驗明覆
訊，小的與慕氏通姦，原是裴彥鳳知情縱容的，幫的錢米，小的
也記不清數目了。各等供。據此，該巴縣知縣王 審看得民
人裴彥鳳知情縱姦，因向姦夫李幗元索錢不遂，禁止

25 - 5

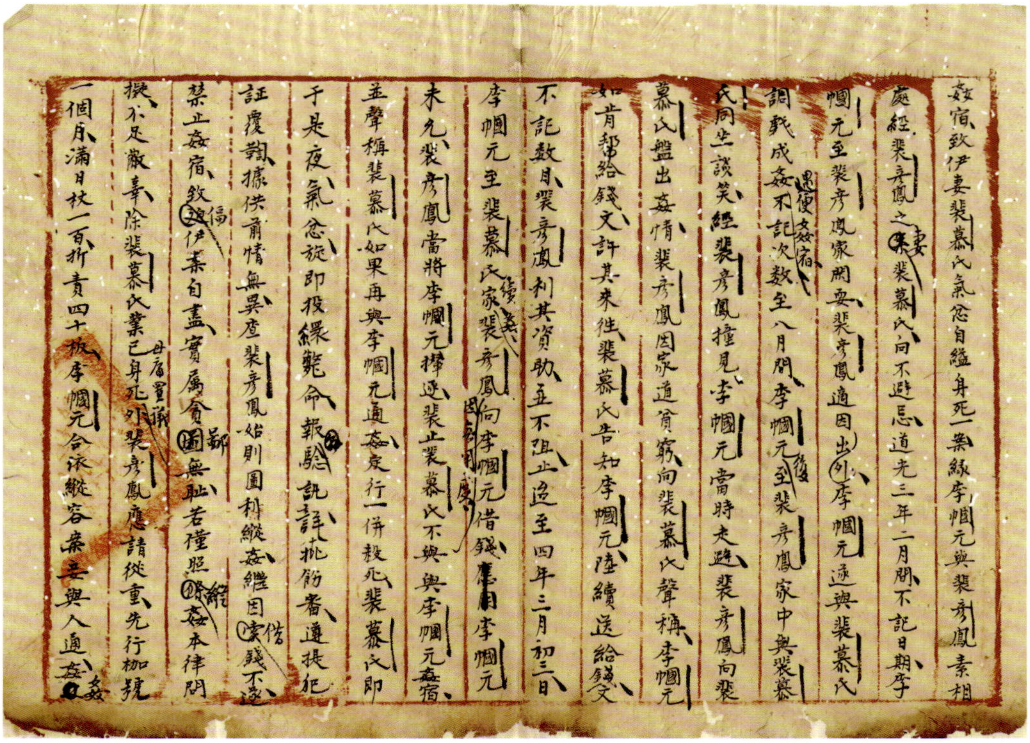
姦宿，致伊妻裴慕氏氣忿自縊身死一案。緣李幗元與裴彥鳳素相
廒經。裴彥鳳之妻裴慕氏向不避忌。道光三年二月間不記日期，李
幗元至裴彥鳳家，商要裴彥鳳適因出外，李幗元遂與裴慕氏
調戲成姦，遇便姦宿，不記次數。至八月間，李幗元後至裴彥鳳家中與裴慕
氏同坐談笑，經裴彥鳳撞見，李幗元當時走避，裴彥鳳向裴
慕氏盤出姦情，裴彥鳳因家道貧窮，向裴慕氏聲稱，李幗元
如肯借給錢文，許其來往。裴慕氏告知李幗元，陸續送給錢文
不記數目，裴彥鳳利其資助，並不阻止。迨至四年三月初三日
李幗元至裴慕氏家續姦，裴彥鳳向李幗元借錢，李幗元
未允，裴彥鳳當將李幗元撵逐，裴止裴慕氏不與與李幗元姦宿，
並聲稱裴慕氏如果再與李幗元通姦，定行一併殺死。裴慕氏即
于是夜氣忿，旋即投繯斃命。報驗訊詳，批飭審通，提犯
証覆訊，據供前情無異。查裴彥鳳始則圖利縱姦，繼因借錢不遂
禁止姦宿，致伊妻自盡，實屬貪鄙無恥。若僅照縱姦本律問
擬，不足蔽辜。除裴慕氏業已身死外，裴彥鳳應請從重，先行枷號
一個月，滿日杖一百，折責四十板。李幗元合依縱容妻與人通姦

25 - 6

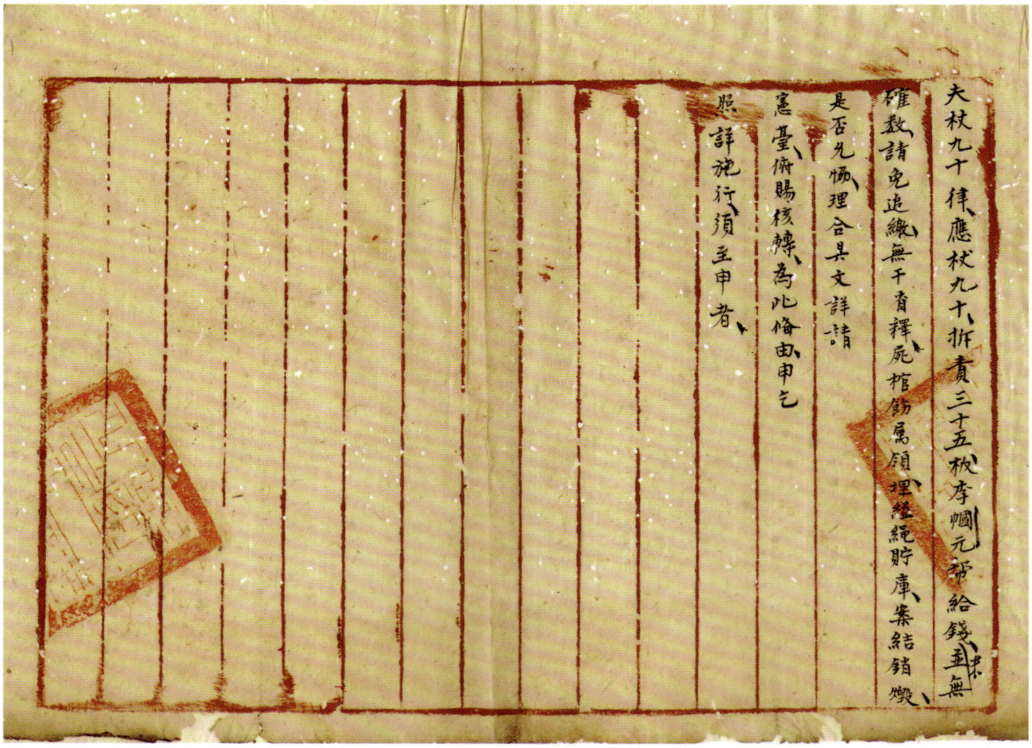
夫杖九十律，應杖九十，折責三十五板。李幗元所給錢文，並無
確數，請免追繳。無干省釋，屍棺飭屬領埋。經繩貯庫，案結銷燬。
是否允協，理合具文詳請
憲臺俯賜核轉，為此備由申乞
照詳施行。須至申者。

25 - 7

道光四年七月廿一日刑房呈

稿

行

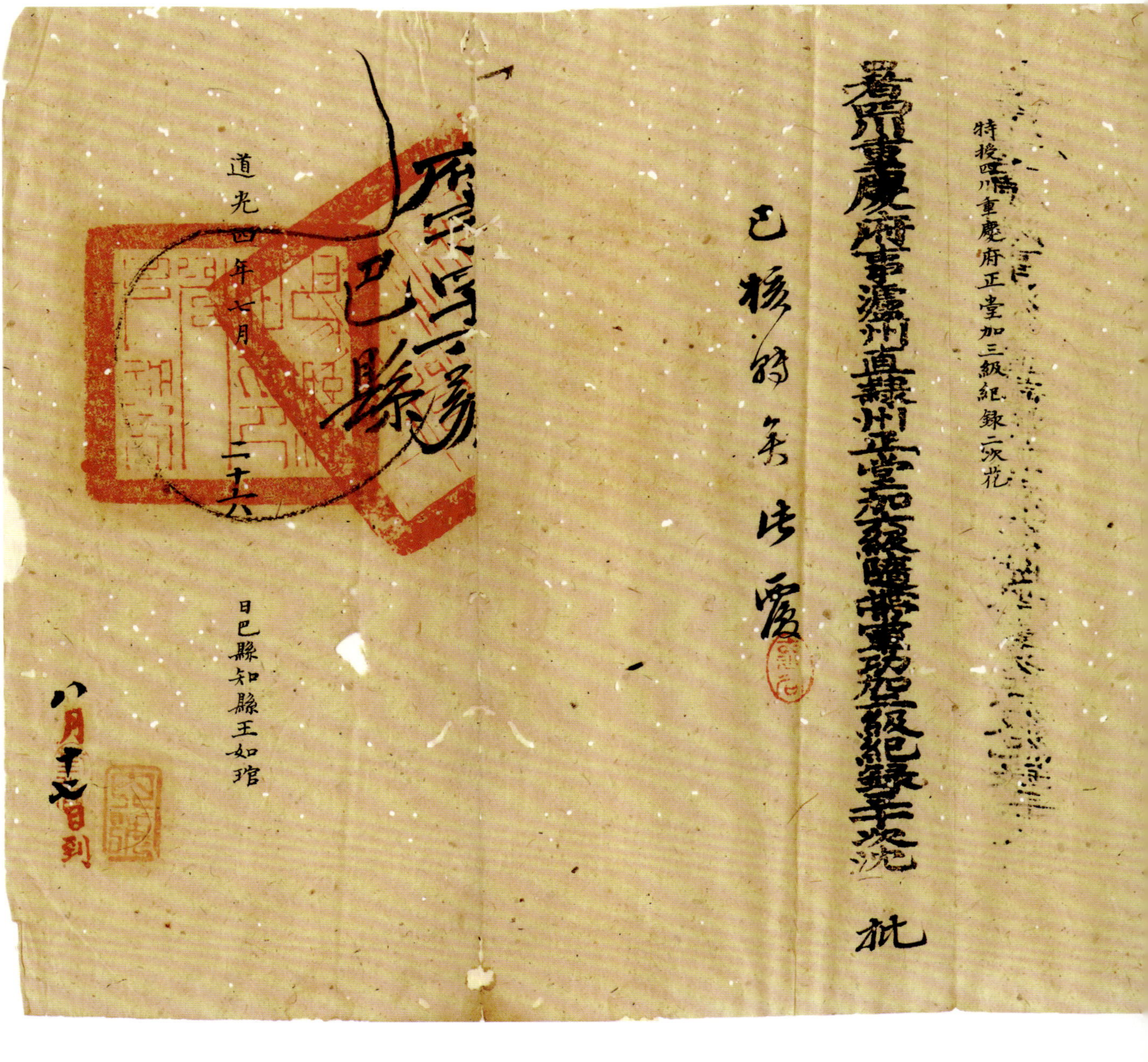
特授四川重慶府正堂加三級紀錄二次花
署四川重慶府事瀘州直隸州正堂加五級隨帶加二級紀錄十次沈 批
已核轉案詳覆
道光四年七月 二十六
日巴縣知縣王如琯
八月十六日到

26 道光四年七月二十六日巴县上报裴彦凤案详折

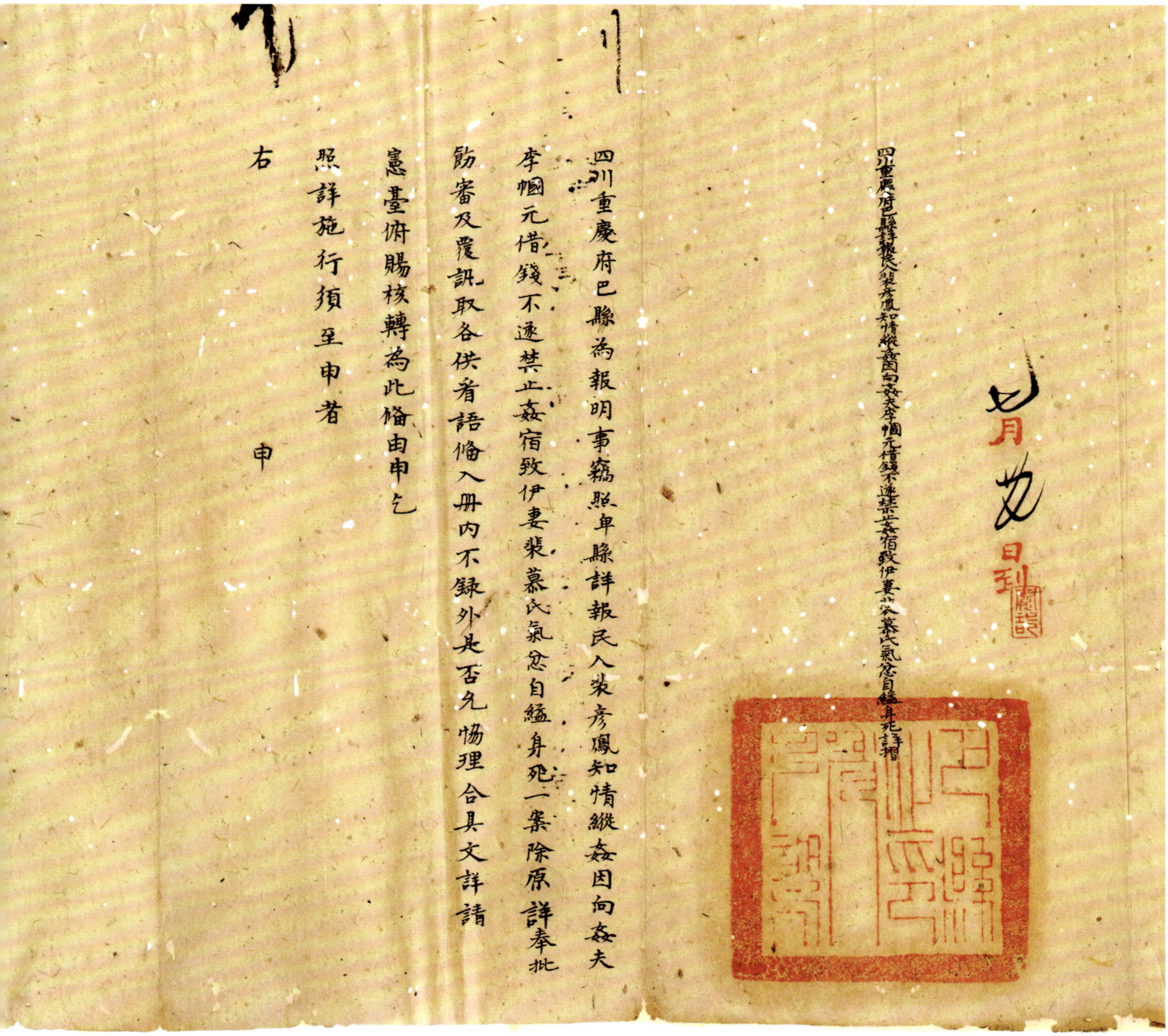

四川重慶府巴縣詳報民人裴彥鳳知情縱姦因向姦夫李幗元借錢不遂禁止姦宿致伊妻裴慕氏氣忿自縊身死詳摺

七月廿六日到

四川重慶府巴縣為報明事竊照卑縣詳報民人裴彥鳳知情縱姦因向姦夫
李幗元借錢不遂禁止姦宿致伊妻裴慕氏氣忿自縊身死一案除原詳奉批
飭審及覆訊取各供看語備入冊內不錄外是否允協理合具文詳請
憲臺俯賜核轉為此備由申乞
照詳施行須至申者

右　申

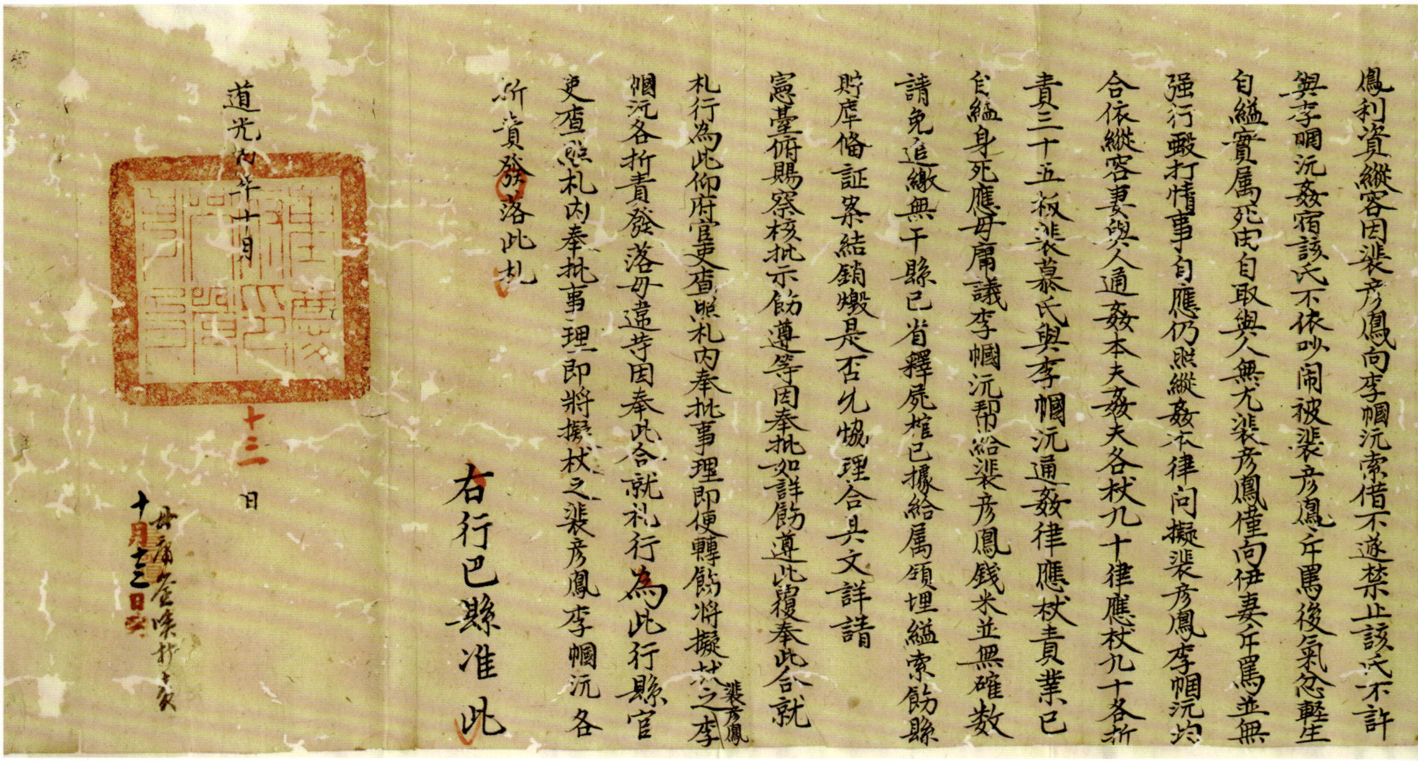
鳳利資縱容因裴彥鳳向李幗沅索借不遂禁止該氏不許
與李幗沅姦宿該氏不依吵鬧被裴彥鳳斥罵後氣忿輕生
自縊實屬死由自取與人無尤裴彥鳳僅向伊妻斥罵並無
強行毆打情事自應仍照縱姦本律問擬裴彥鳳李幗沅均
合依縱容妻與人通姦本夫姦夫各杖九十律應杖九十各折
責三十五板裴慕氏與李幗沅通姦律應杖責業已
自縊身死應毋庸議李幗沅幫給裴彥鳳錢米並無確數
請免追繳無干縣已省釋屍棺已據給屬領埋繳索飭縣
貯庫備証案結銷燬是否允協理合具文詳請
憲臺俯賜察核批示飭遵等因奉批如詳飭遵此檄奉此合就
札行為此仰府官吏查照札內奉批事理即便轉飭將擬杖之裴彥鳳李
幗沅各折責發落毋違等因奉此合就札行為此行縣官
吏查照札內奉批事理即將擬杖之裴彥鳳李幗沅各
折責發落此札

右行巴縣准此

道光丙年十月十三日

十月十三日到

27　道光四年十月十三日重庆府札

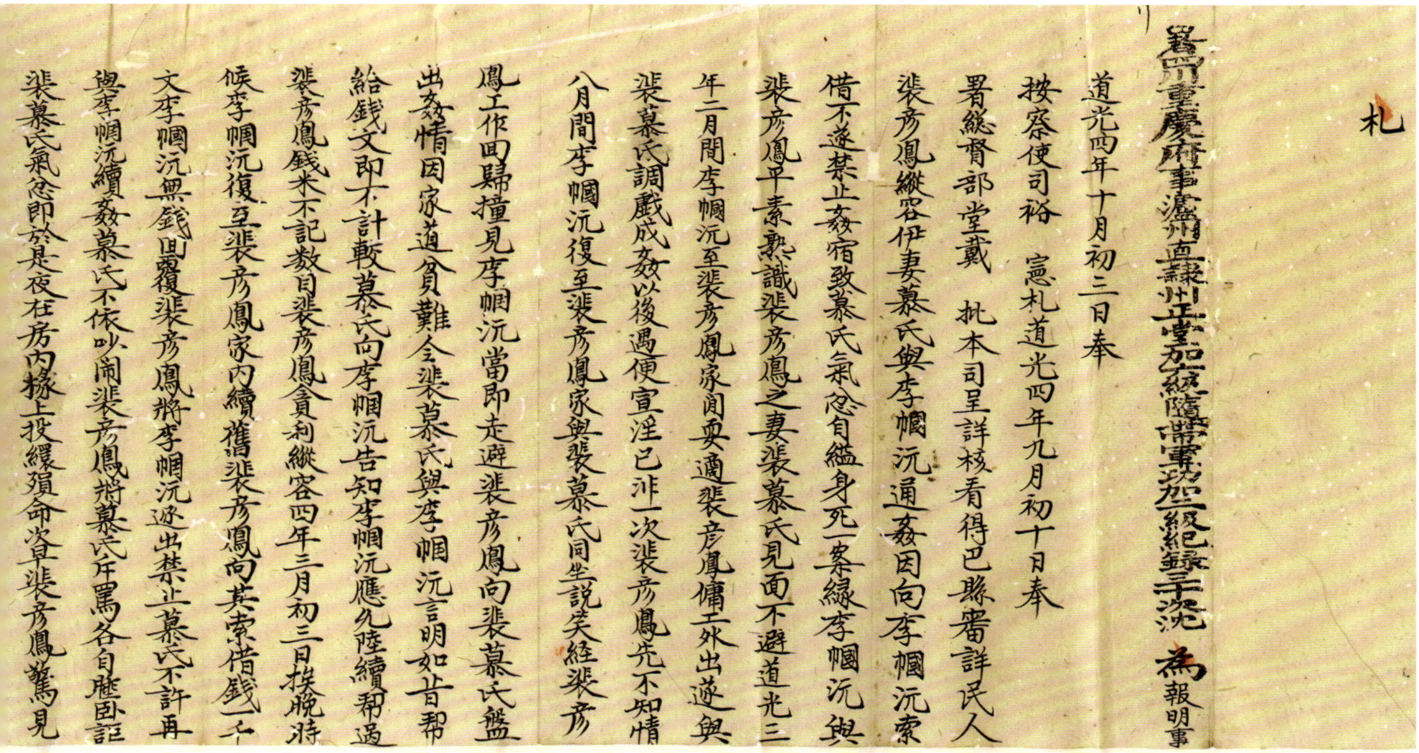

札

署四川重慶府事瀘州直隸州正堂加五級隨帶軍功加三級紀錄十二次　為報明事

道光四年十月初三日奉

按察使司裕　憲札道光四年九月初十日奉

署總督部堂戴　批本司呈詳核看得巴縣審詳民人

裴彦鳳縱容伊妻裴慕氏與李幗沅通姦因向李幗沅索

借不遂禁止姦宿致慕氏氣忿自縊身死一案緣李幗沅與

裴彦鳳平素熟識裴彦鳳之妻裴慕氏見面不避道光三

年二月間李幗沅至裴彦鳳家閒耍適裴彦鳳傭工外出遂與

裴慕氏調戲成姦以後遇便宣淫已非一次裴彦鳳先不知情

八月間李幗沅復至裴彦鳳家與裴慕氏同坐説笑經裴彦

鳳工作回歸撞見李幗沅當即走避裴彦鳳向裴慕氏盤

出姦情因家道貧難令裴慕氏與李幗沅言明如昔帮

給錢文即不計較慕氏向李幗沅告知李幗沅應允陸續帮過

裴彦鳳錢米不記数目裴彦鳳貪利縱容四年三月初三日挨晚時

候李幗沅復至裴彦鳳家内續舊裴彦鳳向其索借錢一千

文李幗沅無錢回覆裴彦鳳將李幗沅逐出禁止慕氏不許再

與李幗沅續姦慕氏不依吵鬧裴彦鳳將慕氏斥駡各自睡臥詎

裴慕氏氣忿即於是夜在房内掾上投繯殞命次早裴彦鳳驚見

案情导读

道光六年三月十三日，徐元盛告秦良荣越界霸占其祖业，与告状同时呈上的有三张红契和三张分关。二十日，秦良荣诉称，徐元盛告状所指地块系其从徐元盛兄弟处买来，他兄弟四人分家不清，自己并无霸占情形。县衙派员勘界、讯问后重新认证了土地分界。但原告和被告之间仍纷争不断，状纸纷呈。七月初七日，县衙再次审理结案，重申了原断界址，原告被告双方重新出具了结状，并在上面盖了手模印。

道光六年徐元盛告秦良荣谋买霸占案

1 原卷封面

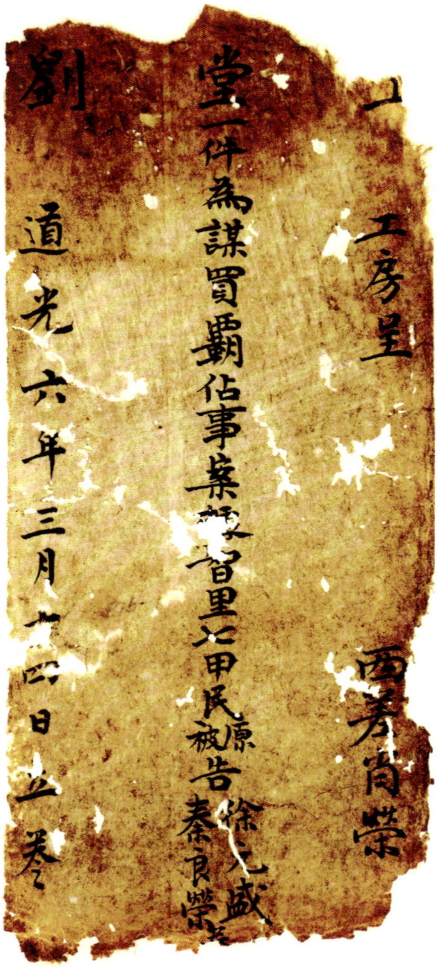
工房呈
堂一件為謀買霸佔事案
智里七甲民 原告徐元盛 被告秦良榮
劉
道光六年三月十四日立卷

2 道光六年三月十三日徐元盛告状

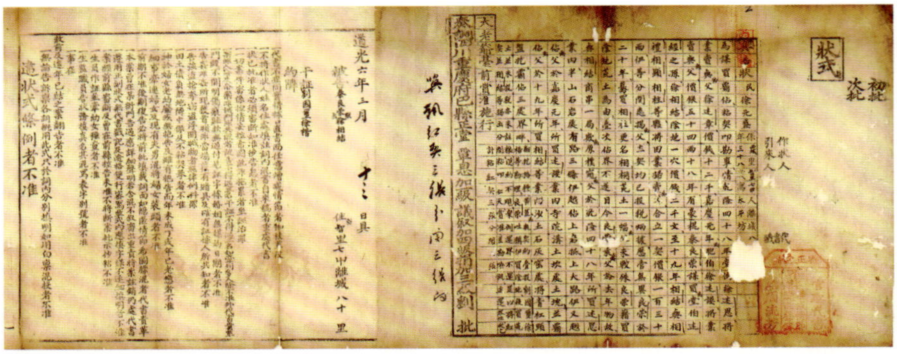

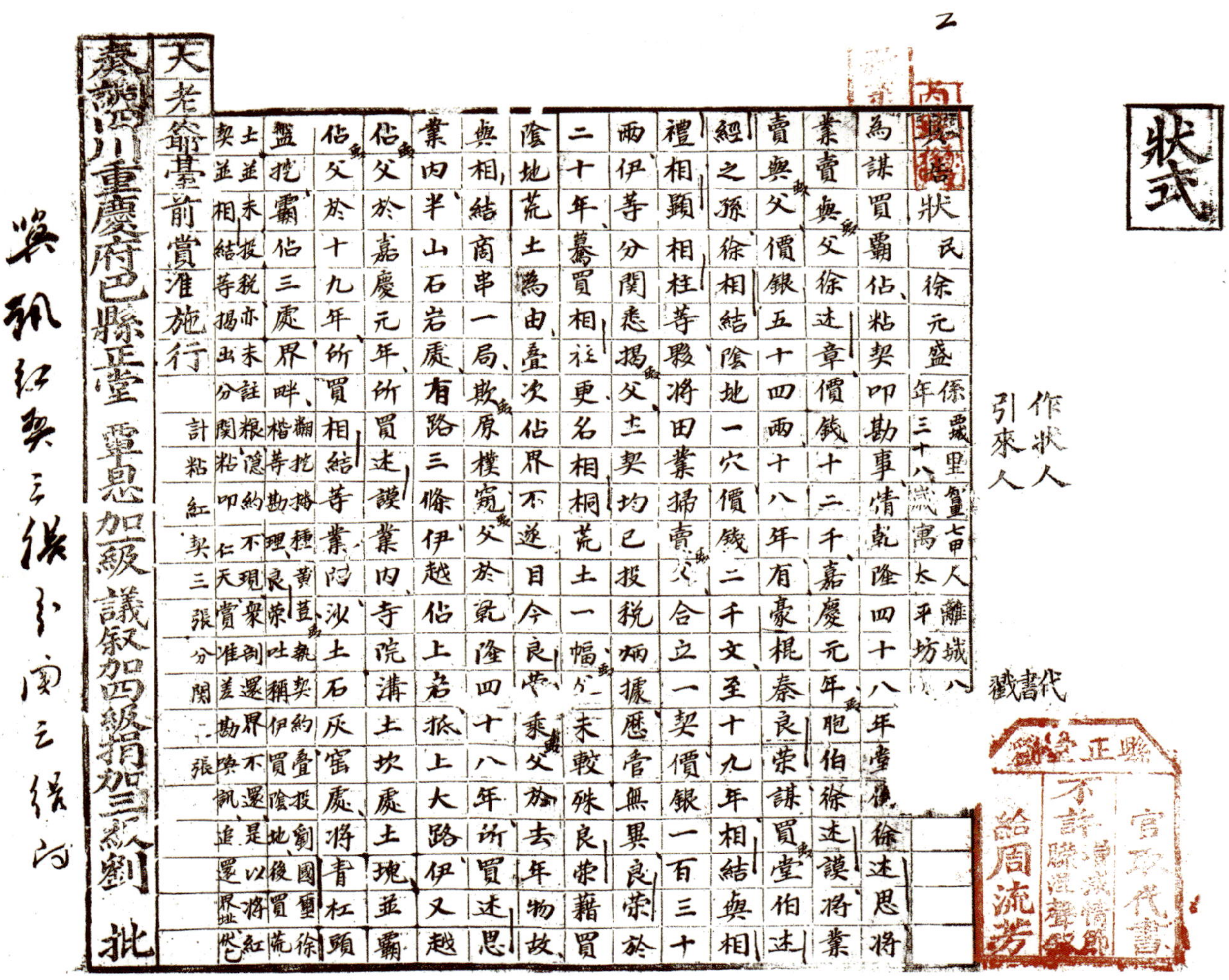

状式

具告狀民徐元盛，係節里七甲人，離城八□，年三十八歲，寓太平坊

作狀人
引來人
代書戳

為謀買霸佔、粘契叩勘事。情乾隆四十八年，堂侄徐述思將業賣與蟻父徐述章，價錢十二千。嘉慶元年，胞伯徐述謨將業賣與蟻父，價銀五十四兩。十八年，有豪棍秦良榮謀買堂伯述經之孫徐相結陰地一穴，價錢二千文。至十九年，相結與相禮、相顯、相柱等覬將田業掃賣，合立一契，價銀一百三十兩，伊等分閡悉揭蟻父土契，均已投稅炳據，歷管無異。良榮於二十年、蓦買相祥更名相桐荒土一幅，蟻未較殊。良榮藉買陰地荒土為由，疊次佔界不遂。目今良榮乘蟻父於去年物故，與相結商串一局，欺蟻原樸窮，父於乾隆四十八年所買述思業內半山石岩處有路三條，伊越佔上岩抵上大路；伊又越佔蟻父於嘉慶元年所買述謨業內寺院溝土坎處土塊；並霸佔蟻父於十九年所買相結等業內沙土石灰窑處，將青杠頭盤挖，霸佔三處界畔。蟻翻挖播種黃荳，蟻執契約叠投劉國璽、徐楷等勘理，良榮吐稱伊約買陰地後買荒土並未投稅，亦未註糧，隱約不現，衆剖還界不還。是以將紅契並相結等揭出分閡粘叩仁天賞准差勘，喚訊追還界址。

計粘紅契三張、分閡一張

天老爺臺前賞准施行

奏調四川重慶府巴縣正堂 覃恩加級 議敘加四級 捐加三級 劉 批

粘紅契三張分閡三張附

3 道光六年三月十三日县衙工房拟差唤人证票稿

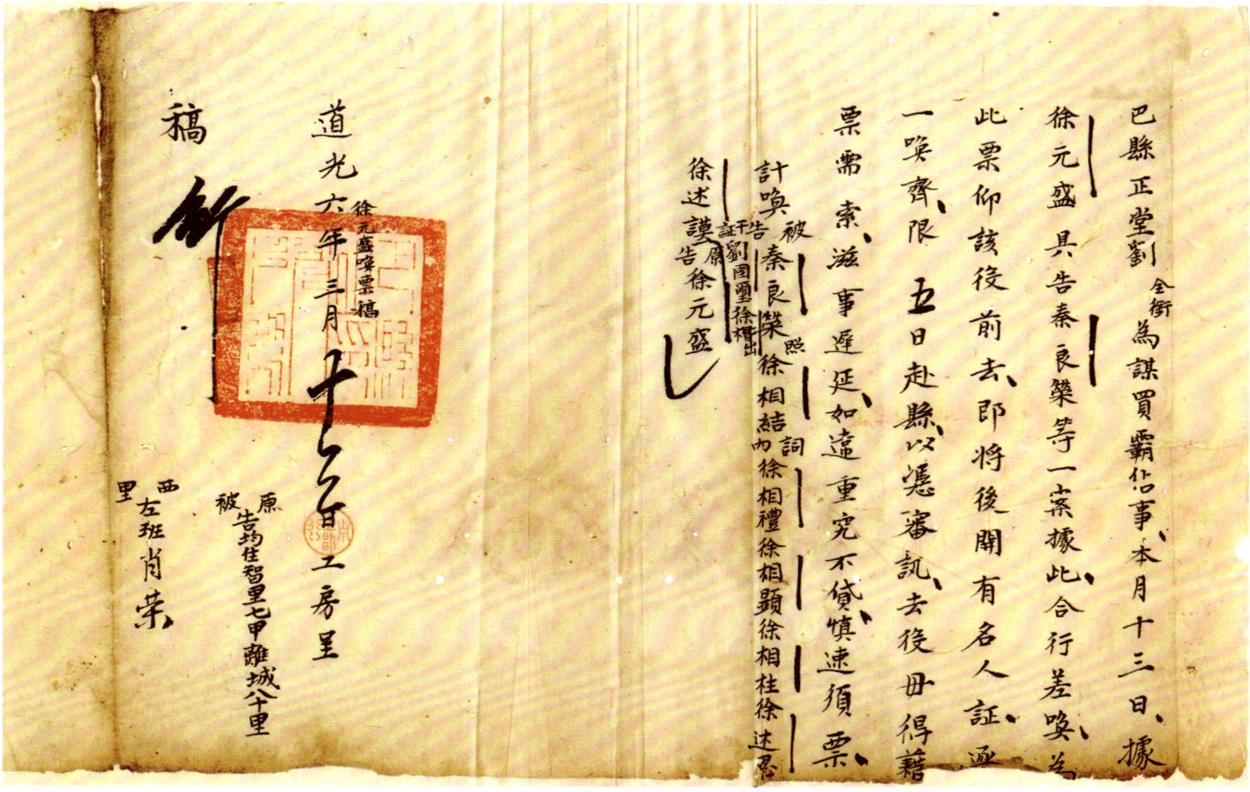
巴縣正堂劉 全銜 為謀買霸佔事。本月十三日，據
徐元盛具告秦良榮等一案據此，合行差喚，為
此票仰該役前去，即將後開有名人證，逐
一喚齊，限五日赴縣，以憑審訊。去役毋得藉
票需索，滋事遲延，如違重究不貸，慎速須票。
計喚
被告 秦良榮 徐相結 徐相禮 徐相顯 徐相柱 徐述恩 照詞
干證 劉國璽 徐相禮 出
原告 徐元盛 徐述謨

徐元盛喚票稿
道光六年三月十三日 工房呈
稿 行
原被告均住智里七甲，離城八十里
西里 左班 肖榮

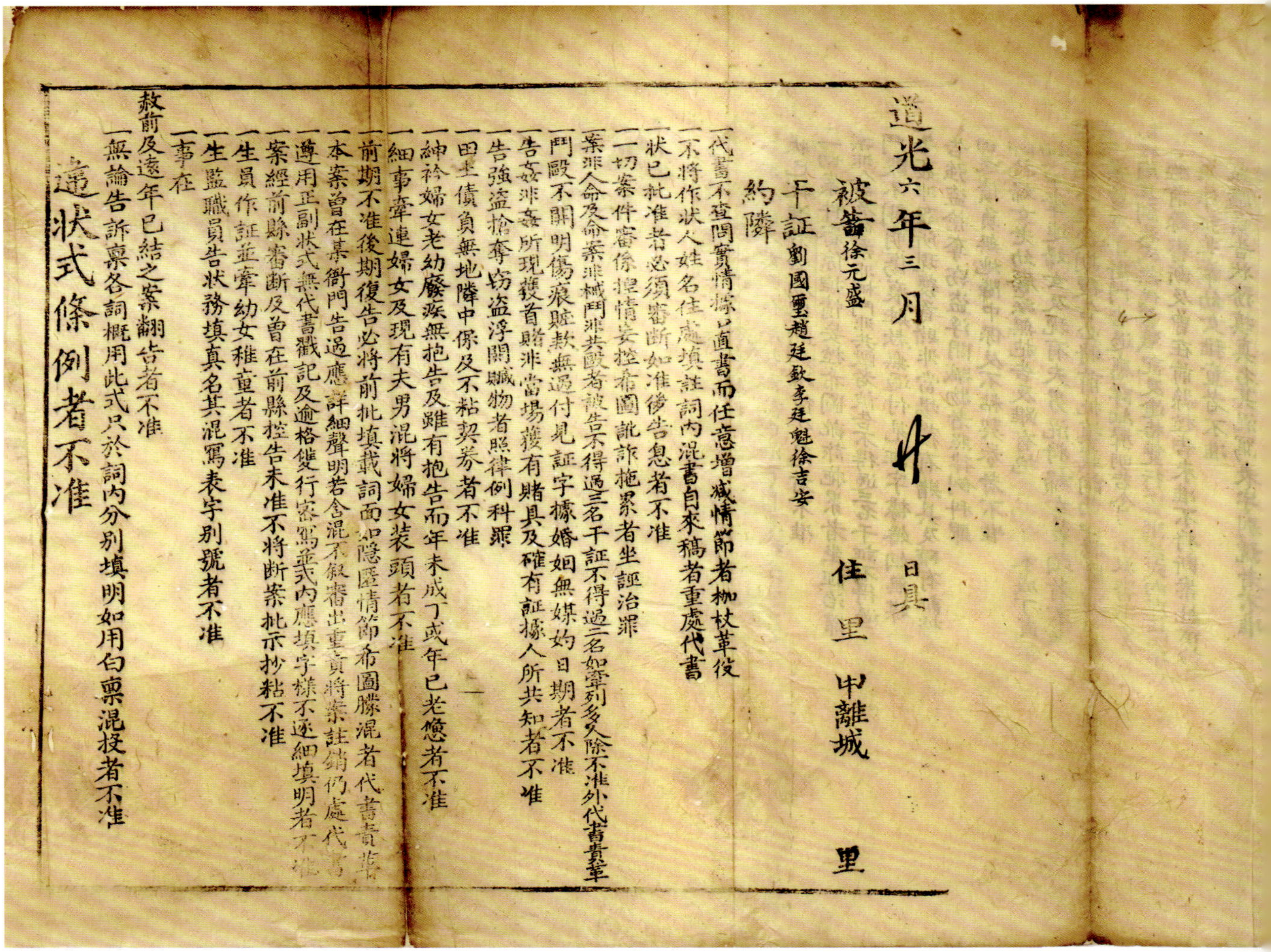

道光六年三月廿日具

被禀徐元盛

干証劉國璽趙廷欽李廷魁徐吉安

約隣

住　里　中離城　里

一代書不查問實情據口直書而任意增减情節者枷杖革役

一不將作狀人姓名住處填註詞内混書自來稿者重處代書

一狀已批准者必須審斷如准後告息者不准

一切案件審係揑情妄控希圖訛詐拖累者坐誣治罪

一案非人命及命案非械鬥非共毆者被告不得過三名干証不得過二名如牽列多人除不准外代書責革

一鬥毆不開明傷痕賍欵無過付見証字據婚姻無媒妁日期者不准

一告姦非姦所現獲首賭非當場獲有賭具及確有証據人所共知者不准

一告强盜搶奪竊盜浮開贜物者照律例科罪

一田土債負無地隣中保及不粘契劵者不准

一紳衿婦女老幼廢疾無抱告及雖有抱告而年未成丁或年已老憊者不准

一細事牽連婦女及現有夫男混將婦女裝頭者不准

一前期不准後期復告必將前批填載詞面如隱匿情節希圖朦混者代書責革

一本案曾在某衙門告過應詳細聲明若含混不叙審出重責將案註銷仍處代書

一遵用正副狀式無代書戳記及逾格雙行密寫並式内應填字樣不逐細填明者不准

一案經前縣審斷及曾在前縣控告未准不將断案批示抄粘不准

一生員作証並牽幼女稚童者不准

一生監職員告狀務填真名其混寫表字別號者不准

一事在赦前及遠年已結之案翻告者不准

一無論告訴禀各詞概用此式只於詞内分別填明如用白禀混投者不准

違狀式條例者不准

4 道光六年三月二十日秦良荣诉状

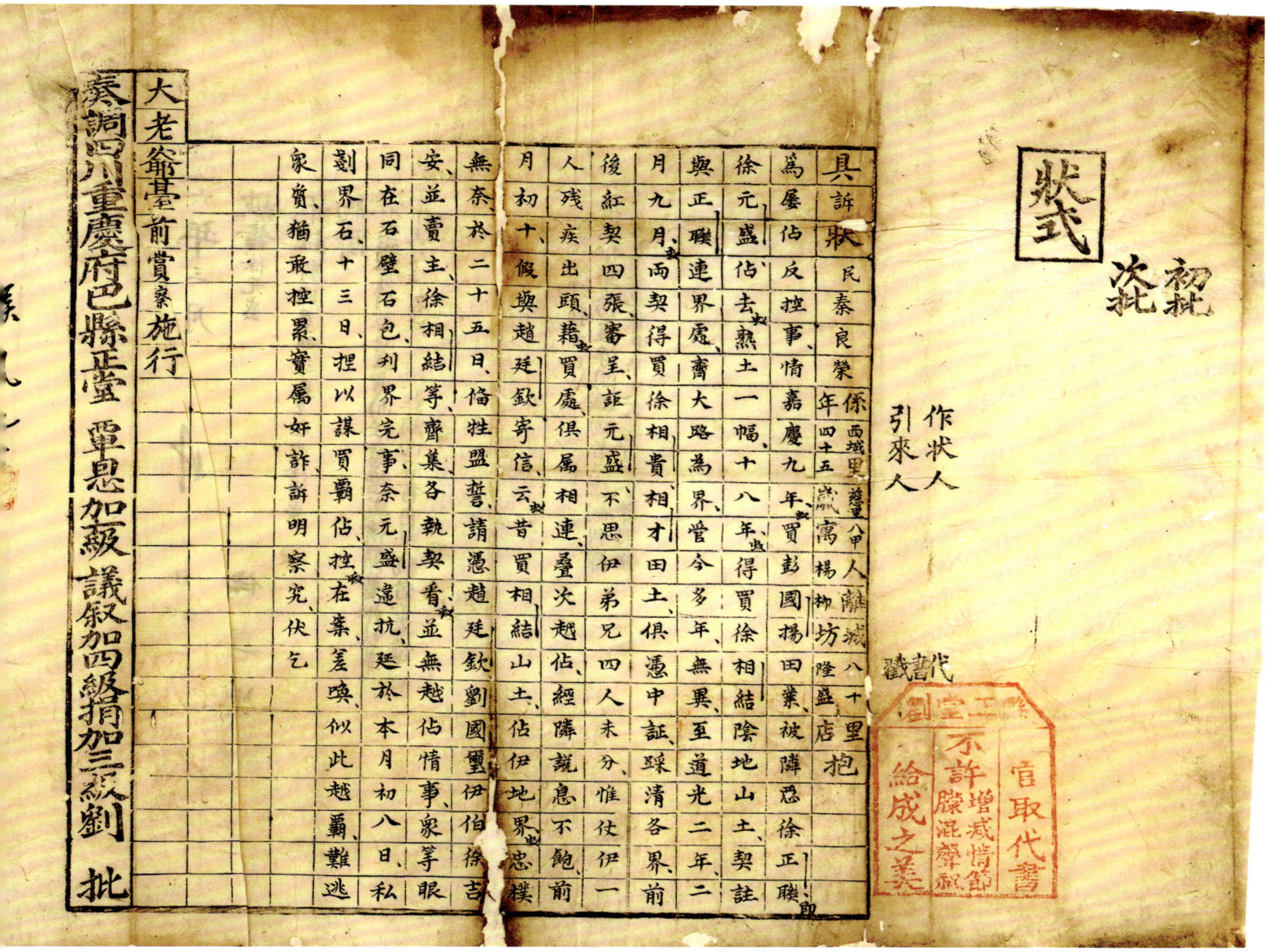
狀式

初批

作狀人

引來人

代書戳

具訴狀民秦良榮，係西城里慈里八甲人，離城八十里，年四十五歲，寓楊柳坊隆盛店，抱

為屢佔反控事。情嘉慶九年，買彭國揚田業，被隣惡徐正聯、

徐元盛佔去熟土一幅。十八年，得買徐相結陰地山土，契註

與正聯連界處，齊大路為界，管今多年無異。至道光二年二

月九月，兩契得買徐相貴、相才田土，俱憑中証，踩清各界，前

後紅契四張，審呈。詎元盛不思伊弟兄四人未分，惟仗伊一

人残疾出頭，藉買處俱屬相連，疊次越佔，經隣說息，不飽。前

月初十，假與趙廷欽寄信云，昔買相結山土，佔伊地界。忠樸

無奈，於二十五日，備牲盟誓，請憑趙廷欽、劉國璽、伊伯徐吉

安，並賣主徐相結等，齊集各執契看，並無越佔情事，衆等眼

同在石壁石包刊界完事。奈元盛違抗，延於本月初八日，私

剗界石，十三日，揑以謀買霸佔，控在案，差喚。似此越霸，難逃

衆質，猶敢控累，實屬奸詐，訴明察究，伏乞

大老爺台前賞察施行

奏調四川重慶府巴縣正堂 單恩加級 議叙加四級捐加三級劉 批

劉玉堂戳 官取代書 不許增減情節朦混聲叙 給成之姜

5 道光六年三月二十日县衙工房开审单

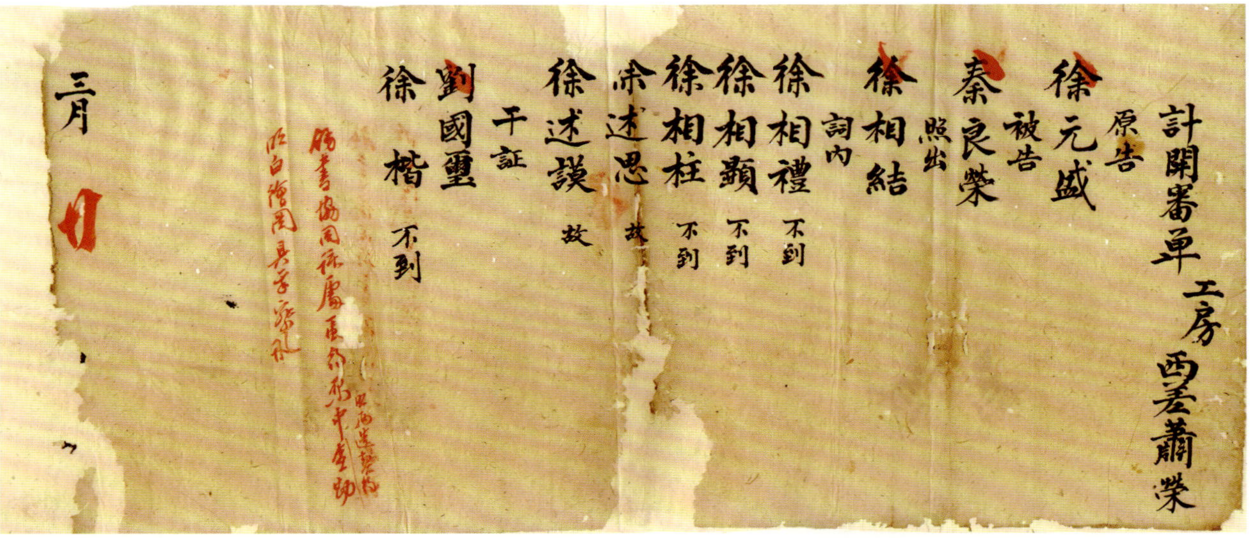

計開審單 工房 西差蕭榮
原告 徐元盛
被告 秦良榮
照出 徐相結
詞内 徐相禮 不到
徐相顯 不到
徐相柱 不到
徐述思 故
徐述謨 故
干証 劉國璽
徐楷 不到
三月 日

6 道光六年三月二十日县衙工房讯问笔录

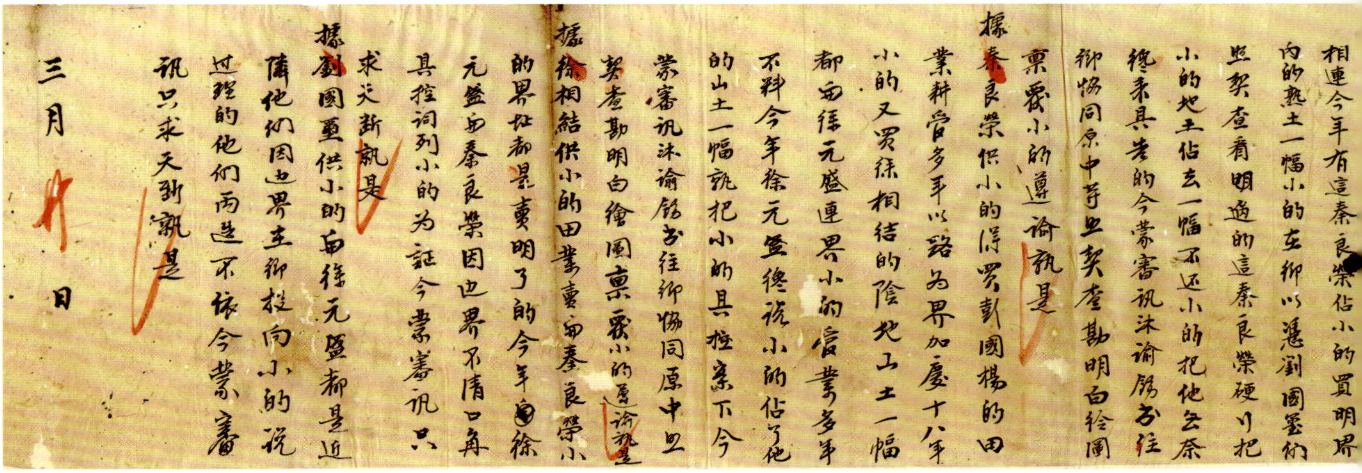

相連今年有這秦良榮佔小的買明界
内的熟土一幅小的在衙以憑劉國璽的
出契查看明過的這秦良榮硬可把
小的地土佔去一幅不還小的把他告奈
總来具告的今蒙審訊沐諭房書往
御協同原中等出契查勘明白繪圖
稟覆小的遵諭就是
據秦良榮供小的得買彭國楊的田
業耕管多年以路為界嘉慶十八年
小的又買徐相結的陰地山土一幅
都與徐元盛連界小的管業多年
不料今年徐元盛總説小的佔了他
的山土一幅就把小的具控案下今
蒙審訊沐諭房書往御協同原中出
契查勘明白繪圖稟覆小的遵諭就是
據徐相結供小的田業賣與秦良榮小
的界址都是畫明了的今年與徐
元盛與秦良榮因也界不清口角
具控詞列小的為証今蒙審訊只
求天斷就是
據劉國璽供小的與徐元盛都是近
鄰他們因也界土爭控向小的說
過理的他們兩造不該今蒙審
訊只求天斷就是
三月 廿 日

7 道光六年三月二十日徐元盛领状

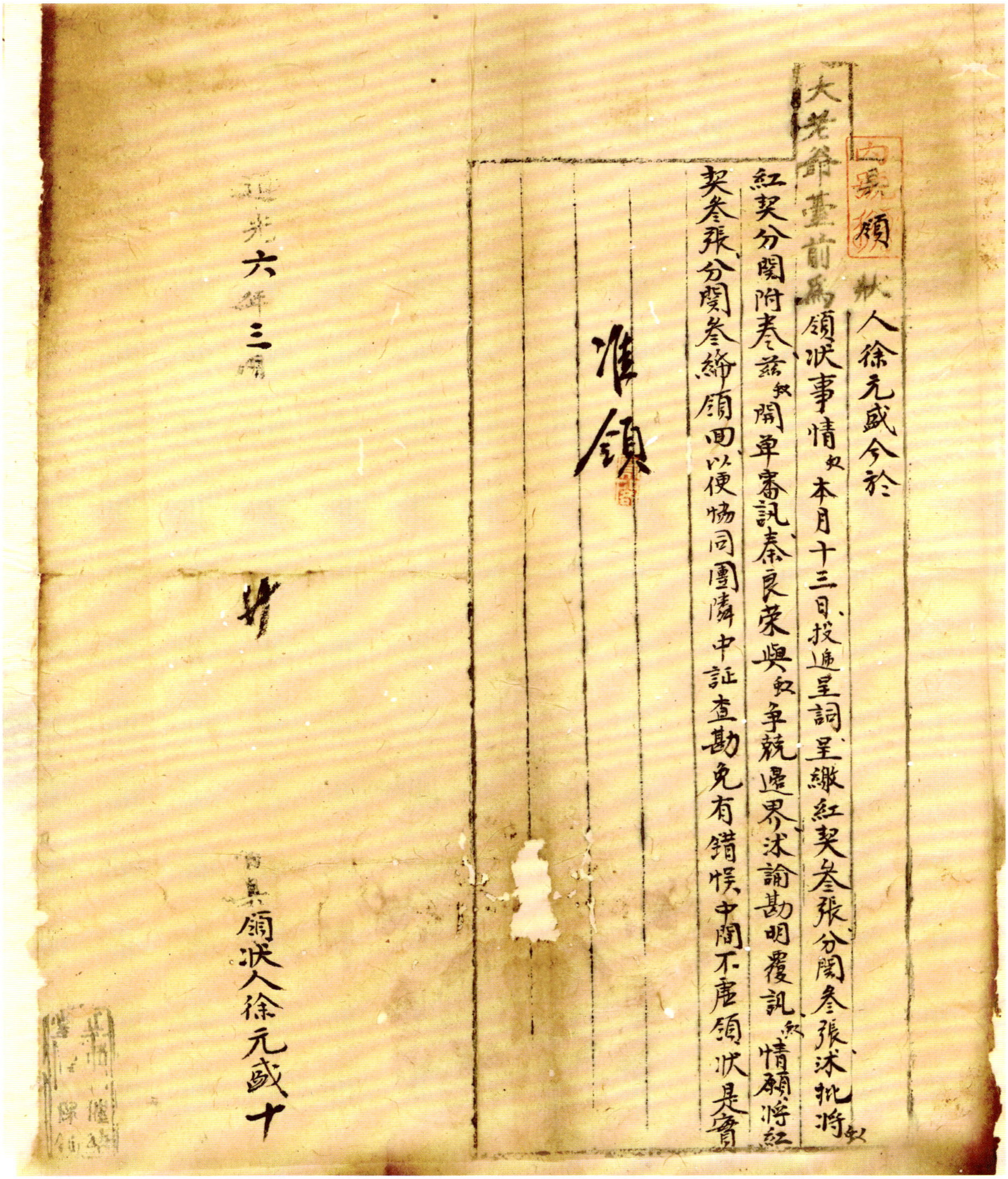
內號
領狀人徐元盛今於
大老爺臺前爲領狀事情蟻本月十三日投遞呈詞、呈繳紅契叁張、分關叁張，沭批將蟻
紅契分關附卷。茲蟻開單審訊秦良榮與蟻爭競邊界，沭諭勘明覆訊，蟻情願將紅
契叁張、分關叁紙領回，以便協同團鄰中証查勘，免有錯悞。中間不虛，領狀是實。

准領

道光六年三月廿 日具領狀人徐元盛十

8-1 道光六年三月二十五日县衙工房书役王泽广查勘地界禀状

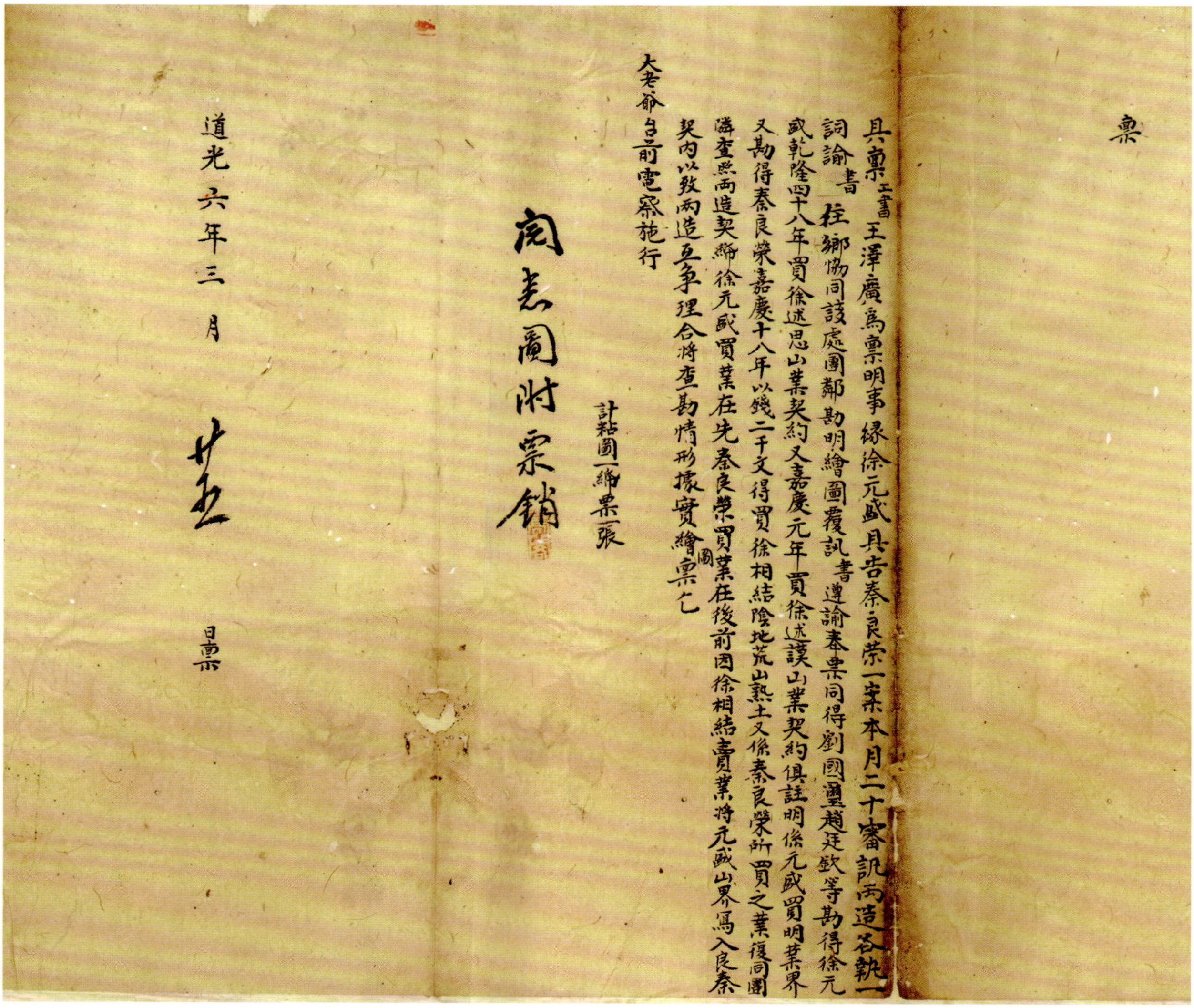

禀

具禀工书王澤廣爲禀明事。緣徐元盛具告秦良榮一案，本月二十審訊，兩造各執一詞，諭書往鄉協同該處團鄰勘明繪圖覆訊。書遵諭奉票，同得劉國璽、趙廷欽等勘得徐元盛乾隆四十八年買徐述思山業契約，又嘉慶元年買徐述謨山業契約，俱註明係元盛買明業界。又勘得秦良榮嘉慶十八年以錢二千文得買徐相結陰地荒山熟土，又係秦良榮所買之業。復同團鄰查照兩造契據，徐元盛買業在先，秦良榮買業在後，前因徐相結賣業將元盛山界寫入良榮契內，以致兩造互爭。理合將查勘情形據實繪圖禀乞

大老爺台前電察施行

計粘圖一紙、票一張

閱悉，圖附案銷

道光六年三月廿五日禀

8-2

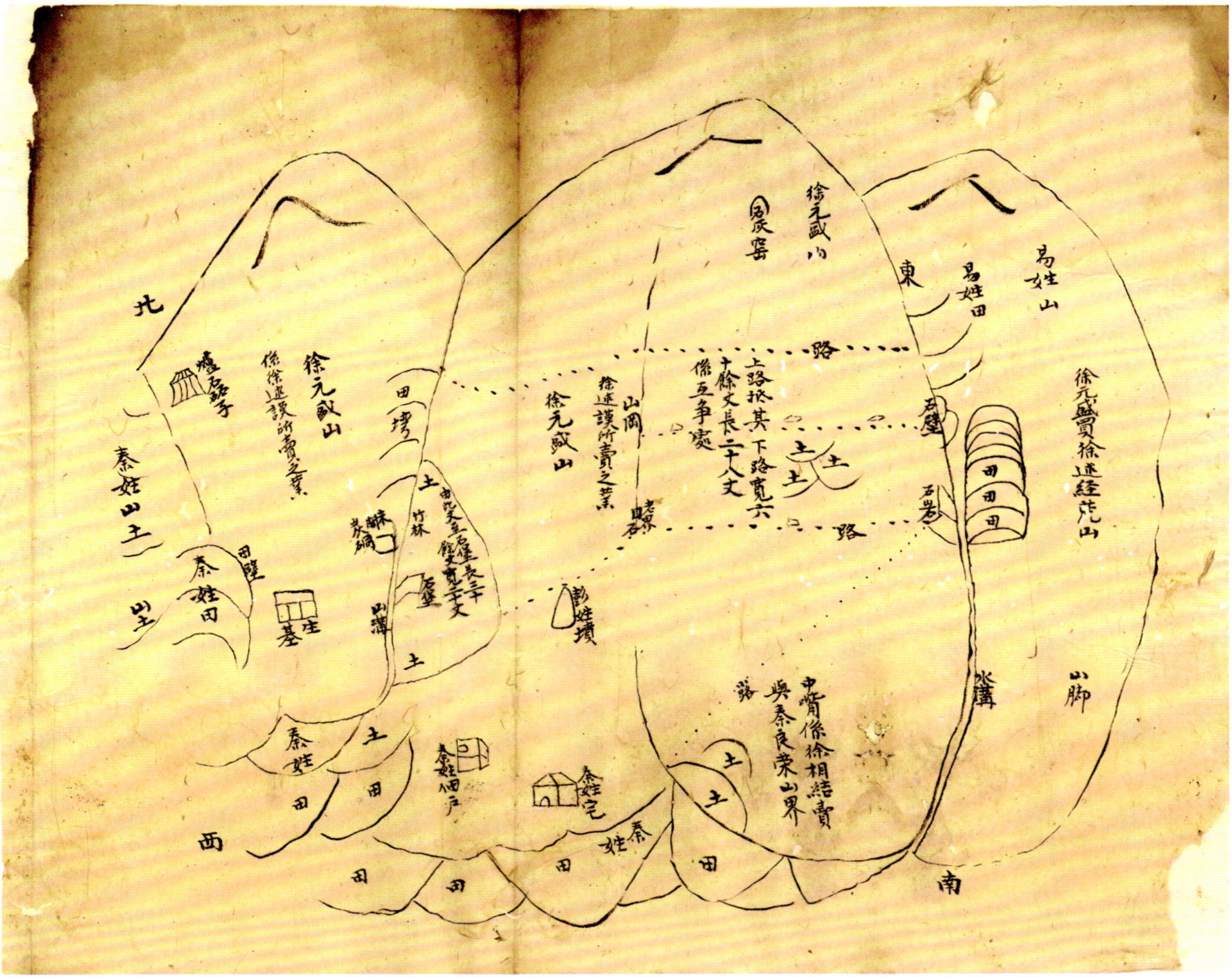
北
東
南
西
徐元盛山
秦姓山土
易姓山
易姓田
徐元盛買徐述經先山
徐元盛山
徐述謨所賣之業
路
石壁
水溝
山脚
秦姓田
秦姓宅
彭姓墳
秦姓佃戶

9 道光六年三月二十六日县衙工房开复讯单

計開覆訊单工房 疊蕭榮
原告 徐元盛
被告 秦良榮
照出 徐相結
詞內 徐相禮 不到
徐相顒 不到
徐相柱 不到
徐述恩 故
徐述謨 故
干証 劉國璽
徐楷
團隣 趙廷欽 不到
呂應顒
呂正倫
三月 廿六 日

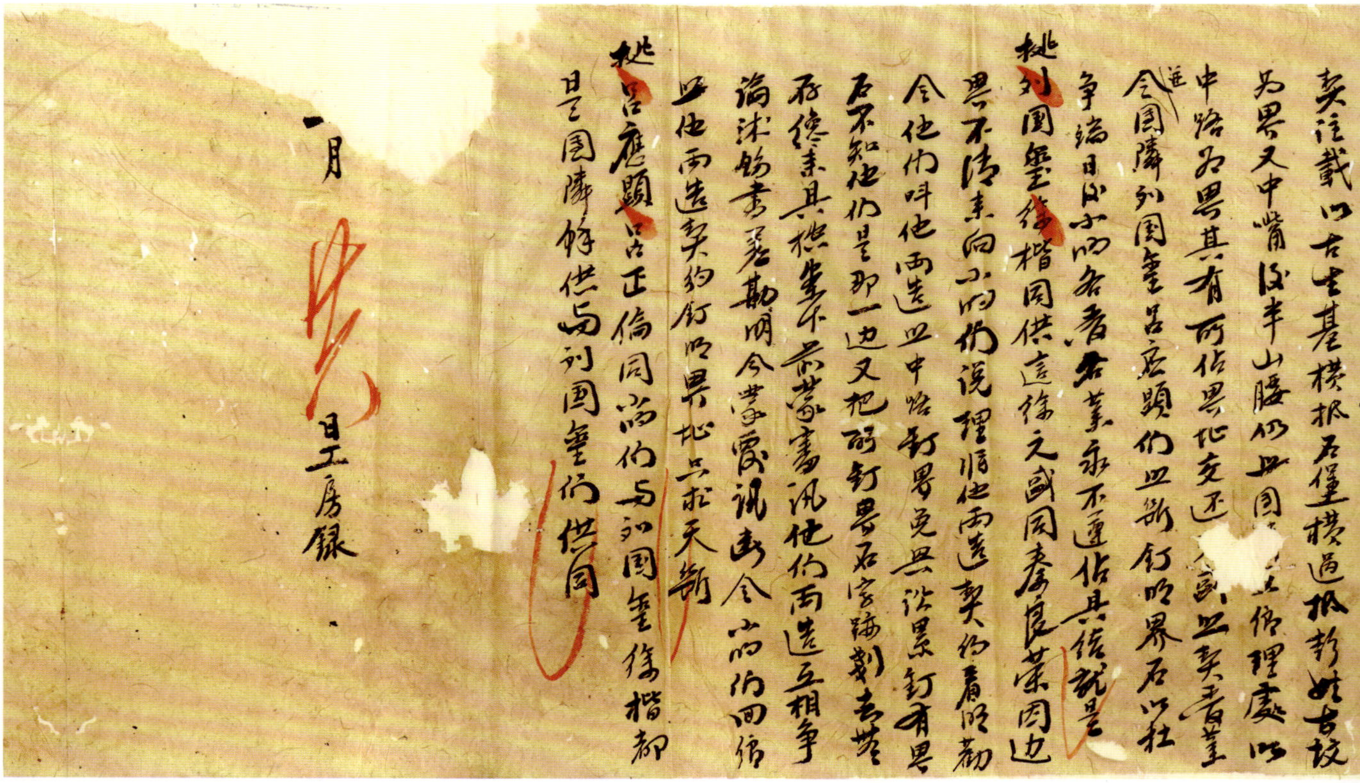
契注載以古生基横抵石埂横過抵彭姓古坟
為界，又中嘴從半山腰仍以因（破損）係理處以
中路為界，其有所佔界址交還（破損）劉，以契書業
今同隣劉國璽、呂應顯仍照斷釘明界石，以杜
爭端，日後小的們各管各業，永不違佔，具結就是。
批 劉國璽、徐楷同供：這徐文盛同秦良榮因邊
界不清，來向小的們說理，指他兩造契約看明，勸
令他們叫他兩造照中路釘界，免無狀界釘有界
石。不知他們是那一邊又把所釘界石字跡剷去，蒙
存德未具控，案下蒙審訊，他們兩造互相爭
論，沭蒙書差勘明，今蒙覆訊，斷令小的們回去
以他兩造契約釘明界址，只求天斷。
批 呂應顯、呂正倫同供：小的們與劉國璽、徐楷都
是同隣，所供與劉國璽們供同。

一月　日工房錄

10 道光六年三月二十六日县衙工房讯问笔录

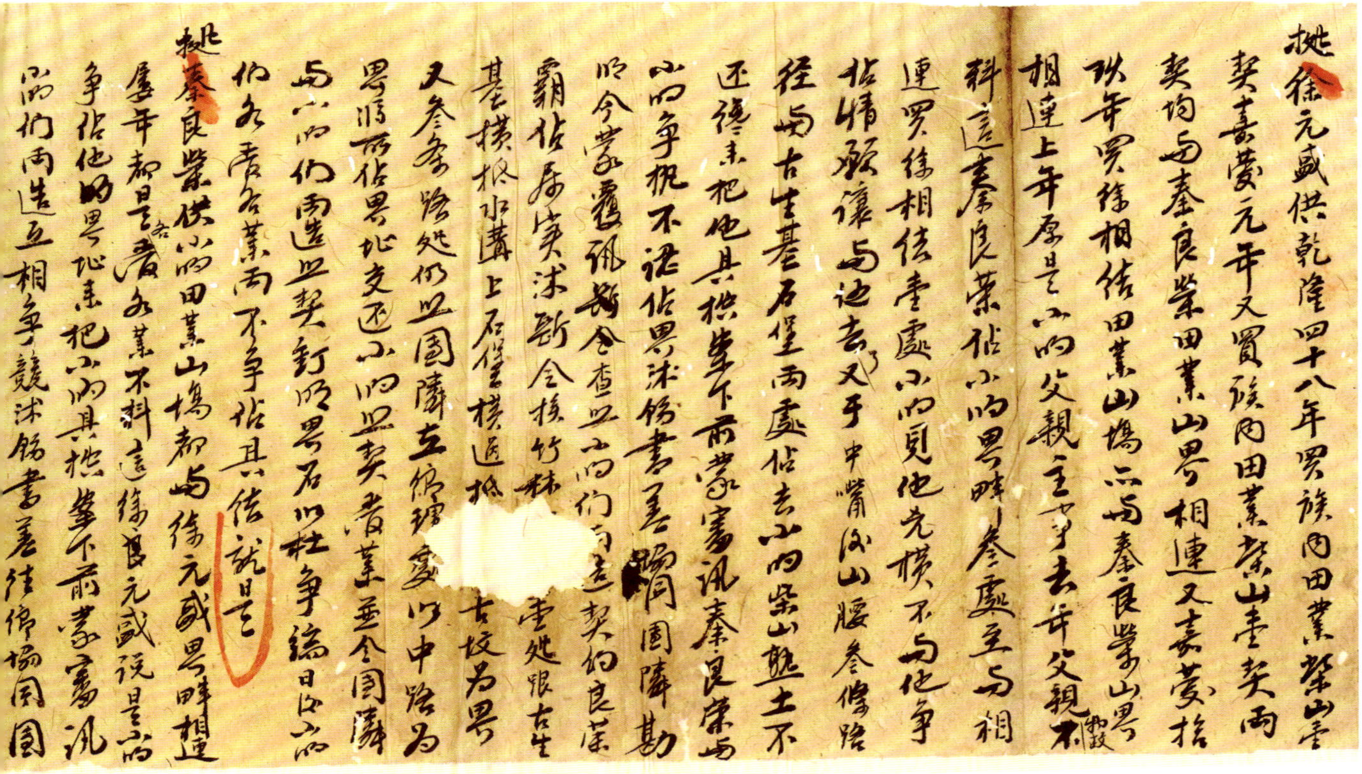
批
徐元盛供：乾隆四十八年買族內田業柴山壹
契，嘉慶元年又買族內田業柴山壹契，兩
契均與秦良榮田業山界相連。又嘉慶拾
玖年買徐相佳田業山塢，亦與秦良榮山界
相連。上年原是小的父親主事，去年父親殁，不
料這秦良榮估小的界畔，參處立與相
連買徐相佳壹處，小的見他先橫，不與他爭
估，情願讓與他去了。又于中嘴及山腰參條路
徑與古生基石堡兩處估去小的柴山熟土不
還，總來把他具控。蒙下爺審訊，秦良榮與
小的爭執不認估界，沭飭書差[illegible]團隣勘
明。今蒙覆訊，斷令查照小的們與這契內良榮
霸估處實，沭斷令核竹林壹處跟古生
基橫根水溝上石堡橫過抵古坟為界。
又參條路徑仍照團隣立[illegible]處，以中路為
界，將所估界址交還小的，照契管業，並令團隣
與小的們兩造照契釘明界石，以杜爭端，日後小的
們再不敢爭估，具結就是了。
批
秦良榮供：小的田業山塢都與徐元盛界畔相連，
屢年都是各管各業，不料這徐元盛說是小的
爭估他的界址，來把小的具控。蒙下爺審訊，
小的們兩造互相爭競，沭飭書差往同協同團

11 道光六年三月二十六日徐元盛结状

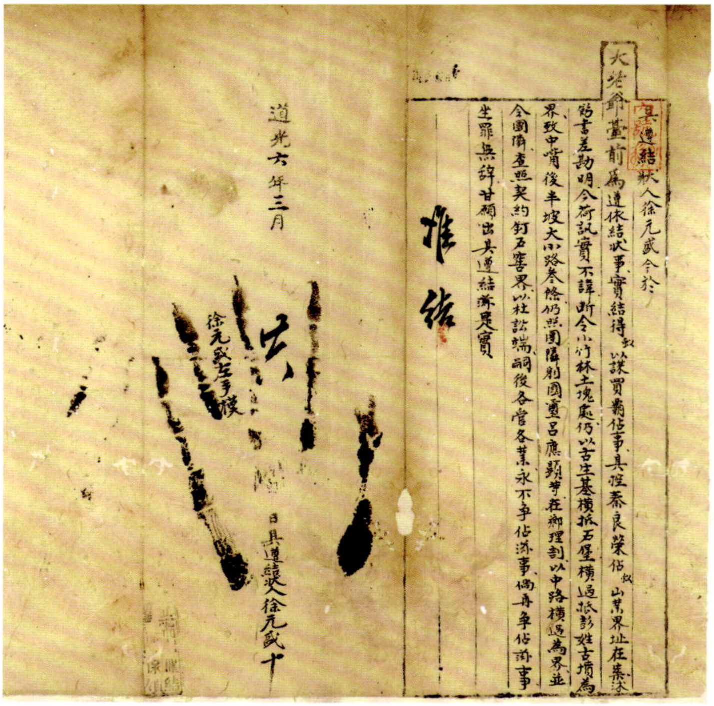
具遵結狀人徐元盛今於
大老爺臺前為遵依結狀事實結得蟻以謀買霸佔事具控秦良榮佔蟻山業界址在案沐
飭書差勘明今蒙訊實不諱斷令小竹林土塊處仍以古生基橫抵石堡橫過抵彭姓古墳為
界致中嘴後半坡大小路叁條仍照閻隆劉國璽呂應顯等在鄉理剖以中路橫過為界並
令閻隆查照契約釘石塞界以杜訟端嗣後各管各業永不爭佔滋事倘再爭佔滋事
坐罪無辭甘願出具遵結所具是實
準結
徐元盛左手模
道光六年三月 日具遵依結狀人徐元盛十

12 道光六年三月二十六日秦良荣结状

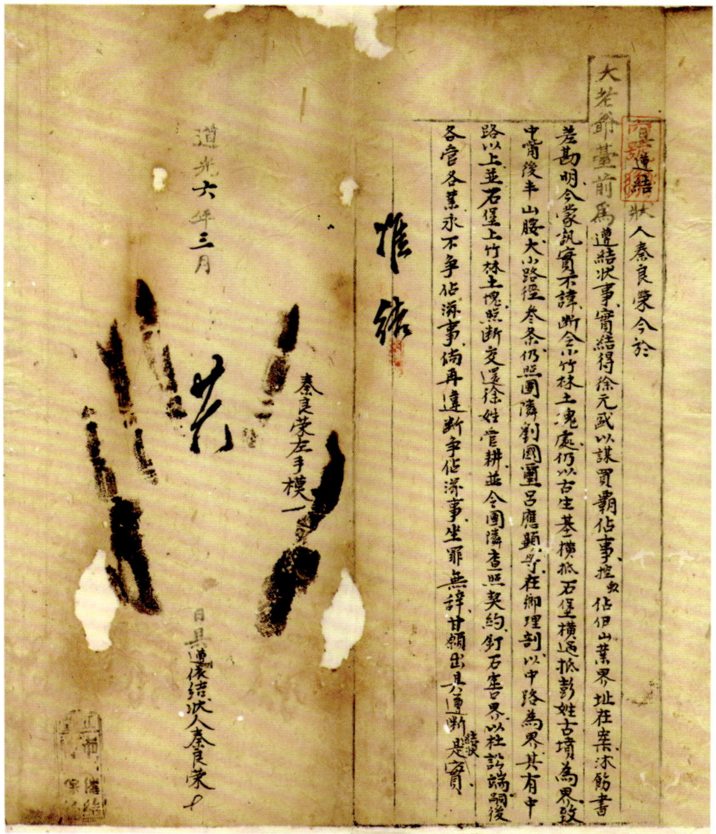
具遵結狀人秦良榮今於
大老爺臺前為遵結狀事實結得徐元盛以謀買霸佔事控蟻佔伊山業界址在案沐飭書
差勘明今蒙訊實不諱斷令小竹林土塊處仍以古生基橫抵石堡橫過抵彭姓古墳為界致
中嘴後半山腰大小路徑叁条仍照閻隆劉國璽呂應顯等在鄉理剖以中路為界其有中
路以上並石堡上竹林土塊照斷交還徐姓管耕並令閻隆查照契約釘石塞界以杜訟端嗣後
各管各業永不爭佔滋事倘再違斷爭佔滋事坐罪無辭甘願出具遵斷結狀是實
準結
秦良榮左手模
道光六年三月 日具遵依結狀人秦良榮

13 道光六年四月二十一日罗开相、刘国玺拦词

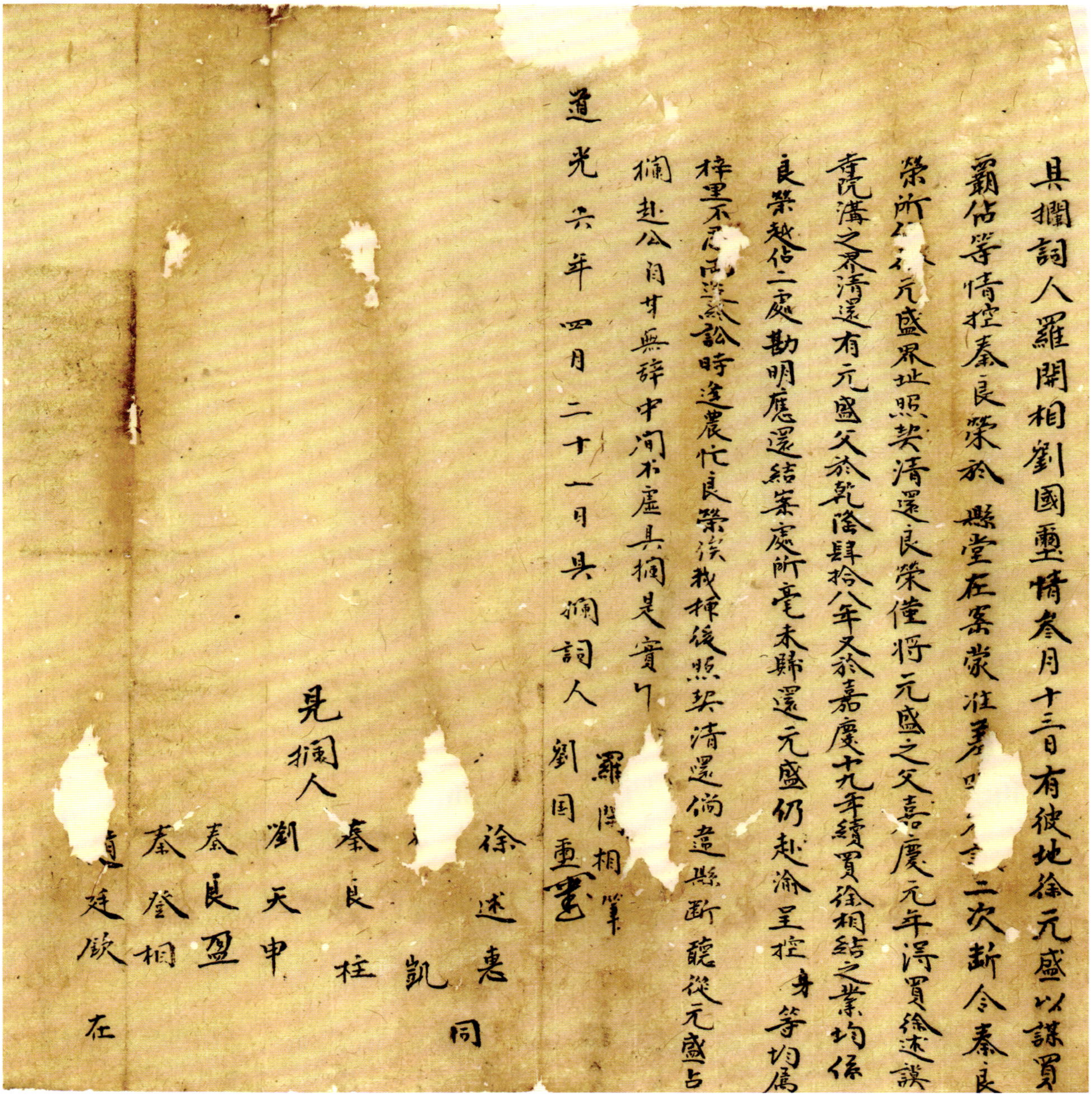
具攔詞人羅開相劉國璽情叁月十三日有彼地徐元盛以謀買
霸佔等情控秦良榮於 縣堂在案蒙 准着[illegible]二次断令秦良
榮所[illegible]徐元盛界址照契清還良榮僅将元盛之父嘉慶元年得買徐述謨
李沱溝之界清還有元盛父於乾隆肆拾八年又於嘉慶十九年續買徐相結之業均係
良榮越佔二處勘明應還結案處所毫未歸還元盛仍赴渝呈控 身等均属
梓里不忍兩造[illegible]訟時逢農忙良榮栽秧後照契清還倘違懇斷聽從元盛占
攔赴公自甘無辞中間不虚具攔是實
道光六年四月二十一日具攔詞人 羅開相 筆
劉国璽
見攔人 徐述惠 同
[illegible]凱
秦良柱
劉天申
秦良盈
秦登相
道廷欽 在

屬何憑，渚各照前詞管業，毋得生事復行滋訟干咎

道光六年六月　日具

住智里七甲　離城一百二十里

被告　秦良棠　詞照　羅開相

干証　劉國璽　徐述惠

約鄰

一代書不查問實情據口直書而任意增减情節者枷杖革役
一不將作狀人姓名住處填註詞内混書自來稿者重處代書
一狀已批准者必須審斷如准後告息者不准
一一切案件審係捏情妄控希圖訛詐拖累者坐誣治罪
一案非人命及命案非械鬥非共毆者被告不得過三名干証不得過二名如牽列多人除不准外代書責革
一鬥毆不開明傷痕贓款無過付見証字據婚姻無媒妁日期者不准
一告姦非姦所現獲首賭非當場獲有賭具及確有証據人所共知者不准
一告强盗搶奪竊盗浮開贓物者照律例科罪
一田土債負無地鄰中保及不粘契券者不准
一紳衿婦女老幼廢疾無抱告及雖有抱告而年未成丁或年已老憊者不准
一細事牽連婦女及現有夫男混將婦女裝頭者不准
一期不准後期復告必將前批填載詞面如隱匿情節希圖朦混者代書責革
一本案曾在某衙門告過應詳細聲明若含混不叙審出重責將案註銷仍處代書
一遵用正副狀式無代書戳記及逾格雙行密寫並式内應填字樣不逐細填明者不准
一案經前縣審斷及曾在前縣控告未准不將斷案批示抄粘不准
一生員作証並牽幼女稚童者不准
一生監職員告狀務填真名其混寫表字别號者不准
一事在赦前及遠年已結之案翻告者不准
一照論告訴稟各詞槪用此式只於詞内分别填明如用白稟混投者不准

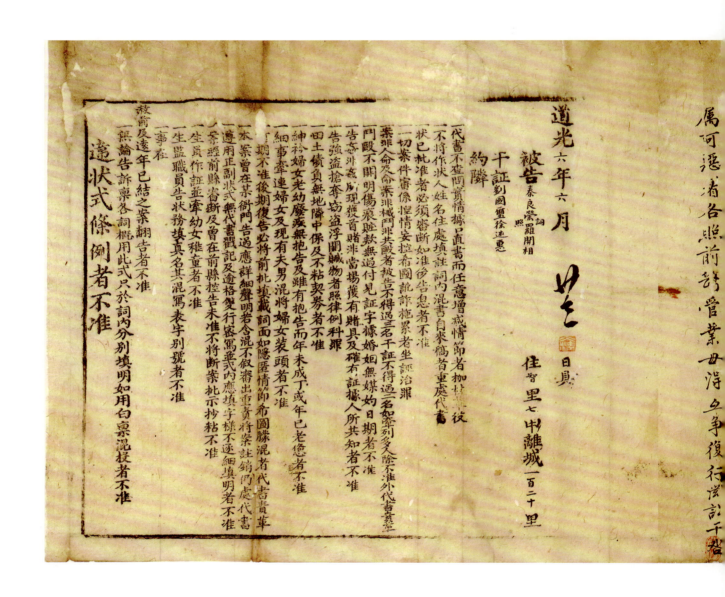

違狀式條例者不准

14 道光六年六月二十三日徐元盛禀状

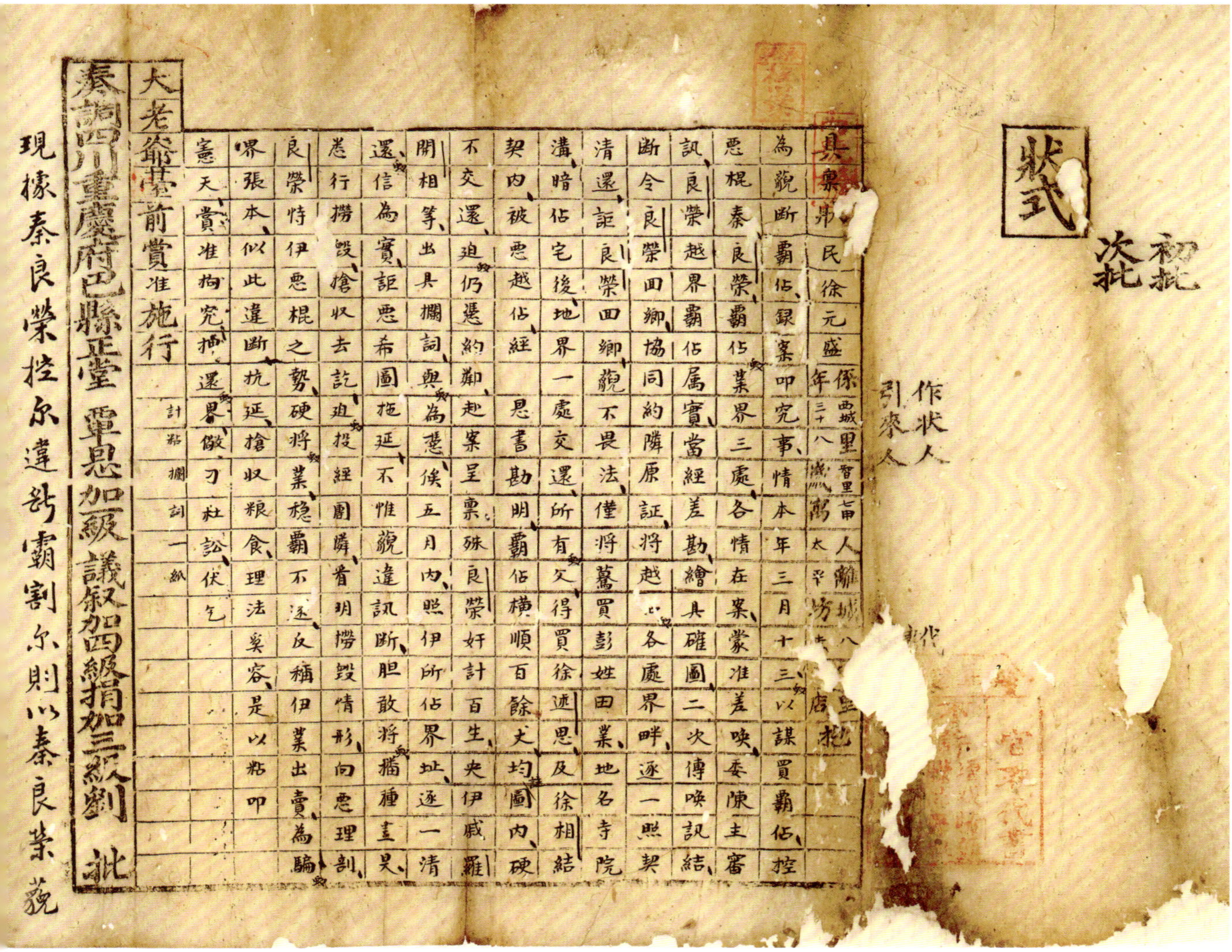
狀式
初批
作狀人
具稟民徐元盛年三十八歲係西城里智里七甲人離城八十里太平場
為覬斷霸佔、錄案叩究事。情本年三月十三以謀買霸佔、控
惡棍秦良榮霸佔業界三處各情在案，蒙准差喚委陳主審
訊，良榮越界霸佔屬實，當經差勘繪具確圖，二次傳喚訊結，
斷令良榮田鄉協同約鄰原證，將越界各處界畔，逐一照契
清還。詎良榮田鄉覬不畏法，僅將驀買彭姓田業地名寺院
溝暗佔宅後地界一處交還，所有文得買徐述思及徐相結
契內被惡越佔經 恩書勘明，霸佔橫順百餘丈，均圖內，硬
不交還，迫仍憑約鄰赴案呈稟，殊良榮奸計百生，央伊戚羅
開相等出具攔詞，與為慫候，五月內照伊所佔界址，逐一清
還，信為實，詎惡希圖拖延，不惟覬違訊斷，胆敢將播種晝旲
卷行撈毀，搶收去訖，迫投經團鄰看明撈毀情形，向惡理剖，
良榮恃伊惡棍之勢，硬將業穩霸，不遂，反稱伊業出賣，為騙
界張本。似此違斷抗延，搶收粮食，理法奚容，是以粘叩
憲天賞准拘究，押還界畔，儆刁杜訟，伏乞
計粘攔詞一紙
大老爺臺前賞准施行
奏調四川重慶府巴縣正堂 覃恩加一級議叙加四級捐加三級劉 批
現據秦良榮控尔違契霸割，尔則以秦良榮覬

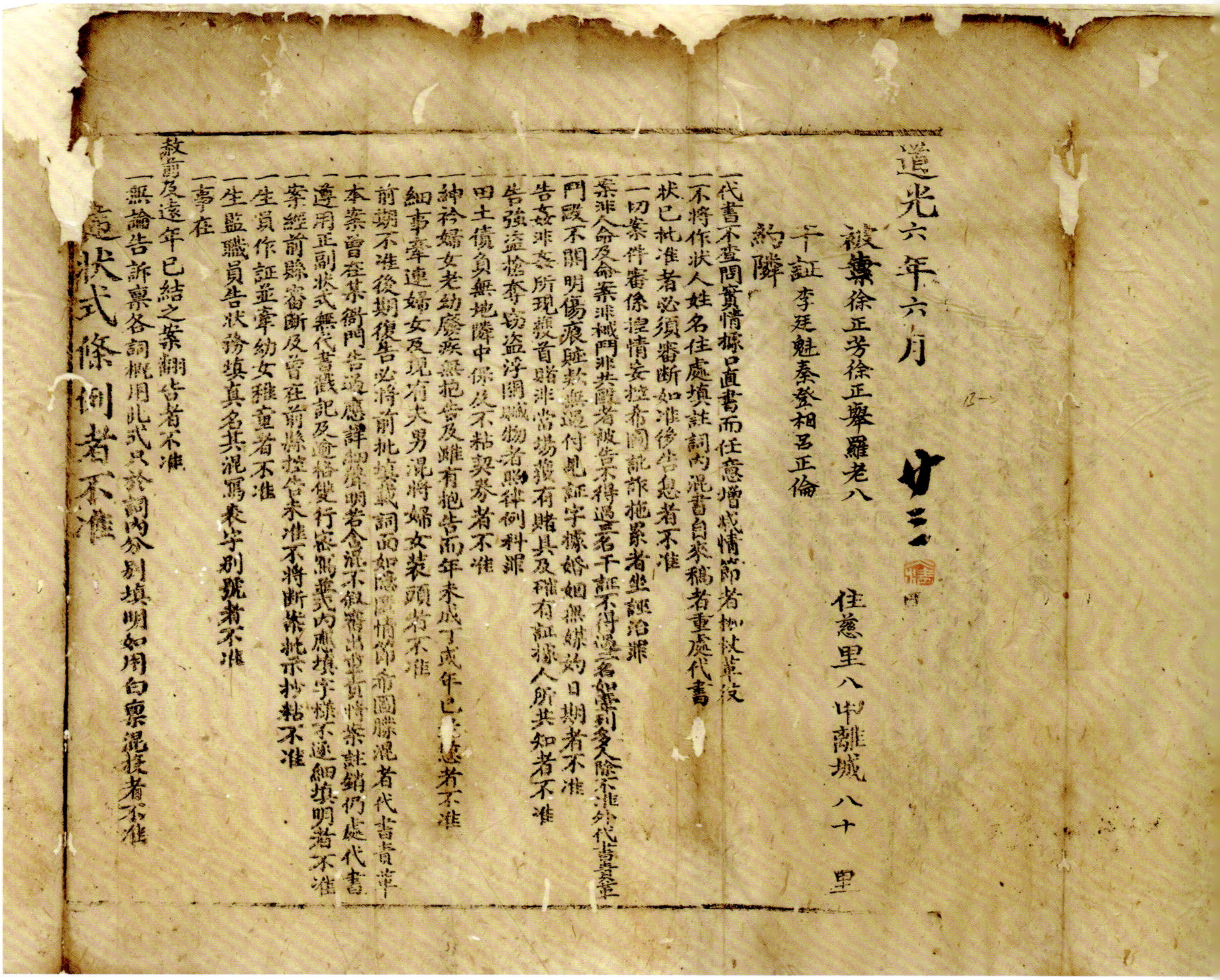

道光六年六月 廿三 日

被禀 徐正芳 徐正舉 羅老八

住慈里八甲 離城 八十 里

干証 李廷魁 秦登相 呂正倫

約隣

一代書不查問實情據口直書而任意增减情節者枷杖革役
一不將作狀人姓名住處填註詞內混書自來稿者重處代書
一狀已批准者必須審斷如准後告息者不准
一切案件審係揑情妄控希圖詐訛拖累者坐誣治罪
一案非人命及命案非械鬥非共毆者被告不得過三名干証不得過二名如羅列多人除不准外代書責革
一鬥毆不開明傷痕贓數無過付見証字據婚姻無媒妁日期者不准
一告姦非姦所現獲首賭非當場獲有賭具及確有証據人所共知者不准
一告強盜搶奪竊盜浮開贓物者照律例科罪
一田土債負無地隣中保及不粘契券者不准
一紳衿婦女老幼廢疾無抱告及雖有抱告而年未成丁或年已[illegible]者不准
一細事牽連婦女及現有夫男混將婦女裝頭者不准
一前詞不准後期復告必將前批填載詞面如隱匿情節希圖朦混者代書責革
一本案曾在某衙門告過應詳細聲明若含混不敘將來審出重責將案註銷仍處代書
一遵用正副狀式無代書戳記及逾格雙行添寫疊式內應填字樣不逐細填明者不准
一案經前縣審斷及曾在前縣控告未准不將斷案批示抄粘不准
一生員作証並牽幼女稚童者不准
一生監職員告狀務填真名其混寫表字別號者不准
一事在赦前及遠年已結之案翻告者不准
一無論告訴稟各詞概用此式只於詞內分別填明如用白稟混投者不准

違狀式條例者不准

15 道光六年六月二十三日秦良荣禀状

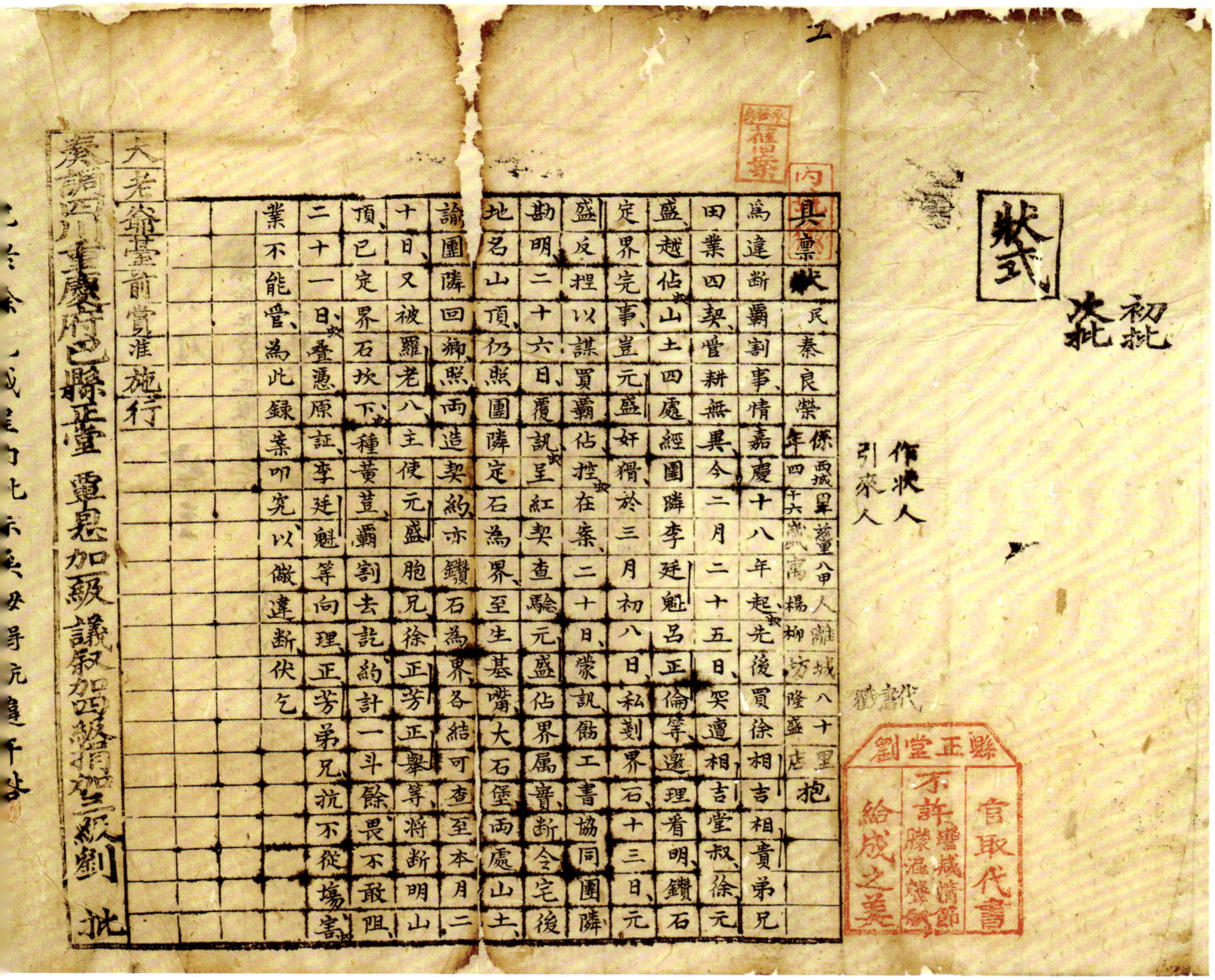

狀式

初批

具禀状民秦良榮，係西城里蔥甕八甲人，離城八十里，年四十六歲，寓楊柳坊隆盛店，抱

為違斷霸割事。情嘉慶十八年起，先後買徐相吉、相貴弟兄田業四契，管耕無異。今二月二十五日，哭遭相吉堂叔徐元盛越佔山土四處，經團鄰李廷魁、呂正倫等邀理，看明鑽石定界完事，豈元盛奸猾，於三月初八日私剗界石，十三日元盛反捏以謀買霸佔控在案，二十日蒙訊，飭工書協同團鄰勘明，二十六日覆訊，呈紅契查驗，元盛佔界屬實，斷令宅後地名山頂，仍照團鄰定石為界，至生基嘴大石堡兩處山土，諭團鄰回鄉，照兩造契約亦鑽石為界，各結可查。至本月二十日，又被羅老八主使元盛胞兄徐正芳、正舉等，將斷明山頂已定界石坎下種黃荳霸割去訖，約計一斗餘，畏不敢阻。二十一日，叠憑原証李廷魁等向理，正芳弟兄抗不從，場害業不能管。為此錄案叩究，以儆違斷。伏乞

大老爺臺前賞准施行

奏調四川重慶府巴縣正堂覃恩加一級議敘加四級捐加三級劉 批

作狀人

引來人

代書

16 道光六年六月二十八日徐元盛禀状

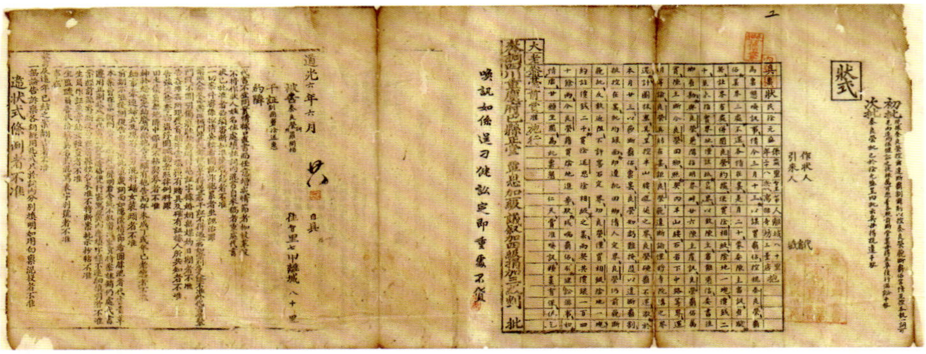

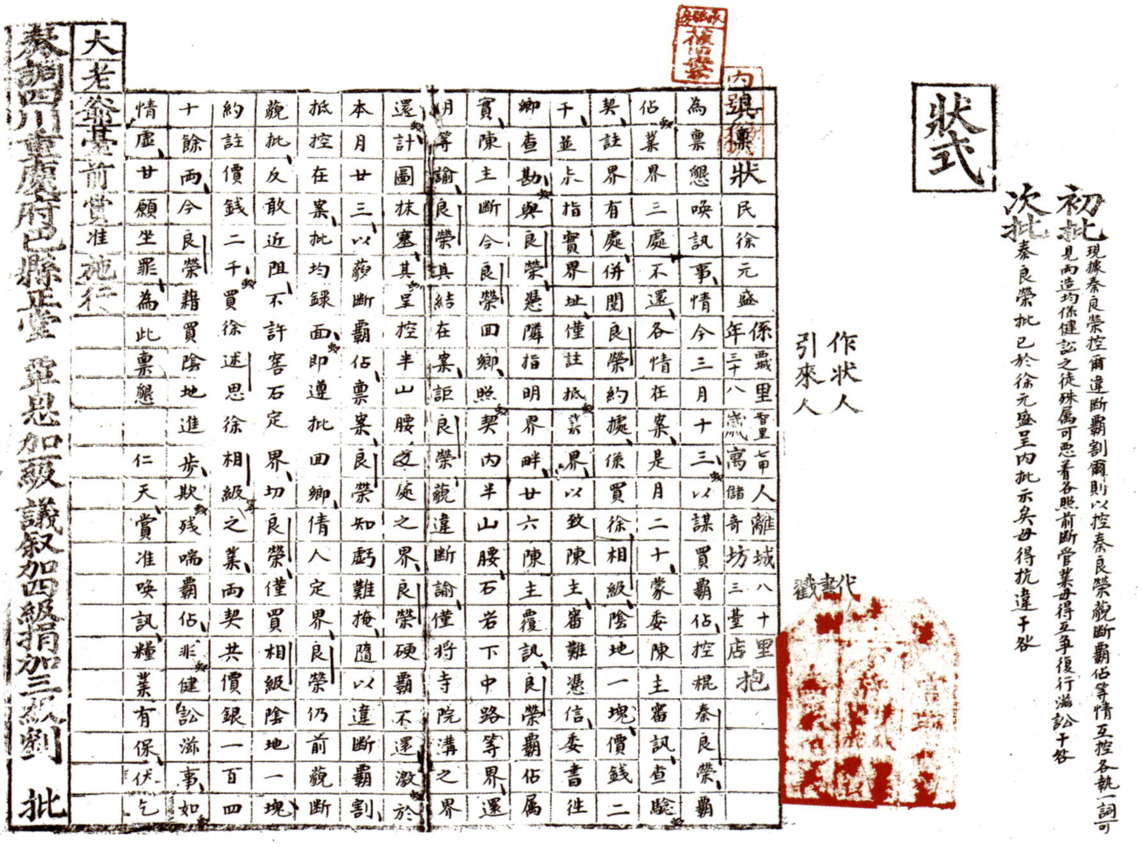

狀式

初批：現據秦良榮控爾違斷霸割，爾則以控秦良榮覦斷霸佔等情互控，各執一詞，可見兩造均係健訟之徒，殊屬可惡，着各照前斷管業，毋得互爭，復行滋訟干咎

次批：秦良榮批已於徐元盛呈內批示矣，毋得抗違干咎

作狀人

引來人

代書戳

具稟狀民徐元盛，年三十八歲，係智里七甲人，寓儲奇坊三臺店，離城八十里，抱

為稟懇喚訊事。情今三月十三，以謀買霸佔控棍秦良榮霸佔業界三處不還各情在案。是月二十，蒙委陳主審訊，查驗契註界有處，併閱良榮約據，係買徐相級陰地一塊，價錢二千，並未指實界址，僅註抵界，以致陳主審難憑信，委書往鄉查勘，與良榮懸隣指明界畔。廿六陳主覆訊，良榮霸佔屬實，陳主斷令良榮回鄉照契內半山腰石岩下中路等界還明，等諭良榮具結在案。詎良榮覦違斷諭，僅將寺院溝之界還，計圖抹塞其呈控半山腰處之界，良榮硬霸不還。激於本月廿三以藐斷霸佔稟案，良榮知虧難掩，隨以違斷霸割抵控在案，批均錄面。即遵批回鄉，倩人定界，良榮仍前覦斷覦批，反敢近阻，不許砦石定界。切良榮僅買相級陰地一塊，約註價錢二千，買徐述思、徐相級之業，兩契共價銀一百四十餘兩。今良榮藉買陰地進步，欺殘喘霸佔，非健訟滋事，如情虛甘願坐罪，為此稟懇

仁天賞准喚訊，糧業有保，伏乞

大老爺臺前賞准施行

奏調四川重慶府巴縣正堂卓異加級議叙加四級捐加三級劉 批

喚訊如係逞刁健訟，定即重懲不貸

17 道光六年六月二十九日县衙工房拟差唤人证票稿

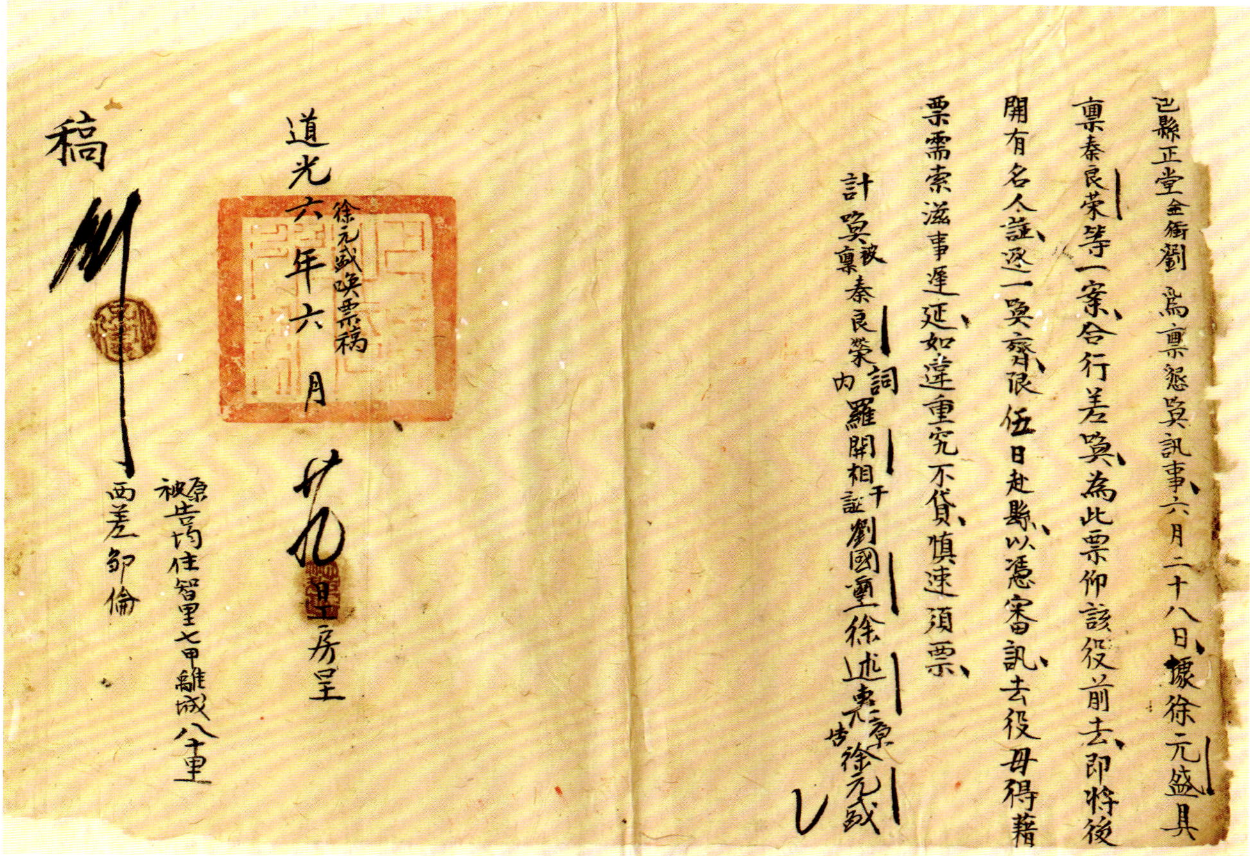

邑縣正堂金銜劉　爲稟懇喚訊事。六月二十八日，據徐元盛具
稟秦良榮等一案，合行差喚，爲此票仰該役前去，即將後
開有名人證，逐一喚齊，限伍日赴縣，以憑審訊。去役毋得藉
票需索滋事，遲延，如違重究不貸。慎速須票。
計喚
被稟　秦良榮
詞內　羅開相
干證　劉國重　徐述堯
原告　徐元盛

道光六年六月　廿九　日工房呈
徐元盛喚票稿
原被告均住智里七甲離城八里
西差　鄧倫
稿
行

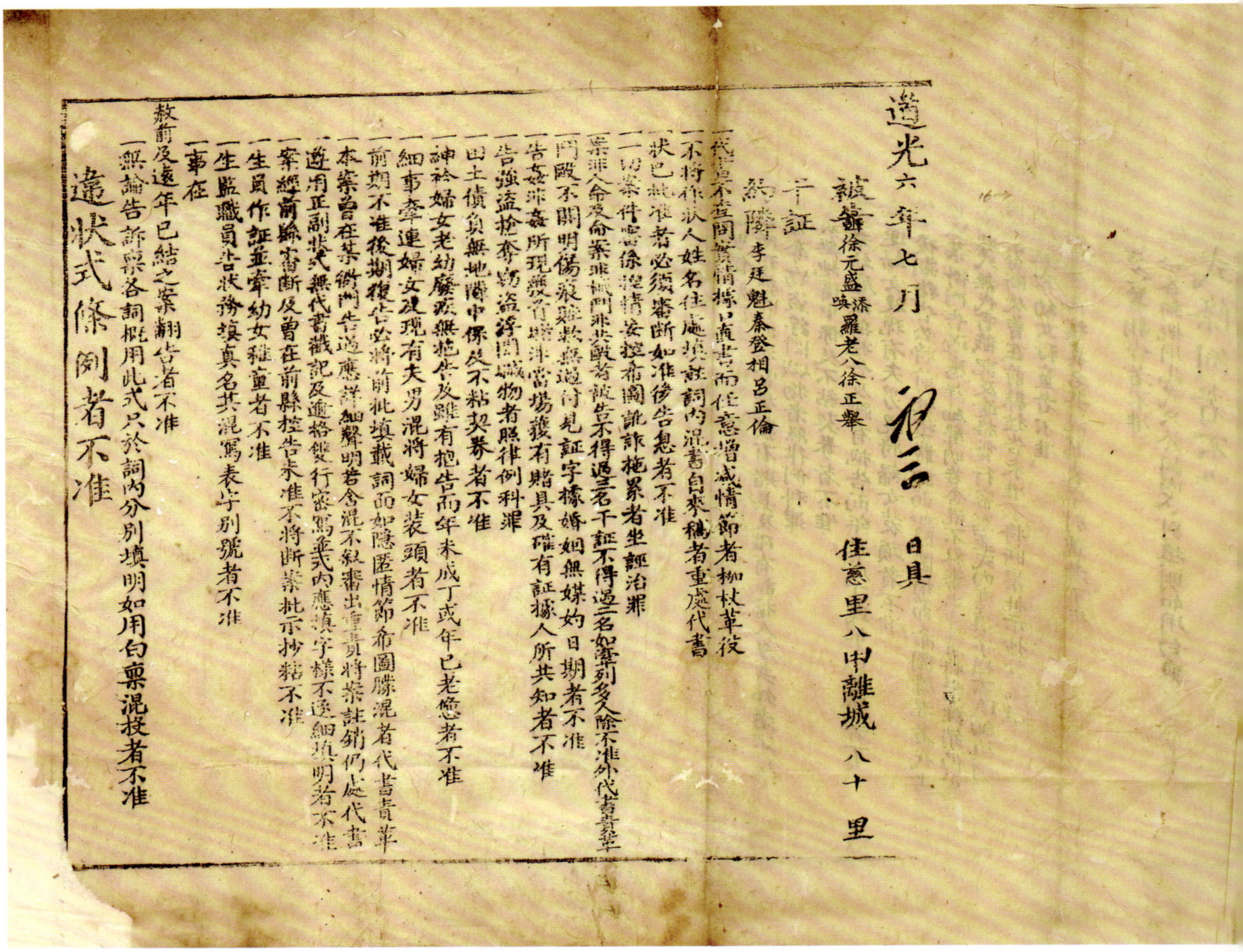
道光六年七月　　日具　　佳慈里八甲離城八十里

被禀徐元盛　添喚羅老八徐正舉

干證

約鄰　李廷魁　秦登相　呂正倫

一代書不查問確情據口直書而任意增減情節者枷杖革役
一不將作狀人姓名住處填註詞內混書白衆稱者重處代書
一狀已批准者必須審斷如准後告息者不准
一一切案件當係控情妄控希圖訛詐拖累者坐誣治罪
一案非人命及命案非關鬥非共毆者被告不得過三名干證不得過二名如牽列多人除不准外代書責革
一鬥毆不開明傷痕賬欺無過付見證字據婚姻無媒妁日期者不准
一告姦非姦所現獲賭非當場獲有賭具及確有證據人所共知者不准
一告強盜搶奪竊盜將開贓物者照律例科罪
一田土債負無地鄰中保及不粘契券者不准
一神衿婦女老幼廢疾無抱告及雖有抱告而年未成丁或年已老憊者不准
一細事牽連婦女及現有夫男混將婦女裝頭者不准
一前期不准後期複告必將前批填載詞內如隱匿情節希圖朦混者代書責革
一本案曾在某衙門告過應詳細聲明若含混不叙審出重責將案註銷仍處代書
一遵用正副狀式無代書戳記及逾格雙行密寫並式內應填字樣不逐細填明者不准
一案經前縣審斷及曾在前縣控告未准不將斷案批示抄粘不准
一生員作證並牽幼女稚童者不准
一生監職員告狀務填真名其混寫表字別號者不准
一事在赦前及遠年已結之案翻告者不准
一無論告訴稟各詞概用此式只於詞內分別填明如用白稟混投者不准

違狀式條例者不准

18 道光六年七月初三日秦良荣诉状

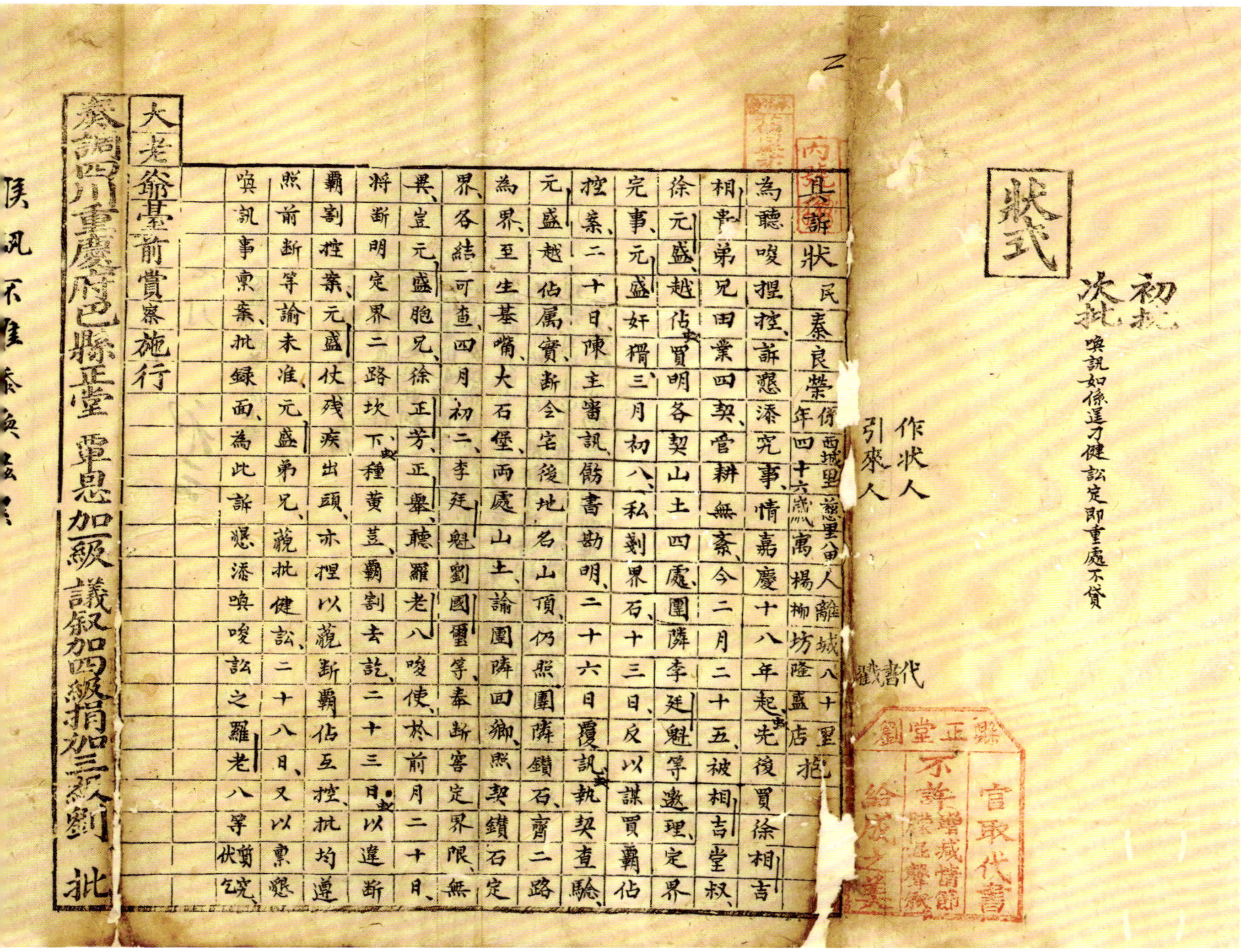
狀式
初批
次批
喚訊如係逞刁健訟定即重處不貸
作狀人
引來人
代書 戳
縣正堂劉 官取代書 不許增減情節
訴狀 民 秦良榮 係西城里慈里甲人 離城八十里 年四十六歲 寓楊柳坊隆盛店 抱
為聽唆捏控、訴懇添究事。情嘉慶十八年，起先後買徐相吉
相乾弟兄田業四契，管耕無紊。今二月二十五，被相吉堂叔
徐元盛越佔買明各契山土四處，團隣李廷魁等邀理，定界
完事。元盛奸猾，三月初八私劉界石，十三日反以謀買霸佔
控案。二十日陳主審訊，飭書勘明。二十六日覆訊，執契查驗，
元盛越佔屬實，斷令宅後地名山頂，仍照團隣鑽石齊二路
為界，至生基嘴大石堡兩處山土，諭團隣回鄉照契鑽石定
界，各結可查。四月初二，李廷魁、劉國璽等奉斷審定界限無
異。豈元盛胞兄徐正芳、正舉，聽羅老八唆使，於前月二十日
將斷明定界二路坎下種黃荳霸割去訖。二十三日以違斷
霸割控案，元盛仗殘疾出頭，亦捏以蔑斷霸佔互控，批均遵
照前斷等諭。未准，元盛弟兄藐批健訟，二十八日又以稟懇
喚訊事稟案，批錄面。為此訴懇添喚唆訟之羅老八等質究。伏乞
大老爺臺前賞察施行
欽加四川重慶府巴縣正堂 覃恩加一級 議叙加四級 捐加三級 劉 批
候訊，不准添喚

19 道光六年七月初七日县衙工房开审单

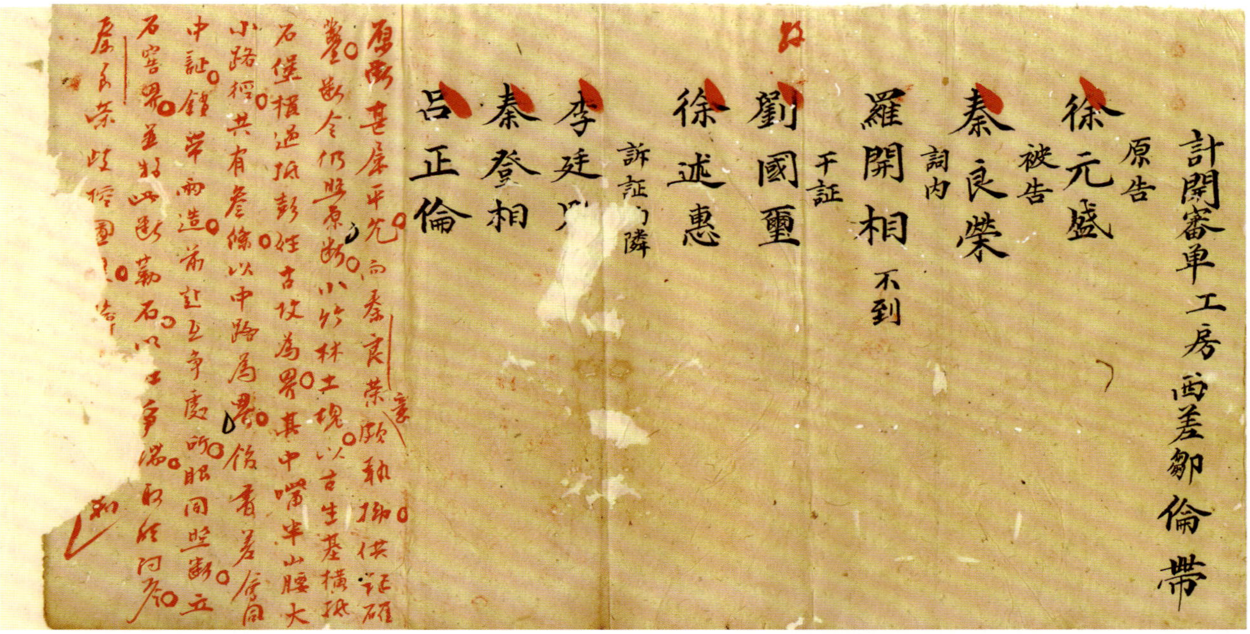
計開審單工房 西差鄒倫 帶
原告 徐元盛
被告 秦良榮
詞內 羅開相 不到
干証 劉國璽
徐述惠
許証 李廷
秦登相
呂正倫

20 道光六年七月初七日县衙工房讯问笔录

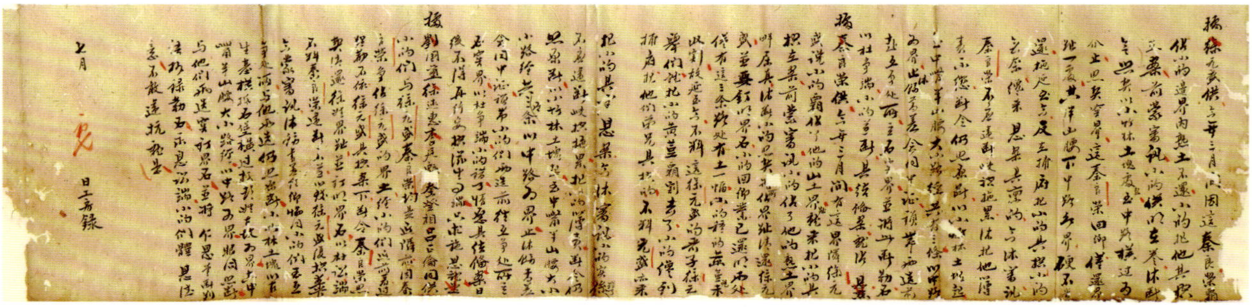

據
徐元盛供：今年三月間，因這秦良榮霸
佔小的邊界內熟土，不還小的，把他具控
在案。前蒙審訊，小的供明左券休契
無異，以小的林土塊處起，至中路橫過爲
止，照契管界。這秦良榮回仰，僅還界
址一處，其岸山腰下中路爲界，硬不攏
還，拖延至今。又在撫府把小的具控，小的
在案候示，甚蒙真恩的今沐審訊，
秦良榮不應違斷，歧控拖累，沐把他薄
責示懲。斷令仍照原斷，以小的林土塊起
山中嘴半山腰大小路徑，共有三條，以中路
爲界，止休錫青墓，今同中証碑業兩造
赴立各處所立石字界，並將此斷勒石
以杜爭端。小的當斷具結備案，就是。

據
秦良榮供：今年三月間，有這界鄰徐元
盛說小的霸佔了他的山土界址，就來把小的具
控在案。前蒙審訊，小的供了他的熟土界
畔，原其休斷小的照契所係界址清還徐元
盛，並要釘明界石。小的回仰，業已還明兩處，
僅有這三条路處有土一幅，小的種的蔬菜未
收割，故延至今。不料這徐元盛的妻子徐之
聲他們就把小的黃荳霸割去了，小的纔到
撫府把他們弟兄具控的，不料元盛亦來
把小的具控。甚蒙今沐審訊，小的實係
不應違斷，歧控拖累，把小的薄責，斷令仍
照原斷，以小的林土塊起至中嘴半山腰大小
小路徑共三条，以中路爲界，止休錫青墓，
今同中証碑弟小的們兩造前往立各處所立
石字界，以杜爭端。小的諾了情願具結備案，日
後不得再行妄控滋生事端，只求施恩，就是。

據
劉國璽、徐述惠、李廷獻、李登相、呂占倫同供：
小的們與徐元盛、秦良榮均是近鄰，前因秦
良榮爭佔徐元盛的界土，經小的們出爲查過，
理勸不依，徐元盛具控在案，下斷令秦良榮照
契清還徐姓界址，並釘明界石，以杜爭端。
不料秦良榮違斷，小的們以致徐元盛復控在案。
今蒙審訊，沐諭青天仰協同小的們至立
爭處，與他兩造仍照原斷，小的林土塊以岸
生墓橫路石堡橫過，抵彭姓古坟爲界，止中
嘴半山腰大小路徑以中路爲界，照同照斷
與他們兩造實釘界石，並將[illegible]
諾，抄錄勒石，示息爭端，小的們體恩是法
意，不敢違抗，就是。

七月　日　工房錄

21 道光六年七月初七日徐元盛结状

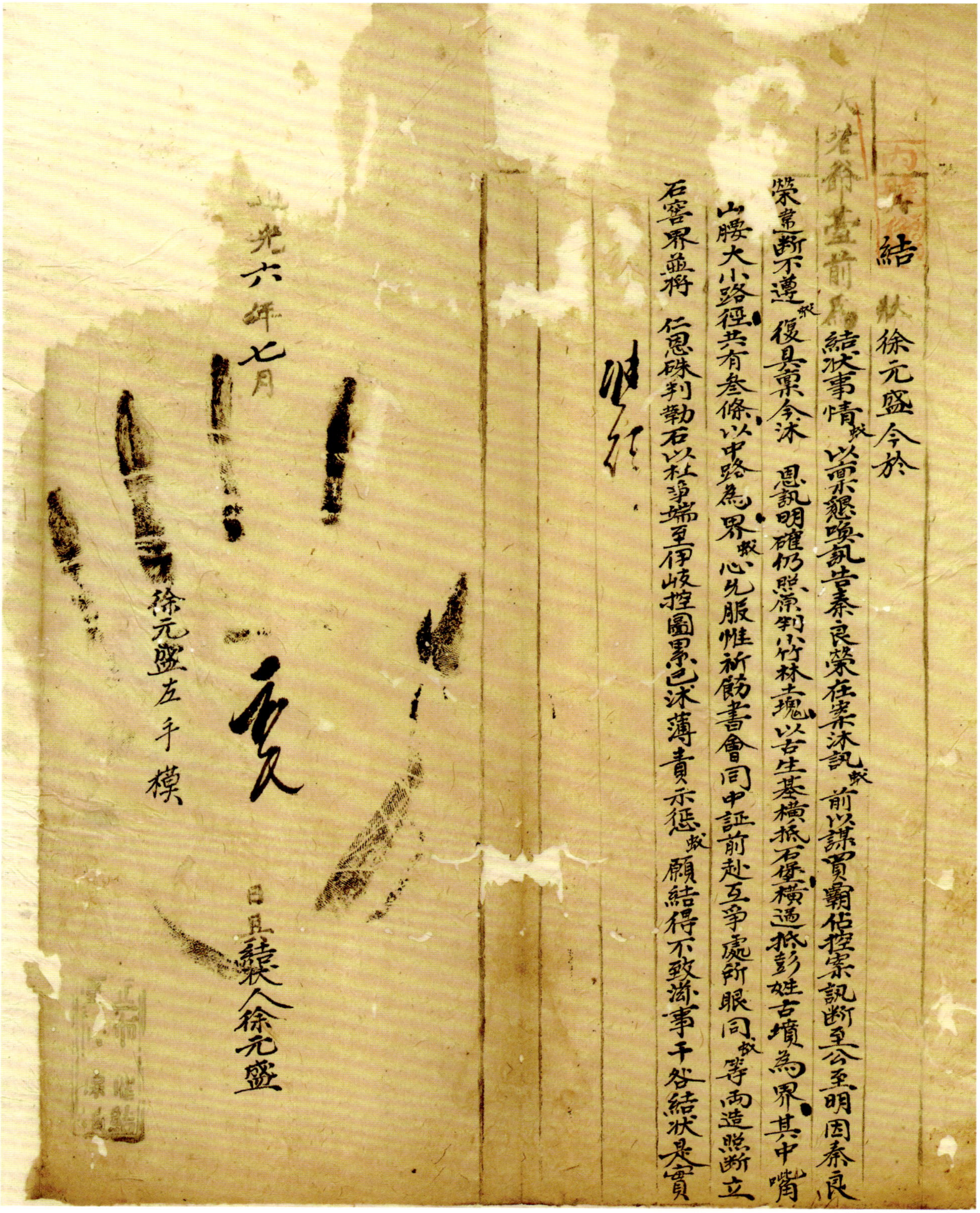
結狀 徐元盛今於
大老爺臺前爲結狀事情。蟻以案懇喚訊，告秦良榮在案沐訊。蟻前以謀買霸佔控案，訊斷至公至明，因秦良榮當斷不遵，蟻復具稟，今沐恩訊明確，仍照原判，小竹林土塊，以古生基橫抵石堡橫過抵彭姓古墳爲界，其中嘴山腰大小路徑共有叁條，以中路爲界，蟻心允服，惟祈飭書會同中証前赴互爭處所眼同，蟻等兩造照斷立石管界，並將仁恩硃判勒石，以杜爭端，至伊妄控圖累，已沐薄責示懲，蟻願結得不致滋事干咎，結狀是實。
准結
道光六年七月　日具結狀人徐元盛
徐元盛左手模

22 道光六年七月初七日秦良荣结状

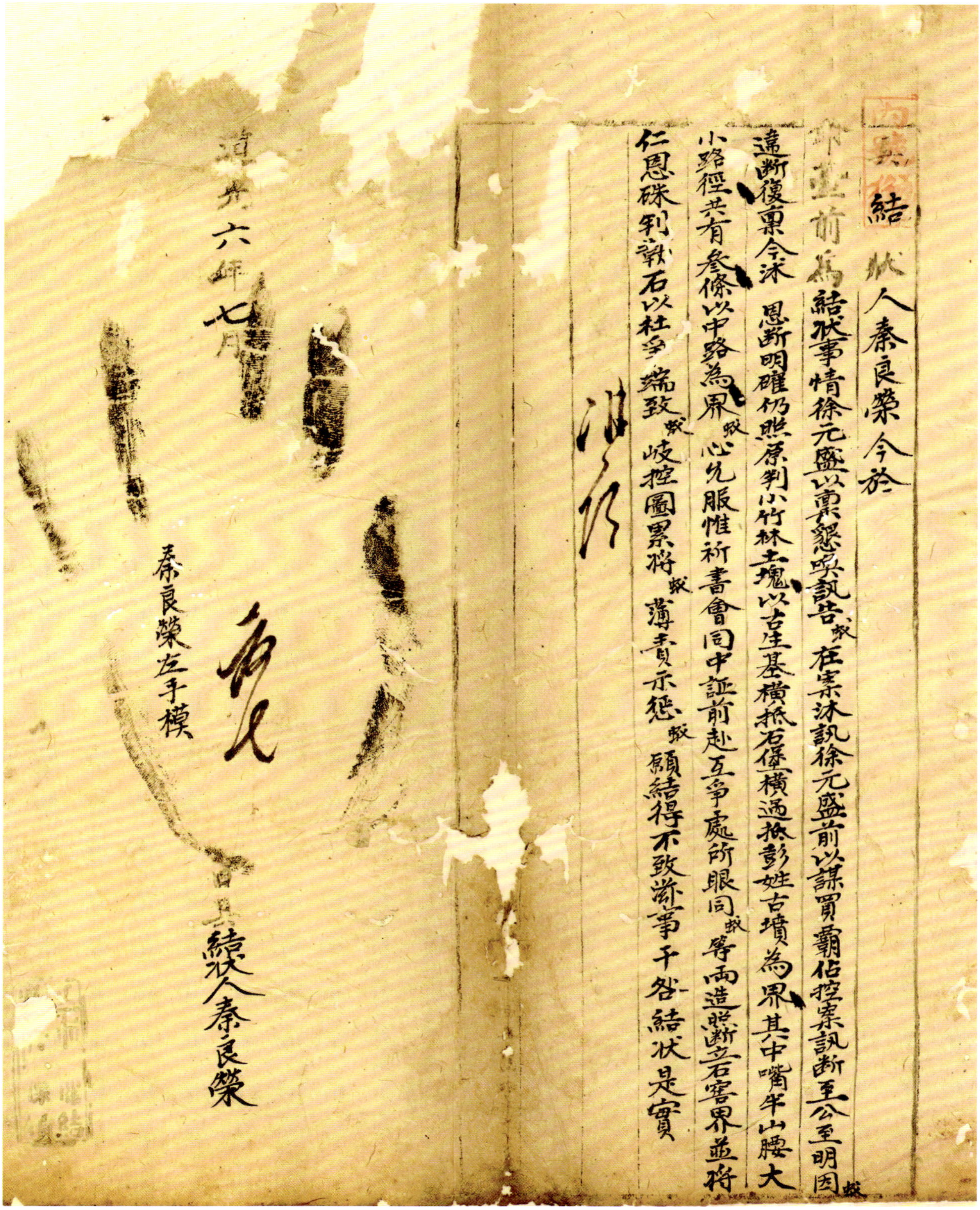

結狀人秦良榮今於

爺臺前為結狀事情徐元盛以累懇喚訊告蟻在案沐訊徐元盛前以謀買霸佔控案訊斷至公至明因蟻

遠斷復稟今沐恩斷明確仍照原判小竹林土塊以古生基橫抵石堡橫過核彭姓古墳為界其中嘴半山腰大

小路徑共有叁條以中路為界蟻心允服惟祈書會同中証前赴互爭處所眼同蟻等兩造照斷立石管界並將

仁恩硃判鑿石以杜爭端致蟻岐控圖累將蟻薄責示懲蟻願結得不致滋事干咎結狀是實

道光六年七月　日具結狀人秦良榮

秦良榮左手模

23 道光六年七月十二日县衙书差李星煜、任顺禀状

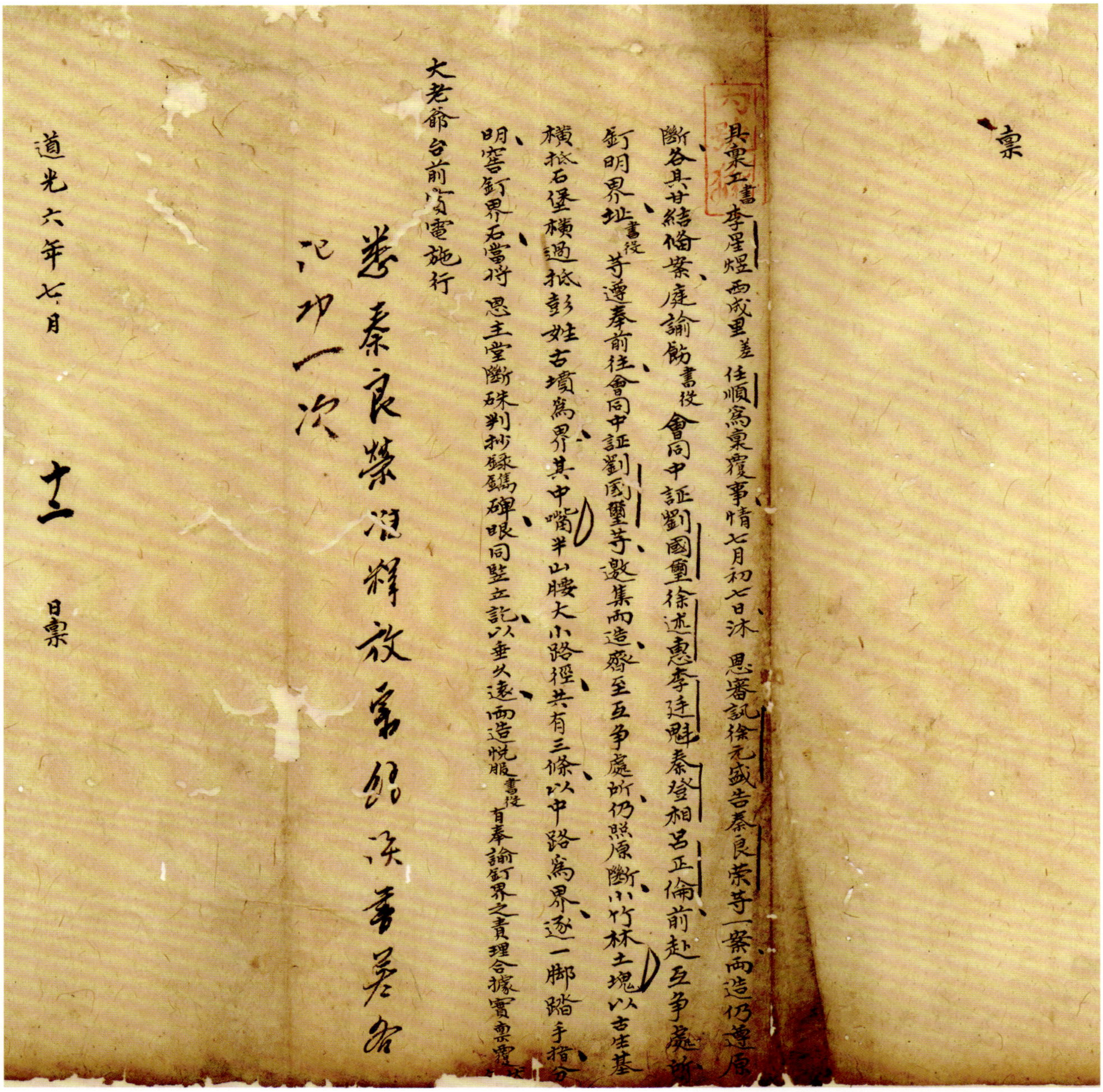
稟

具稟工書李星煜、西成里差任順，爲稟覆事。情七月初七日沐 恩審訊徐元盛告秦良棠等一案，兩造仍遵原斷，各具甘結備案，庭諭飭書役會同中証劉國璽、徐述惠、李廷魁、秦登相、呂正倫前赴互爭處所釘明界址。書役等遵奉前往，會同中証劉國璽等邀集兩造齊至互爭處所，仍照原斷，以竹林土塊以古塚基橫抵石堡，橫過抵彭姓古墳爲界，其中嘴半山腰大小路徑共有三條，以中路爲界，逐一脚踏手指分明，窖釘界石，當將 恩主堂斷硃判抄錄鐫碑，眼同竪立，記以垂久遠，兩造悦服。書役有奉諭釘界之責，理合據實稟覆

大老爺台前賞電施行

着秦良棠准釋放，案經訊結，書差各記功一次

道光六年七月 十二 日稟

案情导读

道光七年十二月初六日，巴县衙役王洪、陈浩奉差巡查街巷，遇到丁双发、谢迎发前来投诉，说初五日他们在涂长兴钱市上换了银子一锭，他们请人看了说是假银，他们去涂长兴处要求退换，但涂长兴不认，所以只好找县衙帮助解决纠纷。同日，涂长兴告状称丁、谢等人“诈索”。道光八年正月二十日，涂长兴再上禀状，称丁、谢等人“诈害”。县衙随即传唤人证到案候审，涂长兴却不到案。延至九月初十日，衙役李桂禀称，传唤对象涂长兴“往乡收账”，未能传到。知县批示：“查原告涂长兴于正月控准至今，尚未投审，其为情虚畏质可知。着将被、证丁双发等一并释回，以免久羁拖累。”本案就这样不了了之。

道光七年二门差役王洪禀假银套害案

1 原卷封面

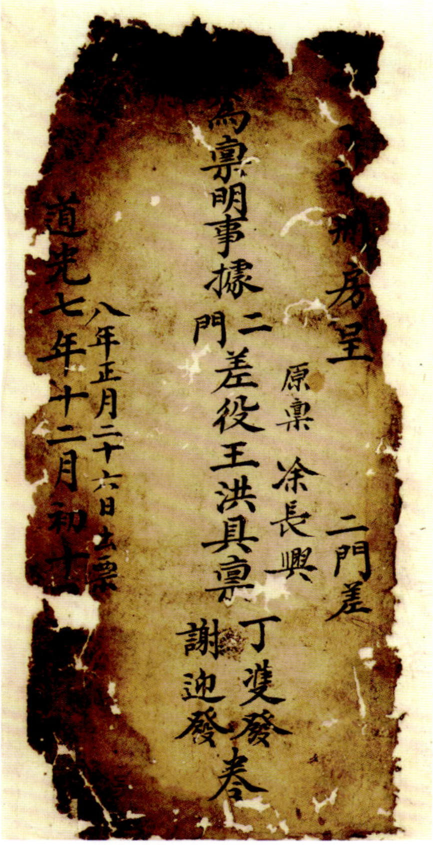

刑房呈
二門差
原稟 凃長興
為稟明事據二
門差役王洪具稟 丁漋發 謝迎發 叁
八年正月二十六日太稟
道光七年十二月初十

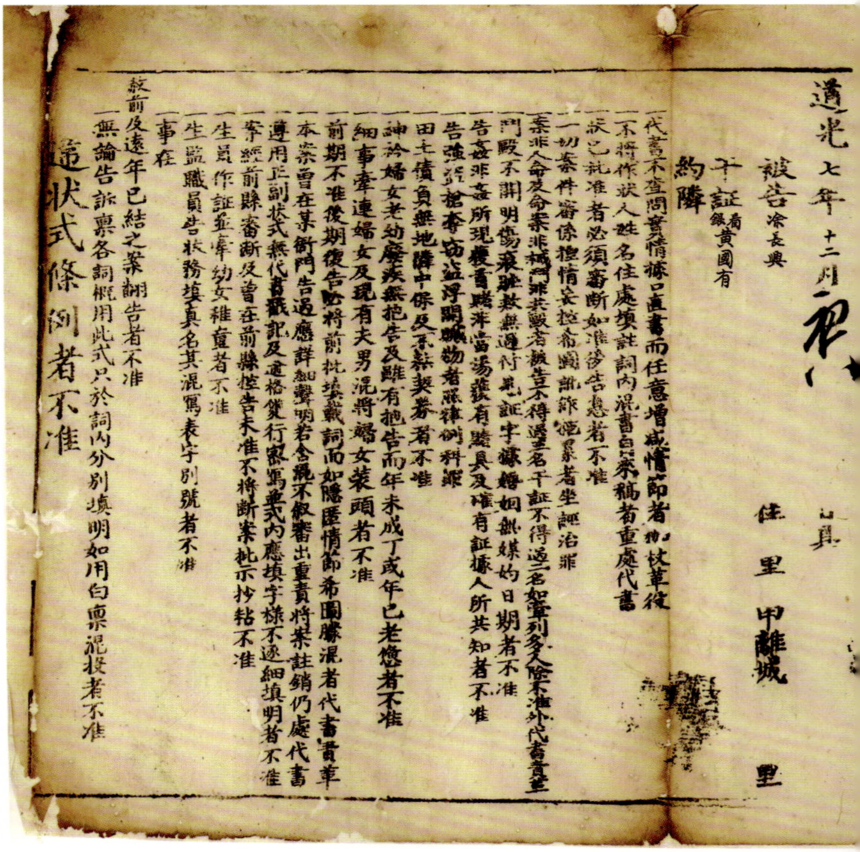

道光七年十二月　日具
被告 凃長興
干證 黄國有
約鄰
住　里　甲離城　里

一代書不查問實情據口直書而任意增減情節者枷杖革役
一不將作狀人姓名住處填註詞內混書白稟稿者重處代書
一狀已批准者必須審斷如准後告悉者不准
一切案件審係捏情妄控希圖詐錢诬累者坐诬治罪
一案非人命及命案非械鬥非共毆者被告不得過三名干證不得過二名如牽列多人除不准外代書責革
一鬥毆不開明傷痕雖數無邊付驗證字據婚姻無媒妁日期者不准
一告姦非姦所現獲賭非當場獲有贓具及確有証據人所共知者不准
一告強盜搶奪竊盜浮開贓物者照律例科罪
一田土債負無地鄰中保及不粘契劵者不准
一紳衿婦女老幼廢疾無抱告及雖有抱告而年未成丁或年已老憊者不准
一細事牽連婦女及現有夫男混將婦女裝頭者不准
一前期不准後期復告將前批據載詞而如隱匿情節希圖朦混者代書責革
一本案曾在某衙門告過應詳細聲明若含混不敘審出重責將案註銷仍處代書
一遵用正副狀式無代書戳記及違格並行密寫并式內應填字樣不逐細填明者不准
一案經前縣審斷及曾在前縣控告未准不將斷案批示抄粘不准
一生員作証並牽幼女稚童者不准
一生監職員告狀務填真名其混寫表字別號者不准
一事在赦前及遠年已結之案翻告者不准
一無論告訴稟各詞概用此式只於詞內分別填明如用白稟混投者不准
遵狀式條例者不准

2 道光七年十二月初六日丁双发、谢迎发告状

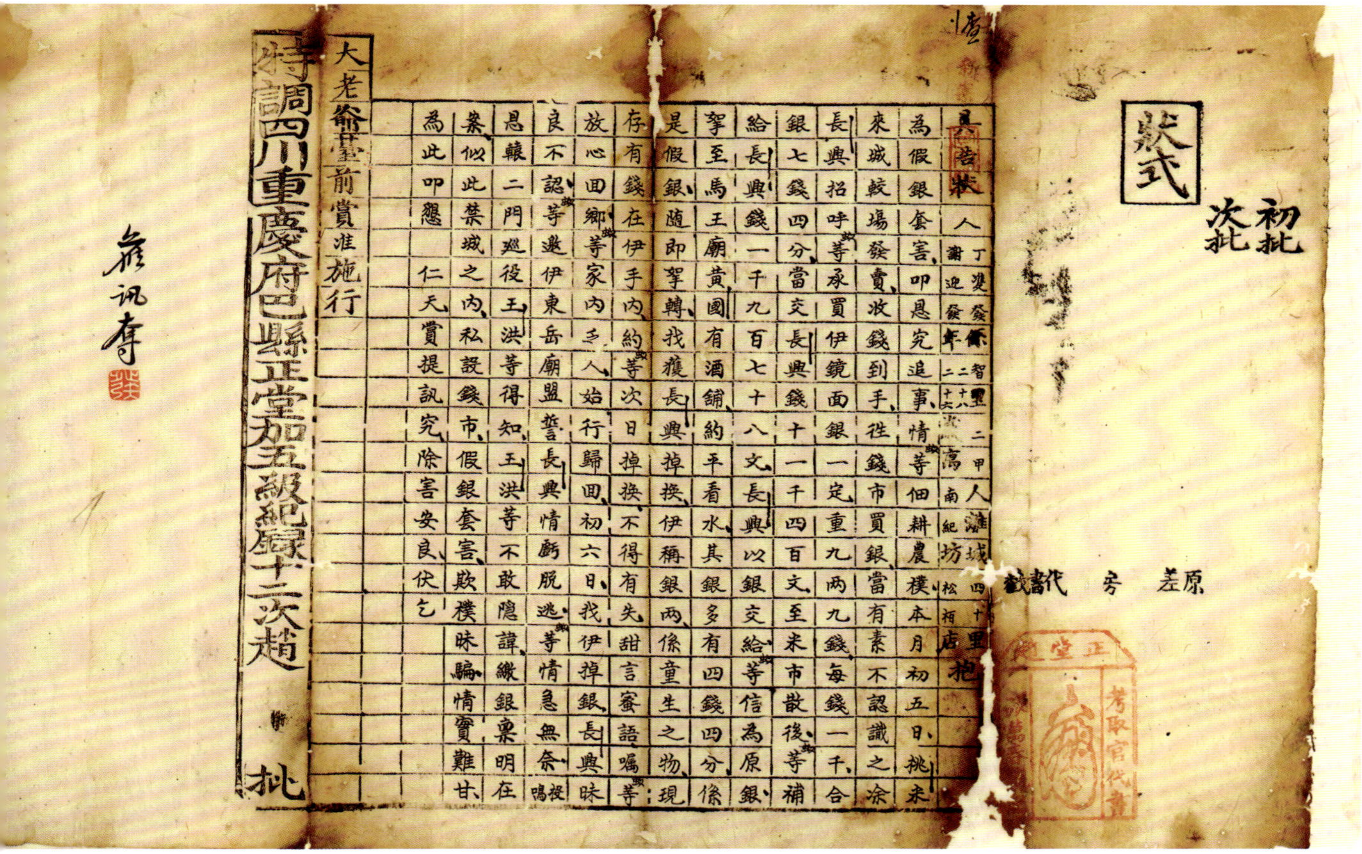
狀式

初批

次批

原差

房

代書戳

具告狀人丁雙發、謝迎發，年二十八、二十六，智里二甲人，距城四十里，高南紀坊松柏店，抱

為假銀套害，叩懇究追事。情等佃耕農樸，本月初五日，挑米

來城較場發賣，收錢到手，往錢市買銀，當有素不認識之涂

長興招呼，等承買伊鏡面銀一定，重九兩九錢，每錢一千，合

銀七錢四分，當交長興錢十一千四百文，至米市散後，等補

給長興錢一千九百七十八文，長興以銀交給等，信為原銀。

挐至馬王廟黃國有酒鋪，約平看水，其銀多有四錢四分，係

是假銀，隨即挐轉，找獲長興，掉換，伊稱銀兩係童生之物，現

存有錢在伊手內，約等次日掉換，不得有失，甜言蜜語，囑等

放心回鄉。等家內夛人，始行歸回，初六日，找伊掉銀，長興昧

良不認，等邀伊東岳廟盟誓，長興情虧脫逃，等情急無奈，投鳴

懇轅。二門巡役王洪等得知，王洪等不敢隱諱，繳銀粟明在

案。似此禁城之內，私設錢市，假銀套害，欺樸昧騙，情實難甘，

為此叩懇

仁天賞提訊究，除害安良，伏乞

大老爺台前賞准施行

特調四川重慶府巴縣正堂加五級紀錄十二次趙 批

候訊奪

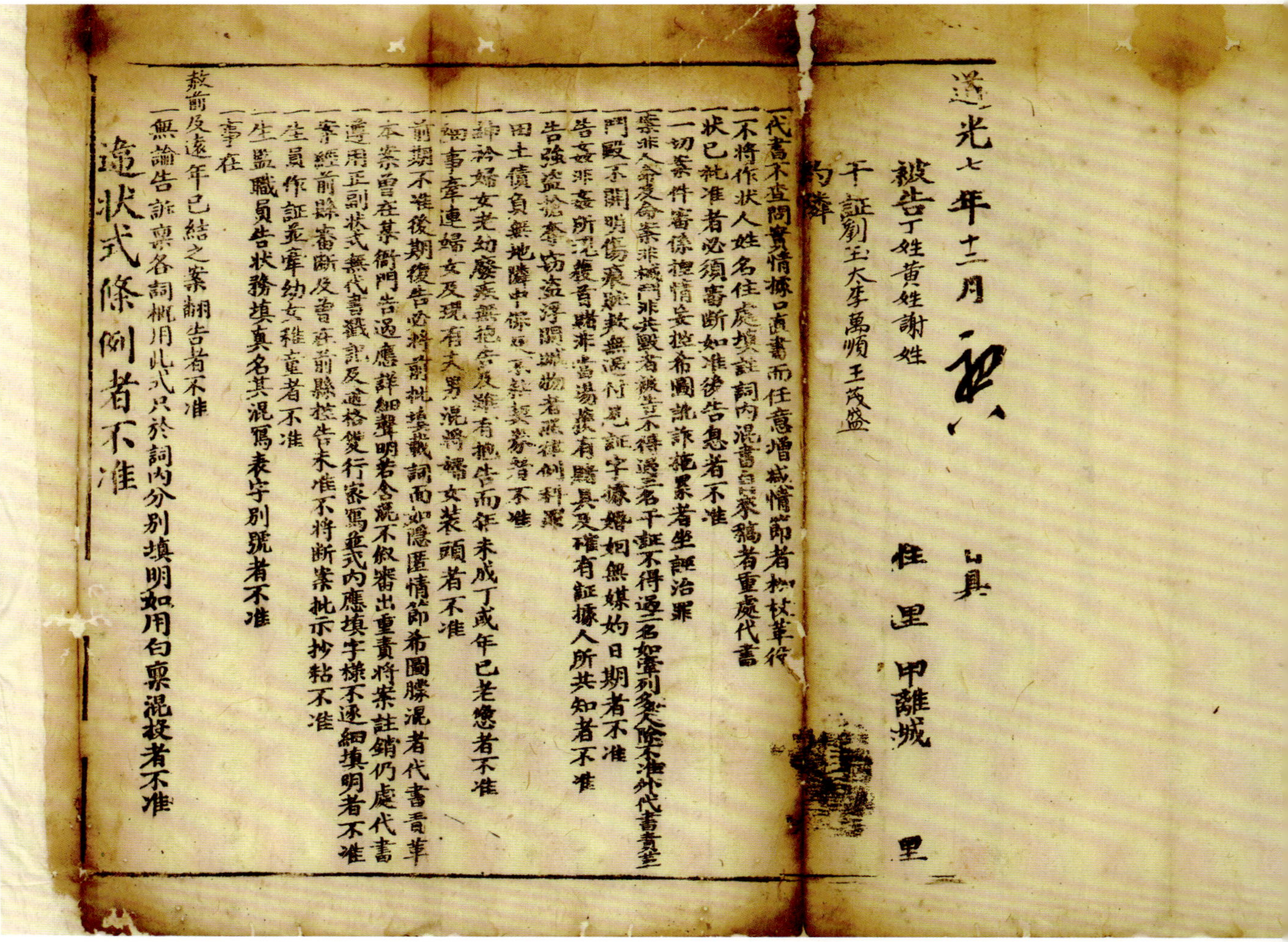

道光七年十二月　　日具

被告丁姓黃姓謝姓　住　里　甲離城　里

干證劉玉大李萬順王茂盛

約鄰

一代書不查問實情據口直書而任意增減情節者枷杖革役
一不將作狀人姓名住處填註詞內混書白禀來稿者重處代書
一狀已批准者必須審斷如准後告息者不准
一切案件審係虛情妄控希圖訛詐拖累者坐誣治罪
一案非人命盗案非械鬥非共毆者被告不得過三名干證不得過二名如牽列多人除不准外代書責革
一鬥毆不開明傷痕並無鄰佑見證字據婚姻無媒妁日期者不准
一告姦非姦所現獲賭非當場獲有賭具及確有證據人所共知者不准
一告强盗搶奪竊盗浮開贓物者照律例科罪
一田土債負無地鄰中保及無契約券者不准
一紳衿婦女老幼廢疾無抱告及雖有抱告而年未成丁或年已老憊者不准
一細事牽連婦女及現有夫男混將婦女裝頭者不准
一前期不准後期復告必將前批填載詞內如隱匿情節希圖朦混者代書責革
一本案曾在某衙門告過應詳細聲明若含混不叙審出重責將案註銷仍處代書
一遵用正副狀式無代書戳記及違格雙行密寫並式內應填字樣不逐細填明者不准
一案經前縣審斷及曾在前縣控告未准不將斷案批示抄粘不准
一生員作證並牽幼女稚童者不准
一生監職員告狀務填真名其混寫表字别號者不准
一事在赦前及遠年已結之案翻告者不准
一無論告訴禀各詞概用此式只於詞內分别填明如用白禀混投者不准

違狀式條例者不准

3　道光七年十二月初六日涂长兴告状

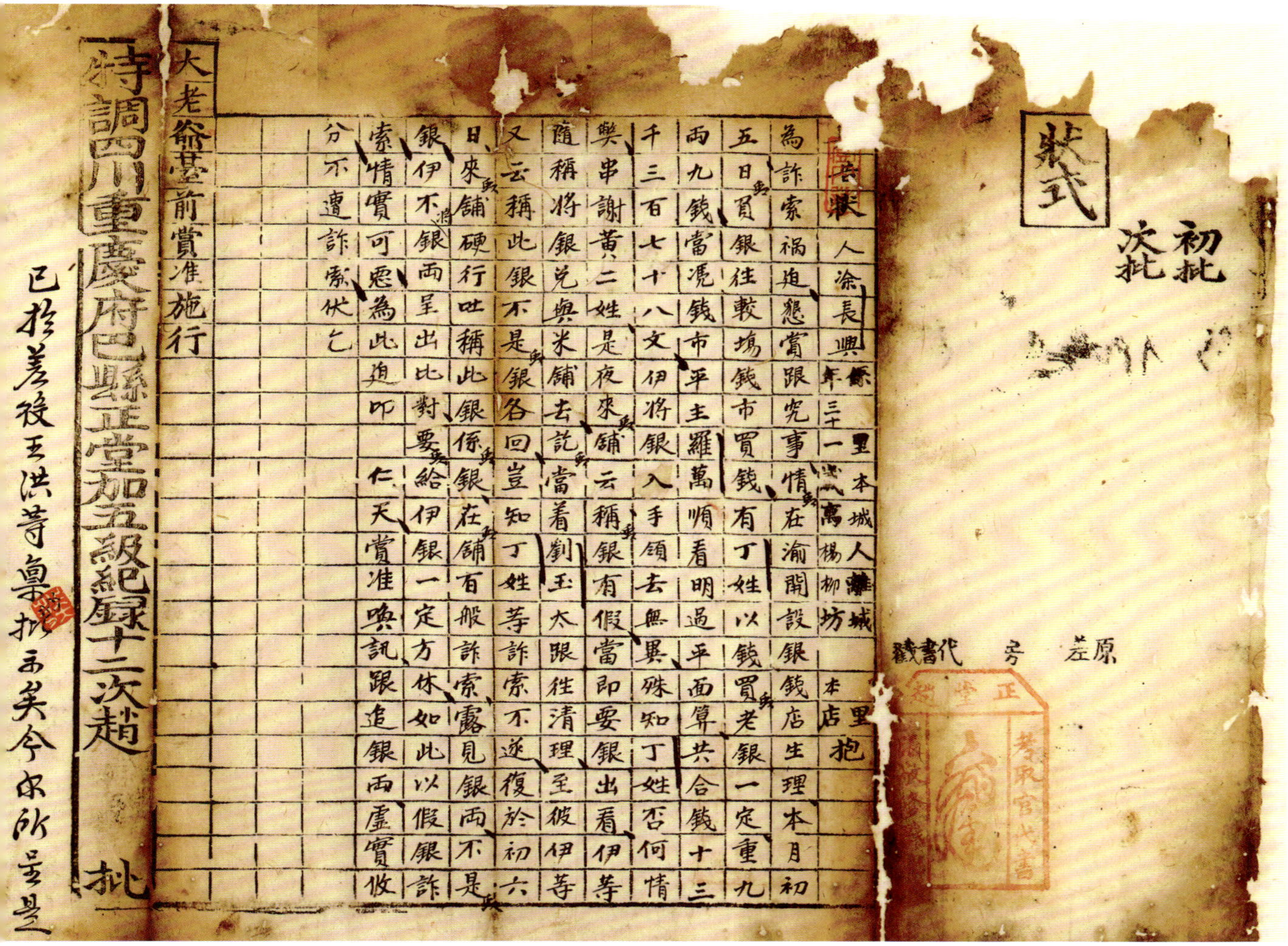
狀式

初批

次批

告狀人涂長興　年三十一歲　住本城　里　本城人　本店里　抱

為詐索禍迫懇賞跟究事情在渝開設銀錢店生理本月初五日買銀往較場錢市買錢有丁姓以錢買老銀一定重九兩九錢當憑錢市平主羅萬順看明過平面算共合錢十三千三百七十八文伊將銀入手領去無異殊知丁姓否何情與串謝黃二姓是夜來舖云稱銀有假當即要銀出看伊等隨稱將銀兑與米舖去訖當着劉玉太跟往清理至彼伊等又云稱此銀不是銀各回豈知丁姓等詐索不遂復於初六日來舖硬行吐稱此銀係銀在舖百般詐索露見銀兩不是銀伊不還銀兩呈出比對要給伊銀一定方休如此以假銀詐索情實可惡為此迫叩

仁天賞准喚訊跟追銀兩虛實攸分不遭詐索伏乞

大老爺臺前賞准施行

特調四川重慶府巴縣正堂加五級紀錄十二次趙　批

已據差役王洪等稟批示矣今所呈是

原差　旁　代書戳

4 道光七年十二月初六日二门巡役王洪、陈浩禀

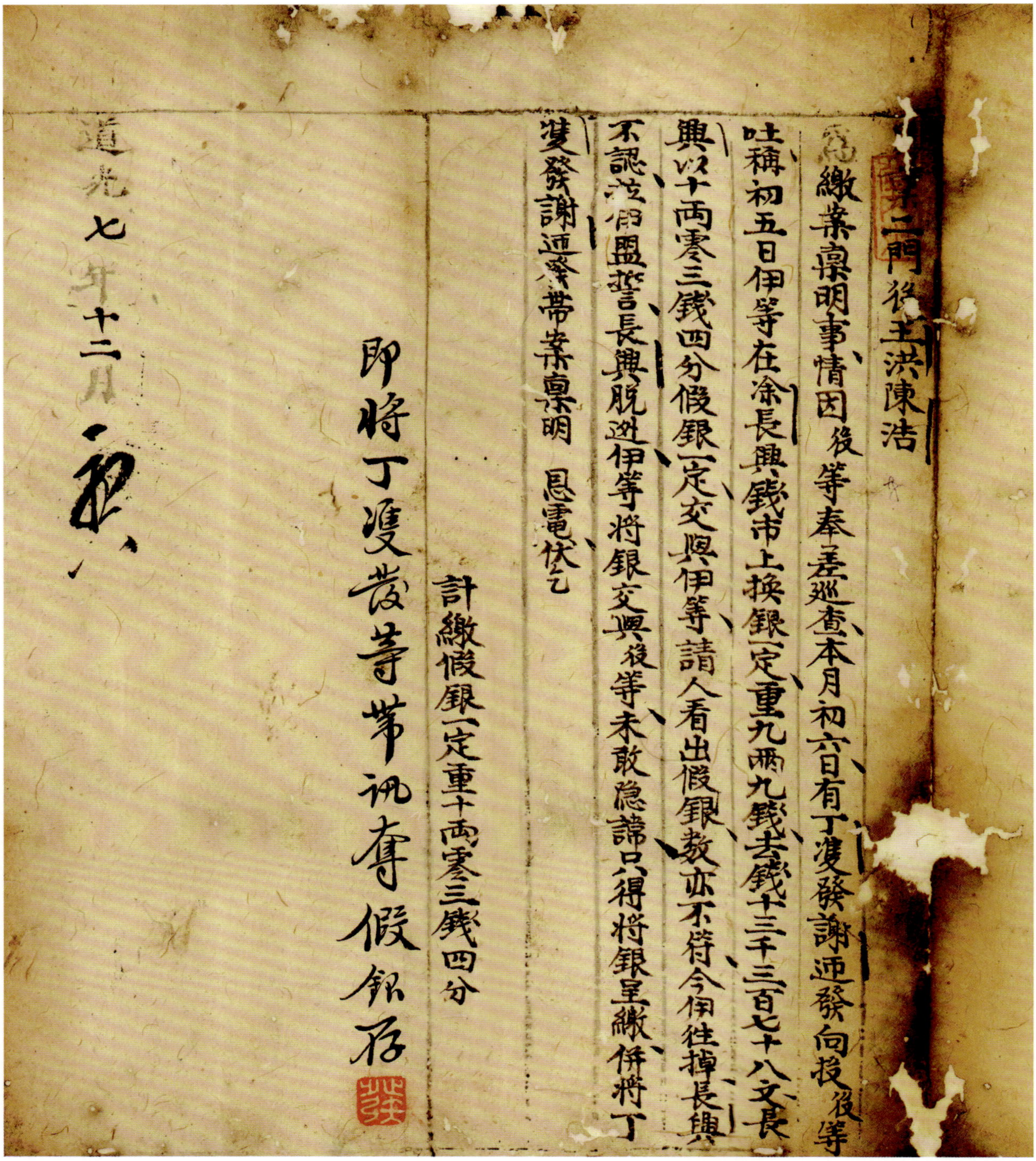

二門役王洪、陳浩

爲繳案稟明事情。因役等奉差巡查，本月初六日有丁淩發、謝洒發向役等吐稱：初五日伊等在涂長興錢市上換銀一定，重九兩九錢，去錢十三千三百七十八文。長興以十兩零三錢四分假銀一定交與伊等。請人看出假銀，教亦不肯，今伊往掉長興不認，往伊盟誓。長興脫逃，伊等將銀交與役等。未敢隱諱，只得將銀呈繳，併將丁淩發、謝洒發帶案稟明。恩電伏乞

計繳假銀一定，重十兩零三錢四分

即將丁淩發等帶訊，奪假銀存。

道光七年十二月初六日

5 道光八年正月二十日涂长兴禀状

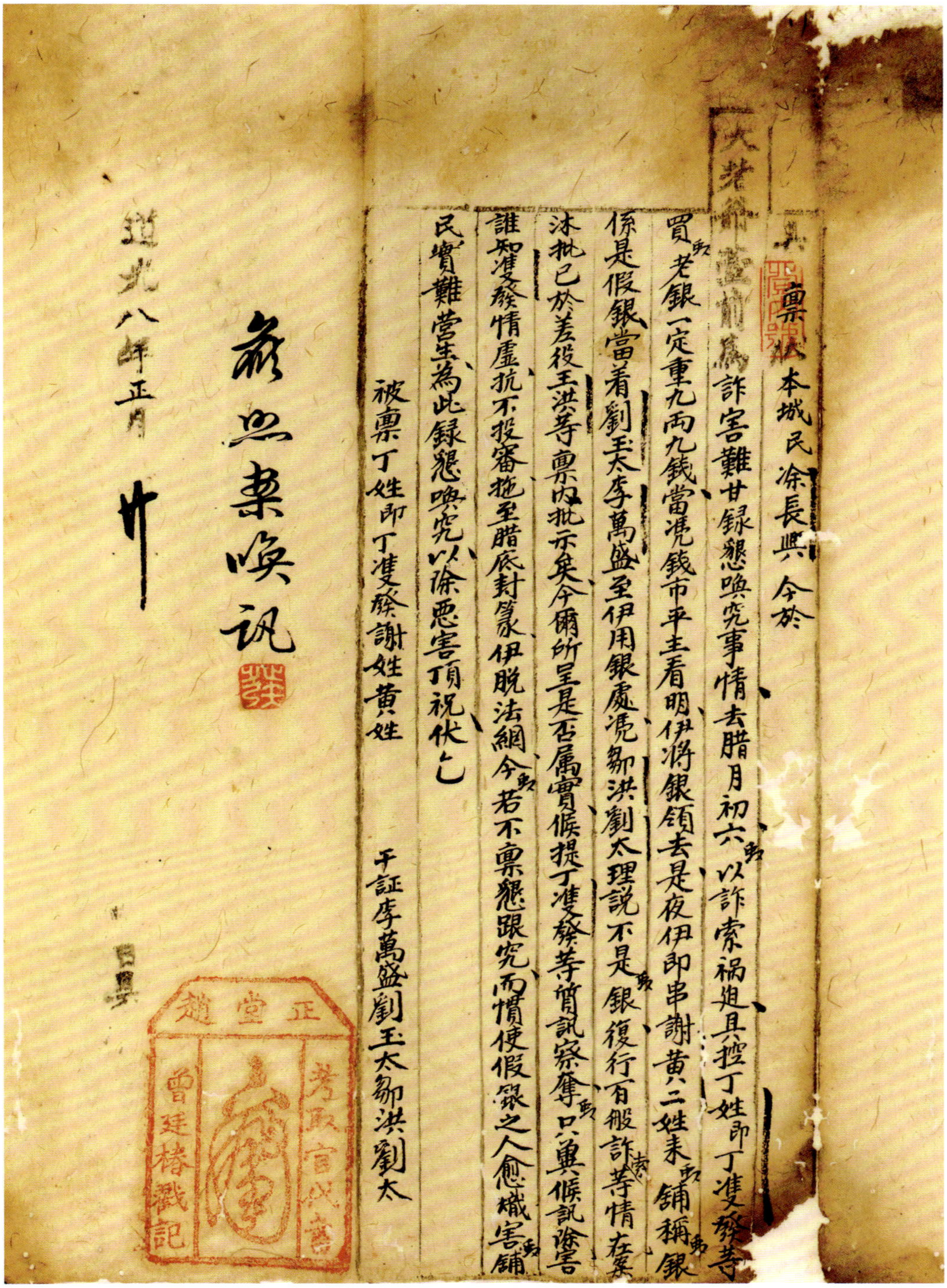
具禀状本城民涂長興今於
大老爺臺前為詐害難甘録懇喚究事情去腊月初六日以詐索禍廹具控丁姓即丁凖發等
買老銀一定重九兩九錢當凴錢市平圭看明伊將銀領去是夜伊即串謝黄二姓来鋪稱銀
係是假銀當着劉玉太李萬盛至伊用銀處凴劉洪劉太理説不是銀復行百般詐索等情在案
沐批已於差役王洪等禀内批示矣今爾所呈是否屬實候提丁凖發等質訊察奪只冀候訊塗害
誰知凖發情虚抗不投審拖至腊底封篆伊脱法網今若不禀懇跟究而慣使假銀之人愈熾害鋪
民實難營生為此録懇喚究以除悪害頂祝伏乞
被禀丁姓即丁凖發謝姓黄姓
干証李萬盛劉玉太劉洪劉太
准照禀喚訊
道光八年正月廿日具
正堂趙
考取官代書
曾廷椿戳記

6 道光八年正月二十六日县衙刑房拟差唤人证票稿

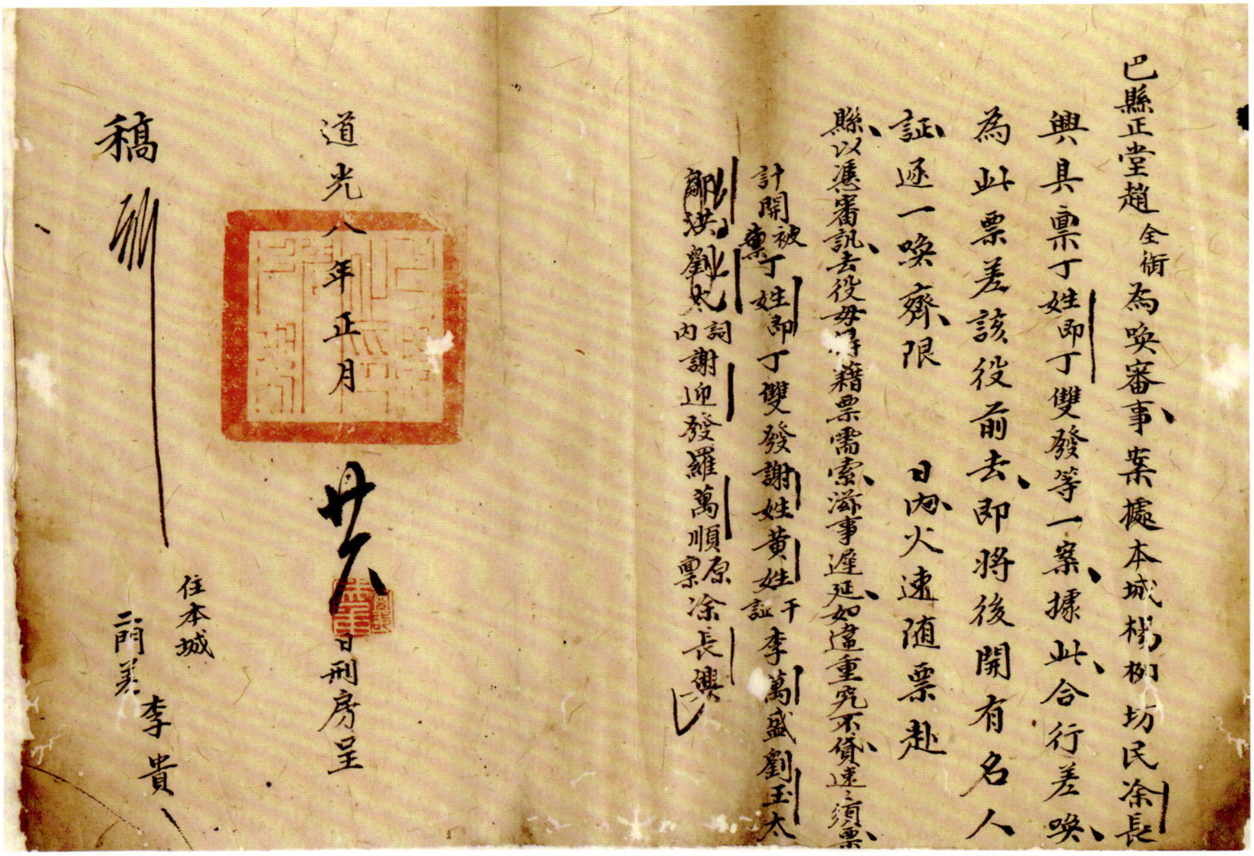
巴縣正堂趙 全銜 為喚審事。案據本城楊柳坊民涂長興具稟丁姓即丁雙發等一案。據此，合行差喚。為此票差該役前去，即將後開有名人證逐一喚齊，限 日內火速隨票赴縣，以憑審訊。去役毋得藉票需索、滋事遲延，如違重究不貸。速須票。

計開

被稟 丁姓即丁雙發、謝姓、黃姓

干証 李萬盛、劉玉太、鄒洪、劉光詞

內 謝迎發、羅萬順

原稟 涂長興

道光八年正月 日刑房呈

稿

任本城

前差 李貴

7 道光八年二月初七日谢迎发禀状

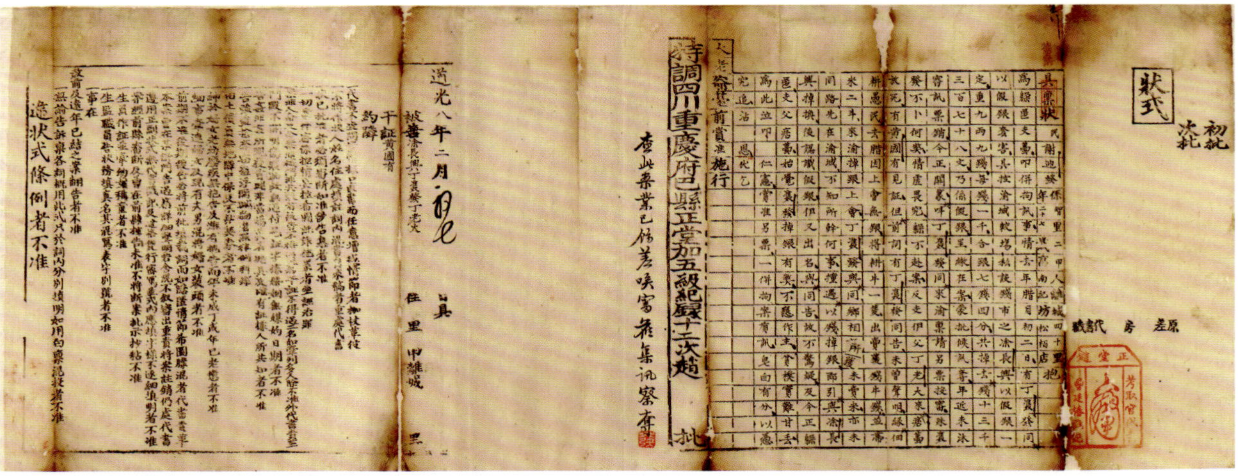
狀式

初批

具稟狀

特調四川重慶府巴縣正堂加五級紀錄十二次趙

道光八年二月初七日

違狀式條例者不准

狀式

初批

添批

原差　房　代書戳

正堂 鑑

考取官代书

曾廷椿戳記

舊案

具稟狀　民謝迎發，係智里二甲人，離城四十里，年二十七歲，住南紀坊松柏店　抱

為縣匿支蠹，叩併拘訊事。情去年臘月初二日，有丁襄發同

以假銀套害，具控渝城較場私設錢市之涂長興以假銀一

定，重九兩九錢，每錢一千合銀七錢四分，共掉去錢十三千

三百七十八文，乃係假銀，呈繳在案，蒙批候訊。奪年近未沐

簽訊，票銷，今正開印，吽丁襄發同來渝稟請另票，投審，殊襄

發不卜何弊，情虛畏究，躲不赴案，反支伊父丁老大來痞蠹佃

放死，有黃國有見証，但前詞有丁襄發同告，未曾聲明，緣佃

耕愚民去臘因上會無銀，將耕牛一隻出賣，獲錢牛錢並帶

米二斗，來渝掉銀上會，丁襄發與同鄉相所獲米賣，米亦未

同路，先在渝城，不知所幹何事，撞遇以錢掉銀，即引與涂長

興掉換，後認識假銀，伊又出名與同告，故不驚疑，及今正躲

匿，支父痞蠹，始覺襄發掉銀有弊，不懇作主，貧樸實難甘丟

為此泣叩　仁憲賞准另票，一併拘案質訊，皂白有分，以憑

究追，沾　恩伏乞

大老爺台前賞准施行

特調四川重慶府巴縣正堂加五級紀錄十二次趙　批

查此案業已飭差喚審，候集訊察奪。

8 道光八年三月初三日谢迎发哀状

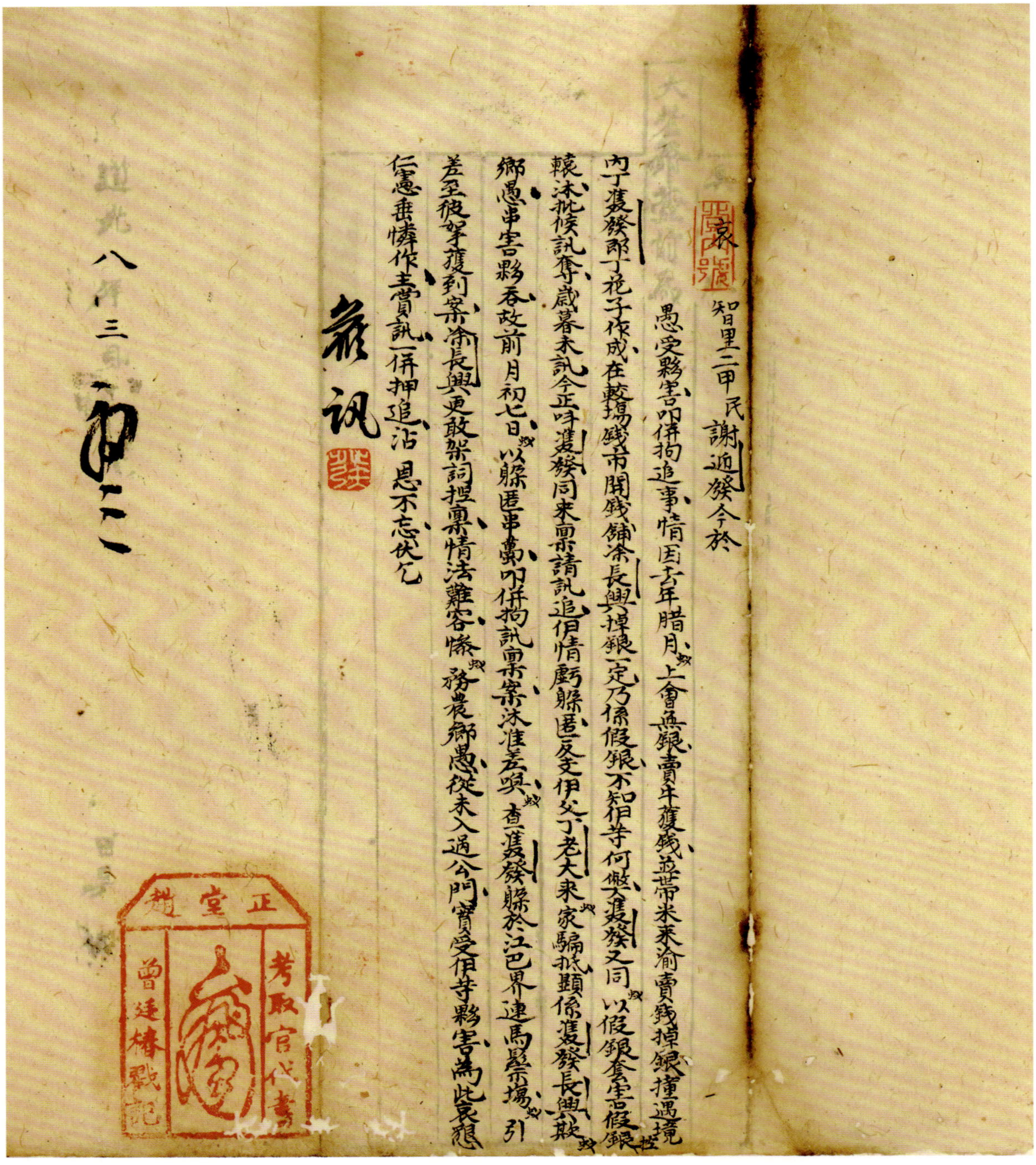
哀
智里二甲民 謝迎發，今於
愚受夥害叩併拘追事。情因去年腊月，上會魚銀，賣牛獲錢，並世帶米來渝賣錢掉銀，撞遇境
內丁蹇發、邱丁花子作成在較場錢市開錢鋪，涂長興掉銀一定，乃係假銀。不知伊等何與蹇發之同，以假銀套害，假銀控
轅。沐批候訊，奪歲暮未訊。今正呼蹇發同來稟請訊追，伊情虧躲匿，反支伊父丁老大來家騙撫，顛係蹇發、長興、欺
鄉愚串害夥吞。故前月初七日，以躲匿串萬叩併拘訊稟案，沐准差喚。查蹇發躲於江巴界連馬鬃場，引
差至彼，拏獲到案。涂長興更敢架詞捏稟，情法難容。懇務農鄉愚，從未入過公門，實受伊等夥害，爲此哀懇
仁恩垂憐，作主賞訊，一併押追沾 恩不忘。伏乞
准訊
道光八年三月初三日
正堂 考取官代書 曾廷椿戳記

9 道光八年五月初四日县衙看役王坤、饶桂禀状

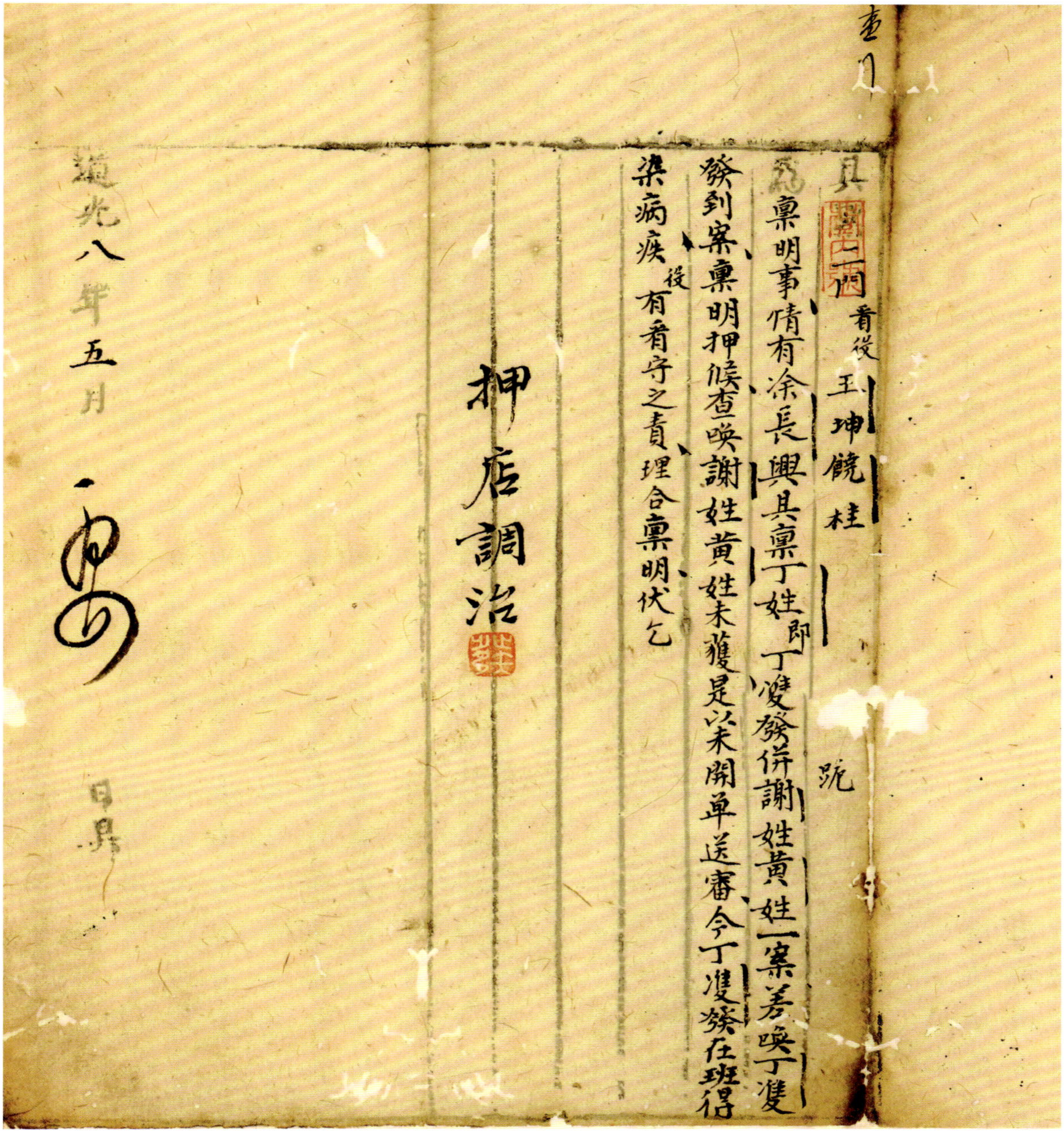
具　看役王坤　饒桂　跪

為禀明事情有涂長興具禀丁姓即丁燮發併謝姓黃姓一案差喚丁燮發到案、禀明押候查喚謝姓黃姓未獲是以未開單送審今丁燮發在班得染病疾、役有看守之責、理合禀明伏乞

押店調治

道光八年五月　　日具

10 道光八年五月初四日丁茂盛、舒廷桂保状

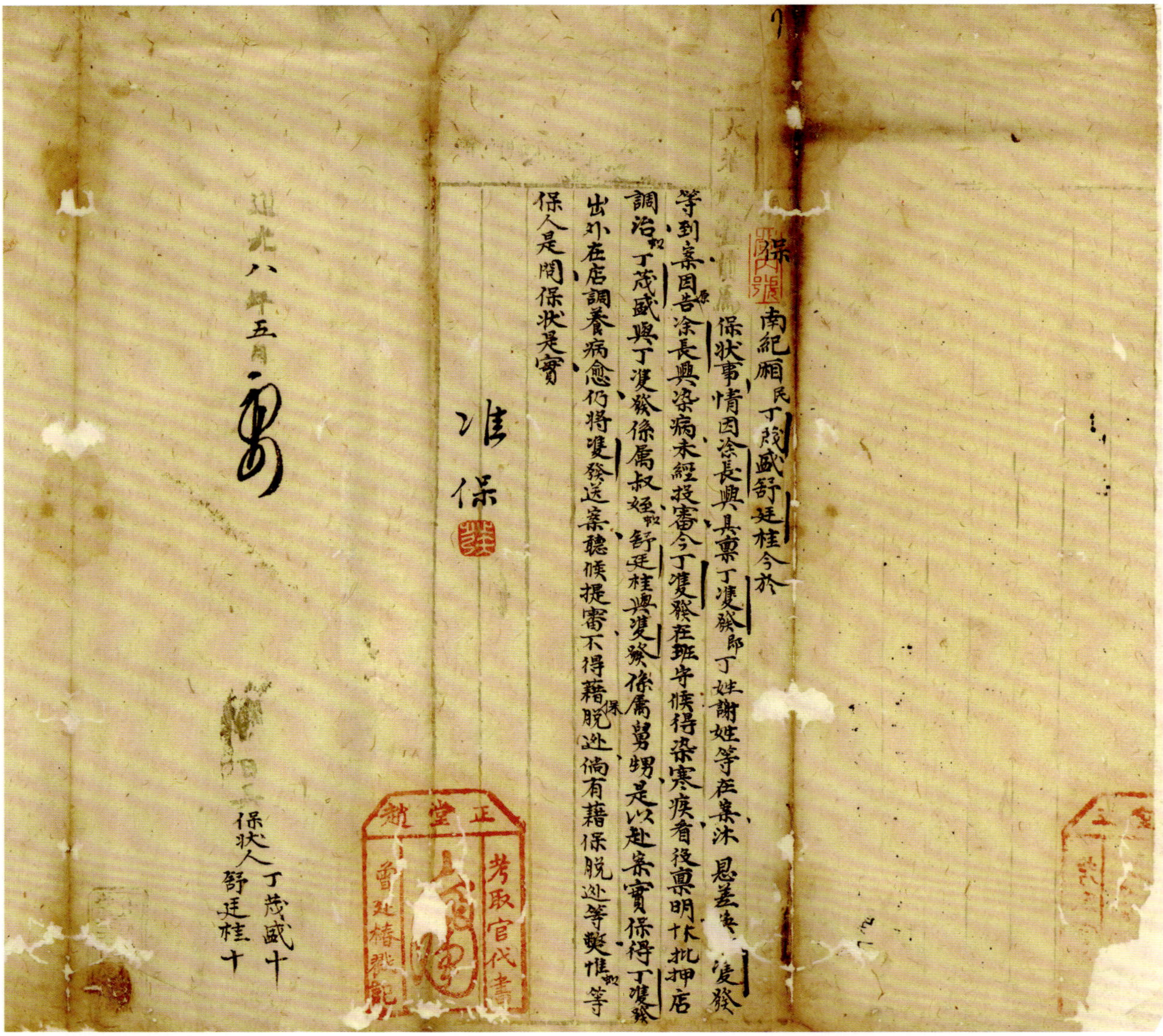

保
南紀廂民丁茂盛、舒廷桂今於
保狀事情因涂長興具稟丁淩發郎丁姓、謝姓等在案沐 恩差喚丁淩發
等到案因告涂長興染病未經投審今丁淩發在班守候得染寒疾肯後稟明朱批押店
調治蟻丁茂盛與丁淩發係屬叔姪蟻舒廷桂與淩發係屬舅甥是以赴案實保得丁淩發
出外在店調養病愈仍將淩發送案聽候提審不得藉保脫逃倘有藉保脫逃等弊惟蟻等
保人是問保狀是實

准保

道光八年五月

保狀人 丁茂盛十
舒廷桂十

11 道光八年七月二十六日谢迎发禀状

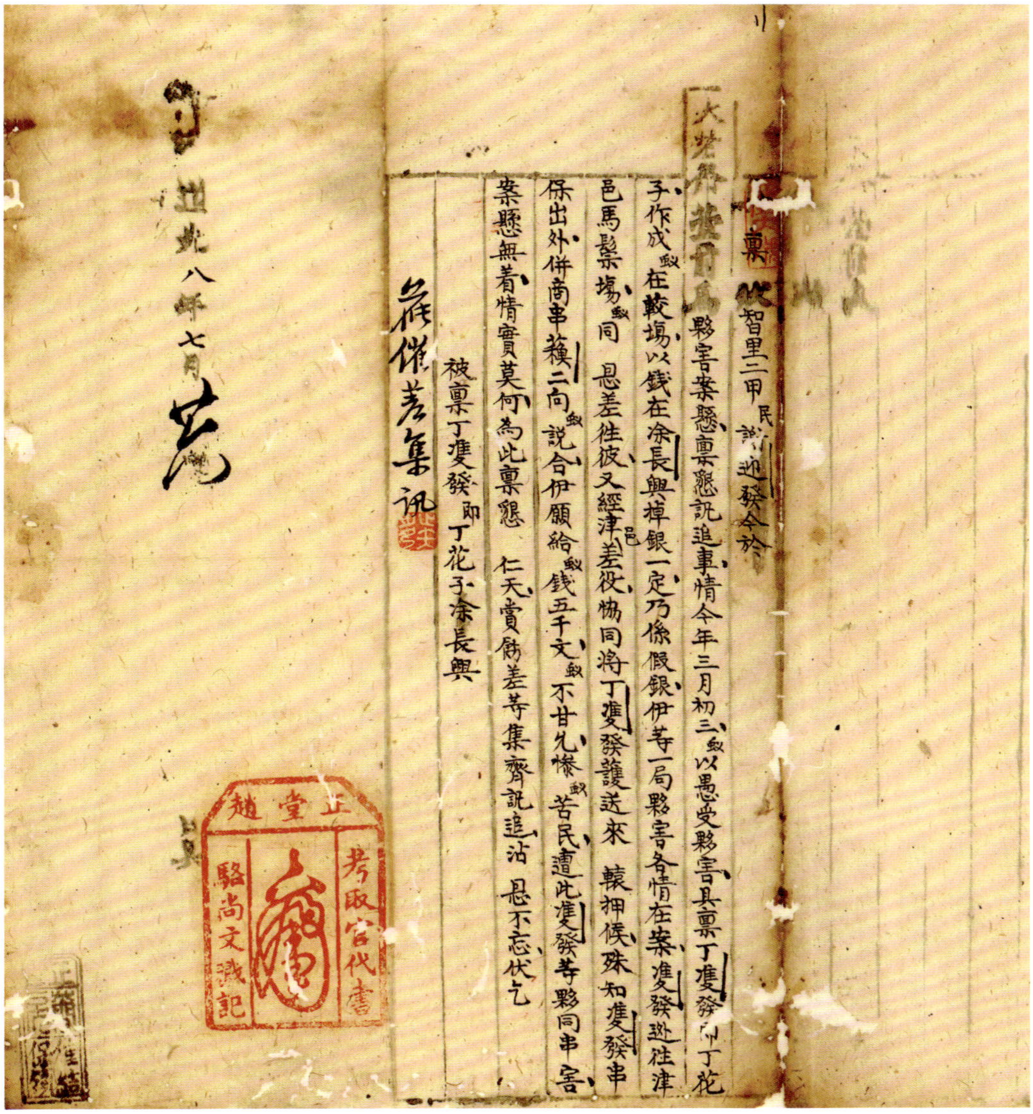
稟狀 智里二甲民謝迎發今於
夥害案懸稟懇訊追事。情今年三月初三以愚受夥害具稟丁夒發即丁花
子作戍在較場以錢在涂長興棹銀一定乃係假銀伊等一局夥害各情在案。夒發逃往津
邑馬鬃場同 恳差往彼又經津邑差役協同將丁夒發護送來 轅押候。殊知夒發串
係出外併商串獲二尚說合伊願給錢五千文不甘允憐苦民遭此夒發等夥同串害
案懸無着情實莫何為此稟懇 仁天賞飭差等集齊訊追沾 恩不忘伏乞
被稟丁夒發即丁花子、涂長興
飭催差集訊
道光八年七月 日具
正堂趙
考取官代書
駱尚文戳記

12 道光八年九月初十日县衙二门役李桂禀状

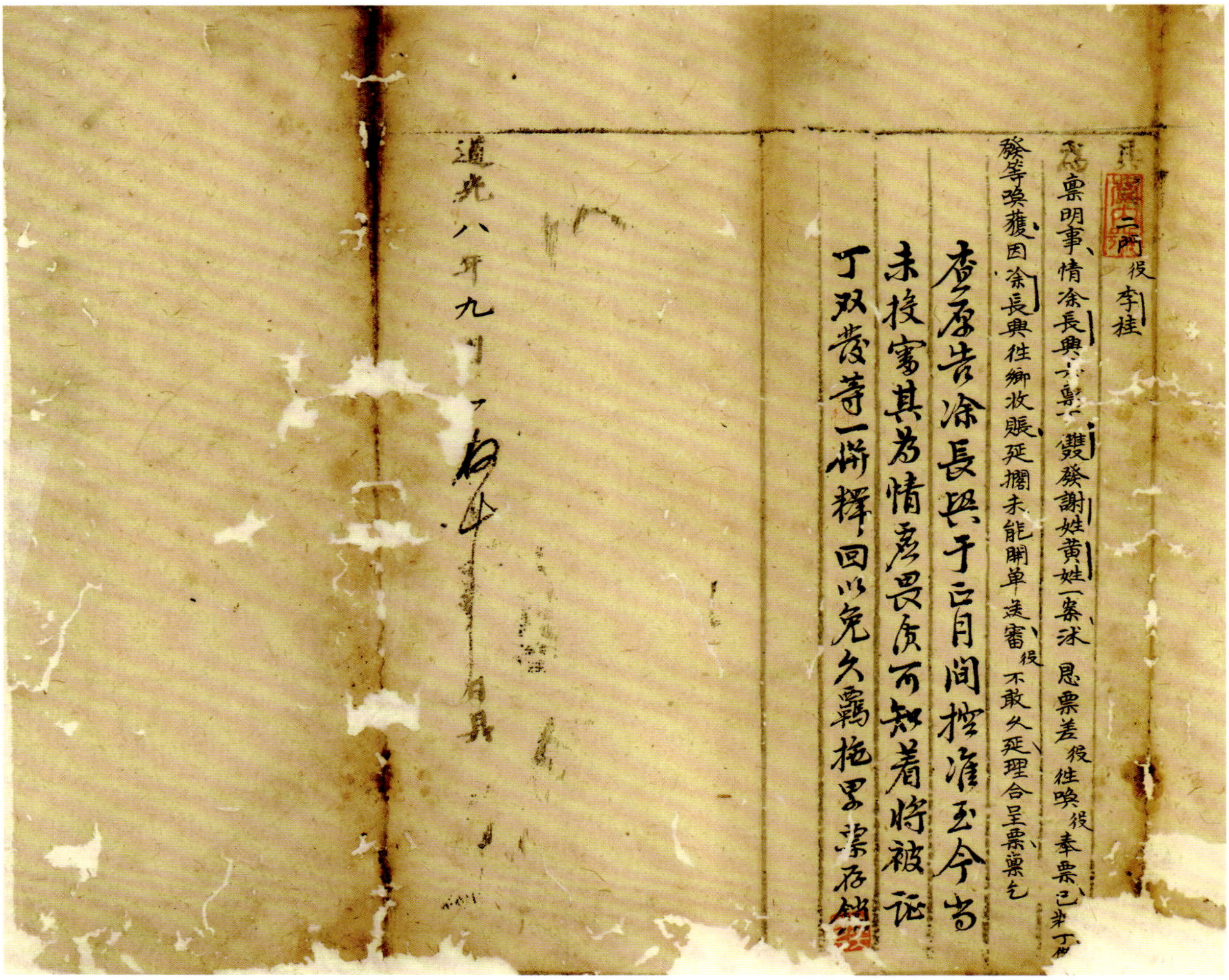

案情导读

道光十二年十一月二十日禁卒陈升禀报：四月初二日，县衙监牢收入了三名人犯陈永受、丁老头、杨洪宗，罪名是撞骗银两。其中，丁老头患了伤寒的病症，已请医生刘大才开方调治，但病没有好，反而更加严重，特此禀报。知县批示：拨医上紧调治。同日，刘大才开方治疗。

十二月初一日，陈升禀报丁老头即丁炳扬病故。知县批示：候验明饬属领埋。同日，县衙刑房书吏、仵作及禁卒陈升、医生刘大才、同监犯陈永受和杨洪宗一起验看了丁老头的尸体，刑房书吏讯问禁卒、医生、同监犯人并做了笔录。初六日，丁老头家属领埋了尸体。

道光十三年二月初七日，重庆府转发了四川按察使司札文。二月十一日，巴县接到了重庆府批示：再行研审禁卒有无凌虐情弊。为此县衙再次拟报了丁炳扬身死详册折。

道光十二年禁卒陈升报监犯丁炳扬病故案

1 原卷封面

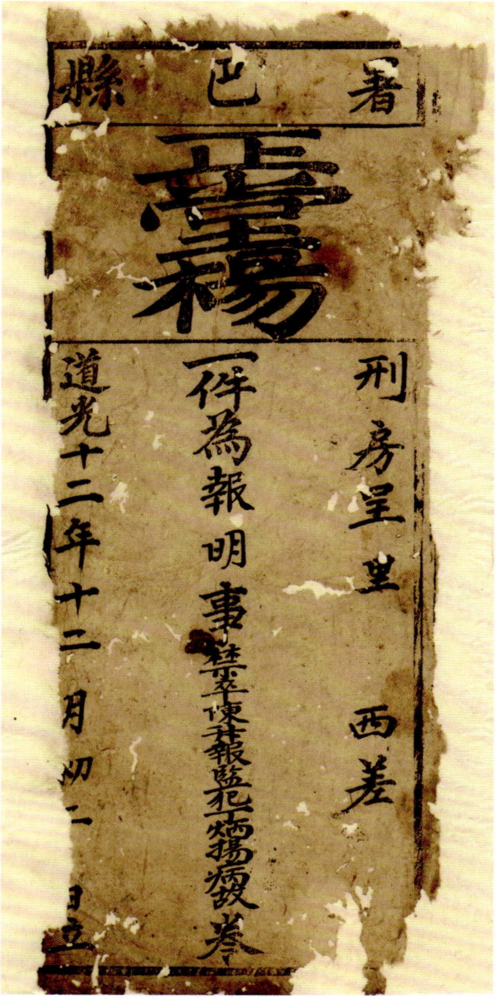

署巴縣

刑房呈里 西差

一件為報明事 禁卒陳升報監犯丁炳揚病故卷

道光十二年十二月初二日立

2 道光十二年十一月二十日禁卒陈升禀状

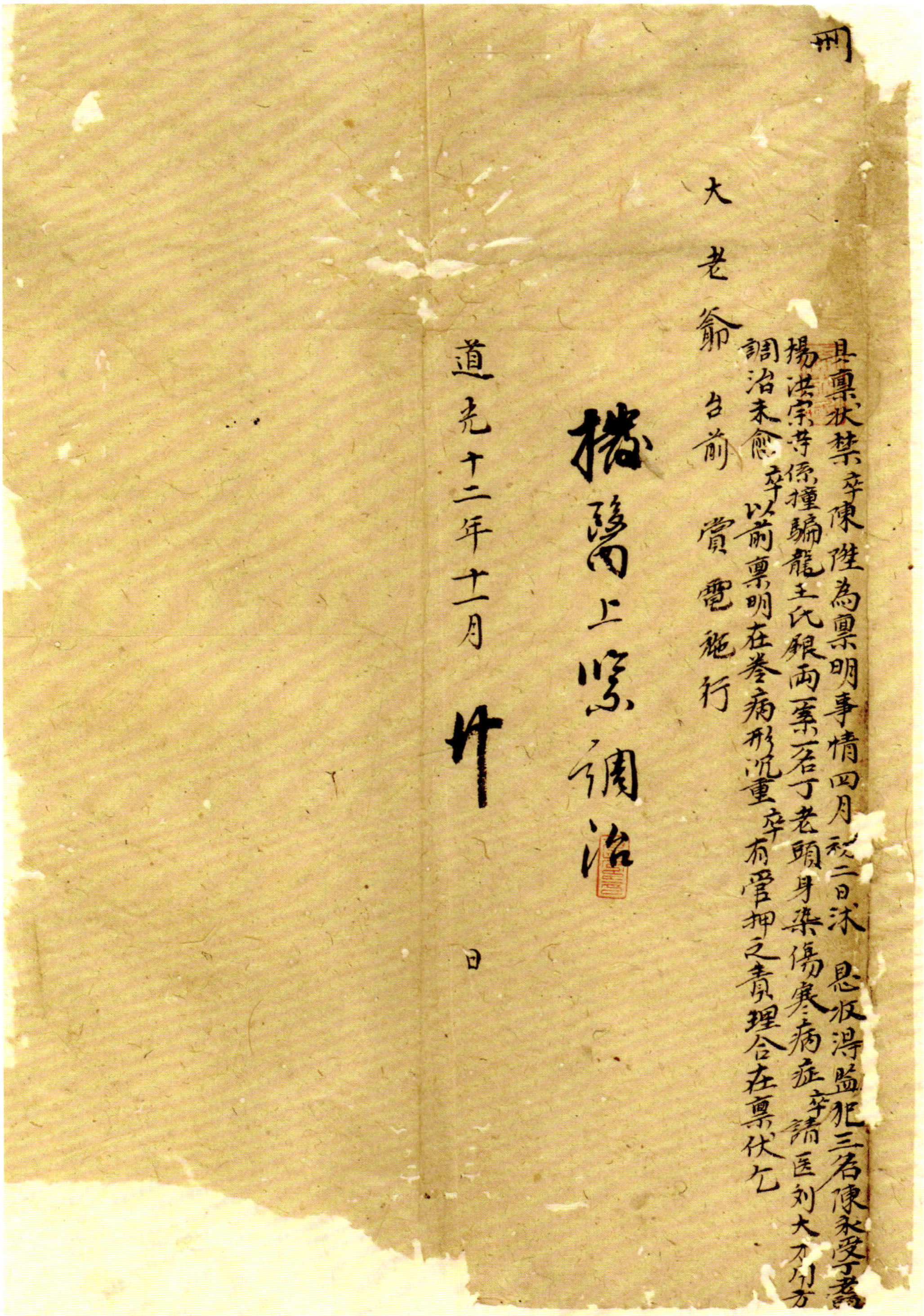
刑

具稟狀禁卒陳陞為稟明事情四月初二日沐　恩收淂監犯三名陳永受子喬
楊洪宗等係撞騙龍王氏銀兩案一名丁老頭身染傷寒病症卒請医刘大刀方
調治未愈　卒以前稟明在巻病形沉重卒有管押之責理合在稟伏乞
大老爺台前　賞電施行

揆醫上緊調治

道光十二年十一月　廿　日

3 道光十二年十一月二十日刘大才调治丁炳扬病症医方

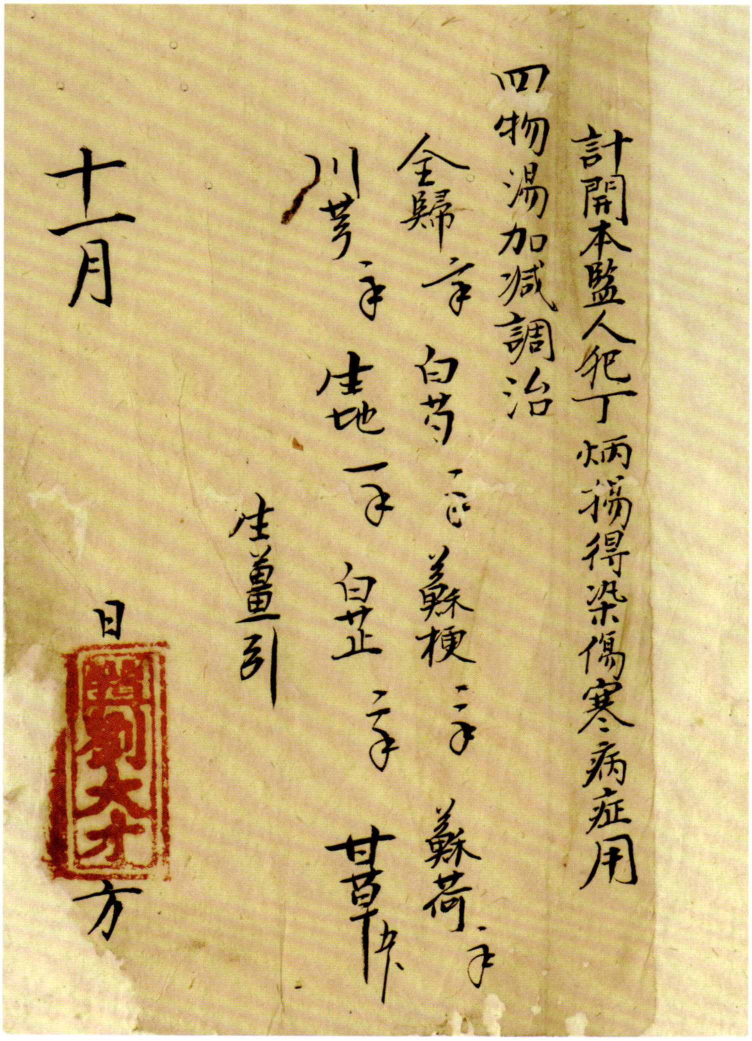
計開本監人犯丁炳揚得染傷寒病症用
四物湯加減調治
全歸三錢 白芍二錢 蘇梗二錢 蘇荷一錢
川芎二錢 生地一兩 白芷二錢 甘草八分
生薑引
十一月 日 方

4 道光十二年十二月初一日禁卒陈升报状

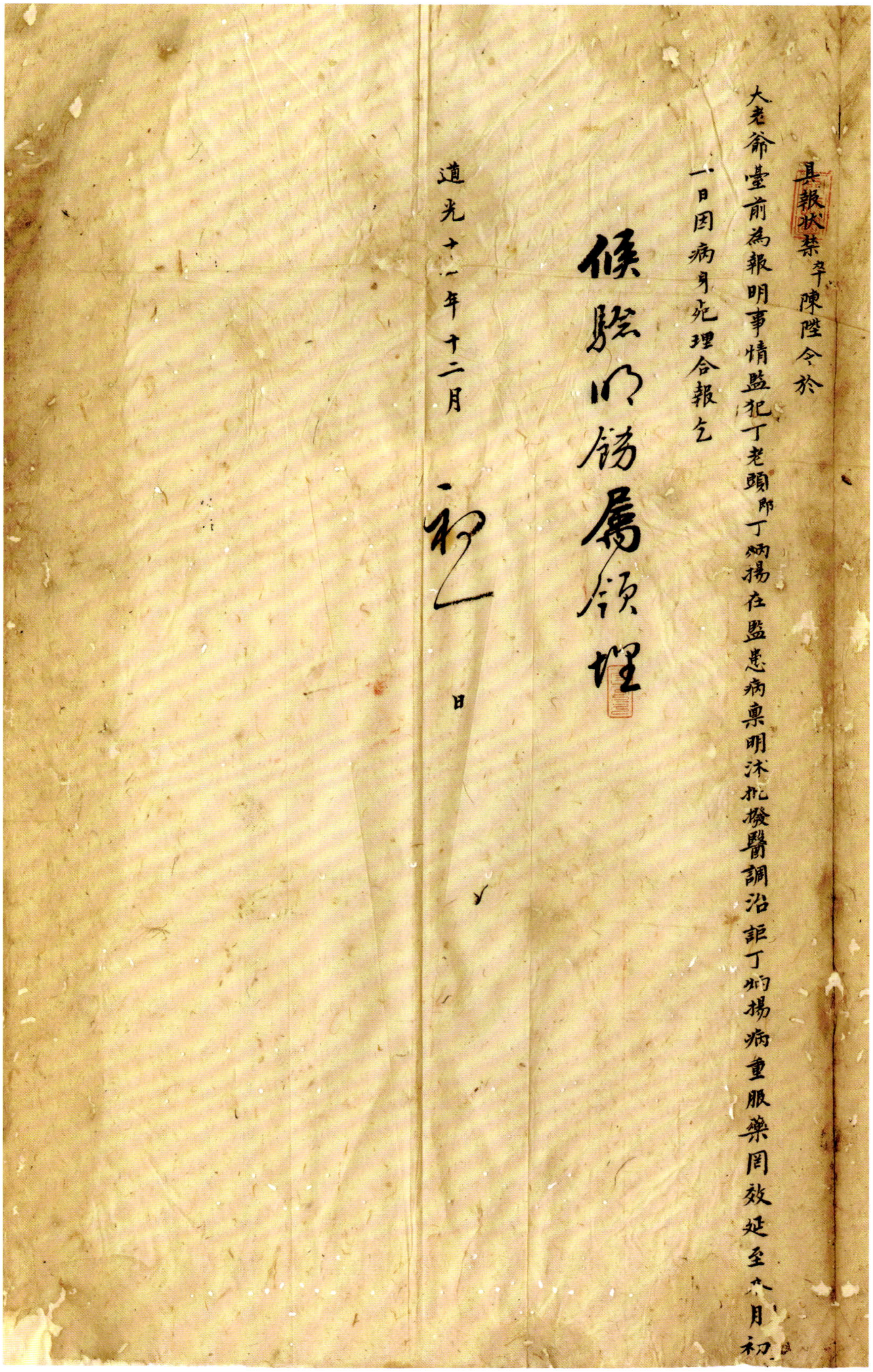
具報狀禁卒陳陞今於
大老爺臺前為報明事情監犯丁老頭即丁炳揚在監患病稟明沐批撥醫調治詎丁炳揚病重服藥罔效延至本月初
一日因病身死理合報乞
候驗明飭屬領埋
道光十二年十二月初一日

5 道光十二年十二月初一日县衙刑房开单

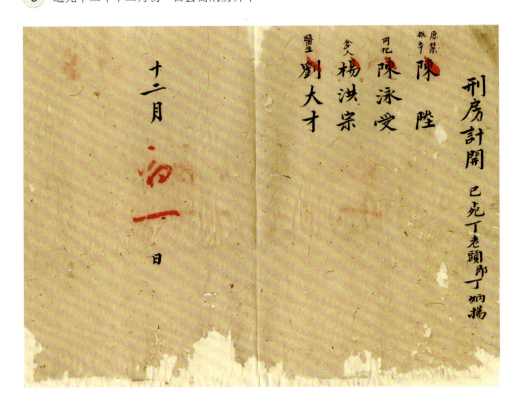

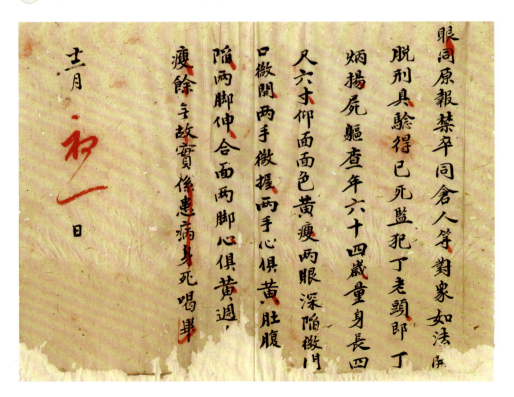

刑房計開 已死丁老頭即丁炳揚

原禁卒 陳陞

同犯 陳泳受

倉人 楊洪宗

醫生 劉大才

十二月初一日

6 道光十二年十二月初一日县衙刑房验尸单

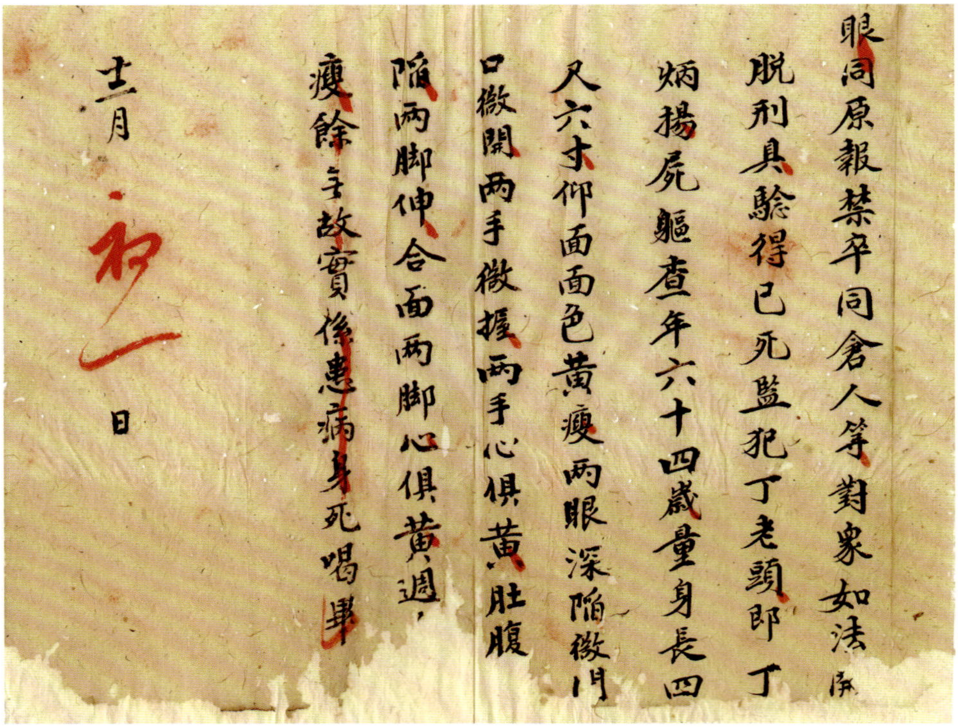

眼同原報禁卒同倉人等對衆如法除

脫刑具驗得已死監犯丁老頭即丁

炳揚屍軀查年六十四歲量身長四

尺六寸仰面面色黃瘦兩眼深陷微閉

口微開兩手微握兩手心俱黃肚腹

陷兩脚伸合面兩脚心俱黃週

瘦餘無故實係患病身死喝畢

十二月初一日

7 道光十二年十二月初一日县衙刑房讯问同仓犯人笔录

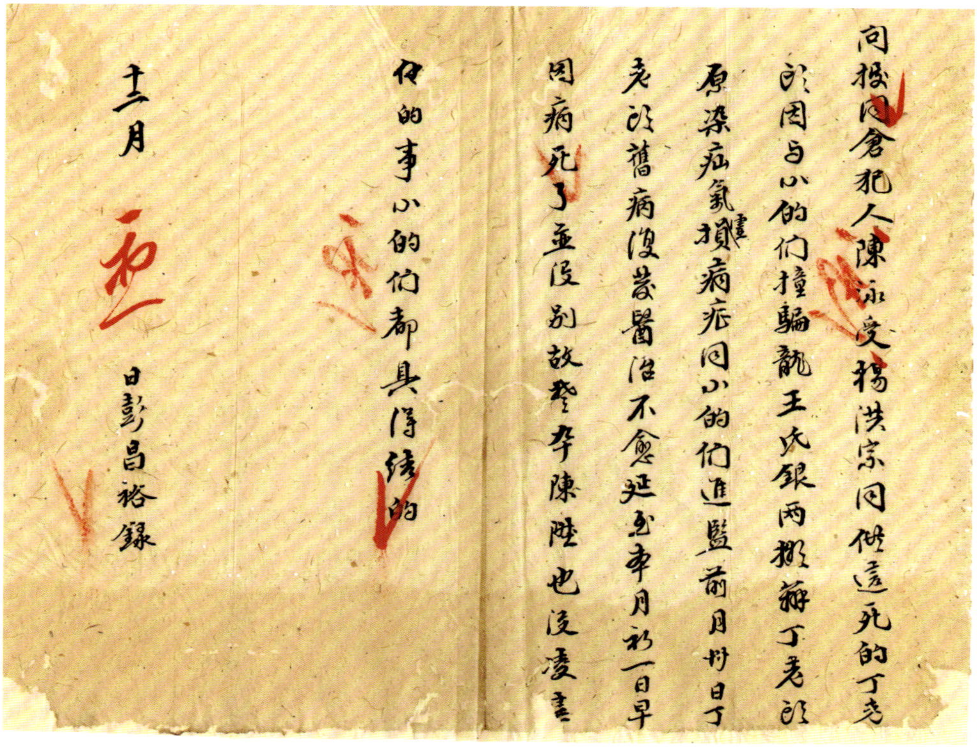

問據同倉犯人陳永受、楊洪宗同供：這死的丁老么因與小的們撞騙龍王氏銀兩，擬辦丁老么原染痞氣虛損病症，同小的們進監。前月廿日丁老么舊病復發，醫治不愈，延至本月初一日早因病死了，並沒別故。禁卒陳陞也沒凌虐他的事，小的們都具得結的。

十二月 初一 日彭昌裕錄

8 道光十二年十二月初一日县衙刑房讯问医生刘大才笔录

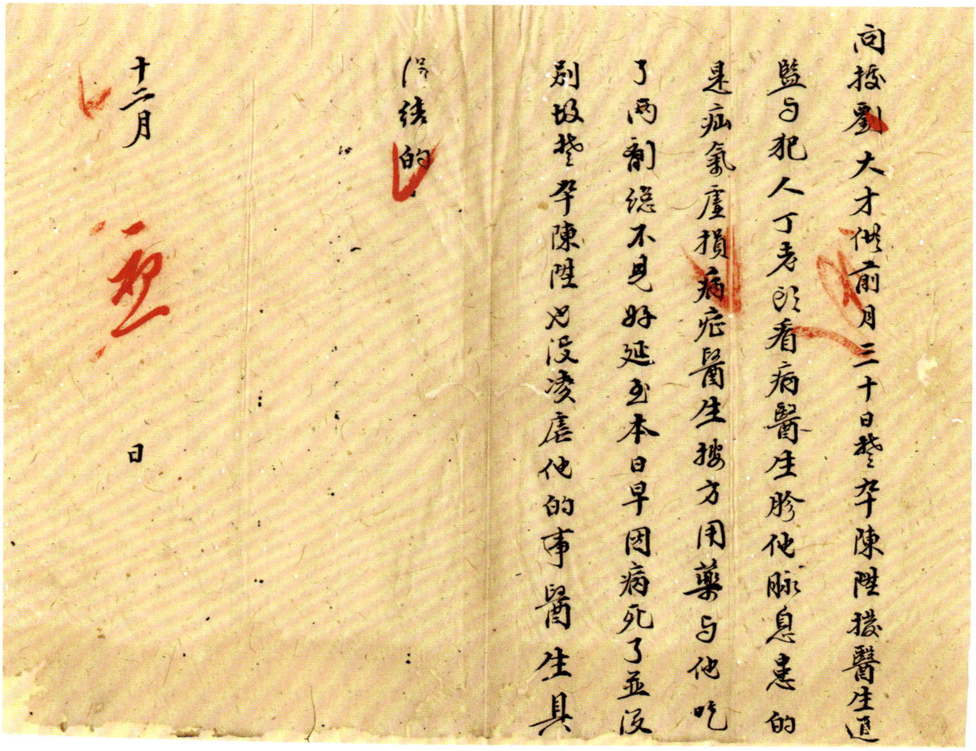

問據劉大才供：前月三十日，禁卒陳陞據醫生進監與犯人丁老么看病，醫生診他脈息，患的是痞氣虛損病症，醫生擬方用藥與他吃了兩劑，總不見好，延至本日早因病死了，並沒別故。禁卒陳陞也沒凌虐他的事，醫生具得結的。

十二月 初一 日

9 道光十二年十二月初一日县衙刑房讯问禁卒陈升笔录

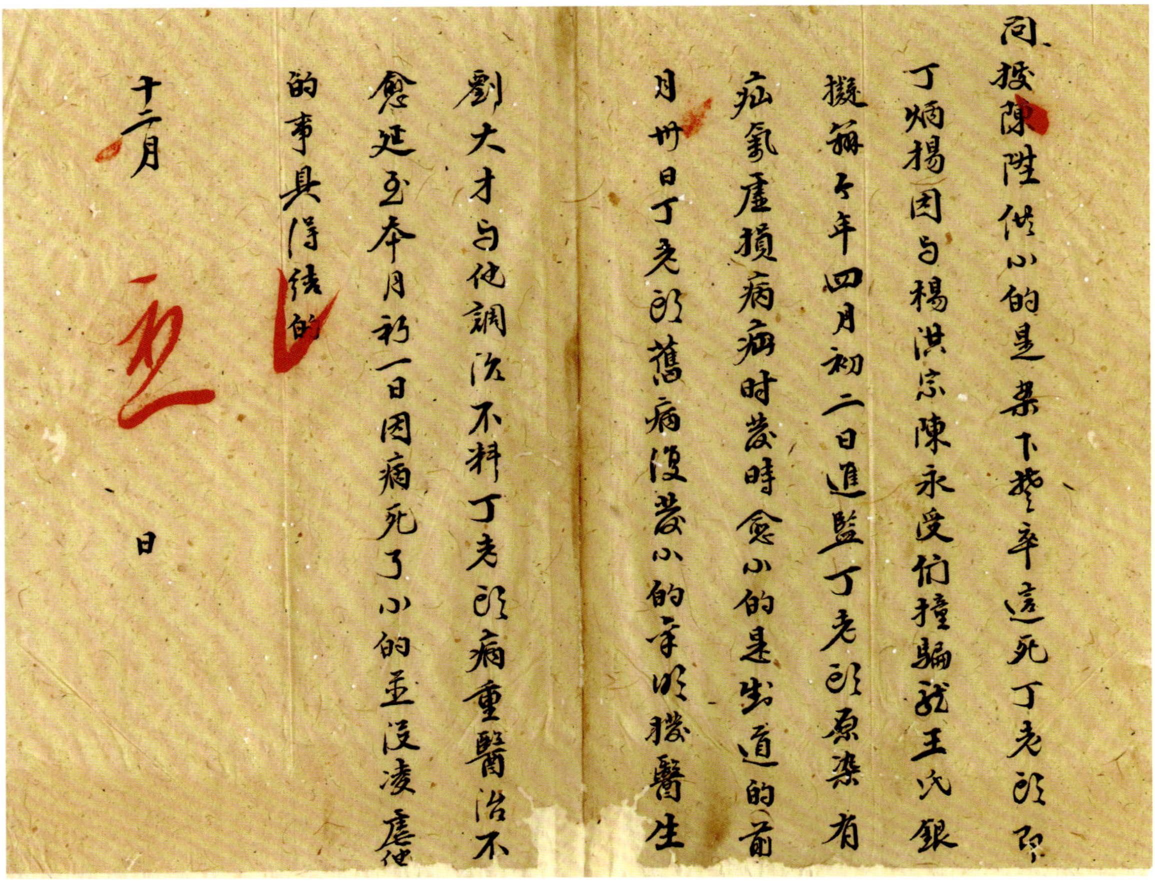
問。
據陳陞供：小的是案下禁卒，這死丁老么即
丁炳揚，因與楊洪宗、陳永受們撞騙王氏銀
擬徒，今年四月初二日進監。丁老么原染有
痰氣虛損病症，時發時愈。小的是出道的。前
月卅日丁老么舊病復發，小的禀明撥醫生
劉大才與他調治，不料丁老么病重，醫治不
愈，延至本月初一日因病死了，小的並沒凌虐他
的事，具得結的。
十二月 日

10 道光十二年十二月初一日丁炳扬家属领尸状

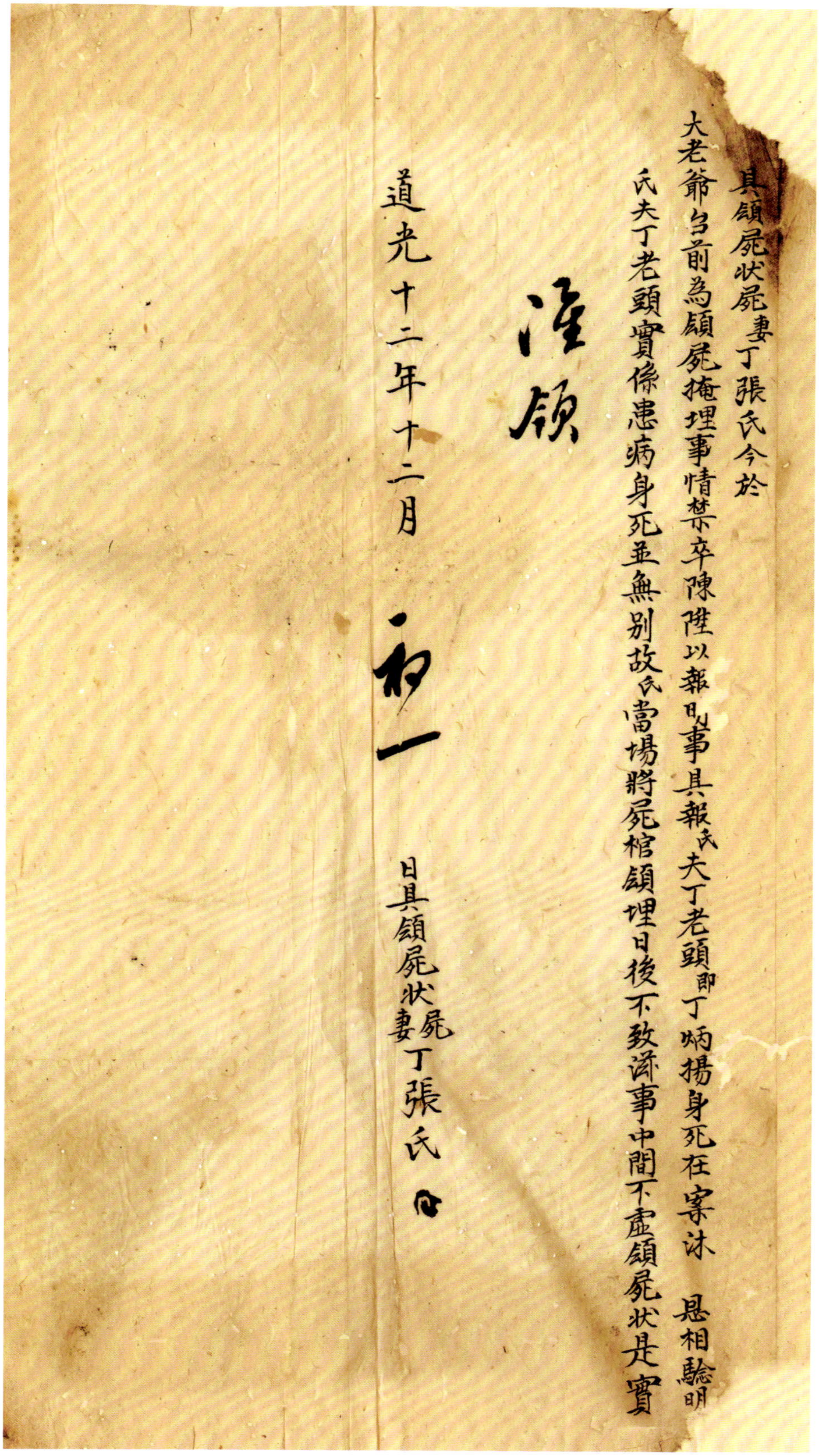

具領屍狀屍妻丁張氏今於

大老爺台前為領屍掩埋事情禁卒陳陞以報明事具報氏夫丁老頭即丁炳揚身死在案沐 恩相驗明

氏夫丁老頭實係患病身死並無別故氏當場將屍棺領埋日後不致滋事中間不虛領屍狀是實

准領

道光十二年十二月初一日具領屍狀屍妻丁張氏

11-1 道光十二年十二月初六日巴县详报监犯丁炳扬患病身死详折册稿

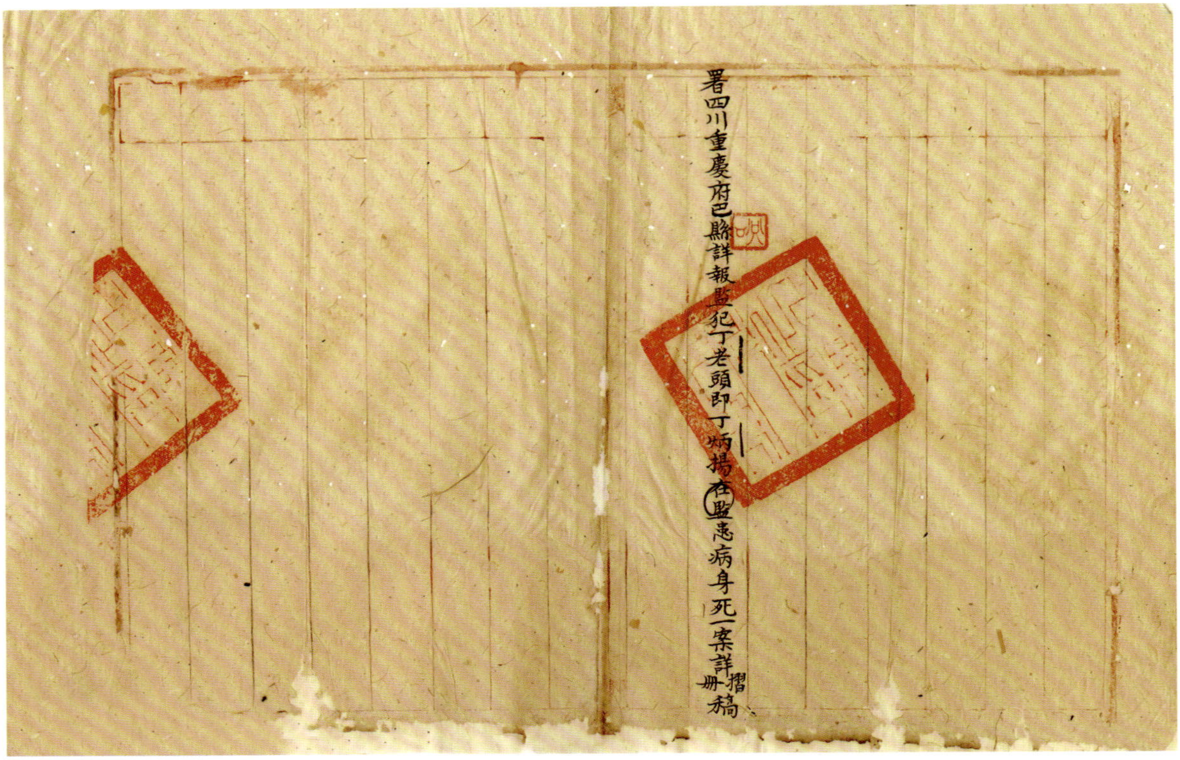

署四川重慶府巴縣詳報監犯丁老頭即丁炳揚在監患病身死一案詳摺册稿

11-2

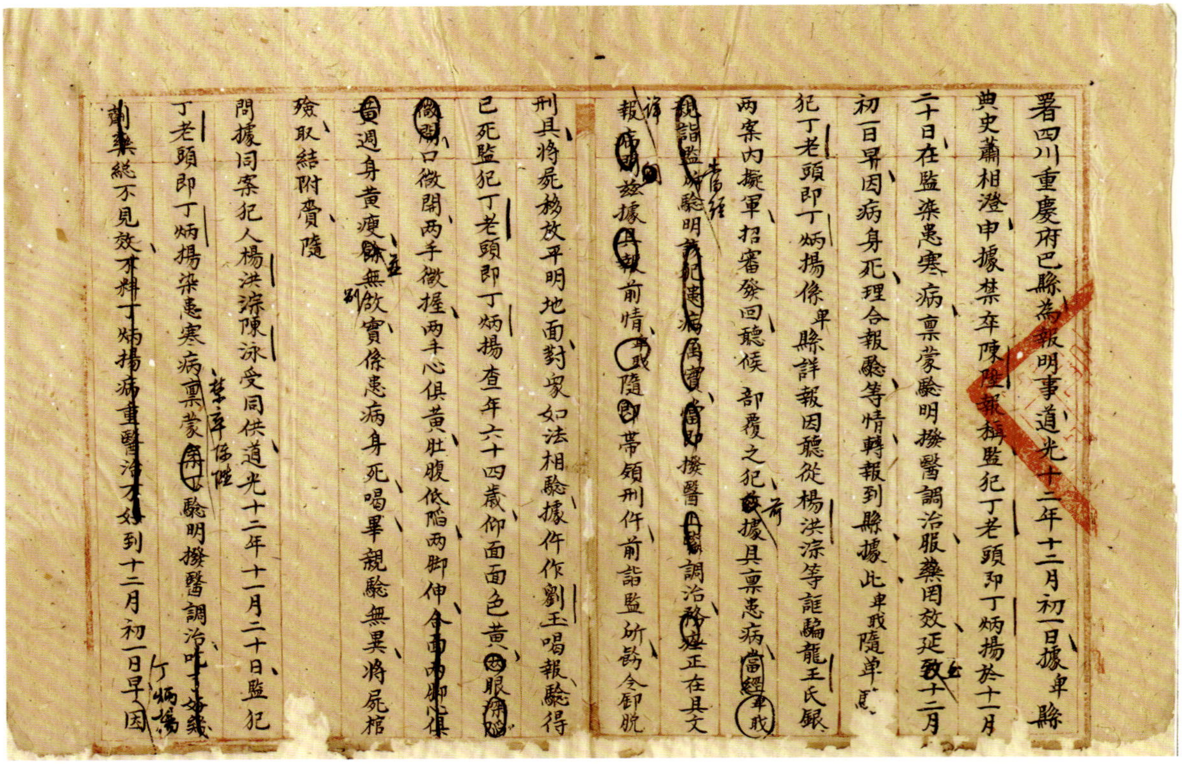

署四川重慶府巴縣爲報明事。道光十二年十二月初一日據卑縣
典史蕭相澄申據禁卒陳陞報稱，監犯丁老頭即丁炳揚於十一月
二十日在監染患寒病，稟蒙驗明，撥醫調治，服藥罔效，延至十二月
初一日早因病身死，理合報驗等情，轉報到縣。據此，卑職隨卑署
犯丁老頭即丁炳揚係卑縣詳報因聽從楊洪淙等誆騙龍王氏銀
兩案內擬軍，招審發回聽候部覆之犯。[illegible]據具稟患病，當經卑職
親詣監[illegible]驗明[illegible]犯患病屬實，當即撥醫調治，[illegible]正在具文
報[illegible]，茲據[illegible]前情，卑職隨即帶領刑仵前詣監所，飭令卸脫
刑具，將屍移放平明地面，對眾如法相驗。據仵作劉玉唱報：驗得
已死監犯丁老頭即丁炳揚，查年六十四歲，仰面面色黃，兩眼
微開，口微開，兩手微握，兩手心俱黃，肚腹低陷，兩腳伸，兩腳心俱
黃，通身黃瘦，[illegible]無傷，實係患病身死。喝畢，親驗無異，將屍棺
殮，取結附賫。隨
問據同案犯人楊洪淙、陳泳受同供：道光十二年十一月二十日監犯
丁老頭即丁炳揚染患寒病，稟蒙[illegible]驗明，撥醫調治，[illegible]
[illegible]總不見效，不料丁炳揚病重醫治不效，到十二月初一日早因

11 - 3

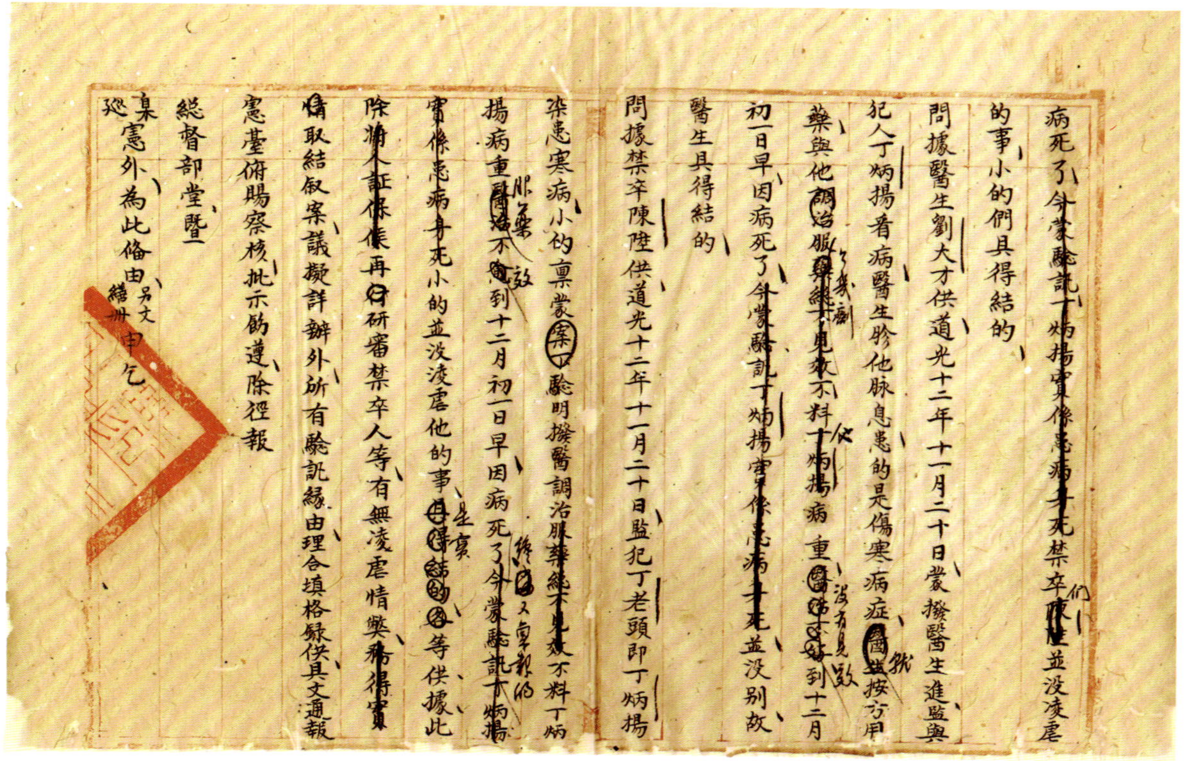
病死了斜蒙驗訊丁炳揚實係患病身死禁卒陳陞並沒淩虐
的事小的們具得結的
問據醫生劉大才供道光十二年十一月二十日蒙撥醫生進監與
犯人丁炳揚看病醫生診他脉息患的是傷寒病症醫治按方用
藥與他調治服藥總不見效不料丁炳揚病重醫治不效到十二月
初一日早因病死了斜蒙驗訊丁炳揚實係患病身死並沒別故
醫生具得結的
問據禁卒陳陞供道光十二年十一月二十日監犯丁老頭即丁炳揚
染患寒病小的稟蒙案下驗明撥醫調治服藥總不見效不料丁炳
揚病重醫治不效到十二月初一日早因病死了斜蒙驗訊丁炳揚
實係患病身死小的並沒淩虐他的事具得結的是實等供據此
除將人証係再行研審禁卒人等有無淩虐情弊務得實
情取結叙案議擬詳辦外所有驗訊緣由理合填格録供具文通報
憲臺俯賜察核批示飭遵除徑報
總督部堂暨
臬憲外為此備由另文繕册申乞
照

11 - 4

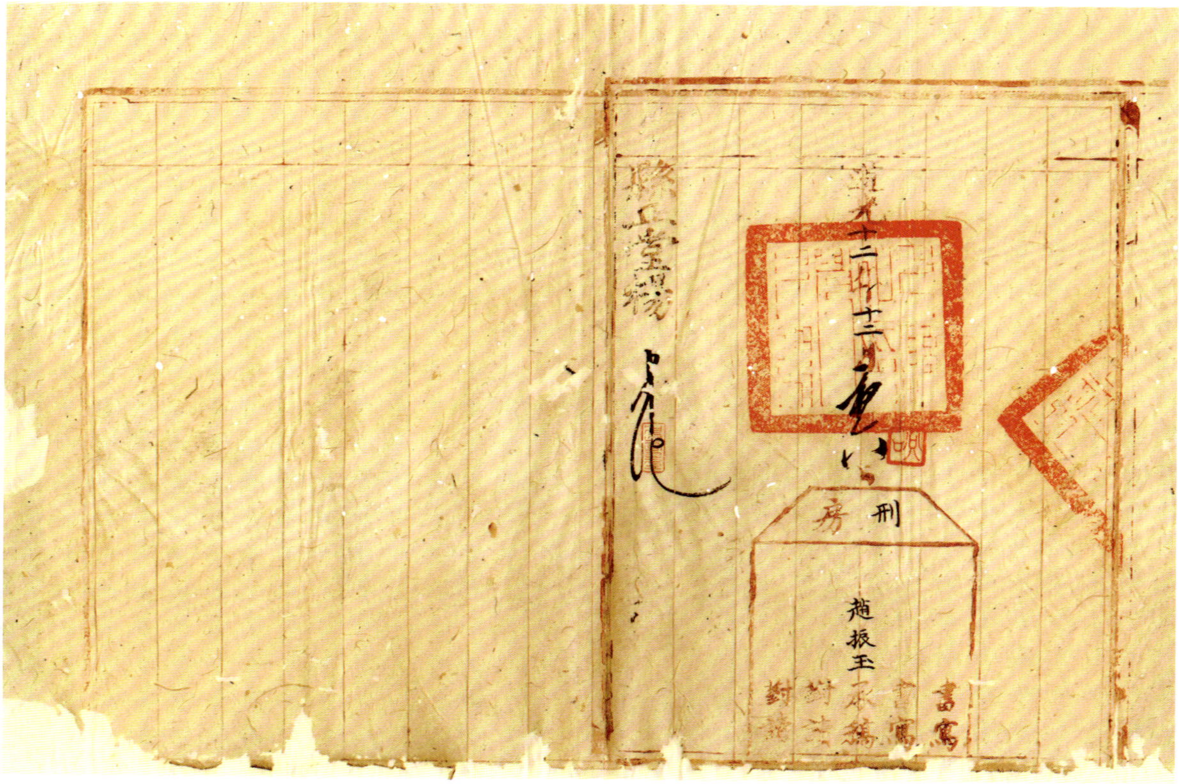
道光十二年十二月十三日
縣正堂王
刑房
趙振玉承稿
書寫
對讀

11 - 5

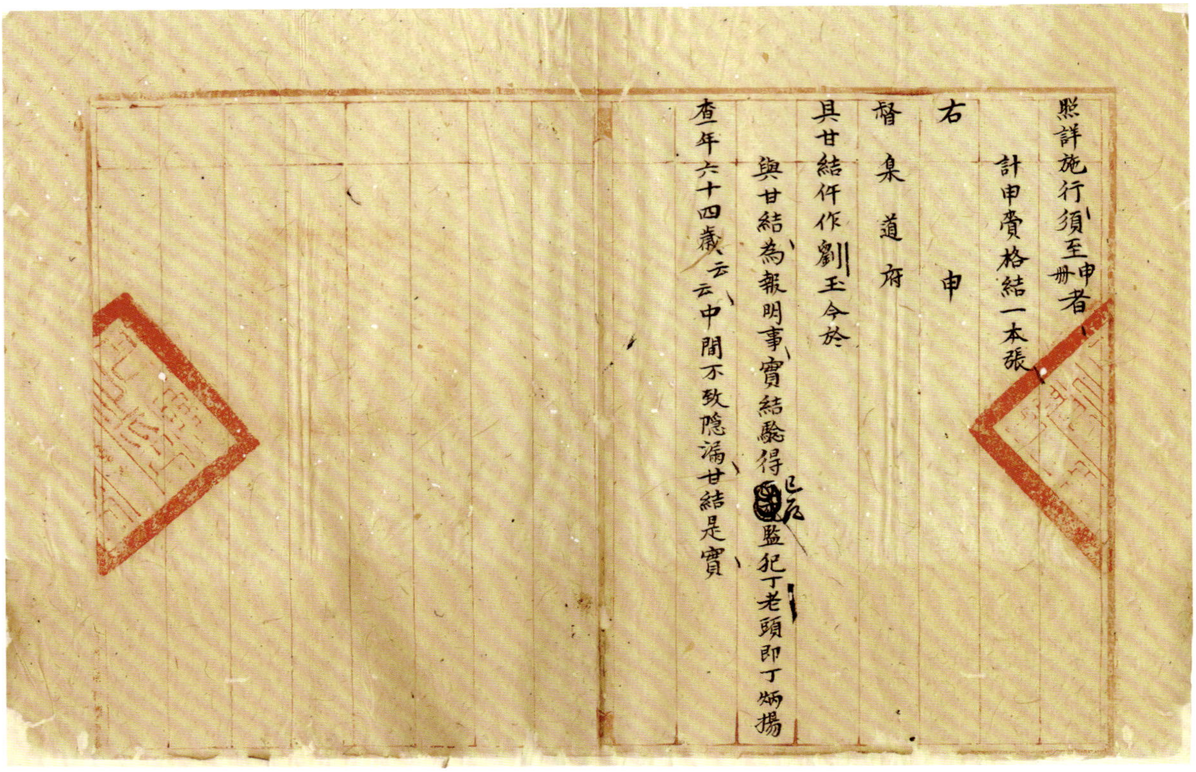
照詳施行須至申冊者

計申賫格結一本張

右　　申

督臬道府

具甘結仵作劉玉今於

與甘結為報明事實結驗得巳死監犯丁老頭即丁炳揚

查年六十四歲云云中間不致隱漏甘結是實

11 - 6

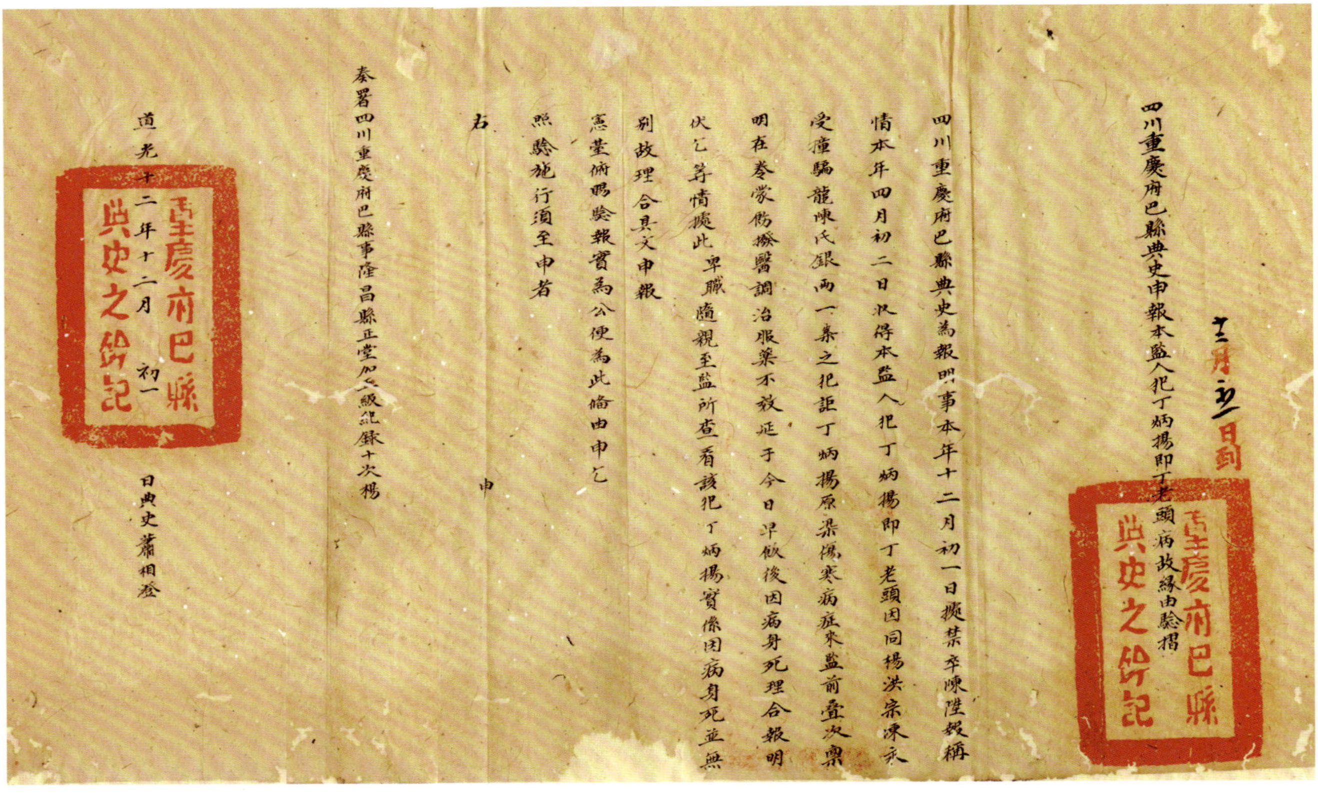
四川重慶府巴縣典史申報本監人犯丁炳揚即丁老頭病故緣由驗揭

十二月初五日到

四川重慶府巴縣典史為報明事本年十二月初一日據禁卒陳陞報稱

情本年四月初二日收得本監人犯丁炳揚即丁老頭因同楊洪宗凍永

受撞騙龍陳氏銀兩一案之犯詎丁炳揚原染傷寒病症來監前疊次稟

明在卷蒙飭撥醫調治服藥不效延于今日早飯後因病身死理合報明

伏乞等情據此卑職隨親至監所查看該犯丁炳揚實係因病身死並無

別故理合具文申報

憲臺俯賜驗報實為公便為此備由申乞

照驗施行須至申者

右　　申

奏署四川重慶府巴縣事隆昌縣正堂加五級紀錄十次楊

道光十二年十二月初一日典史蕭相登

重慶府巴縣典史之鈐記

11 - 7

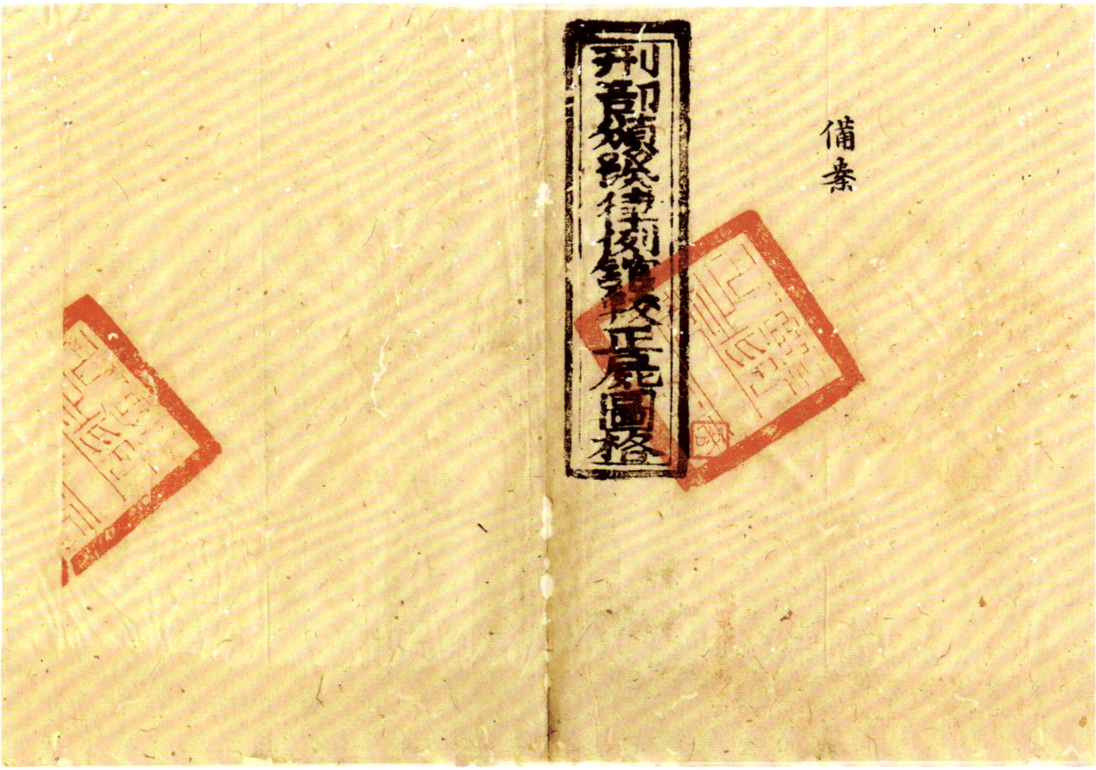
刑部頒發律例館校正屍圖格
備案

11 - 8

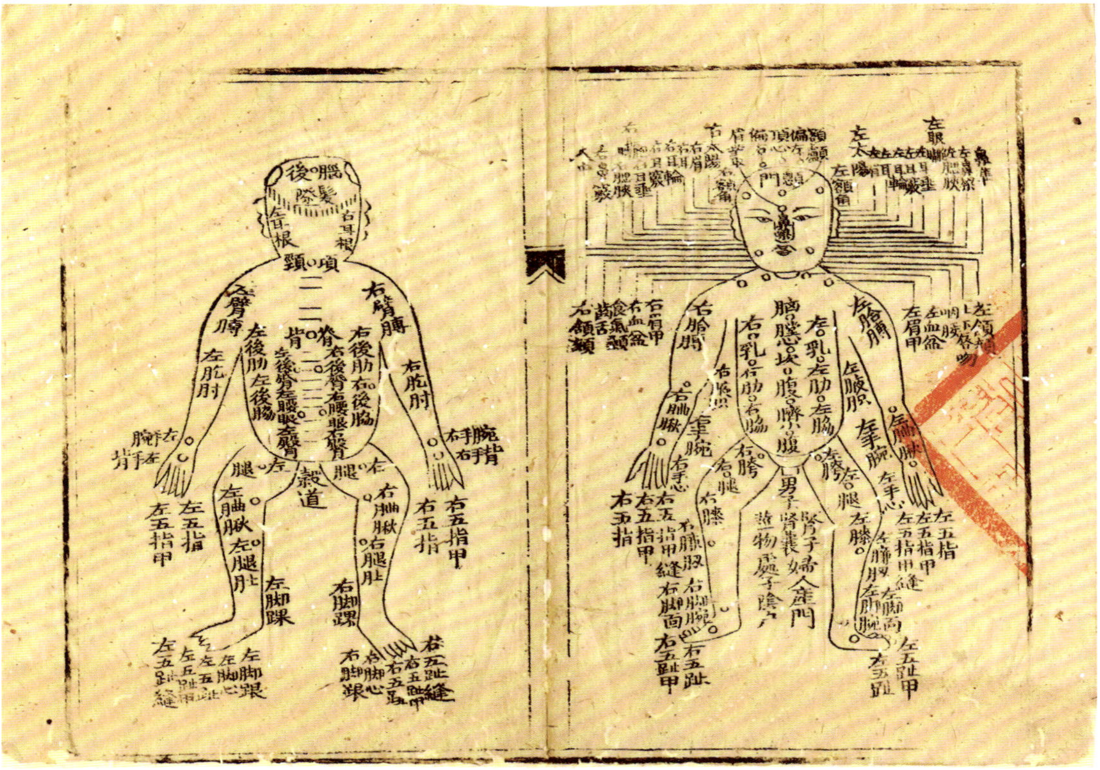

11 - 9

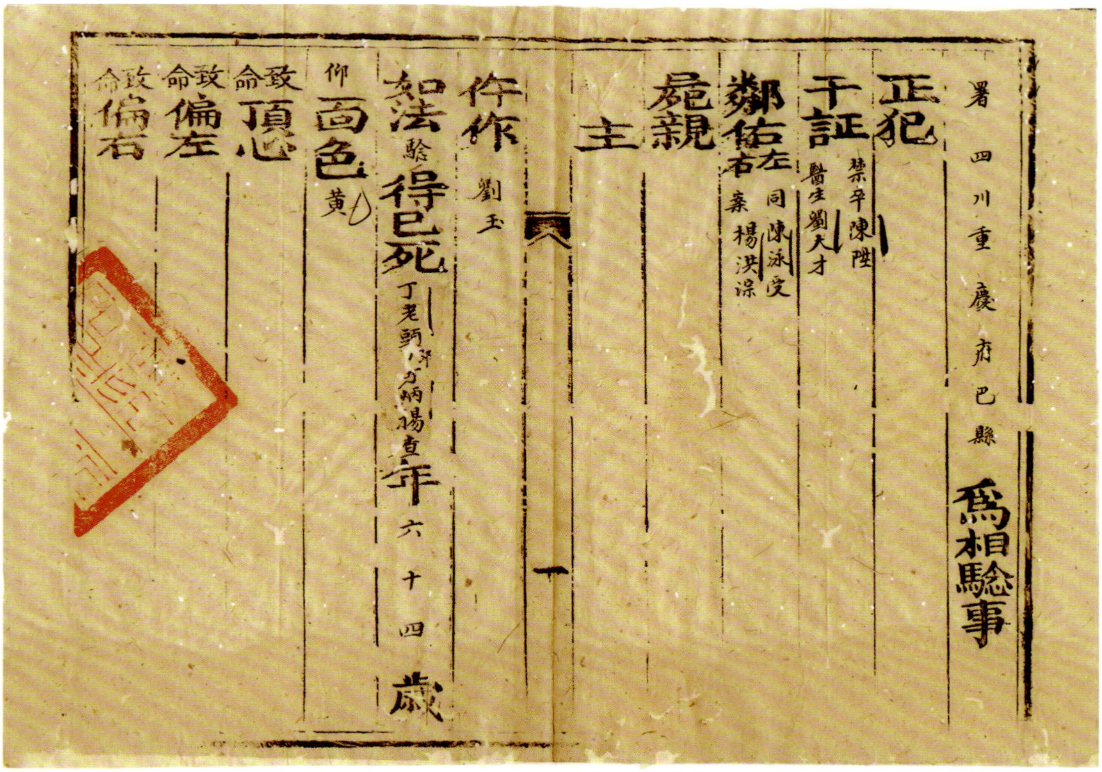

署四川重慶府巴縣 爲相驗事

正犯 禁卒陳陞

干証 醫生劉大才

鄰佑左右 同陳泳受 棄楊洪淙

屍親

主

仵作 劉玉

如法驗得已死丁老頭[illegible]名炳楊查年六十四歲

仰面色黄

致命頂心

致命偏左

致命偏右

11 - 10

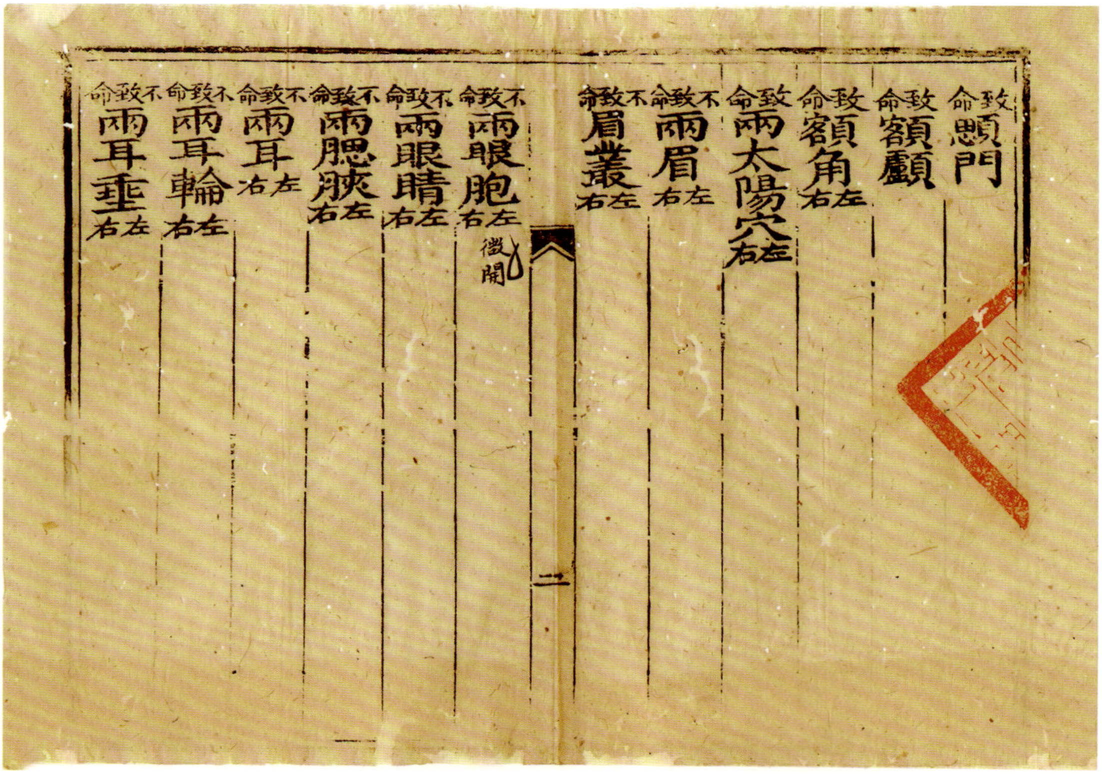

致命顖門

致命額顱

致命額角左右

致命兩太陽穴左右

不致命兩眉左右

不致命眉叢左右

不致命兩眼胞左右 微閉

不致命兩眼睛左右

不致命兩腮頰左右

不致命兩耳左右

不致命兩耳輪左右

不致命兩耳垂左右

11 - 11

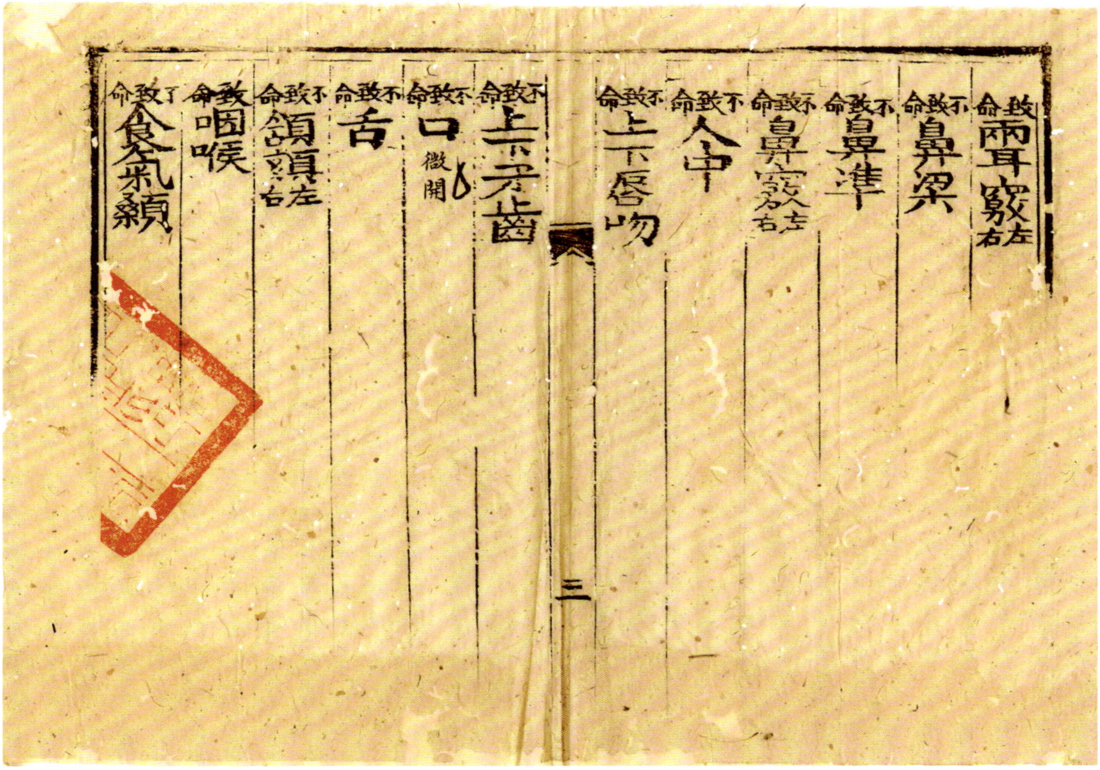

致命 兩耳竅 左右
不致命 鼻梁
不致命 鼻準
不致命 鼻竅 左右
不致命 人中
不致命 上下唇吻
三
不致命 上下牙齒
不致命 口 微開
不致命 舌
不致命 頷頦 左右
致命 咽喉
致命 食氣顙

11 - 12

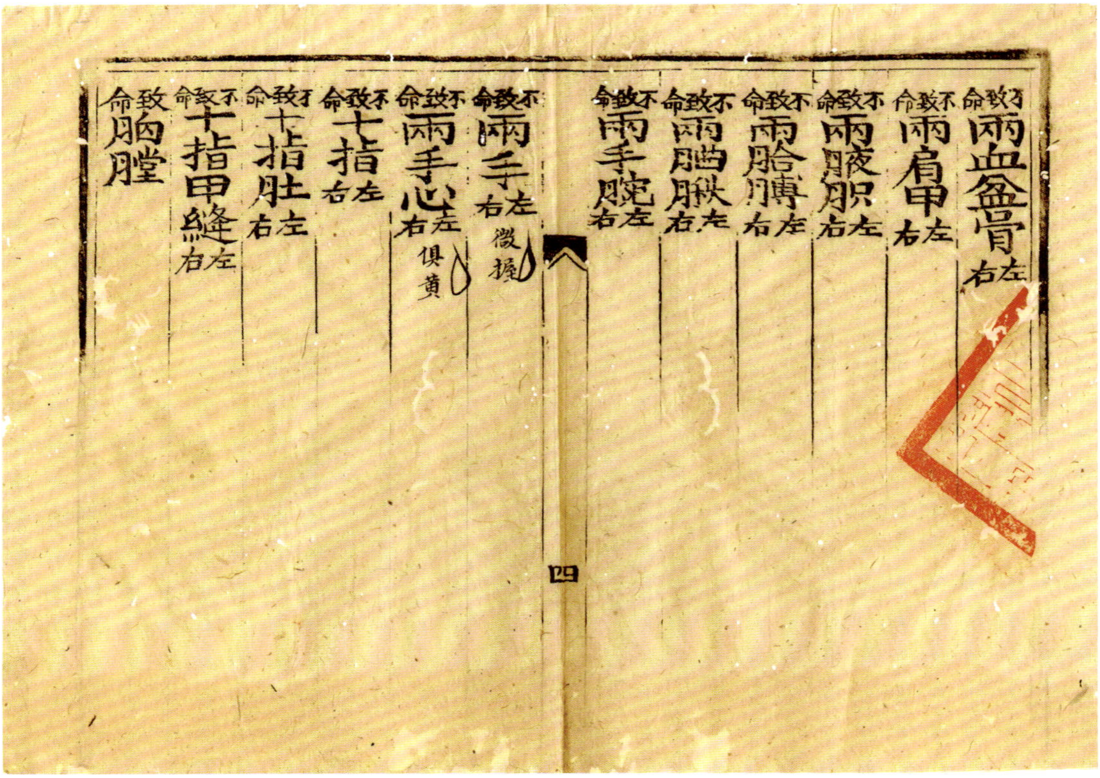

致命 兩血盆骨 左右
不致命 兩肩甲 左右
不致命 兩腋胑 左右
不致命 兩胳膊 左右
不致命 兩曲䐗 左右
不致命 兩手腕 左右
四
不致命 兩手 左右 微損
不致命 兩手心 左右 俱黄
不致命 十指 左右
不致命 十指肚 左右
不致命 十指甲縫 左右
致命 胸膛

11 - 13

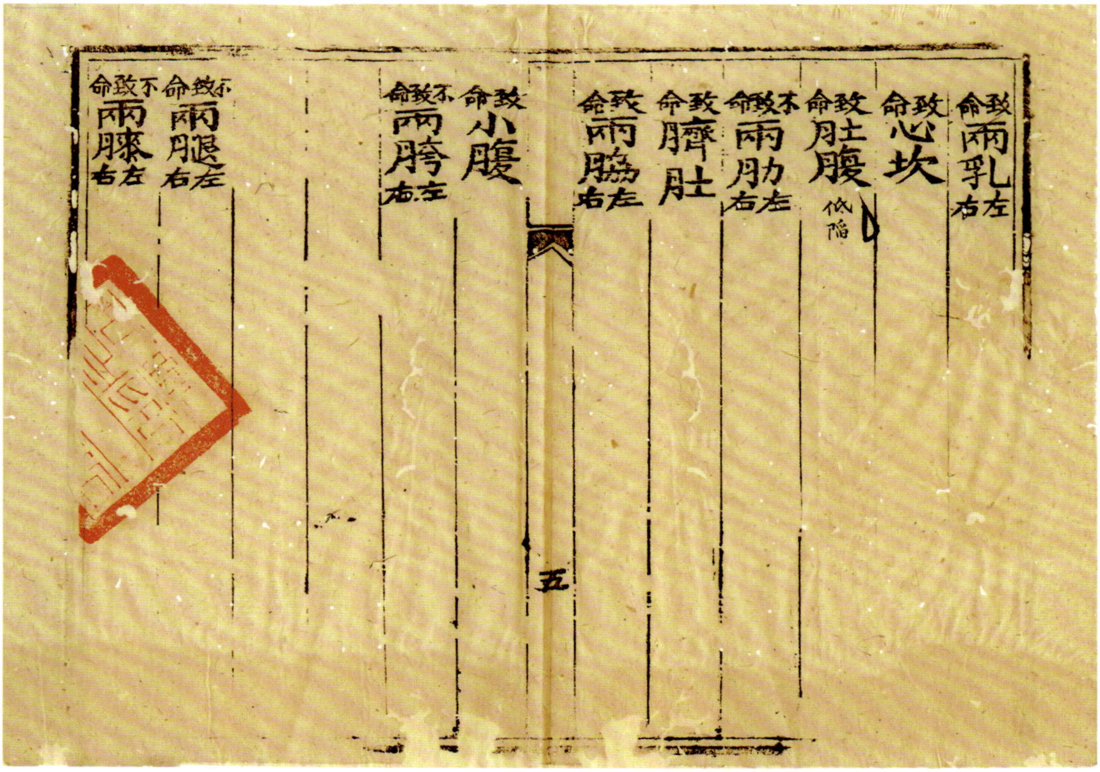
致命 兩乳 左右

致命 心坎

致命 肚腹（低陷）

不致命 兩肋 左右

致命 臍肚

致命 兩脇 左右

五

致命 小腹

不致命 兩胯 左右

不致命 兩腿 左右

不致命 兩膝 左右

11 - 14

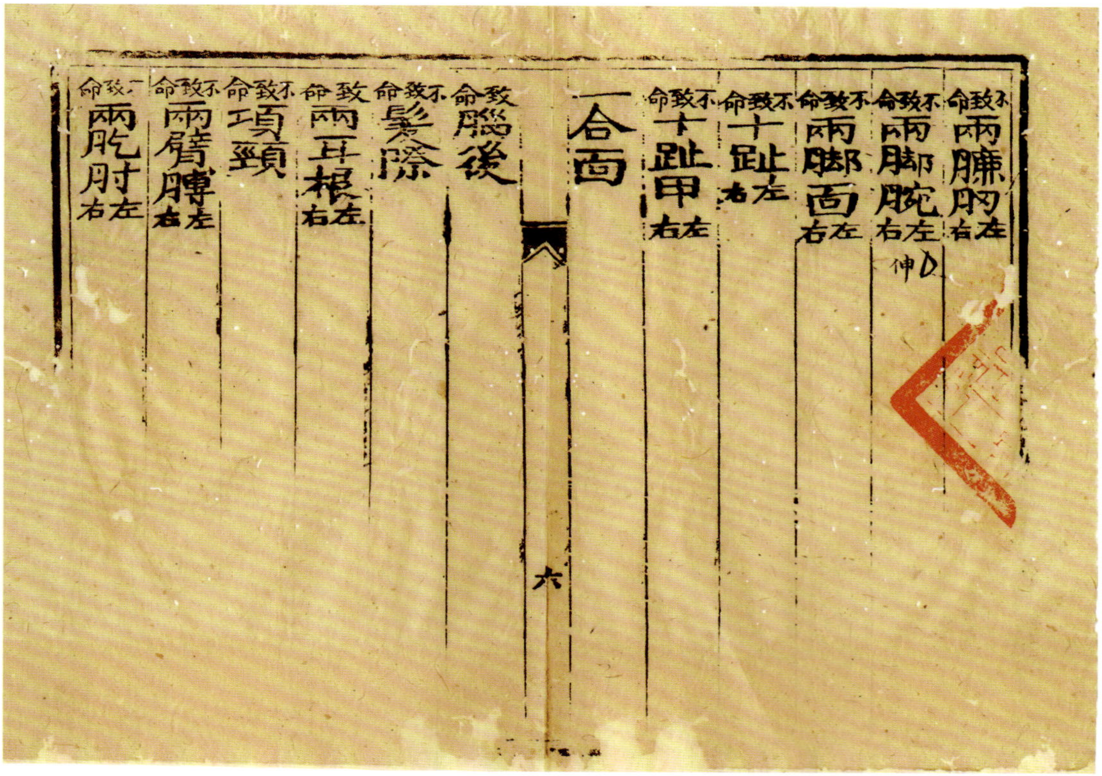
不致命 兩臁肕 左右

不致命 兩脚腕 左右（伸）

不致命 兩脚面 左右

不致命 十趾 左右

不致命 十趾甲 左右

一合面

六

致命 腦後

不致命 髮際

致命 兩耳根 左右

不致命 項頸

不致命 兩臂膊 左右

不致命 兩肐肘 左右

11 - 15

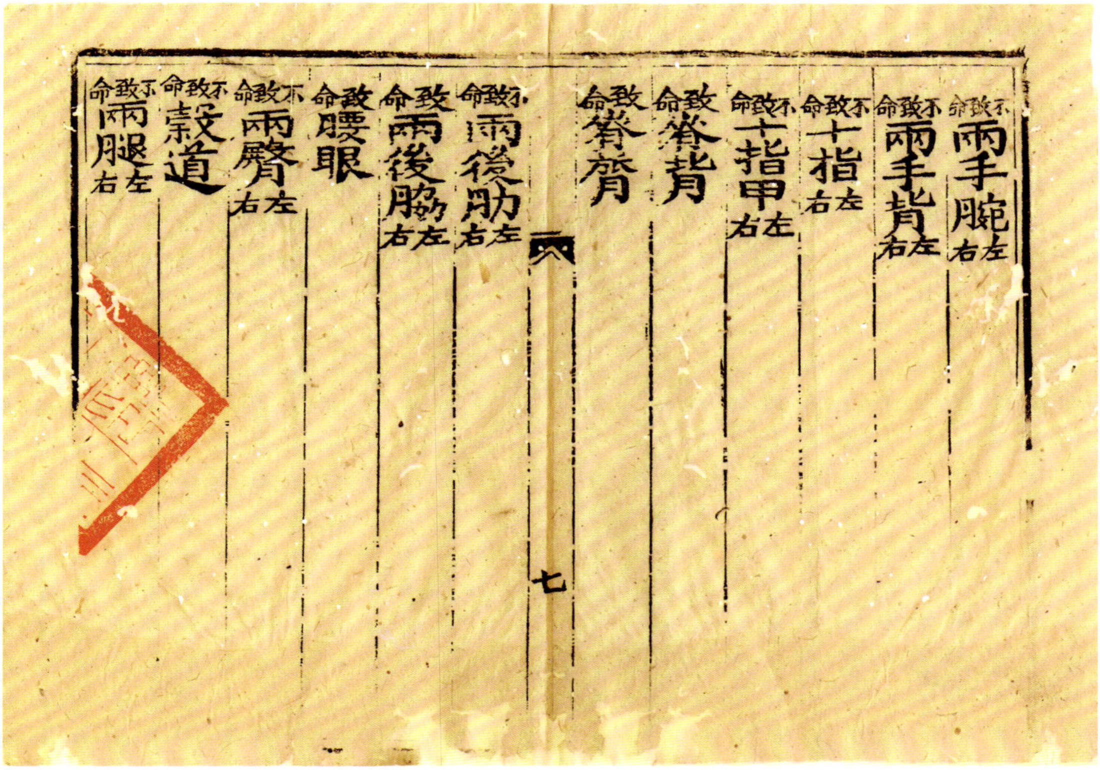

不致命 兩手腕 左右
不致命 兩手背 左右
不致命 十指 左右
不致命 十指甲 左右
致命 脊背
致命 脊膂
七
不致命 兩後肋 左右
致命 兩後脇 左右
致命 腰眼
不致命 兩臀 左右
不致命 穀道
不致命 兩腿 左右

11 - 16

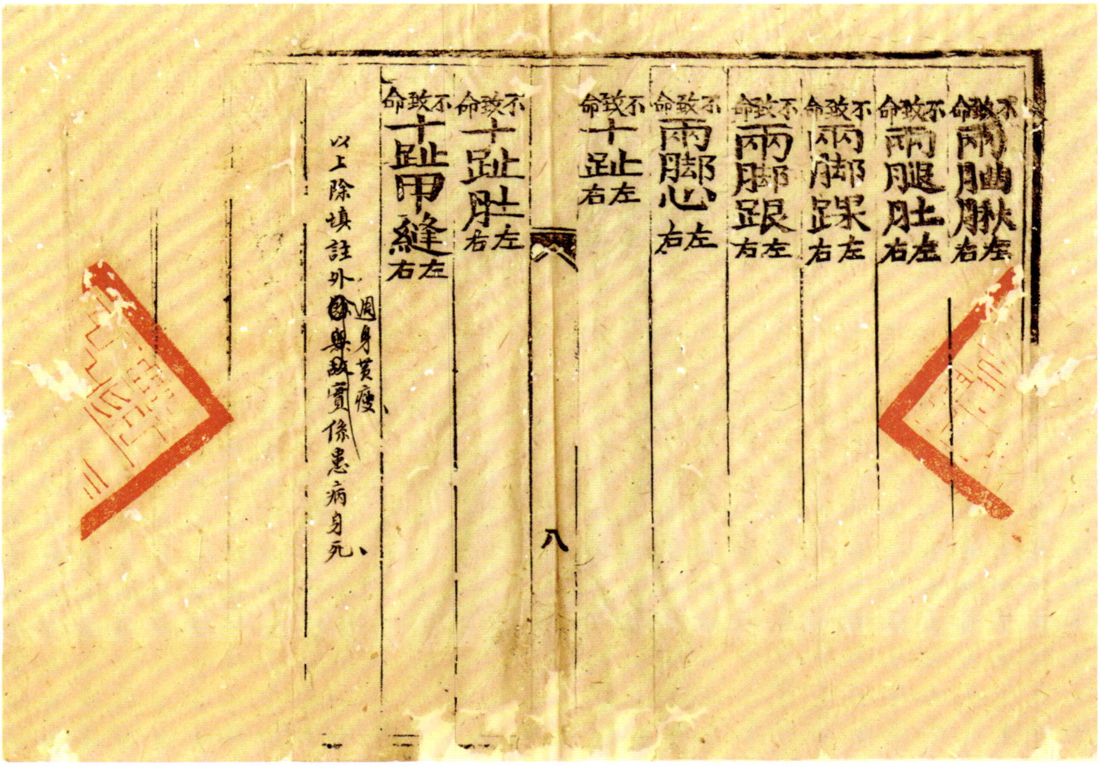

不致命 兩曲䐐 左右
不致命 兩腿肚 左右
不致命 兩腳踝 左右
不致命 兩腳跟 左右
不致命 兩腳心 左右
不致命 十趾 左右
八
不致命 十趾肚 左右
不致命 十趾甲縫 左右

以上除填註外周身黄瘦無故實係患病身死、

11 - 17

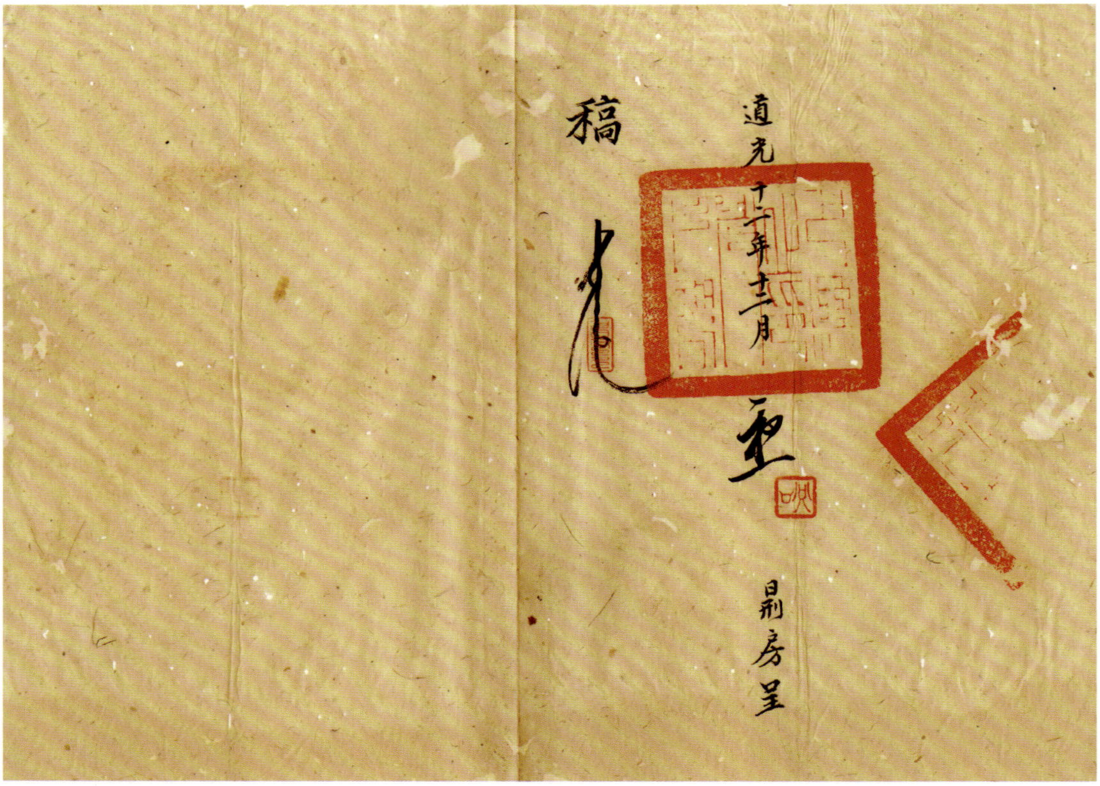

稿

道光十二年十二月

刑房呈

12 道光十三年二月初七日重庆府札

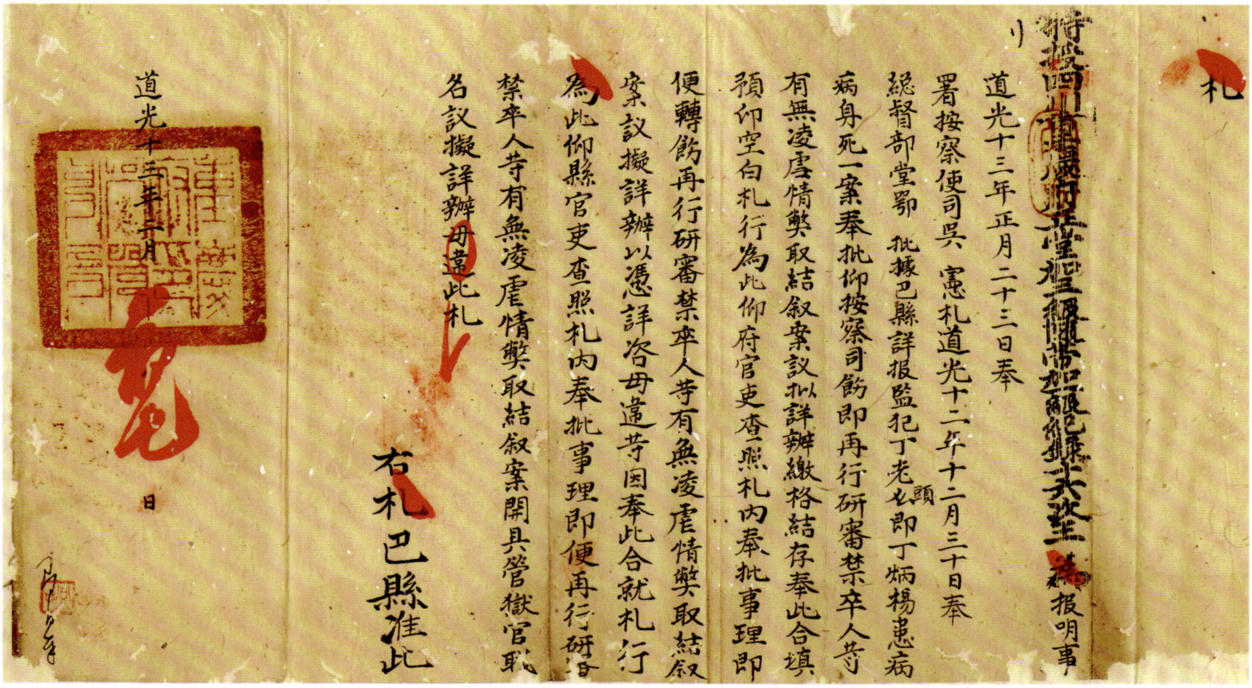

札

特授四川重慶府正堂加五級紀錄十次王 為報明事

道光十三年正月二十三日奉

署按察使司吳 憲札道光十二年十二月三十日奉

總督部堂鄂 批據巴縣詳報監犯丁老么頭即丁炳楊患病

病身死一案奉批仰按察司飭即再行研審禁卒人等

有無凌虐情弊取結叙案議擬詳辦繳格結存奉此合填

預印空白札行為此仰府官吏查照札內奉批事理即

便轉飭再行研審禁卒人等有無凌虐情弊取結叙

案議擬詳辦以憑詳咨毋違等因奉此合就札行

為此仰縣官吏查照札內奉批事理即便再行研審

禁卒人等有無凌虐情弊取結叙案開具管獄官職

名議擬詳辦毋違此札

右札巴縣准此

道光十三年二月 日

13 道光十三年二月十一日巴县衙门奉到重庆府批回

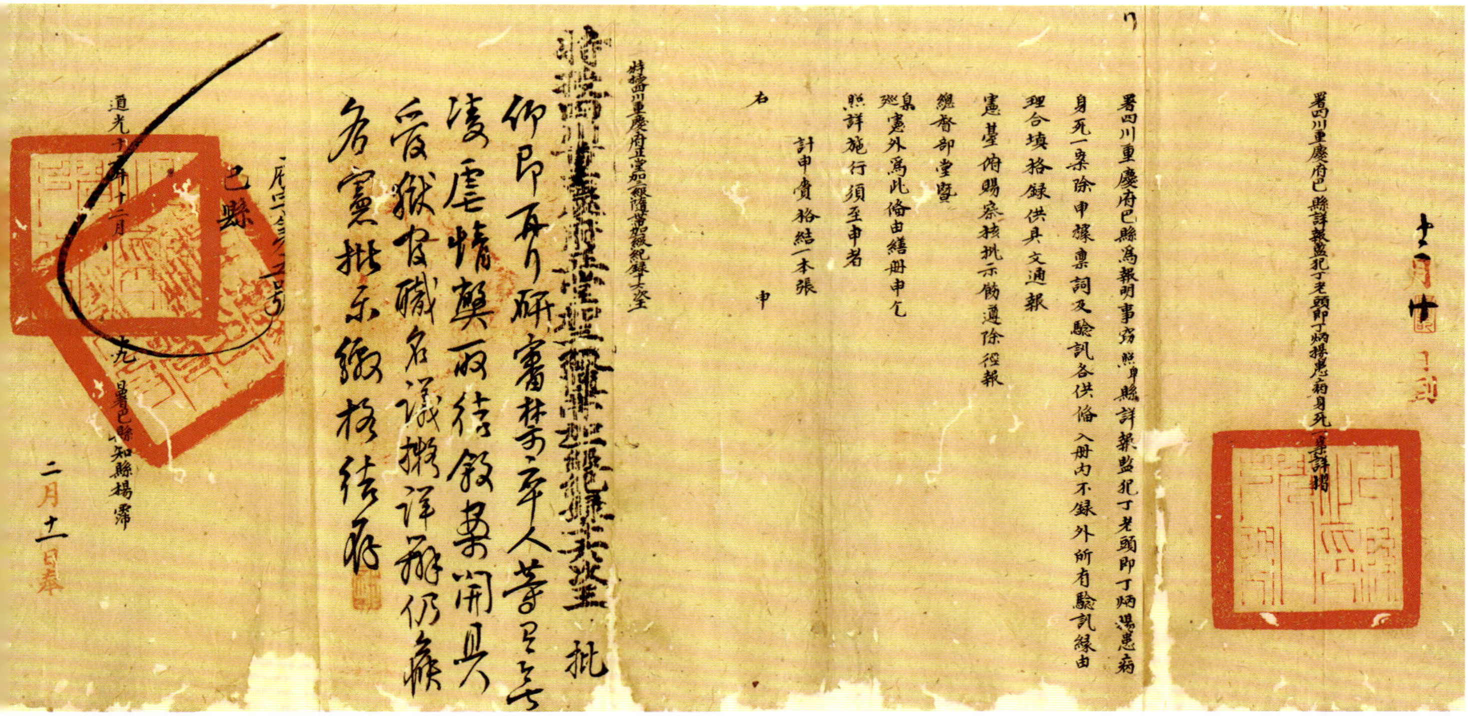

14-1 道光十三年二月十八日巴县衙门刑房拟审详监犯丁炳扬患病身死一案详折册稿

署四川重慶府巴縣審詳監犯丁老頭即丁炳揚患病身死一案詳摺册稿

14-2

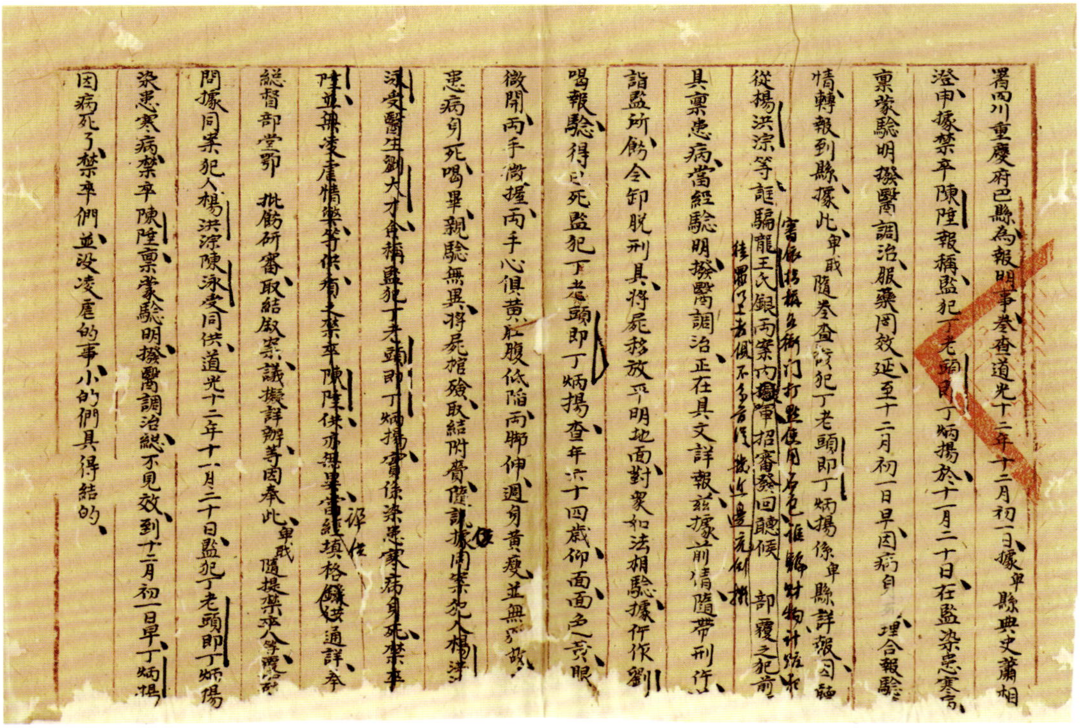
署四川重慶府巴縣為報明事奉查道光十二年十二月初一日據卑縣典史蕭相
澄申據禁卒陳陞報稱監犯丁老頭即丁炳揚於十一月二十日在監染患寒病
稟蒙驗明撥醫調治服藥罔效延至十二月初一日早因病身死理合報驗
情轉報到縣據此卑職隨查該犯丁老頭即丁炳揚係卑縣詳報因輪
從揚洪淙等誆騙龍王氏銀兩案內招審發回聽候部覆之犯前
具稟患病當經驗明撥醫調治正在具文詳報茲據前情隨帶刑仵
詣監所飭令卸脫刑具將屍移放平明地面對衆如法相驗據仵作劉
喝報驗得已死監犯丁老頭即丁炳揚查年六十四歲仰面面色黃眼
微閉兩手微握兩手心俱黃肚腹低陷兩脚伸週身黃瘦並無別故
患病身死喝畢親驗無異將屍棺殮取結附贅隨詢據同案犯人楊洪
泳受醫生劉大才僉稱監犯丁老頭即丁炳揚實係染患寒病身死禁卒
陞並無凌虐情弊等供有禁卒陳陞供亦無異當經填格錄供通詳奉
總督部堂鄂 批飭研審取結敘案議擬詳辦等因奉此卑職隨提禁卒人等研訊
問據同案犯人楊洪淙陳泳受同供道光十二年十一月二十日監犯丁老頭即丁炳陽
染患寒病禁卒陳陞稟蒙驗明撥醫調治總不見效到十二月初一日早丁炳揚
因病死了禁卒們並沒凌虐的事小的們具得結的

14 - 3

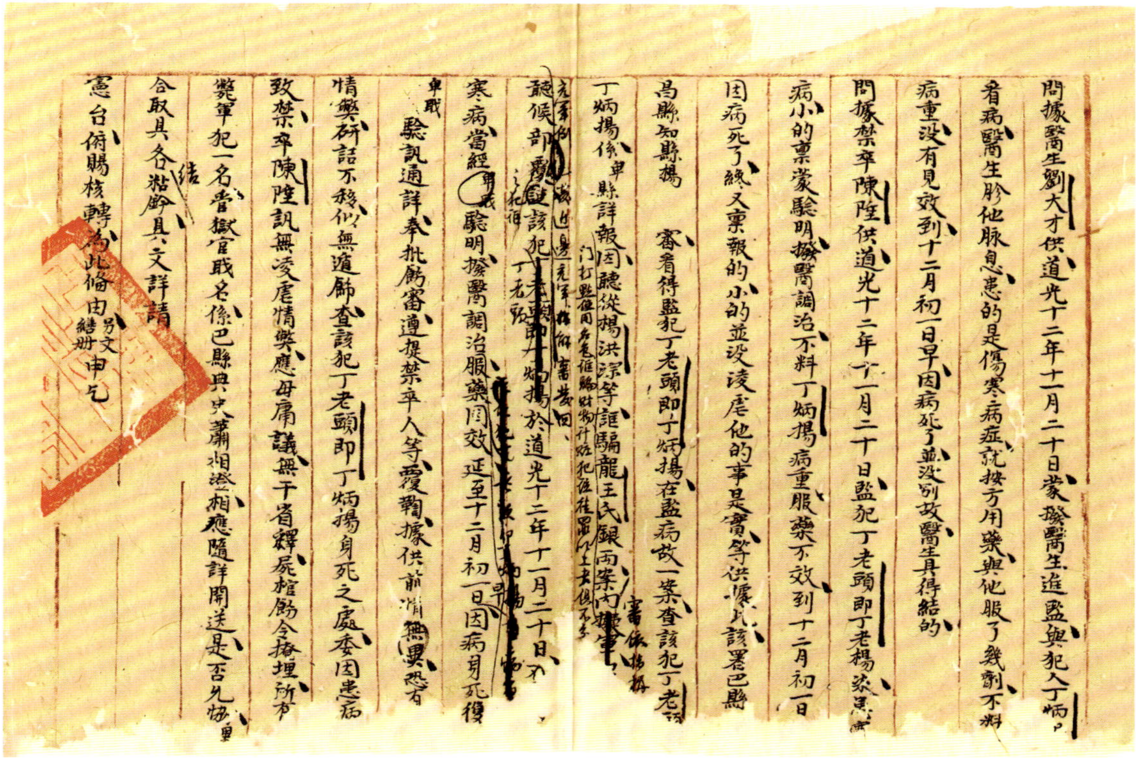

問據醫生劉大才供道光十二年十一月二十日蒙撥醫生進監與犯人丁炳□
看病醫生胗他脉息患的是傷寒病症就按方用藥與他服了幾劑不料
病重沒有見效到十二月初一日早因病死了並沒別故醫生具得結的
問據禁卒陳陞供道光十二年十一月二十日監犯丁老頭即丁老揚染患□
病小的稟蒙驗明撥醫調治不料丁炳揚病重服藥不效到十二月初一日
因病死了纔又稟報的小的並沒淩虐他的事是實等供據此該署巴縣
昌縣知縣楊　審看得監犯丁老頭即丁炳揚在監病故一案查該犯丁老□
丁炳揚係卑縣詳報因聽從楊洪淙等誆騙龍王氏銀兩案內擬軍
聽候部覆該犯丁老頭即丁炳揚於道光十二年十一月二十日
寒病當經卑職驗明撥醫調治服藥罔效延至十二月初一日因病身死復
卑職驗訊通詳奉批飭審遵提禁卒人等覆鞫據供前情無異恐有
情弊研詰不移似無遁飾查該犯丁老頭即丁炳揚身死之處委因患病
致禁卒陳陞訊無淩虐情弊應毋庸議無干省釋屍棺飭令掩埋所有
僉軍犯一名管獄官職名係巴縣典史蕭相澄相應隨詳開送是否允協理
合取具各供結具文詳請
憲台俯賜核轉為此備由另文繕册申乞

14 - 4

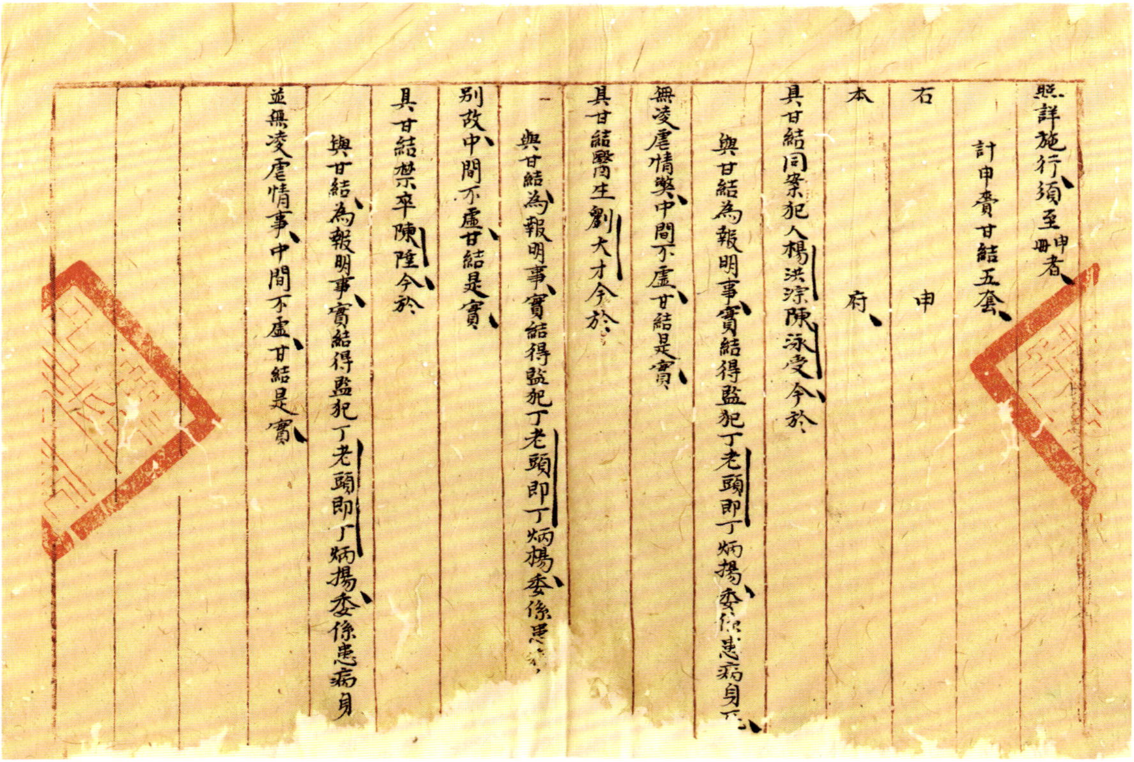

照詳施行須至申册者
計申賫甘結五套
右　申
本　府
具甘結同案犯人楊洪淙陳泳受今於
與甘結為報明事實結得監犯丁老頭即丁炳揚委係患病身死
無凌虐情弊中間不虛甘結是實
具甘結醫生劉大才今於
與甘結為報明事實結得監犯丁老頭即丁炳揚委係患□
別故中間不虛甘結是實
具甘結禁卒陳陞今於
與甘結為報明事實結得監犯丁老頭即丁炳揚委係患病身
並無凌虐情事中間不虛甘結是實

14 - 5

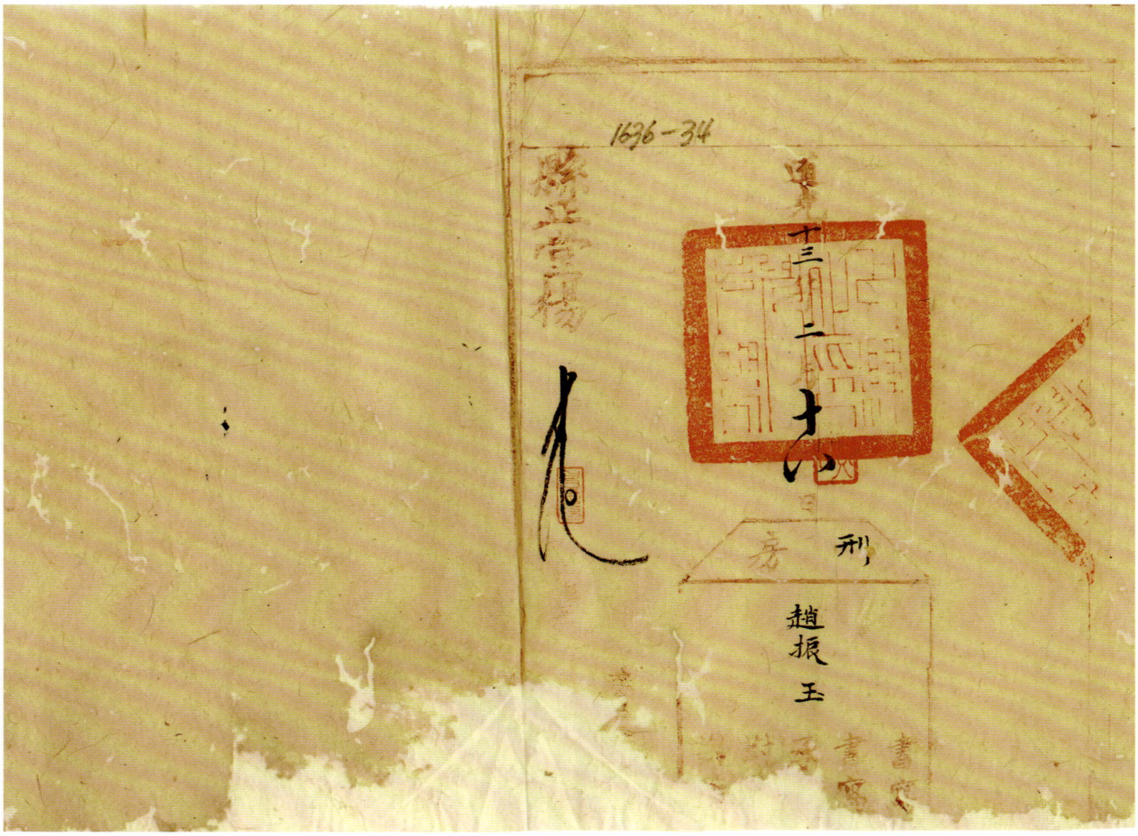
1636-34
刑房
趙振玉

案情导读

道光十六年正月十二日，巴县县民段兴一告状：正月初四日午后，刘万宗的雇工龚三偷砍南堂寺的柴薪，被僧芳佑发现追赶，龚三丢了柴跑了，僧芳佑将柴送给段兴一的哥哥段兴福。段兴福背柴回家，龚三追上门来要那担柴，段兴福不依，找团首王宗佑知会旁证，约定十日论理，但初九日，刘家就带了一帮人来段家打砸伤人，将伯父段邦琼打伤，求县衙做主。

这小小的事情闹大了，原告、被告、证人都纷纷递上状纸说明事由。二月二十五日，邻里亲戚汪国春等劝和，原被告双方向县衙递交了息状，了结此案。

道光十六年段兴一告刘万宗、刘世富父子率痞凶伤案

1 原卷封面

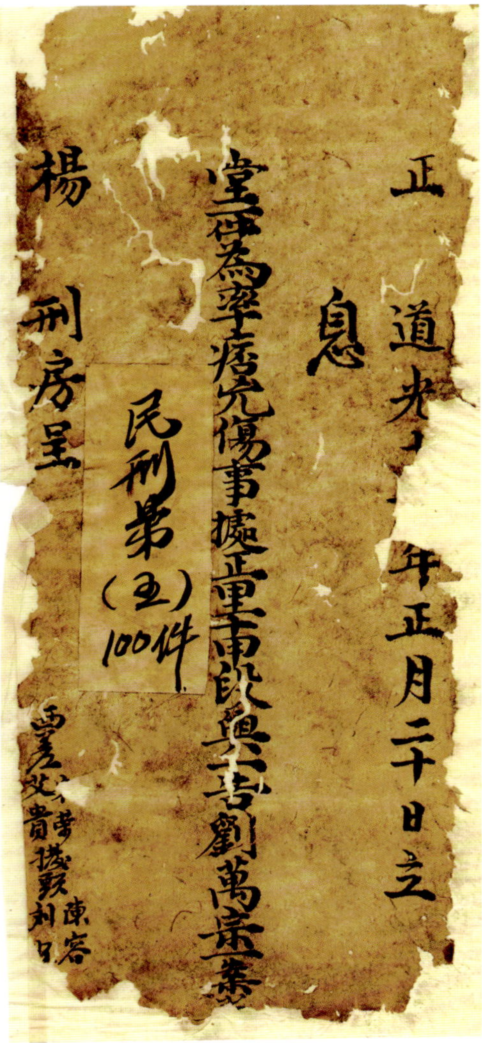
正 道光　年正月二十日立
息
堂　為率痞凶傷事據正重甫段興一告劉萬宗等
民刑第（五）100件
楊 刑房呈

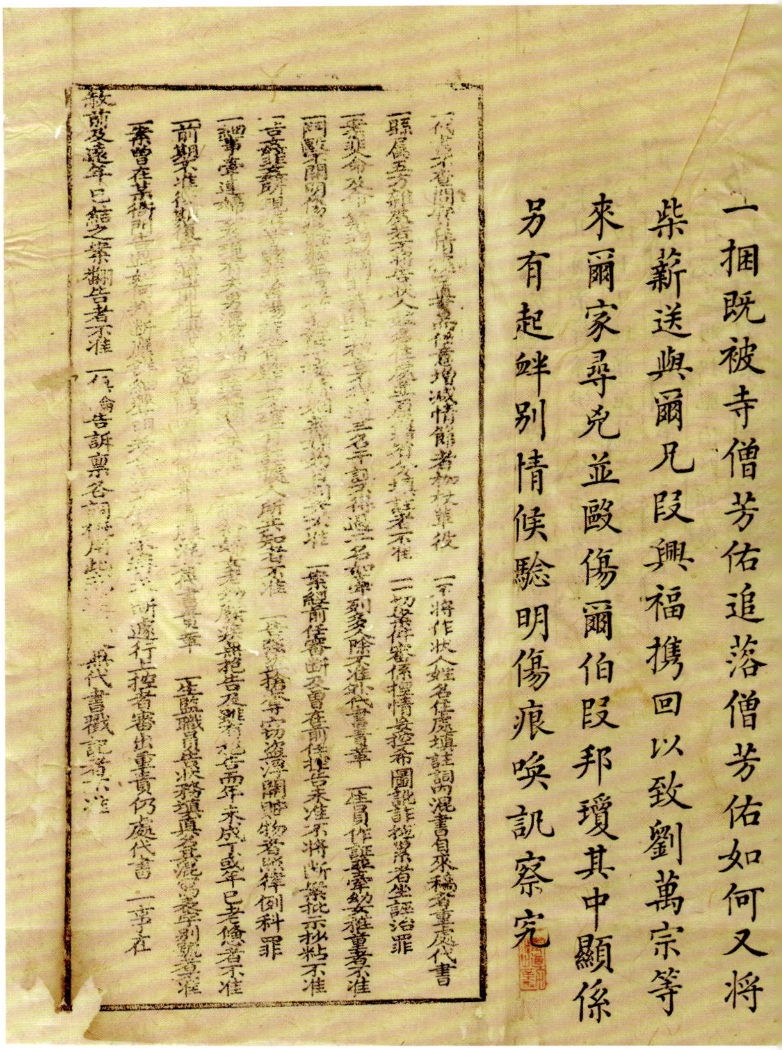
一捆既被寺僧芳佑追落僧芳佑如何又將
柴薪送與爾凡段興福攜回以致劉萬宗等
來爾家尋兇並毆傷爾伯段邦瓊其中顯係
另有起衅別情候驗明傷痕喚訊察究

2 道光十六年正月十二日段兴一告状

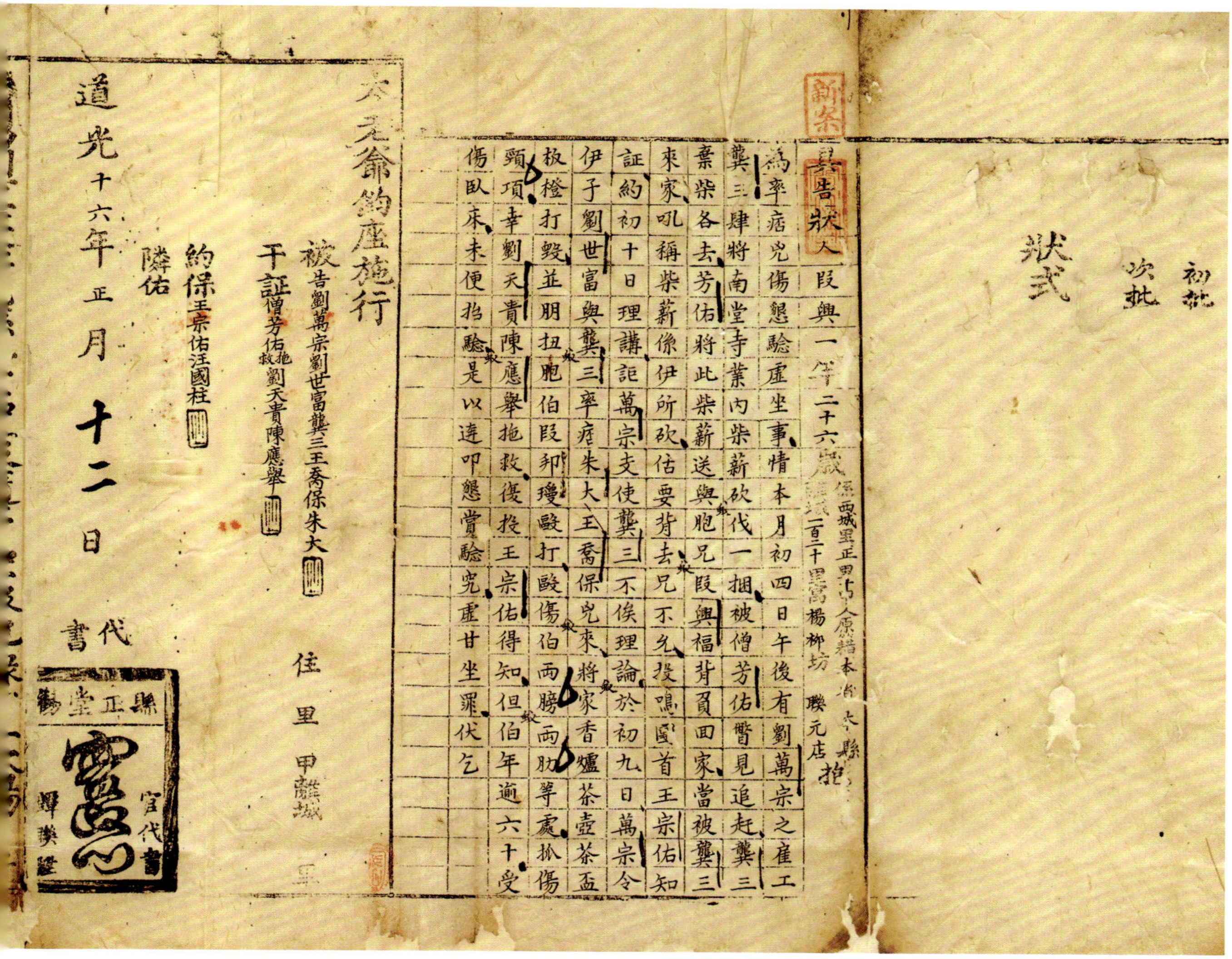

初批
次批
状式

新案
具告狀人段興一年二十六歲 係西城里正甲六甲人原籍本省本縣 離城一百二十里居楊柳坊 聯元店 抱

為率痞兇傷懇驗虛坐事情本月初四日午後有劉萬宗之雇工
龔三肆將南堂寺業內柴薪砍代一捆被僧芳佑瞥見追赶龔三
稟柴各去芳佑將此柴薪送與胞兄段興福背負回家當被龔三
來家吼稱柴薪係伊所砍估要背去兄不允投鳴團首王宗佑知
証約初十日理講詎萬宗支使龔三不候理論於初九日萬宗令
伊子劉世富與龔三率痞朱大王喬保兇來將家香爐茶壺茶盃
板櫈打毀並朋扭胞伯段邦瓊毆打毆傷伯兩膀兩肋等處抓傷
頸項幸劉天貴陳應舉拖救復投王宗佑得知但伯年逾六十受
傷臥床未便抬驗是以遵叩懇賞驗究虛甘坐罪伏乞

太老爺鈞座施行

被告劉萬宗劉世富龔三王喬保朱大
干証僧芳佑 拖救劉天貴陳應舉
約保王宗佑汪國柱
隣佑

住 里 甲 離城 里

道光十六年正月十二日

代書
縣正堂 錫 官代書 曜 撰 證

3 道光十六年正月二十日县衙刑房拟差役验伤、唤齐人证票稿

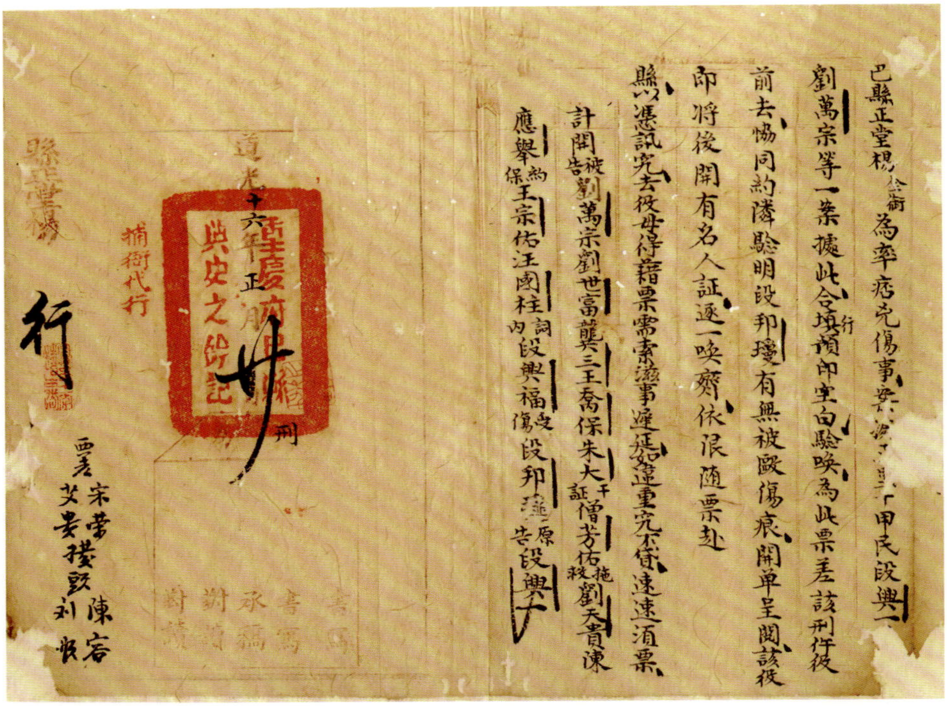

4 道光十九年二月初五日刘世富诉状

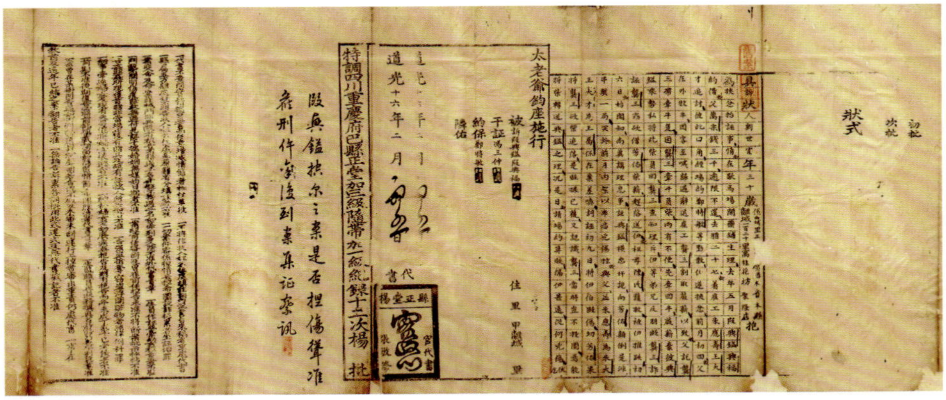

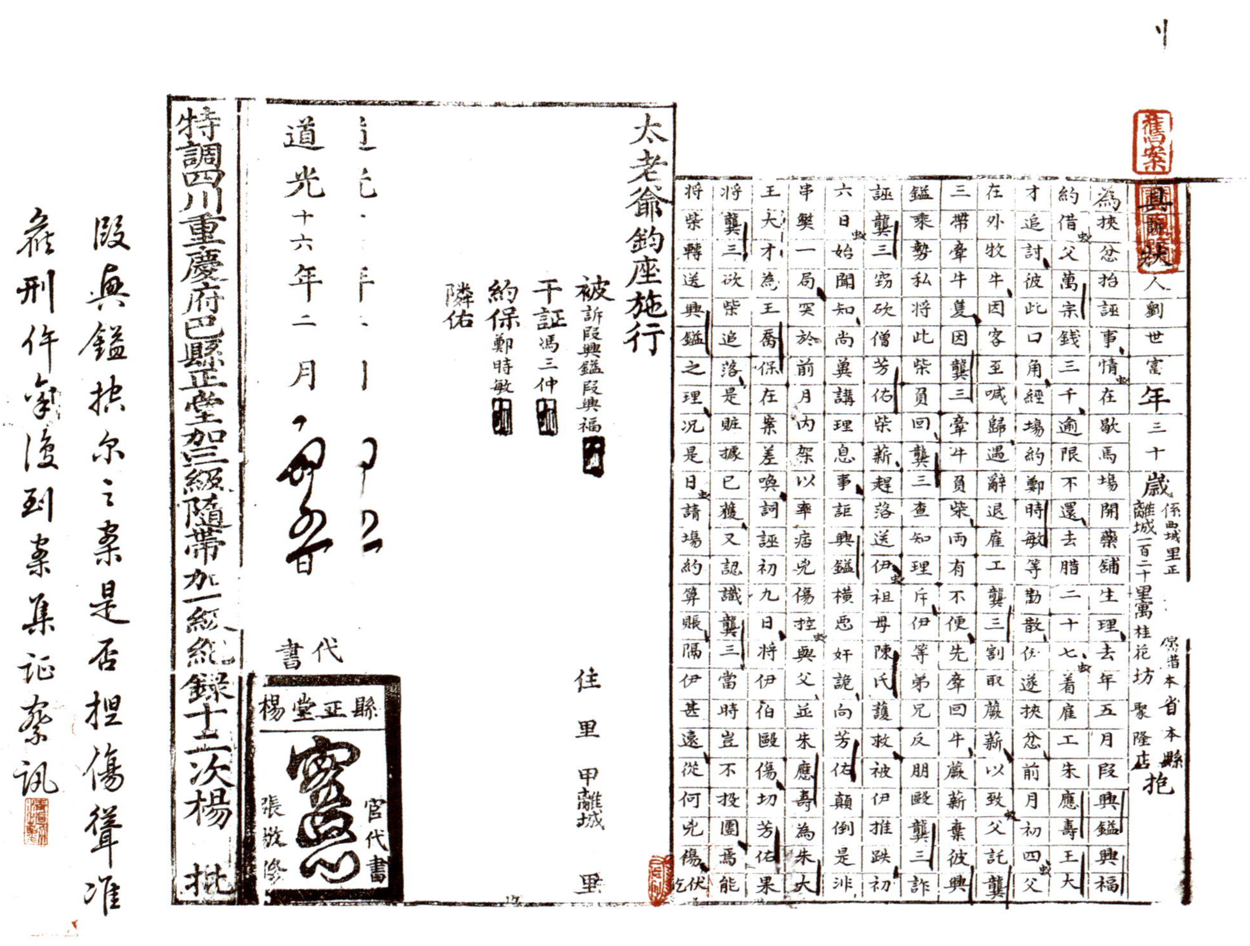

舊案

具訴狀人劉世富年三十歲 係曲城里正 離城一百二十里寓桂花坊聚隆店 係借本省本縣 抱

為挾忿抬誣事情在歇馬場開藥舖生理去年五月段興鎰興福約借父萬宗錢三千逾限不還去臘二十七着雇工朱應壽王大才追討彼此口角經場約鄭時敏等勸散伊遂挾忿前月初四父在外牧牛因客至喊歸遇辭退雇工龔三割取巖薪以致父託龔三帶牽牛隻因龔三牽牛負柴兩有不便先牽回牛巖薪棄彼興鎰乘勢私將此柴負回龔三查知理斥伊等弟兄反朋毆龔三詐誣龔三竊砍僧芳佑柴薪趕落送伊祖母陳氏護救被伊推跌初六日始聞知尚冀講理息事詎興鎰橫恶奸詭向芳佑顛倒是非串毀一局突於前月內架以率痞兇傷控與父並朱應壽為朱大王大才為王喬保在案差喚詞誣初九日將伊伯毆傷切芳佑果將龔三砍柴追落是贓據已獲又認識龔三當時豈不投團焉能將柴轉送興鎰之理況是日請場約算賬隔伊甚遠從何兇傷伏乞

太老爺鈞座施行

被訴 段興鎰 段興福

干証 馮三仲

約保 鄭時敏

隣佑

住 里 甲 離城 里

道光十六年二月[illegible]

代書

縣正堂楊 官代書 張敬修

特調四川重慶府巴縣正堂加三級隨帶加一級紀錄十二次楊 批

段興鎰挾尔之案是否捏傷聳准
飭刑仵驗覆到案集証察訊

5 道光十六年二月初六日县衙刑仵张绍兴、杨贵禀状

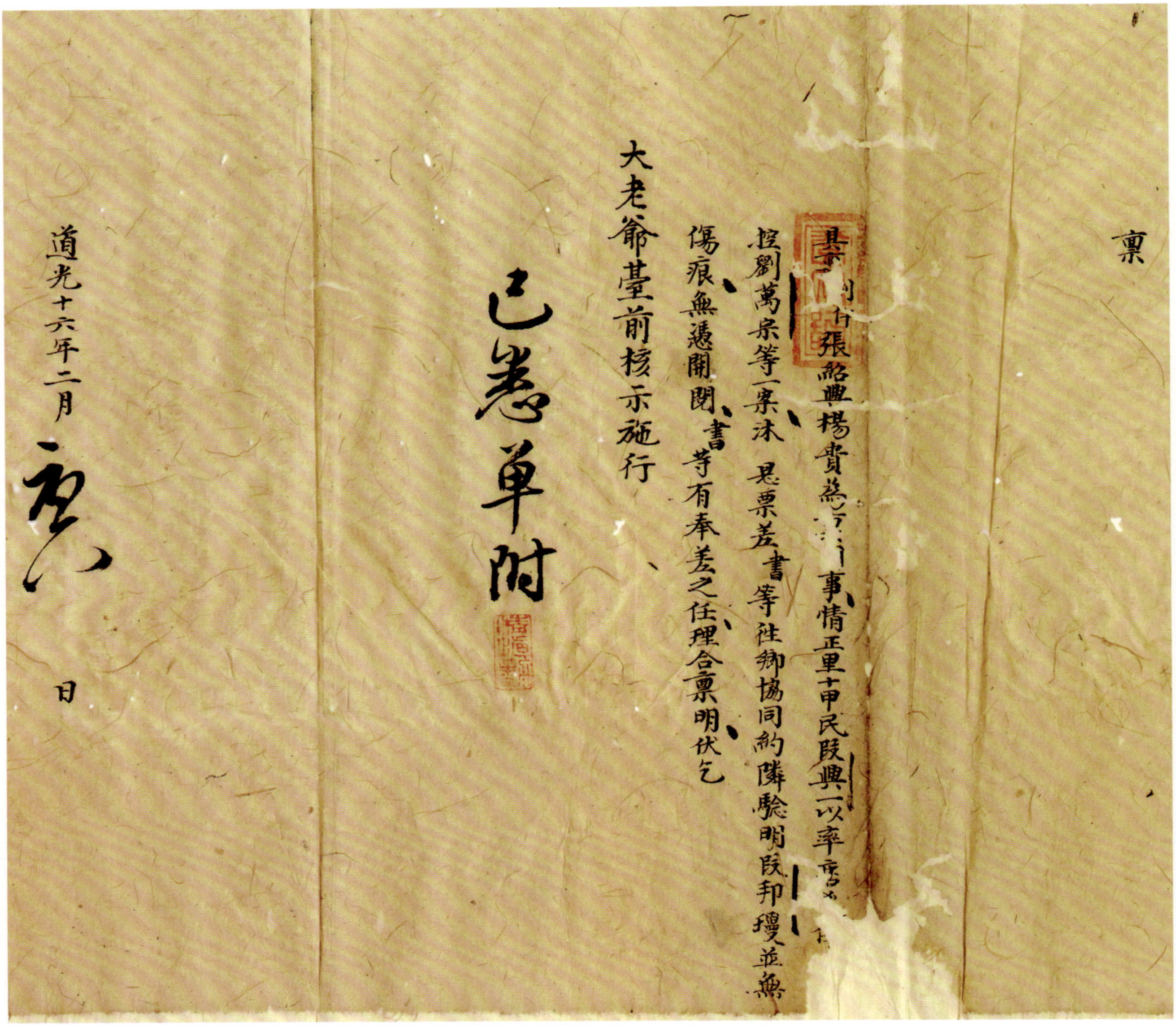

稟

縣刑仵張紹興、楊貴為[illegible]事情正里十甲民段興一以率[illegible]

控劉萬宗等一案沐 恩票差書等往鄉協同約鄰驗明段邦瓊並無

傷痕無憑開閱書等有奉差之任理合稟明伏乞

大老爺臺前核示施行

已悉單附

道光十六年二月 [illegible] 日

6 道光十六年二月十四日僧芳佑禀状

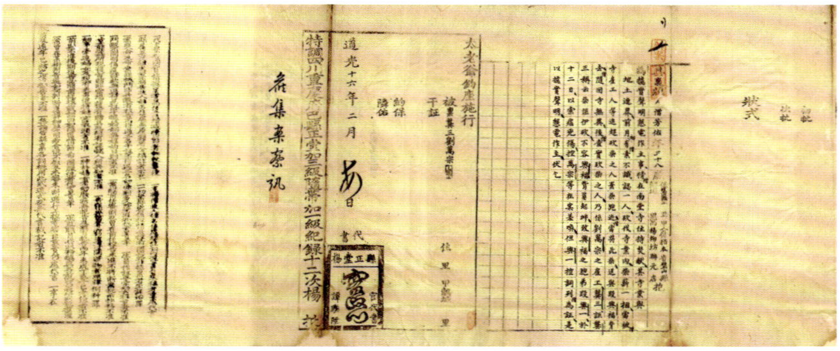

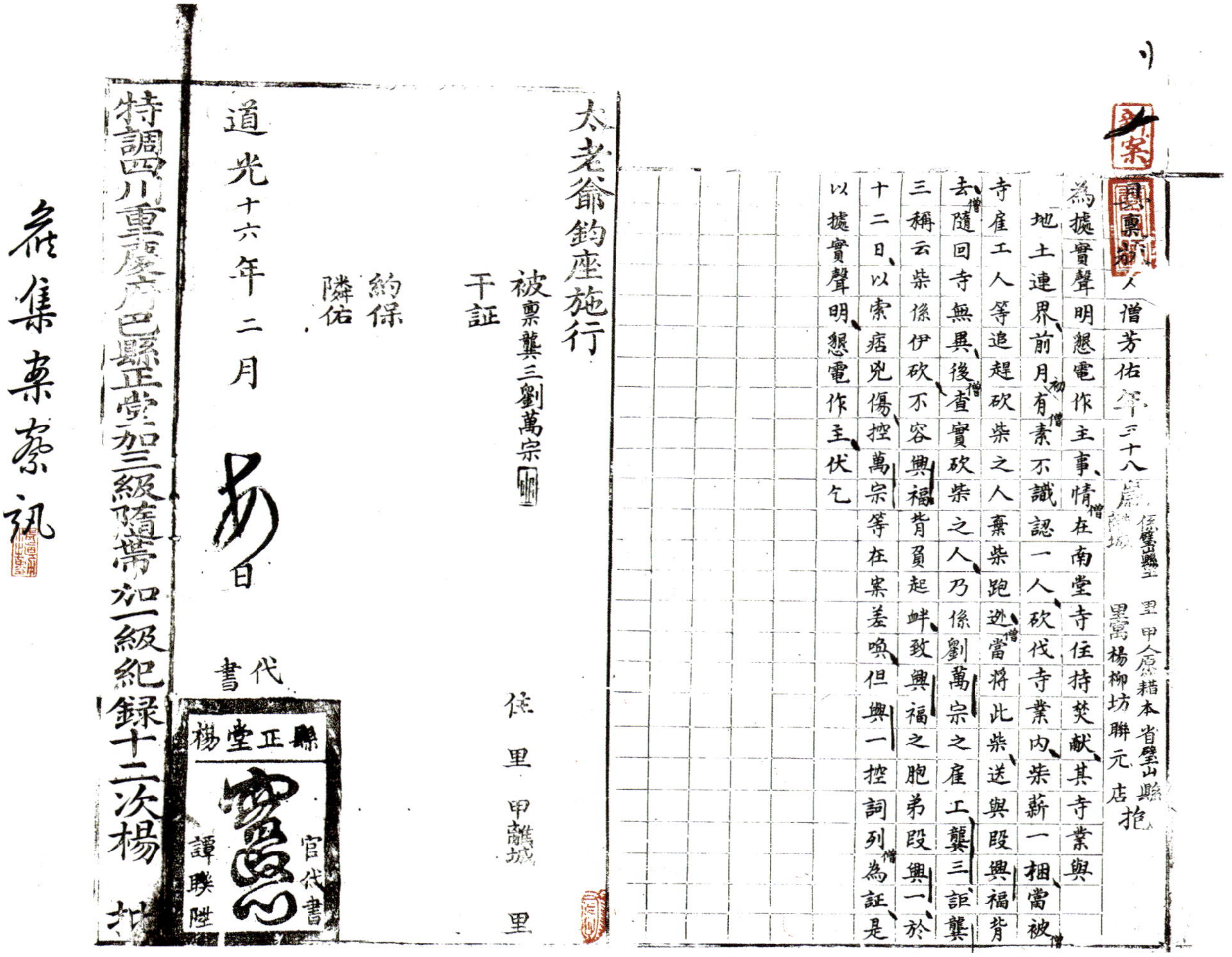

新案

告稟狀人僧芳佑年三十八歲 係璧山縣人 里甲 原籍本省璧山縣 寓楊柳坊聯元店 抱

為據實聲明懇電作主事。情僧在南堂寺住持焚獻，其寺業與地土連界，前月初有素不識認一人砍伐寺業內柴薪一捆，當被寺庭工人等追趕，砍柴之人棄柴跑逃，當將此柴送與段興福背去，隨回寺無異。後僧查實砍柴之人乃係劉萬宗之雇工龔三，詎龔三稱云柴係伊砍，不容興福背負，起衅致興福之胞弟段興一於十二日以索痞兇傷控萬宗等在案，差喚但興一控詞列僧為証，是以據實聲明懇電作主，伏乞

大老爺鈞座施行

被稟 龔三 劉萬宗

干証

約保

鄰佑

係 里 甲 離城 里

道光十六年二月 日

代書

巴縣正堂楊 官代書 譚勝陞

特調四川重慶府巴縣正堂加三級隨帶加一級紀録十二次楊 批

准集案察訊

7 道光十六年二月二十一日刘世富禀状

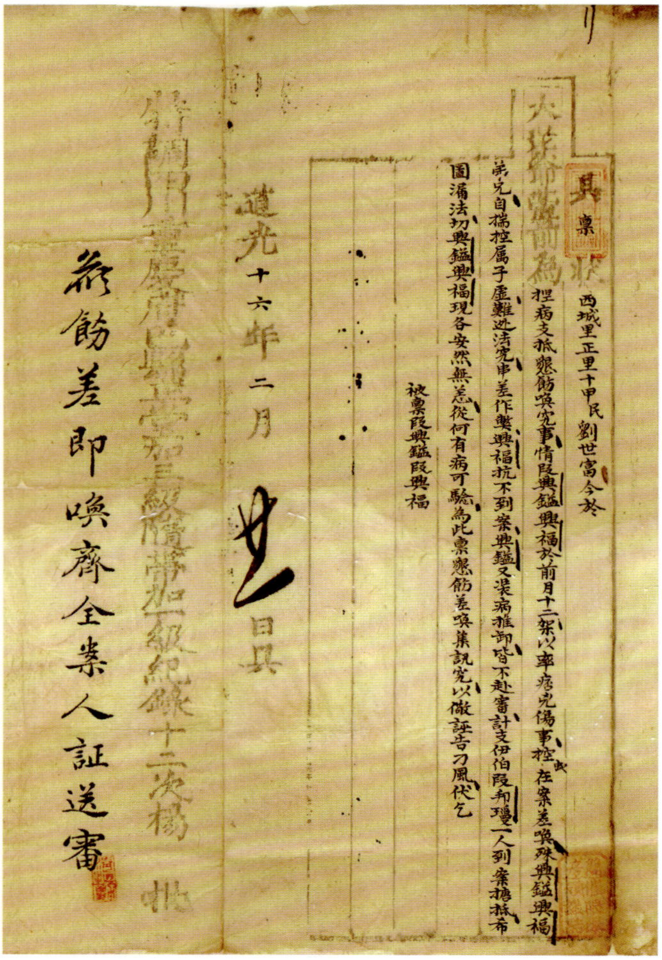
具禀状 西城里正里十甲民劉世富今於
为……
挰病支拖懇飭喚究事情段興鎰興福於前月十二架以率疮兇傷事控在案差喚殊興鎰興福
弟兄自搞控屬子虛難逃法究串差作弊興福抗不到案興鎰又渠病推卸皆不赴審計支伊伯段邦瓊一人到案搪抵希
圖漏法切興鎰興福現各安然無恙從何有病可驗為此禀懇飭差喚集訊究以儆誣告刁風伏乞
被禀段興鎰段興福
道光十六年二月 日具
飭差即喚齊全案人證送審

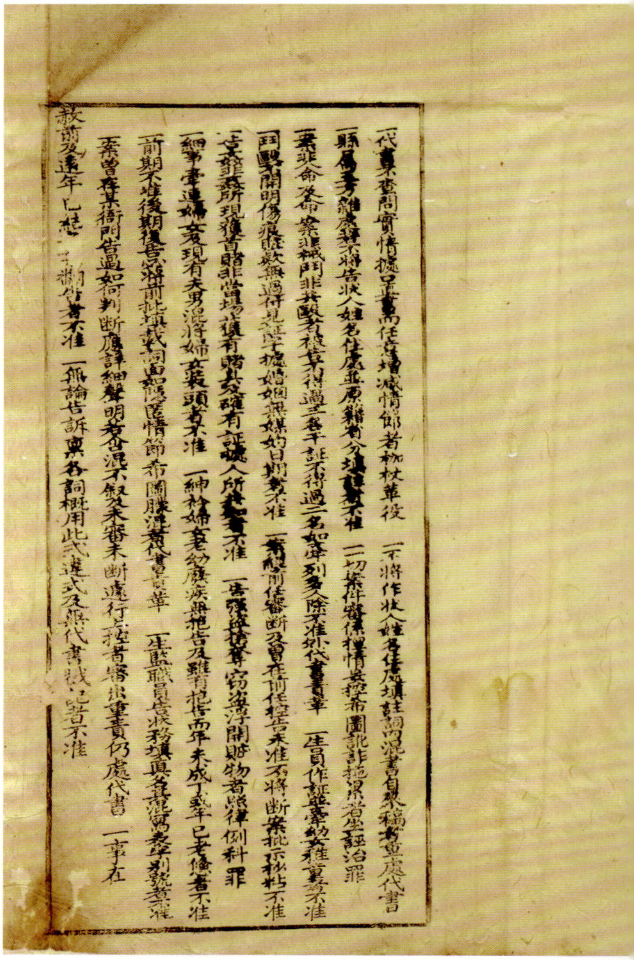

8 道光十六年二月二十五日汪国春等息状

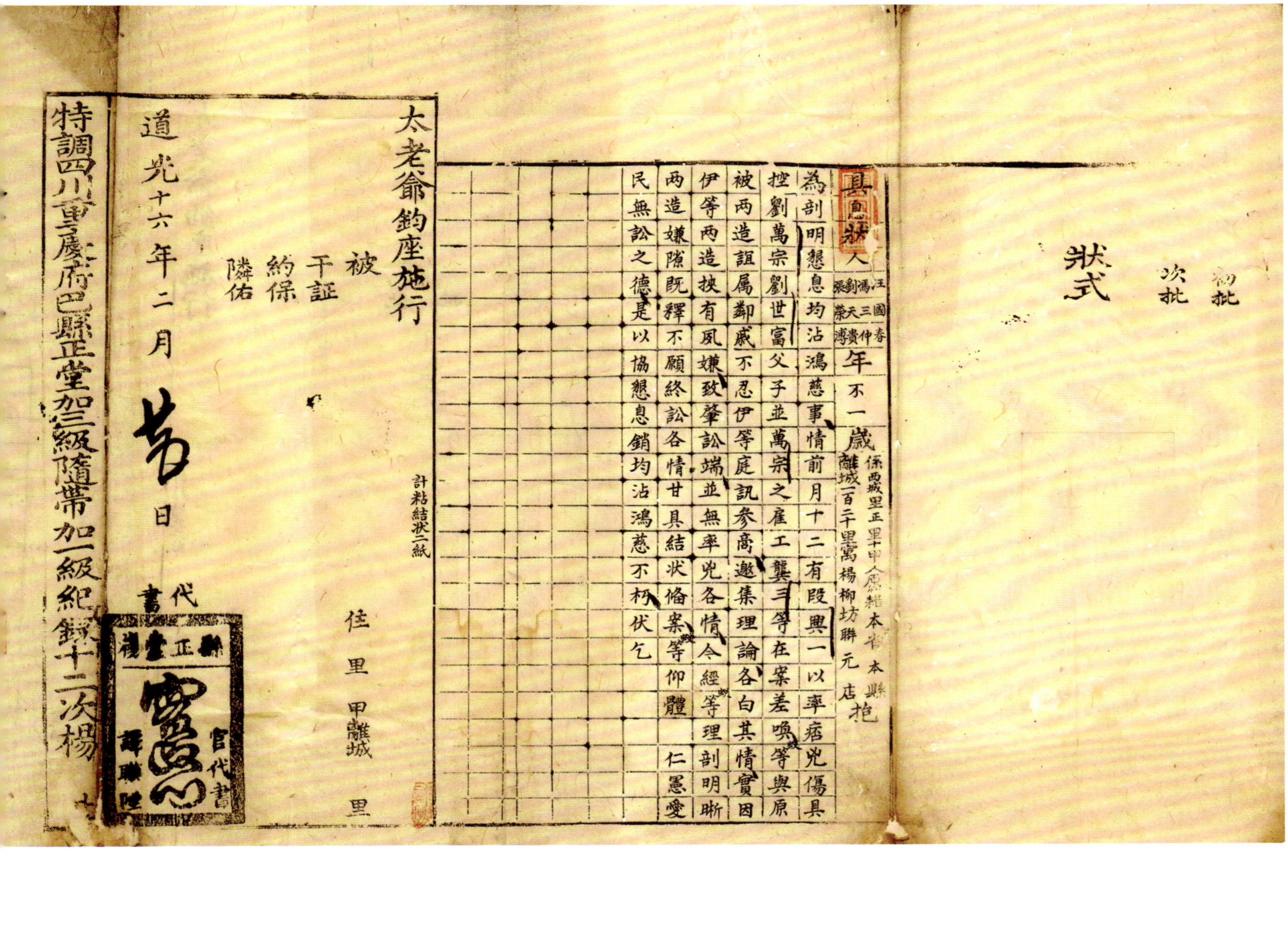
状式
初批
次批
具息状人汪国春 冯三仲 刘天贵 张荣溥 年不一岁 係西城里正里十甲人原籍本省本县 离城一百二十里寓杨柳坊联元店 抱
為剖明懇息均沾鴻慈事情前月十二有段興一以率痞兇傷具
控劉萬宗劉世富父子並萬宗之雇工龔三等在案差喚等與原
被兩造誼屬鄰戚不忍伊等庭訊參商邀集理論各白其情實因
伊等兩造挾有夙嫌致肇訟端並無率兇各情今經等理剖明晰
兩造嫌隙既釋不願終訟各情甘具結狀備案等仰體仁慈愛
民無訟之德是以協懇息銷均沾鴻慈不朽伏乞
太老爺鈞座施行
被
干證
約保
鄰佑
計粘結狀二紙
住 里 甲 離城 里
道光十六年二月 日
代書
特調四川重慶府巴縣正堂加三級隨帶加一級紀錄十二次楊

9 道光十六年二月二十五日段兴一结状

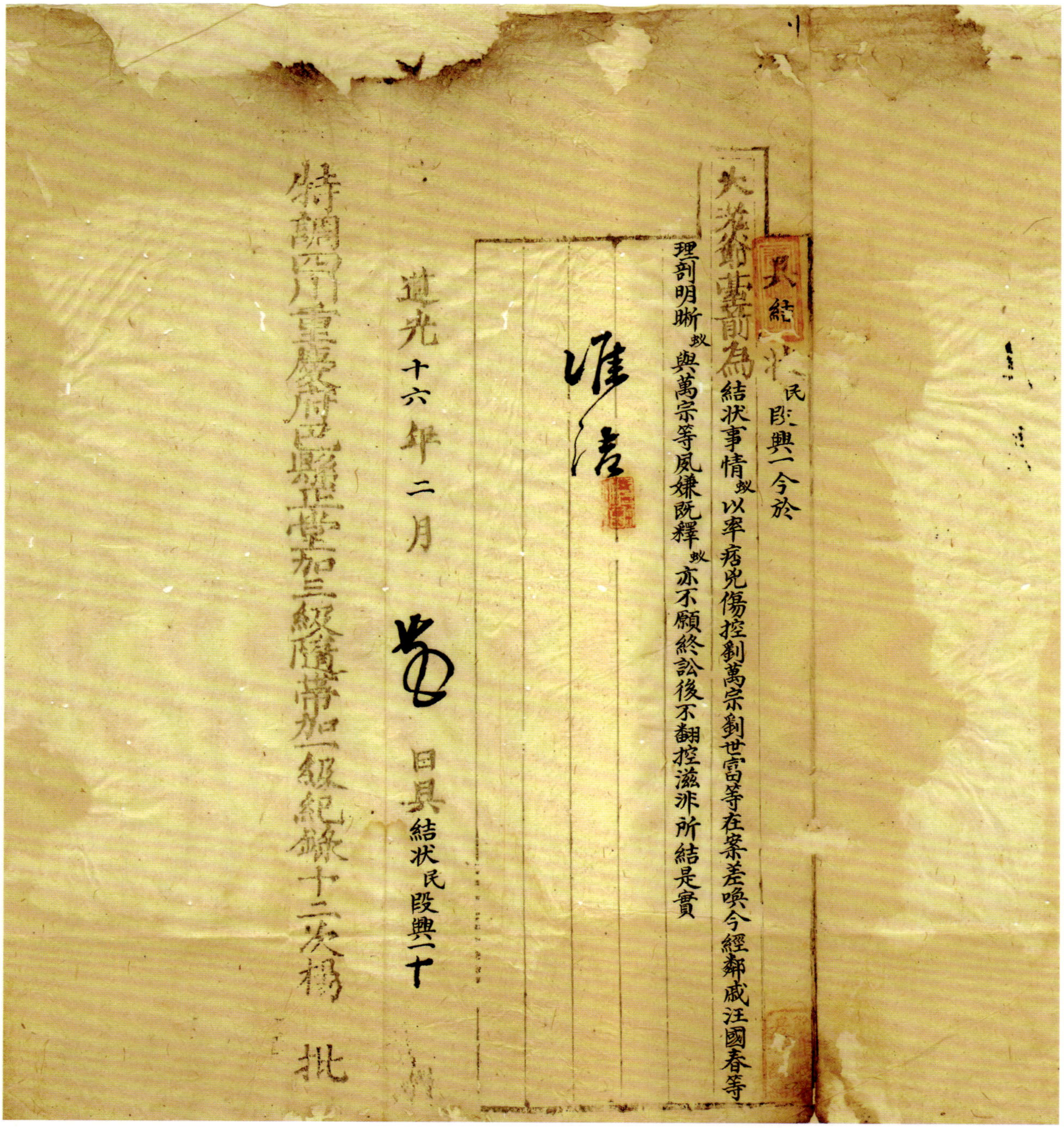

具結狀民段興一今於

大老爺臺前為結狀事情蟻以牢痞兇傷控劉萬宗劉世富等在案差喚今經鄰戚汪國春等

理剖明晰蟻與萬宗等夙嫌既釋蟻亦不願終訟後不翻控滋非所結是實

准結

道光十六年二月廿五日具結狀民段興一十

特調四川重慶府巴縣正堂加三級隨帶加一級紀錄十二次楊　批

10 道光十六年二月二十五日刘万宗等结状

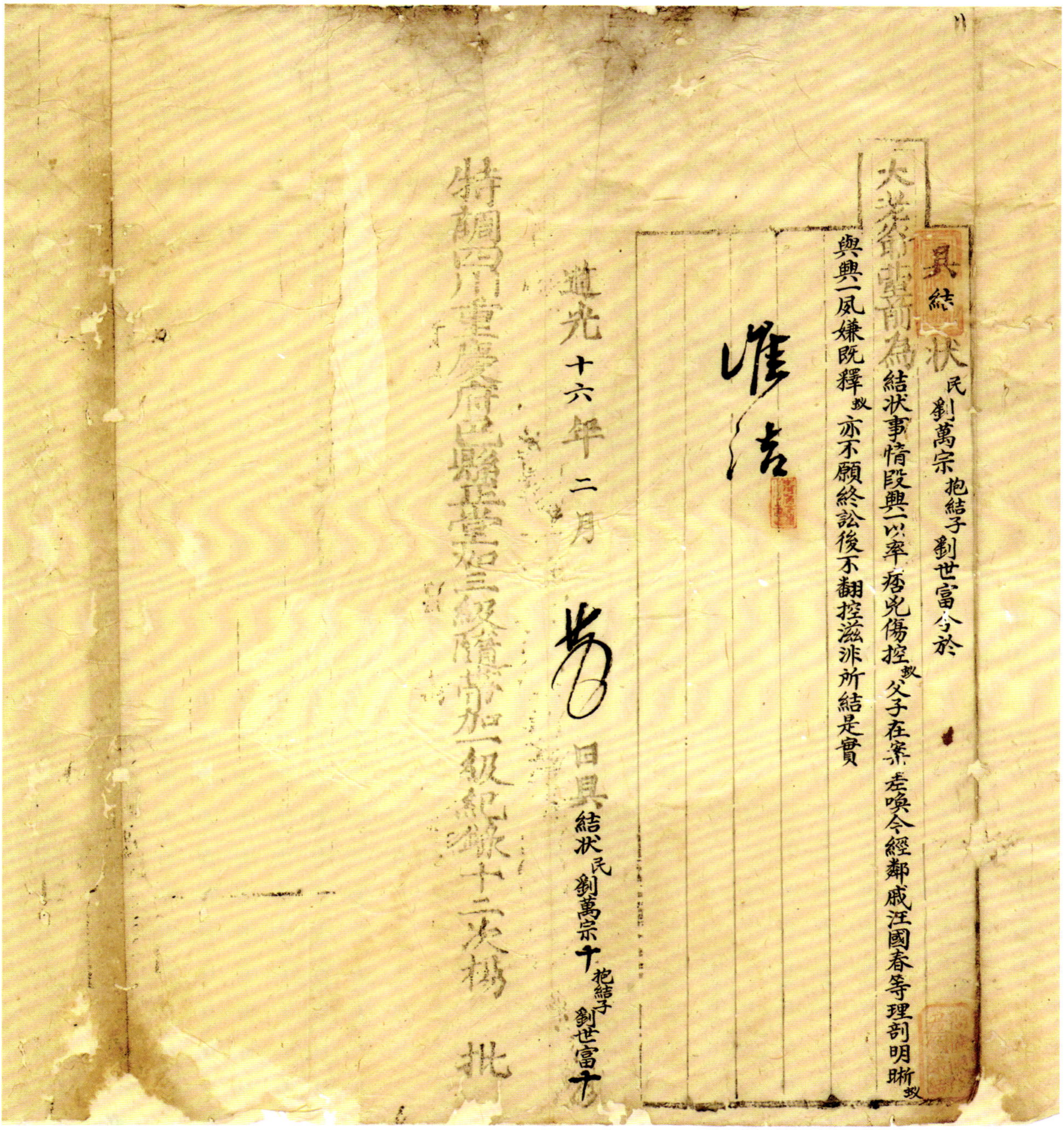

具結狀民劉萬宗抱結子劉世富今於

大老爺台前為結狀事情段興一以率痞凶傷控叙父子在案差喚今經鄰戚汪國春等理剖明晰叙

與興一夙嫌既釋叙亦不願終訟後不翻控滋非所結是實

准結

道光十六年二月　　日具結狀民劉萬宗十抱結子劉世富十

特調四川重慶府巴縣正堂加三級隨帶加一級紀錄十二次楊　批

案情导读

道光二十年十月初三日，刘华瑞告状说，他是做染料生意的，九年前刘崇华借了他八百两银子，后来又借了五百五十两并以房产作抵押，约定三年内完清欠款，但期满后多次催讨，刘崇华就是不还，只好求县衙做主。

知县接到告状后认为案件简单，双方都是有头有脸的人，债主是职员，欠债人是监生，判决："自凭乡约理论，毋庸兴讼。"但事情出乎意料，官司打了一年半，状纸及证据、讯问笔录积累了一摞，却不能结案。本案的最后一件档案是县衙差役罗福、杨彬的禀状，说依县衙裁定催刘崇华"速即措银呈缴"，但被告"抗不呈缴"，现在原告"叠次理催"，"役等莫何"，只好"禀明"。知县判决"比追"，再无下文。

道光二十年刘华瑞告刘崇华套当措骗案

1 原卷封面

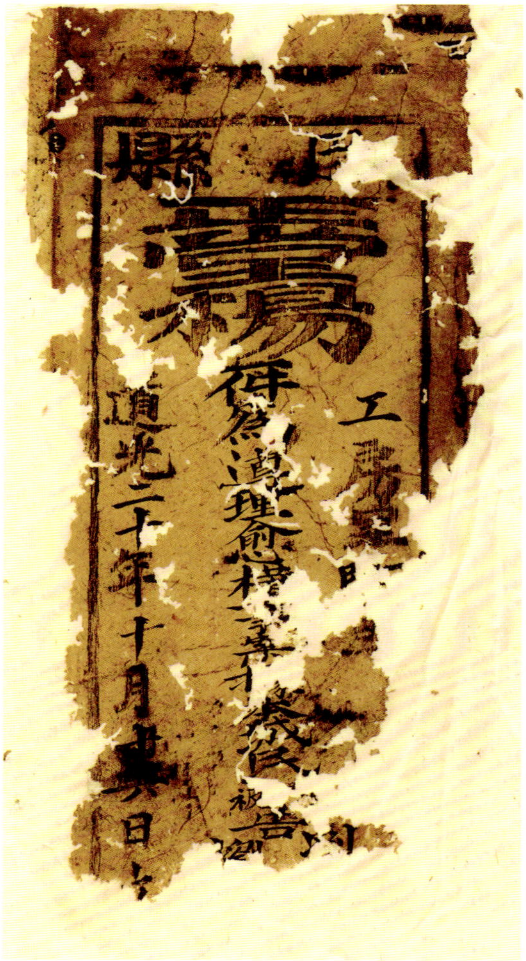
道光二十年十月

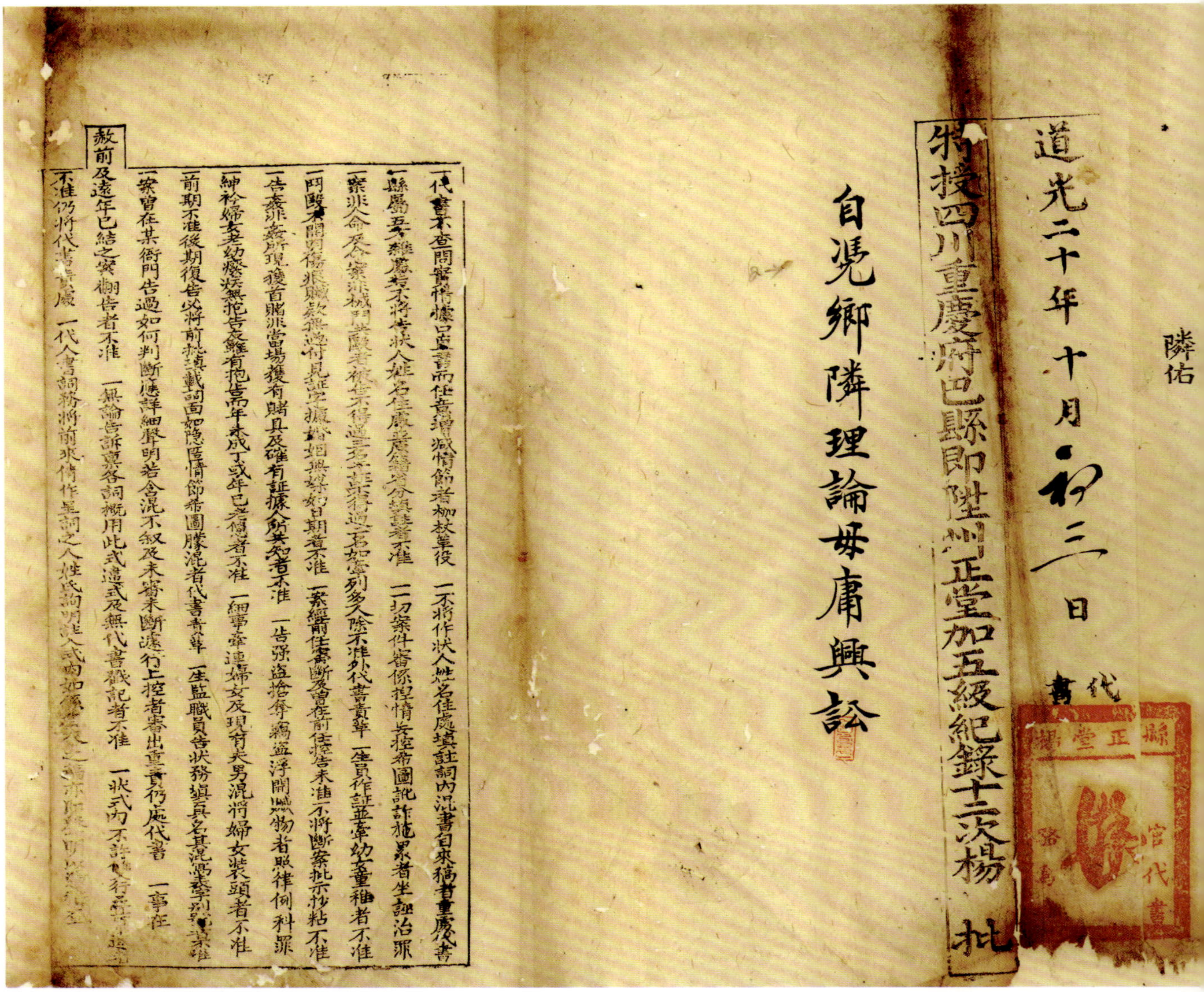

隣佑
代書
道光二十年十月初三日
特授四川重慶府巴縣即陞州正堂加五級紀錄十二次楊　批
自凴鄉隣理論毋庸興訟
一代書不查問實情據口直書而任意增減情節者枷杖革役　一不將作狀人姓名住處填註詞內混書自來稿者重處代書
一縣屬五方雜處若不將告狀人姓名住處並籍貫分填註者不准　一一切案件審係揑情妄控希圖訛詐拖累者坐誣治罪
一案非人命及命案非械鬭共毆者被告不得過三名干證不得過二名如牽列多人除不准外代書責革　一生員作証並牽幼童稚者不准
一鬭毆不開明傷痕贓數并過付見証字據婚姻無媒妁日期者不准　一案經前任審斷及曾在前任控告未准不將斷案批示抄粘不准
一告姦非姦所現獲首賭非當場獲有賭具及確有証據人所共知者不准　一告强盜搶奪竊盜浮開贓物者照律例科罪
一紳衿婦女老幼殘疾無抱告及雖有抱告而年未成丁或年已老憊者不准　一細事牽連婦女及現有夫男混將婦女裝頭者不准
一前期不准後期復告必將前批填載詞面如隱匿情節希圖朦混者代書責革　一生監職員告狀務填具名其混寫某字號某某者不准
一案曾在某衙門告過如何判斷應詳細聲明若含混不叙及未審未斷遽行上控者審出重責仍庭代書　一事在
赦前及遠年已結之案翻告者不准　一無論告訴稟各詞概用此式違式及無代書戳記者不准　一狀式內不許
不准仍將代書責處　一代人書詞務將前來倩作呈詞之人姓氏詢明註入式內

2 道光二十年十月初三日刘华瑞告状

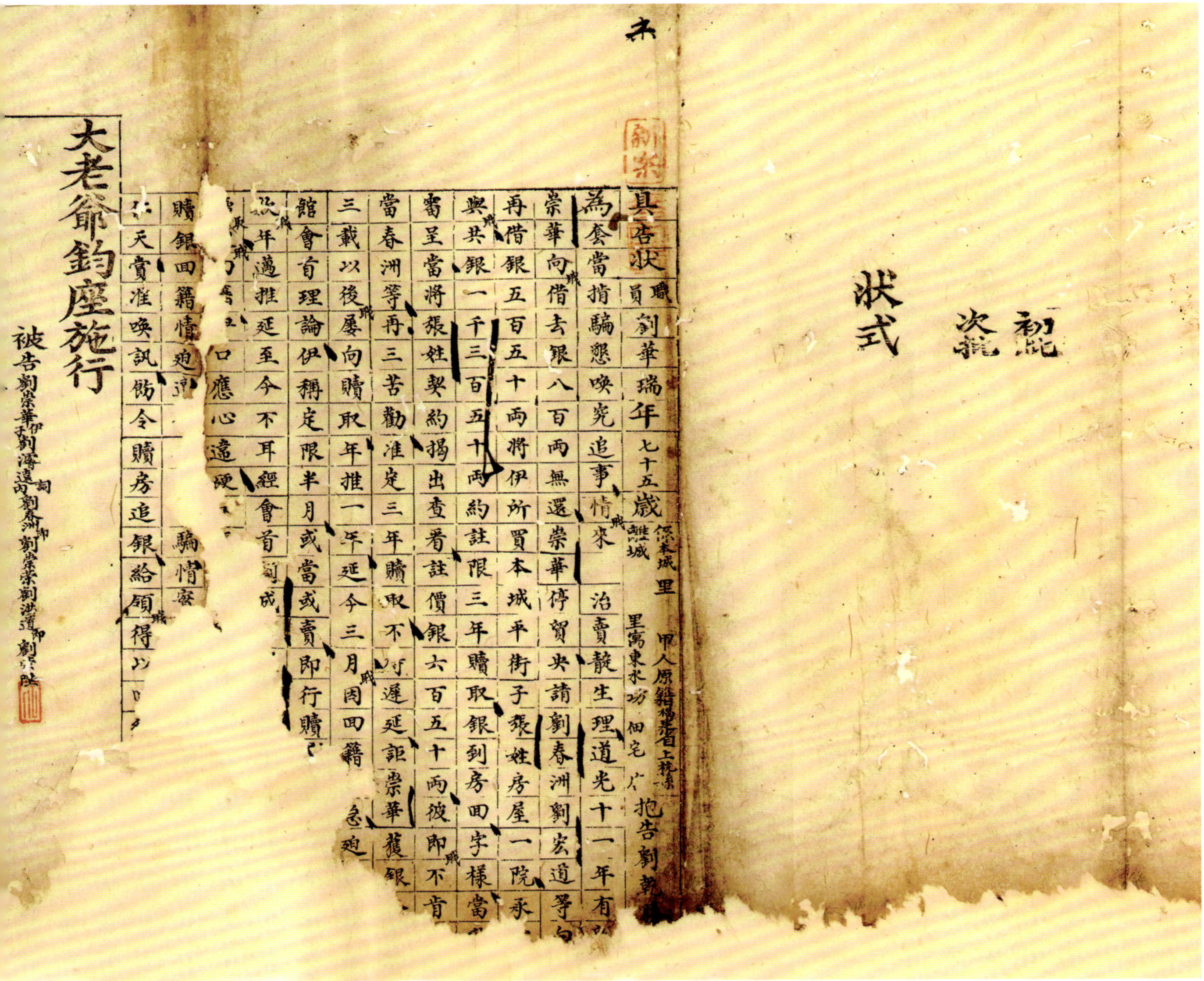

初[illegible]
次[illegible]
狀式

具告狀 職員劉華瑞年七十五歲 係本城離城里 甲人原籍福建省上杭縣 里寓東水坊 佃宅 抱告劉乾[illegible]
為套當捎騙懇喚究追事。情來治賣穀生理，道光十一年有[illegible]
崇華向借去銀八百兩無還。崇華停貿，央請劉春洲、劉宏道等向[illegible]
再借銀五百五十兩，將伊所買本城平街子張姓房屋一院承[illegible]
與共銀一千三百五十兩，約註限三年贖取銀到房田字樣當[illegible]
當呈當將張姓契約揭出查看，註價銀六百五十兩，彼即不肯[illegible]
當春洲等再三苦勸，准定三年贖取，不得遲延。詎崇華獲銀[illegible]
三載以後屢向贖取，年推一年，延今三月，因田籍急迫[illegible]
館會首理論，伊稱定限半月，或當或賣，即行贖[illegible]
[illegible]年邁推延至今不耳，經會首[illegible]成
[illegible]取[illegible]口應心違硬[illegible]
贖銀田籍情迫連[illegible]騙情宕
大天賞准喚訊，飭令贖房追銀給領，得以[illegible]
大老爺鈞座施行
被告 劉崇華 伊子劉濬遠 詞內 劉春洲 劉崇榮 劉洪道 劉宗陞

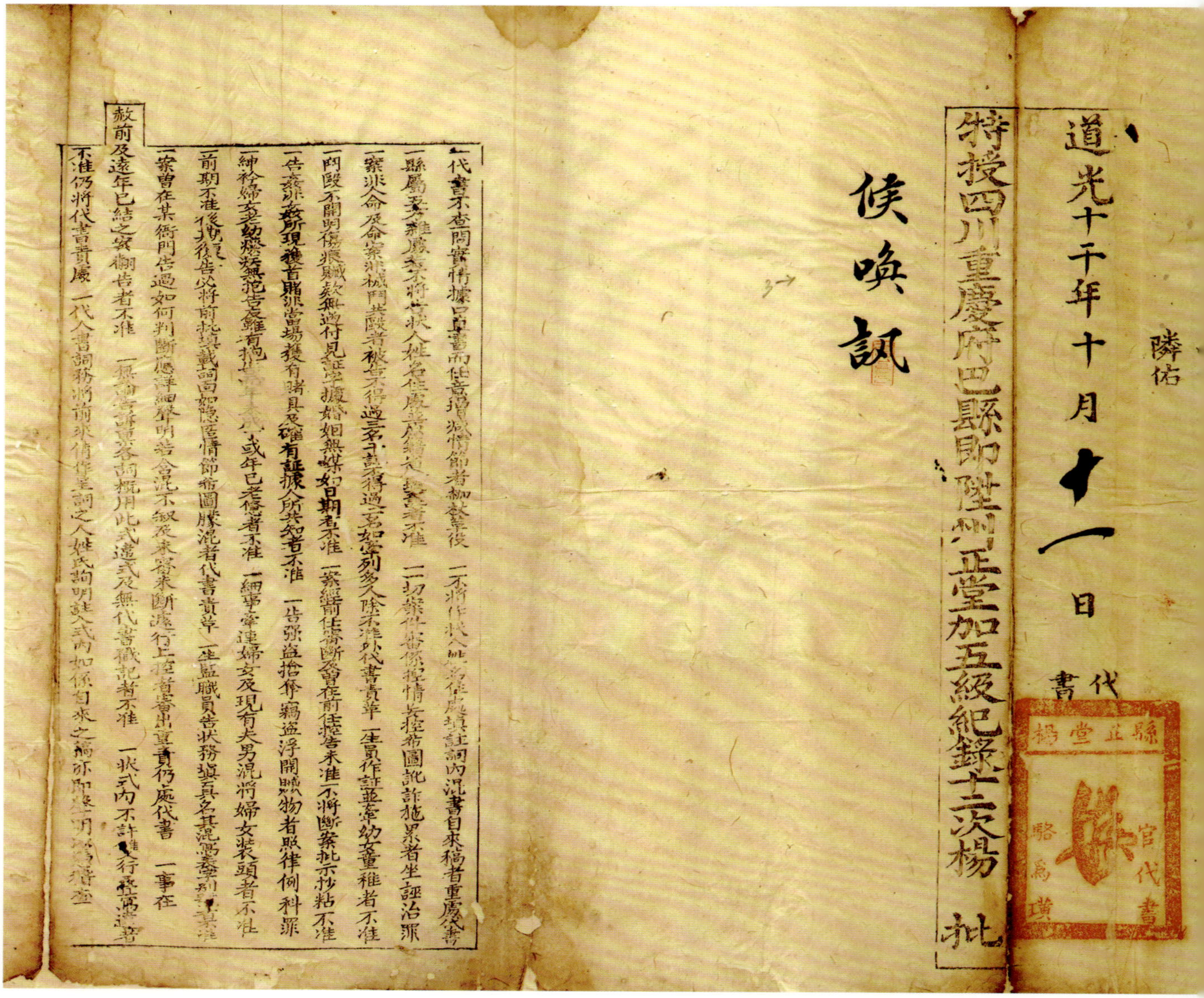

道光十二年十月十一日

隣佑

代書

特授四川重慶府巴縣即陞州正堂加五級紀錄十二次楊　批

候喚訊

縣正堂楊　官代書　駱為璜

一代書不查問實情據口草書而任意增減情節者枷杖革役　一不將作狀人姓名住處填註詞內混書自來稿者重處代書

一縣屬五方雜處若不將告狀人姓名住處並鋪戶逐一填註者不准　一一切案件如係捏情妄控希圖訛詐拖累者坐誣治罪

一案非人命及命案非械鬥共毆者被告不得過三名干證不得過二名如案列多人除不准外代書責革　一生員作証並牽幼女童稚者不准

一鬥毆不開明傷痕贓數無過付見証字據婚姻無媒妁日期者不准　一案經前任審斷及曾在前任控告未准不將斷案批示抄粘不准

一告姦非姦所現獲首賭非當場獲有賭具及確有証據人所共知者不准　一告強盜搶奪竊盜浮開贓物者照律例科罪

一紳衿婦女老幼殘疾無抱告及雖有抱告[illegible]或年已老憊者不准　一細事牽連婦女及現有夫男混將婦女裝頭者不准

一前期不准後投呈復告必將前批填載詞內如隱匿情節希圖朦混者代書責革　一生監職員告狀務填本身名其混寫[illegible]

一案曾在某衙門告過如何判斷應詳細聲明若含混不叙及未蒙未斷遽行上控者查出重責仍處代書　一事在

赦前及遠年已結之案捌告者不准　一無論告訴置答詞概用此式違式及無代書戳記者不准　一狀式內不許[illegible]行疊寫潦草

不准仍將代書責處　一代人書詞務將前來倩作呈詞之人姓氏詢明註入式內如係自來之稿亦即註明以憑稽查

3 道光二十年十月十一日刘华瑞禀状

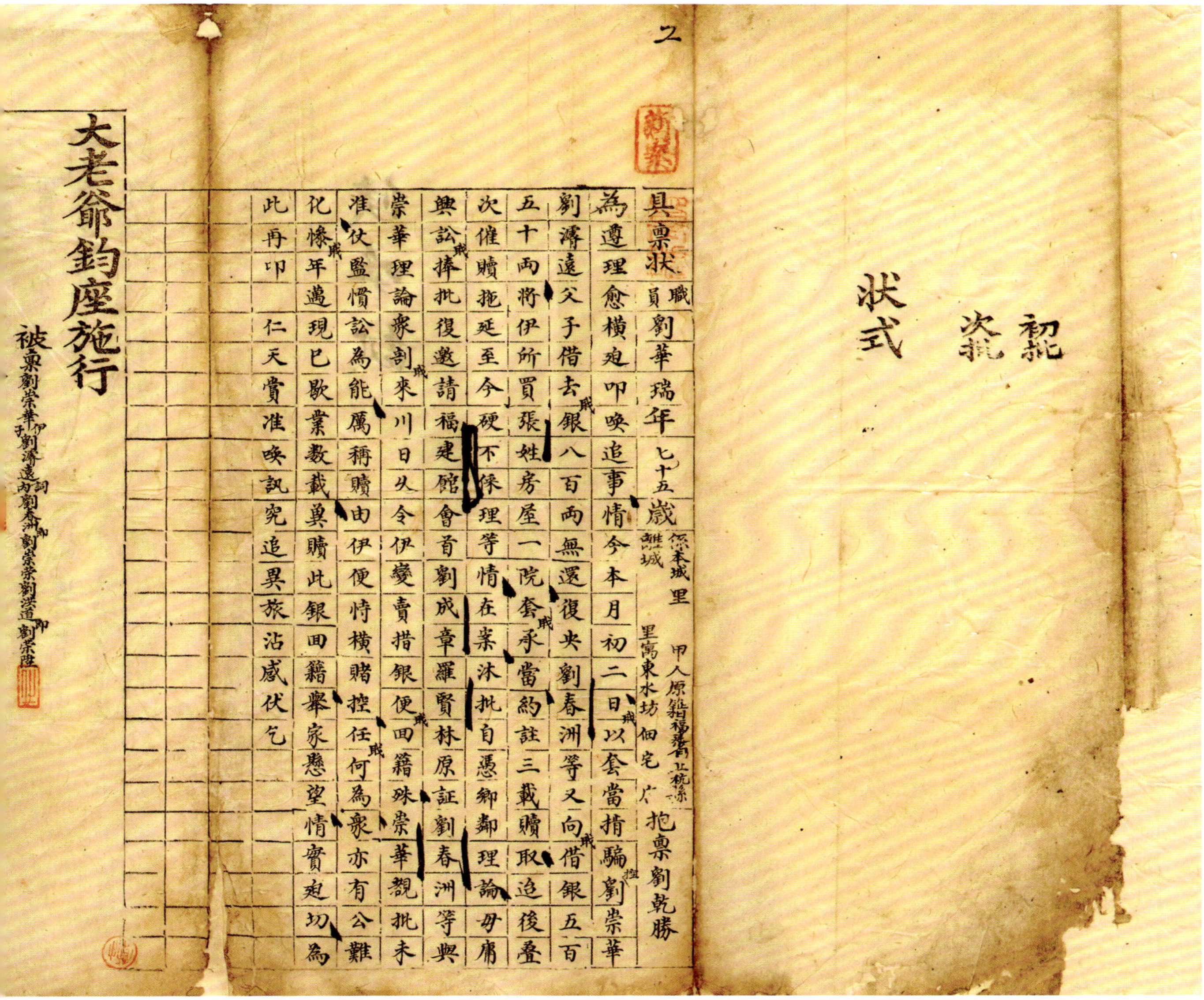
二

具禀状 職員劉華瑞年七十五歲 係本城里甲人原籍福建省汀州府上杭縣離城 里寓東水坊佃宅 抱禀劉乾勝

為遵理愈橫廹叩喚追事情今本月初二日以套當措騙劉崇華
劉濬遠父子借去銀八百兩無還復央劉春洲等又向借銀五百
五十兩將伊所買張姓房屋一院套承當約註三載贖取迨後叠
次催贖拖延至今硬不倸理等情在案沐批自憑鄉鄰理論毋庸
興訟捧批復邀請福建館會首劉成章羅賢林原証劉春洲等與
崇華理論衆剖來川日久令伊變賣措銀便回籍殊崇華覩批未
准伏盬慣訟為能厲稱贖由伊便恃橫賭控任何為衆亦有公難
化條年邁現已歇業數載莫贖此銀回籍舉家懸望情實廹切為
此再叩 仁天賞准喚訊究追異旅沾感伏乞

大老爺鈞座施行

被禀劉崇華 伊子劉濬遠 詞內劉春洲 劉崇榮 劉洪道 劉崇陞

状式

4 道光二十年十月十五日巴县衙门工房拟唤票

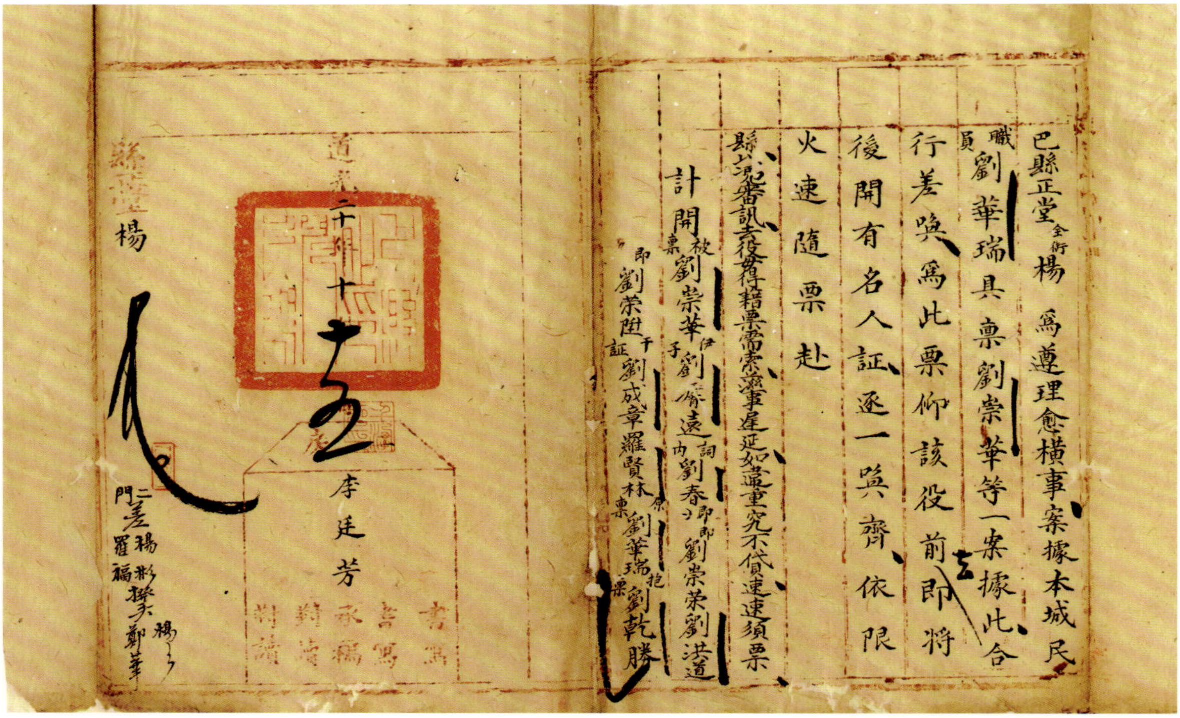

5 道光二十年十月二十四日刘崇华诉状

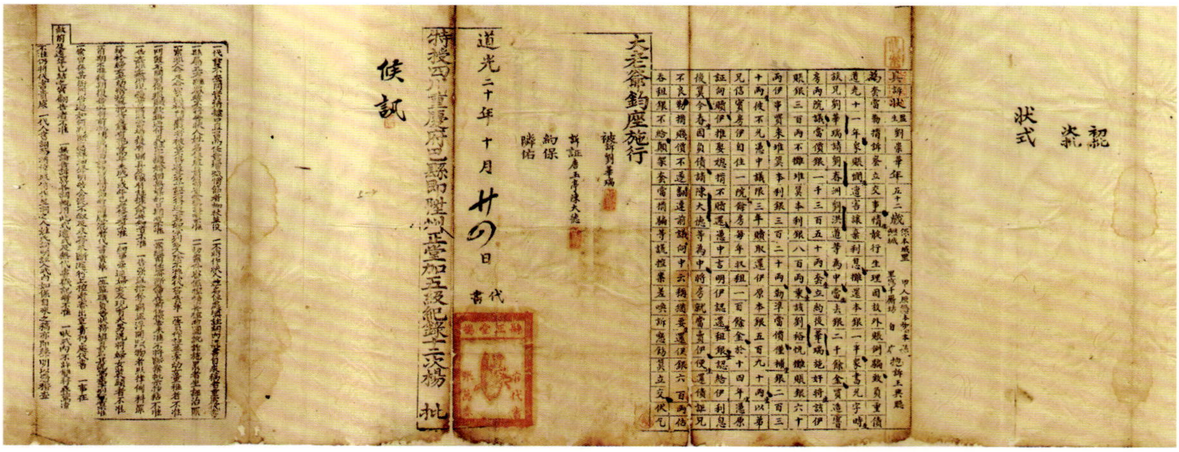

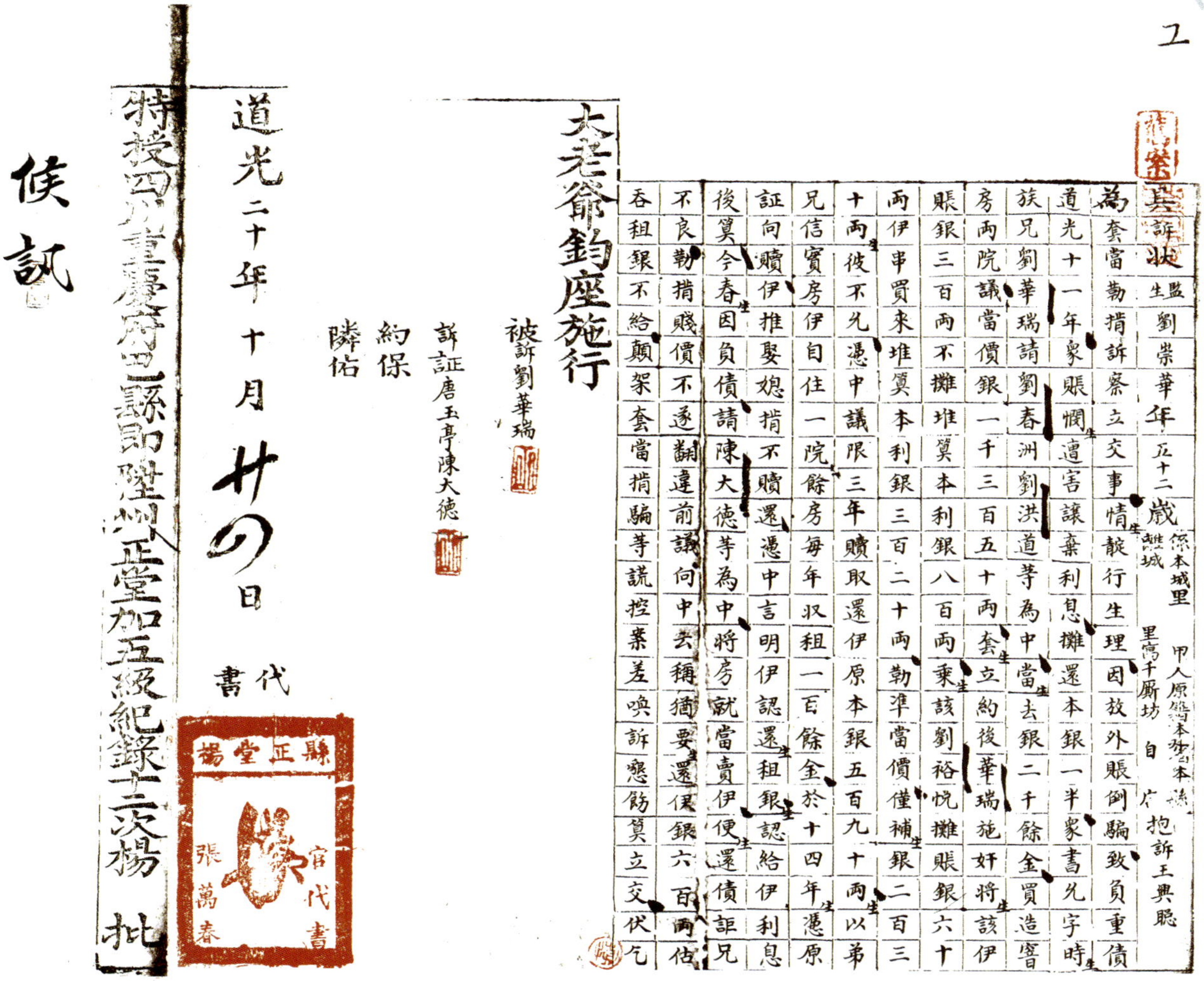

工

具詐狀 監生劉崇華 年五十二歲 係本城里甲人原籍本城 離城 里寓千厮坊 自 抱詐王興聰

為套當勒揹詐察立文事情。赧行生理，因故外賬倒騙，致負重債。

道光十一年，象賬惘遭害，讓棄利息，攤還本銀一半，象書允字。時

族兄劉華瑞請劉春洲、劉洪道等為中，當去銀二千餘金，買造窨

房兩院，議當價銀一千三百五十兩，套立約後，華瑞施奸，將該伊

賬銀三百兩不攤，堆算本利銀八百兩，秉該劉裕悅攤賬銀六十

兩，伊串買來堆算本利銀三百二十兩，勒準當價，僅補銀二百三

十兩，彼不允，憑中議限三年贖取，還伊原本銀五百九十兩，以弟

兄信實，房伊自住一院，餘房每年収租一百餘金。於十四年憑原

証向贖，伊推娶媳揹不贖，還憑中言明，伊認還租銀，認給伊利息

後算。今春因負債，請陳大德等為中，將房就當賣伊，便還債。詎兄

不良，勒揹賤價不遂，翻違前議，向中去稱，猶要還佷銀六百兩，估

吞租銀不給，顛架套當揹騙等謊控案，差喚。詐懇飭算立交。伏乞

大老爺鈞座施行

被詐 劉華瑞

詐証 唐玉亭 陳大德

約保 隣佑

道光二十年十月廿四日

代書

縣正堂楊 官代書 張萬春

特授四川重慶府巴縣即陞州正堂加五級紀錄十二次楊 批

候訊

6 道光二十年十月二十九日巴县衙门工房开单

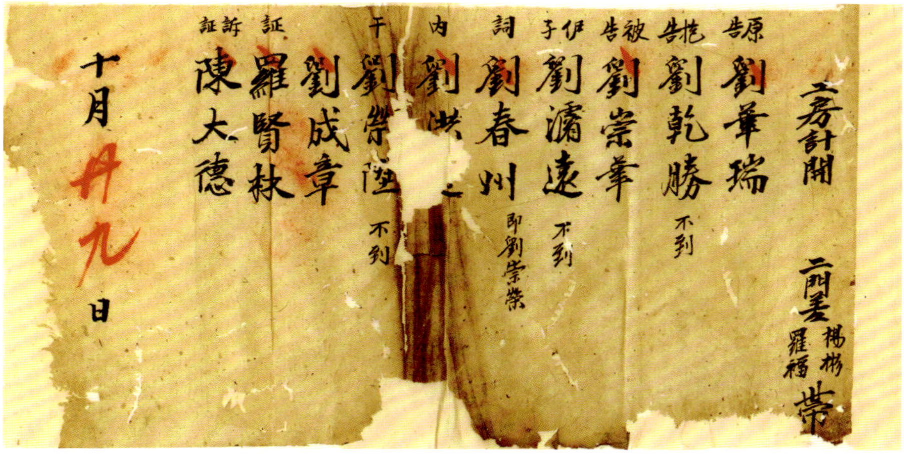

工房計開

原告 劉華瑞

抱告 劉乾勝 不到

被告 劉崇華

伊子 劉濬遠 不到

詞 劉春州 即劉崇榮

內 劉洪[illegible]

干 劉崇陞 不到

劉成章

證 羅賢林

許証 陳大德

十月廿九日

二兩差 楊彬 羅福 [illegible]

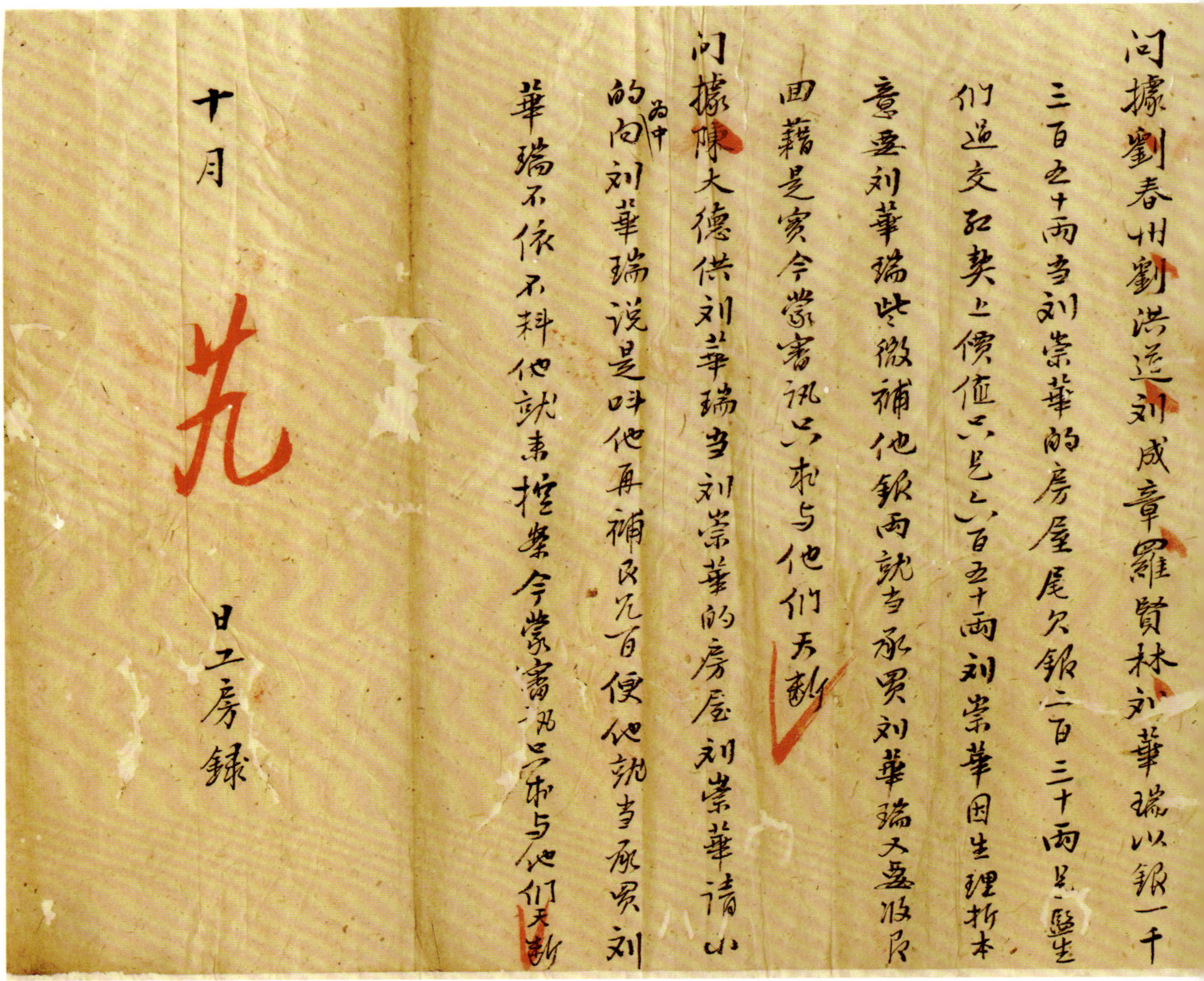
问據劉春州劉洪遠刘成章羅賢林刘華瑞以銀一千
三百五十兩当刘崇華的房屋尾欠銀二百三十兩是豎生
們逼交紅契上價值只是一千三百五十兩刘崇華因生理折本
意要刘華瑞些微補他銀兩就当承買刘華瑞又要收尽
回藉是實今蒙審訊只求与他們天斷
问據陳大德供刘華瑞当刘崇華的房屋刘崇華請小
的為中向刘華瑞説是叫他再補銀几百便他就当承買刘
華瑞不依不料他就来控案今蒙審訊只求与他們天斷
十月　先　日工房録

7 道光二十年十月二十九日巴县衙门工房讯问笔录

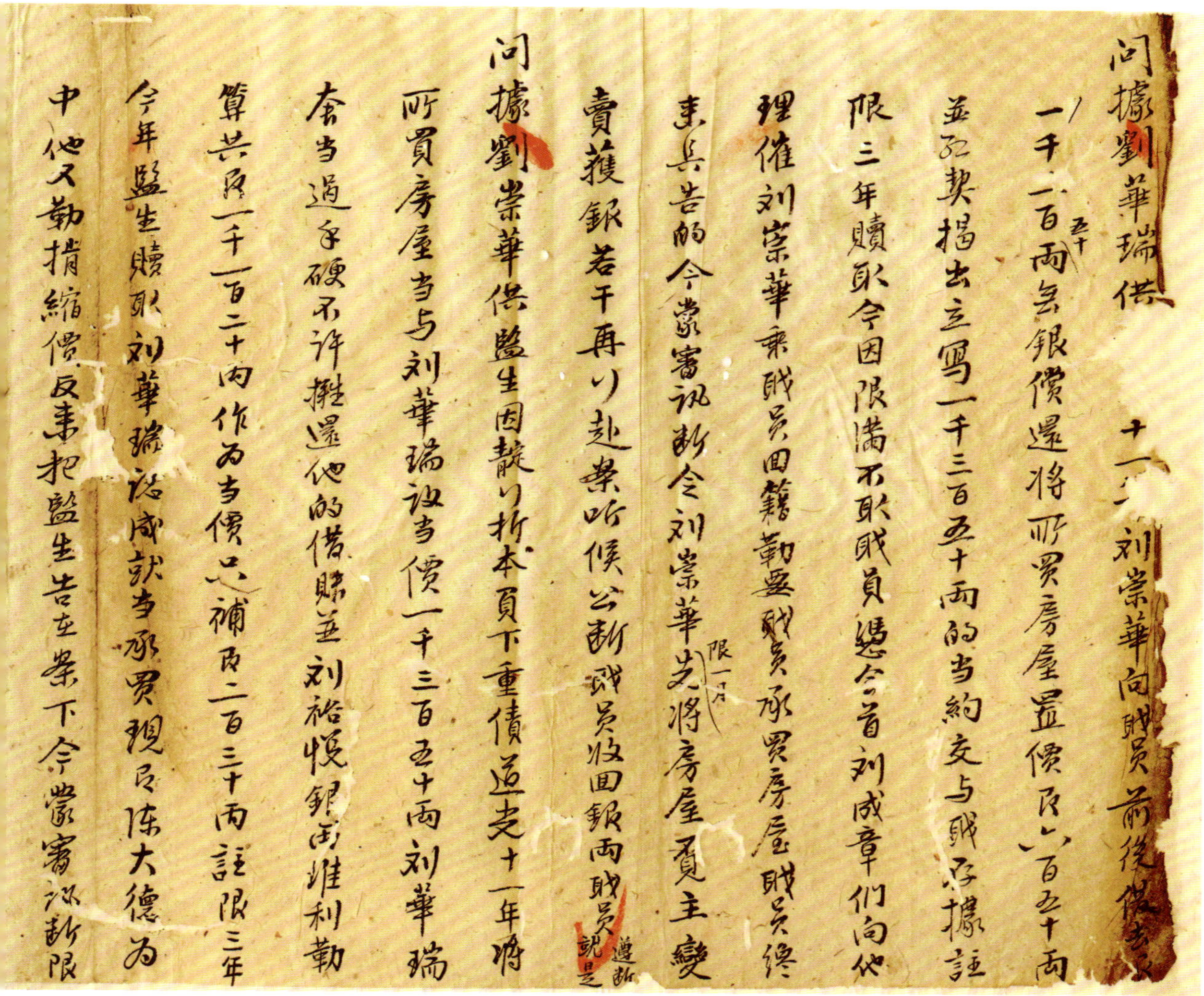

问據劉華瑞供：十一年刘崇華向職員前後借去一千二百五十两無銀償還，將所買房屋当價足六百五十两，並紅契揭出，立寫一千三百五十两的当約交与職存據，註限三年贖取。今因限满不取，職員具稟，今首刘成章們向他理催，刘崇華乘職員回籍，勒要職員承買房屋，職員總未与告的。今蒙審訊，斷令刘崇華先限一月將房屋覓主變賣，獲銀若干再以赴案听候公斷，職員收回銀兩。職員遵斷就是。

问據劉崇華供：監生因虧以折本負下重債，道光十一年將所買房屋当与刘華瑞，議当價一千三百五十两。刘華瑞套当過手，硬不許攤還他的借賬並刘裕悅銀兩，堆利勒算共足一千一百二十两作為当價，又補足二百三十两，註限三年。今年監生贖取，刘華瑞總成就当承買，現足陳大德為中，他又勒措縮價，反来把監生告在案下。今蒙審訊，斷限

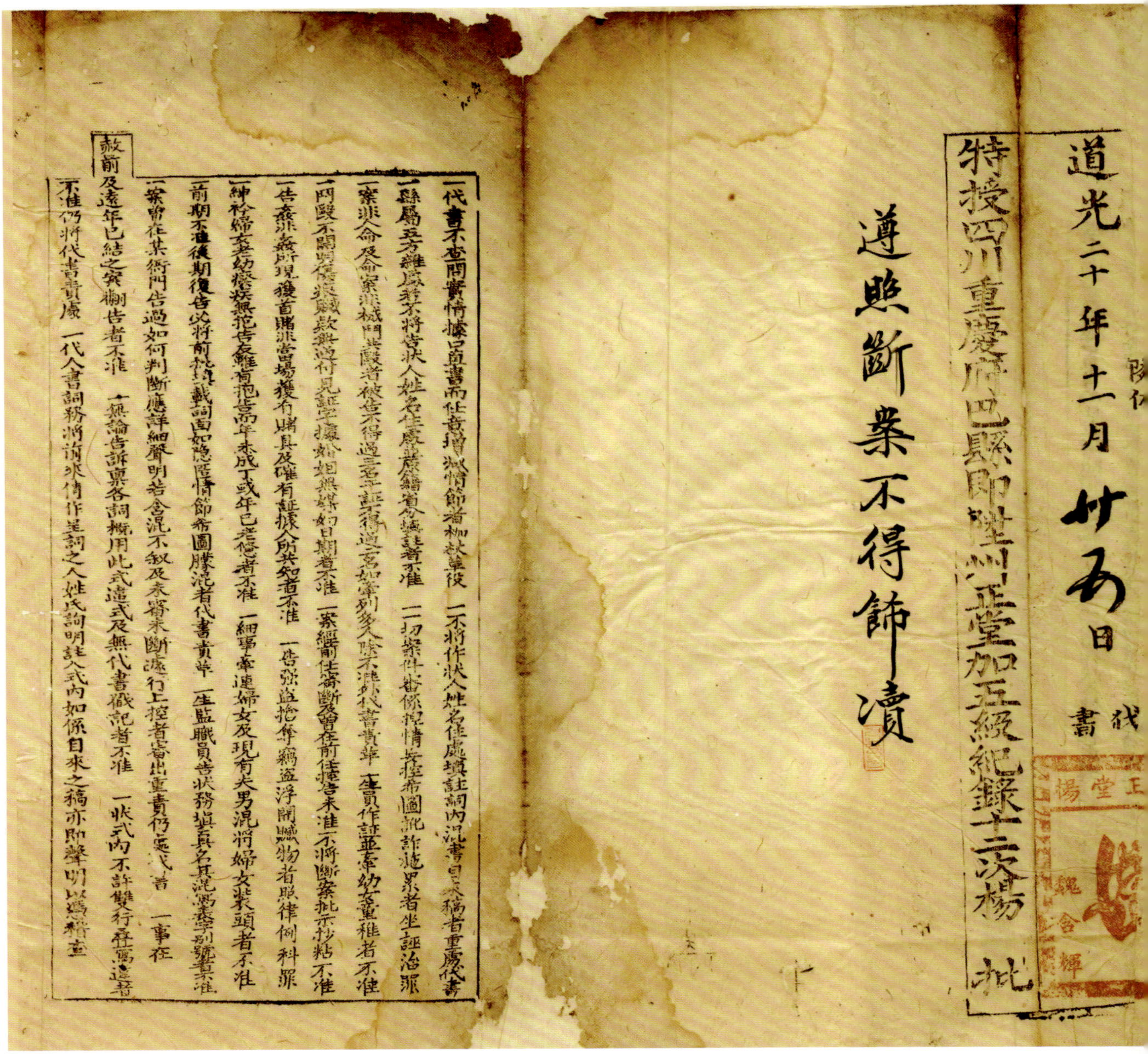

道光二十年十一月廿五日　代書

特授四川重慶府巴縣即補州正堂加五級紀錄十二次楊　批

遵照斷案不得飾瀆

一代書不查問實情據口直書而任意增減情節者枷杖革役　一不將作狀人姓名住處填註詞內混書自來稿者重處代書

一縣屬五方雜處若不將告狀人姓名住處原籍省分填註者不准　一切案件皆係捏情妄控希圖批詐拖累者坐誣治罪

一案非人命及命案非械鬥共毆者被告不得過三名干證不得過二名如牽列多人除不准外代書責革　一生員作證並牽幼婦童稚者不准

一鬥毆不開明傷痕賊款無過付見證字據婚姻無媒妁日期者不准　一案經前任審斷及曾在前任控告未准不將斷案批示抄粘不准

一告姦非姦所現獲首賭非當場獲有賭具及確有證據人所共知者不准　一告強盜搶奪竊盜浮開贓物者照律例科罪

一紳衿婦女老幼廢疾無抱告及雖有抱告而年未成丁或年已老憊者不准　一細事牽連婦女及現有夫男混將婦女紥頭者不准

一前期不准後期復告必將前批並載詞首如隱匿情節希圖朦混者代書責革　一生監職員告狀務填真名其混寫表字別號者不准

一案曾在某衙門告過如何判斷應詳細聲明若含混不敘及未審未斷遽行上控者查出重責仍退呈　一事在

赦前及遠年已結之案擱告者不准　一無論告訴禀各詞概用此式違式及無代書戳記者不准　一狀式內不許雙行疊寫違者

不准仍將代書責處　一代人書詞務將請來倩作是詞之人姓氏詢明註入式內如係自來之稿亦即聲明以憑稽查

8 道光二十年十一月二十五日刘崇华哀状

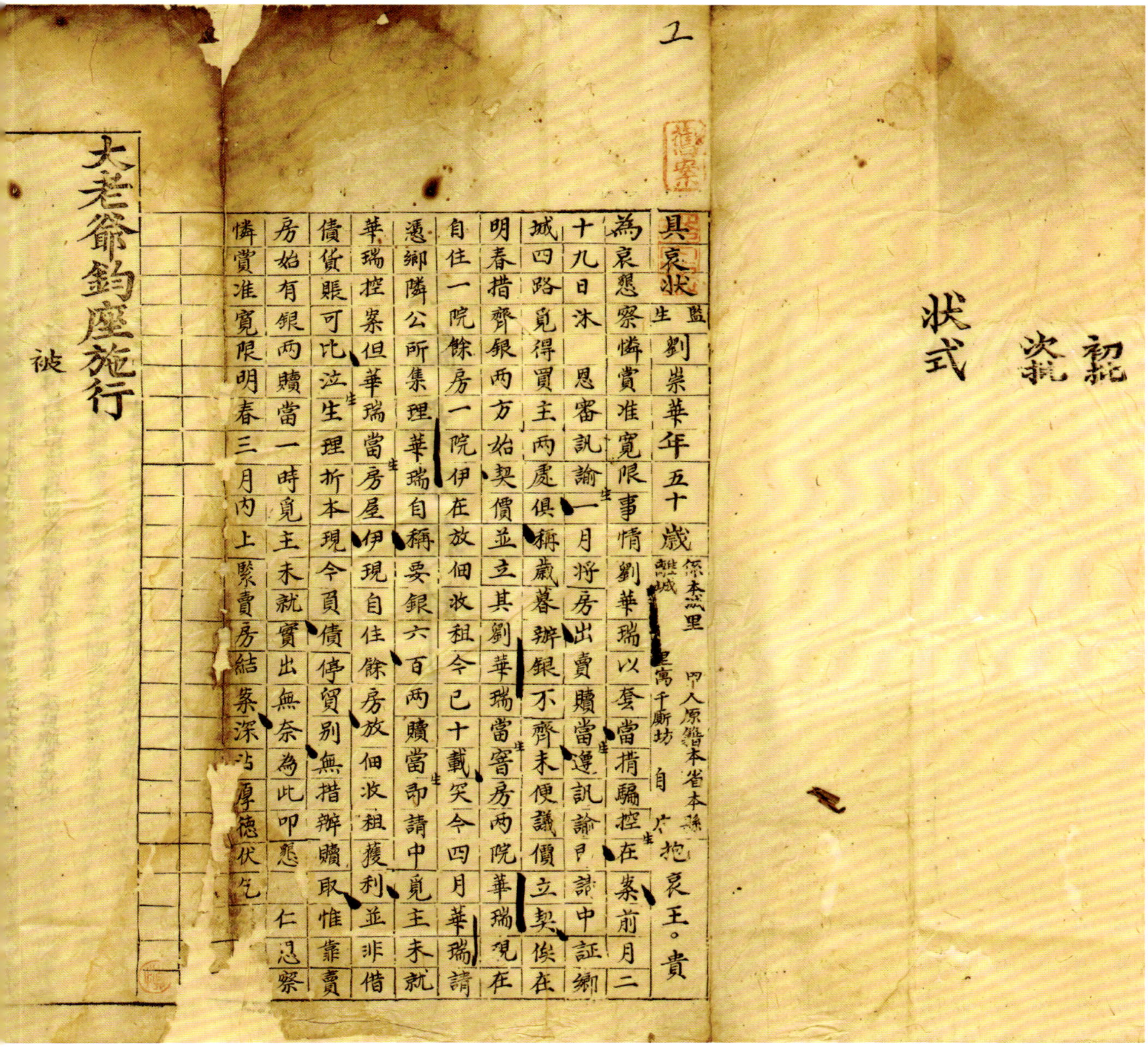
初詞 次詞
狀式

具哀狀 監生劉崇華年五十歲 係本城里 甲人原籍本省本縣 離城 里寓千廝坊 自作抱哀王。貴
為哀懇察憐賞准寬限事情劉華瑞以套當揩騙控在案前月二
十九日沐 恩審訊諭一月將房出賣贖當遵訊諭日請中証鄉
城四路覓得買主兩處俱稱歲暮辦銀不齊未便議價立契俟在
明春揩齊銀兩方始契價並立其劉華瑞當審房兩院華瑞現在
自住一院餘房一院伊在放佃收租今已十載哭今四月華瑞請
憑鄉隣公所集理華瑞自稱要銀六百兩贖當邵請中覓主未就
華瑞控案但華瑞當房屋伊現自住餘房放佃收租獲利並非借
債貨賬可比泣生理折本現今負債停貿別無措辦贖取惟靠賣
房始有銀兩贖當一時覓主未就實出無奈為此叩懇 仁恩察
憐賞准寬限明春三月內上緊賣房結案深沾厚德伏乞
大老爺鈞座施行
被

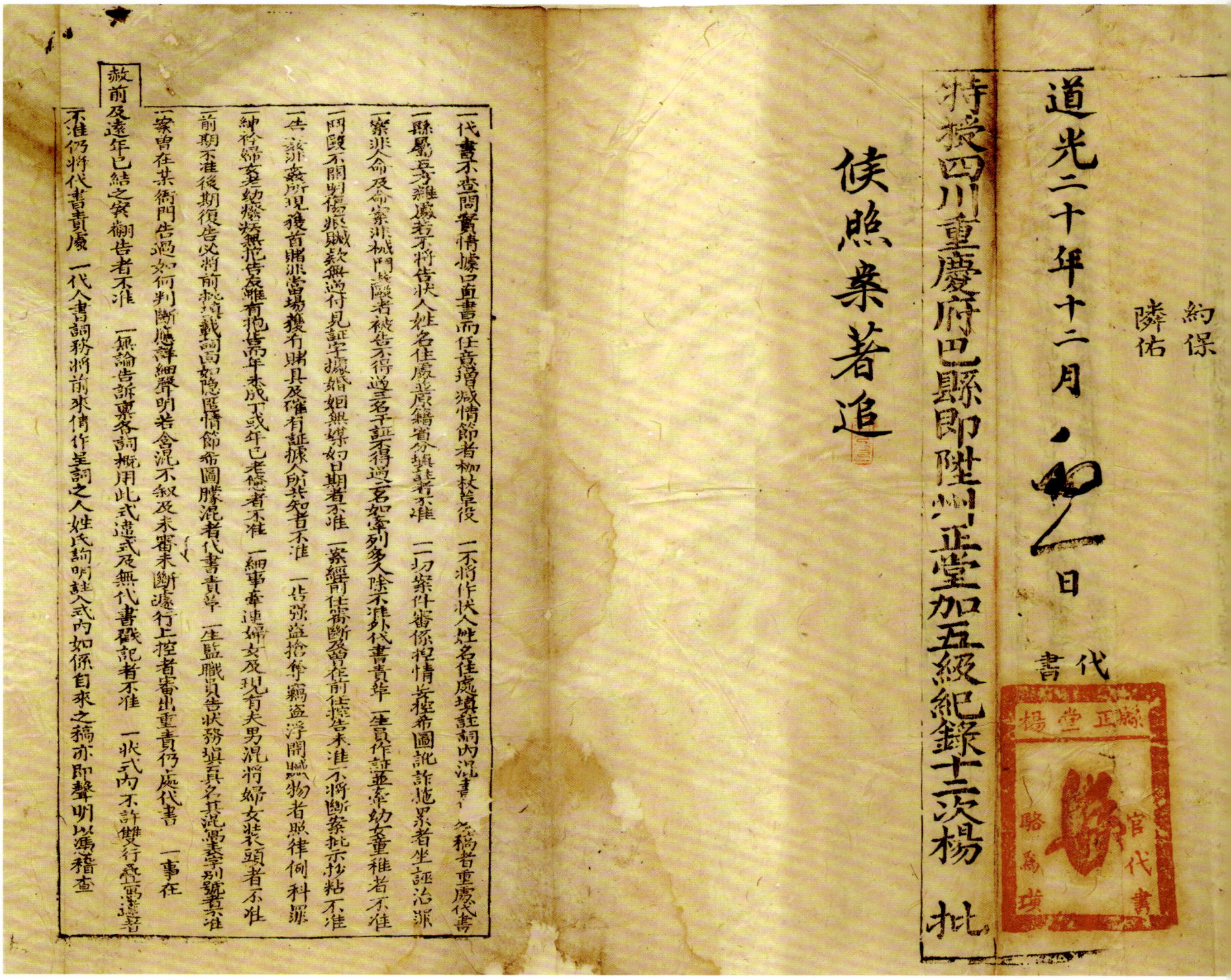

約保
隣佑

道光二十年十二月　日

代書

特授四川重慶府巴縣即陞州正堂加五級紀錄十二次楊　批

候照案著追

一代書不查問實情據口直書而任意增減情節者枷杖革役　一不將作狀人姓名住處填註詞內混書□□稿者重處代書

一縣屬五方雜處若不將告狀人姓名住處並原籍省分填註者不准　一一切案件審係捏情妄控希圖訛詐拖累者坐誣治罪

一案非人命及命案非械鬥兇毆者被告不得過三名干証不得過二名如牽列多人除不准外代書責革　一生員作証並牽幼女童稚者不准

一鬥毆不開明傷痕贓款無過付見証字據婚姻無媒妁日期者不准　一案經前任審斷及曾在前任控告未准不將斷案批示抄粘不准

一告姦非姦所現獲首賭非當場獲有賭具及確有証據人所共知者不准　一告強盜搶奪竊盜浮開贓物者照律例科罪

一紳衿婦女老幼殘疾無抱告及雖有抱告而年未成丁或年已老憊者不准　一細事牽連婦女及現有夫男混將婦女裝頭者不准

一前期不准後期復告必將前批抄載詞內如隱匿情節希圖朦混者代書責革　一生監職員告狀務填其名其混寫表字別號者不准

一案曾在某衙門告過如何判斷應詳細聲明若含混不敘及未審未斷遽行上控者審出重責仍處代書　一事在

赦前及遠年已結之案翻告者不准　一無論告訴稟呈各詞概用此式違式及無代書戳記者不准　一狀式內不許雙行疊寫塗著

不准仍將代書責處　一代人書詞務將前來倩作呈詞之人姓氏詢明註入式內如係自來之稿亦即聲明以憑稽查

9 道光二十年十二月初一日刘华瑞禀状

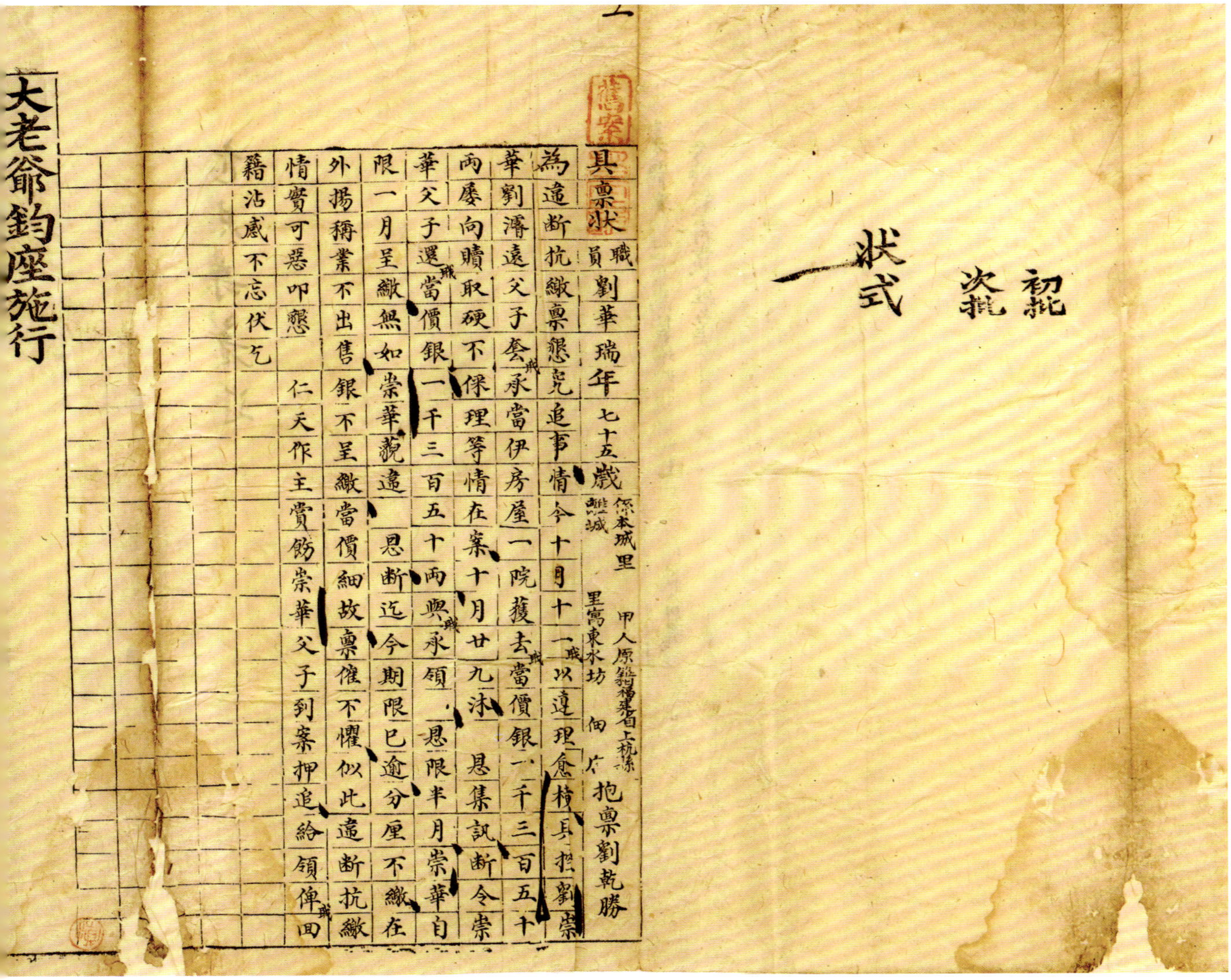
具禀状 職員劉華瑞年七十五歲 係本城里 離城 甲人原籍福建省上杭縣 里寓東水坊 佃 抱禀劉乾勝
為違斷抗繳禀懇究追事情今十月十一以違理愈横具控劉崇
華劉濬遠父子套承當伊房屋一院獲去當價銀一千三百五十
兩屢向贖取硬不俾理等情在案十月廿九沐 恩集訊斷令崇
華父子還當價銀一千三百五十兩與承領 恩限半月崇華自
限一月呈繳無如崇華藐違 恩斷迄今期限已逾分厘不繳在
外揚稱業不出售銀不呈繳當價細故禀准不懼似此違斷抗繳
情實可惡叩懇 仁天作主賞飭崇華父子到案押追給領俾田
藉沾感不忘伏乞
大老爺鈞座施行

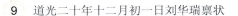

狀式

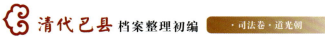

10 道光二十年十二月初九日巴县衙门工房开复讯单

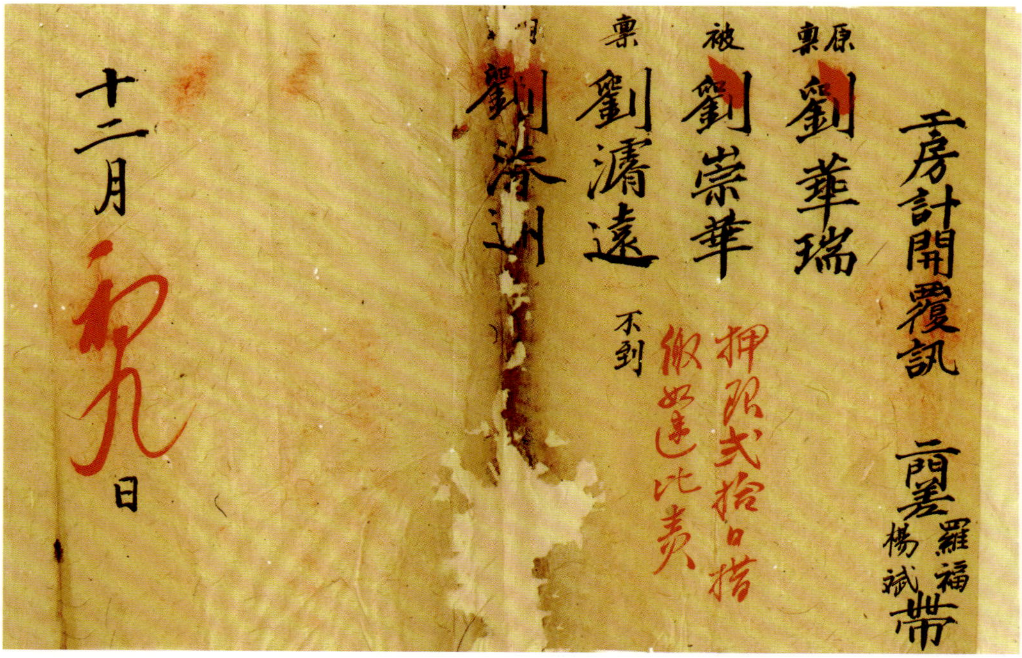
工房計開覆訊
原稟 劉華瑞
被 劉崇華
稟 劉濤遠 不到
劉浴洲
兩差 羅福 楊斌 帶
押限式拾日搭繳如違比責
十二月初九日

11 道光二十年十二月初九日巴县衙门工房讯问笔录

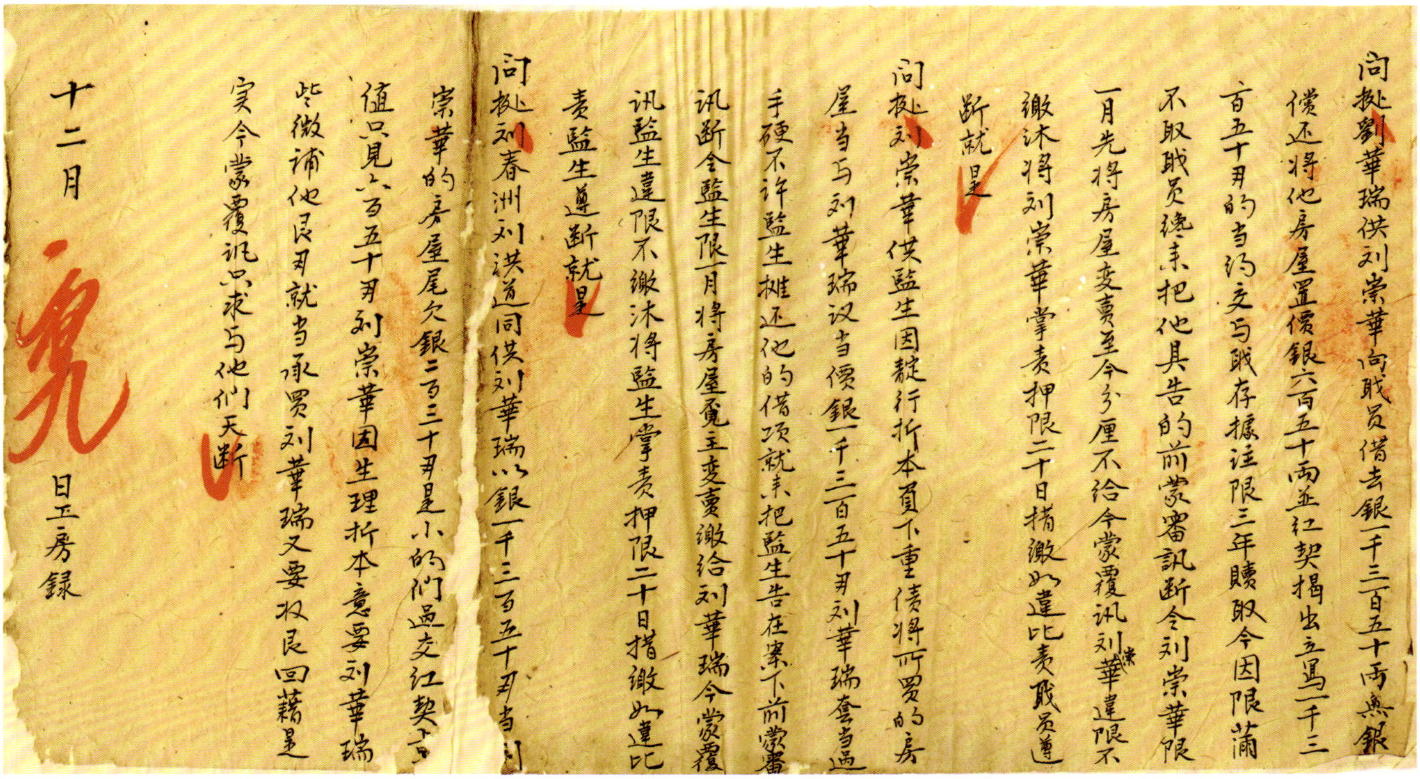
问据刘華瑞供刘崇華向職员借去銀一千三百五十两無銀償还将他房屋置價銀六百五十两並红契揭出立写一千三百五十两的当約交与職存據注限三年贖取今因限满不取職员纔来把他具告的前蒙審訊断令刘崇華限一月先将房屋变賣至今分厘不給今蒙覆訊刘崇華違限不繳沐將刘崇華掌责押限二十日措缴如違比责職员遵断就是

问据刘崇華供監生因艱行折本負不重債将所買的房屋当与刘華瑞议当價銀一千三百五十两刘華瑞套当過手硬不許監生摊还他的借項就来把監生告在案下前蒙審訊断令監生限一月将房屋覓主变賣缴給刘華瑞今蒙覆訊監生違限不繳沐將監生掌责押限二十日措缴如違比责監生遵断就是

问据刘春洲刘洪道同供刘華瑞以銀一千三百五十两当刘崇華的房屋尾欠銀二百三十两是小的們過交红契當值只見六百五十两刘崇華因生理折本意要刘華瑞些微補他艮两就当承買刘華瑞又要収艮回藉是实今蒙覆訊只求与他們天断

十二月九日工房録

約保
鄰佑

道光二十年十二月十四日　代書

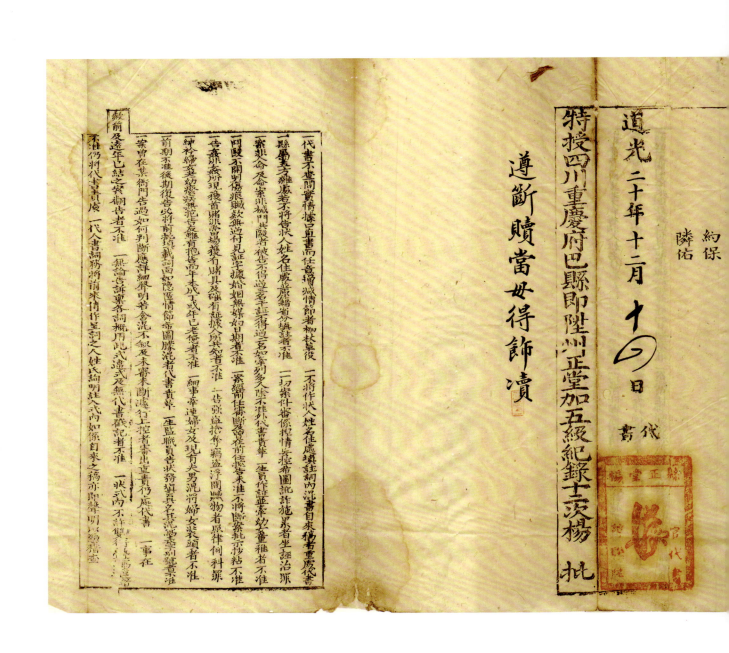

特授四川重慶府巴縣即陞州正堂加五級紀錄十二次楊　批

遵斷贖當毋得飾漬

一代書不查問實情據口直書而任意增減情節者枷杖革役　一不將作狀人姓名住處填註詞內混書自來稿者重處代書
一縣屬土著雜處若不將告狀人姓名住處並原籍省分填註者不准　一切案件皆係揑情妄控希圖訛詐拖累者坐誣治罪
一案非人命及命案非械鬥共毆者被告不得逾三名干証不得過二名如牽列多人除不准外代書責革　一生員作証並牽幼女童稚者不准
一鬥毆不開明傷痕贓款無過付見証字據婚姻無媒妁日期者不准　一案經前任審斷及曾在前任控告未准一不將斷案批示抄粘不准
一告姦非姦所現獲首賭非當場獲有賭具及確有証據人所共知者不准　一告竊盜搶奪竊盜浮開贓物者照律例科罪
一紳衿婦女老幼廢疾無抱告及雖有抱告而年未成丁或年已老憊者不准　一細事牽連婦女及現有夫男混將婦女裝頭者不准
一前期不准後期復告必將前批填載詞面如隱匿情節希圖朦混者代書責革　一生監職員告狀務填真名其混寫表字別號者不准
一案曾在某衙門告過如何判斷應詳細聲明若含混不叙及未審未斷遽行上控者審出重責仍處代書　一事在
赦前及遠年已結之案翻告者不准　一無論告訴稟各詞概用此式違式及無代書戳記者不准　一狀式內不許雙[illegible]
不准仍將代書責處　一代人書詞務將前來情作呈詞之人姓氏詢明註入式內如係自來之稿亦即聲明以憑稽查

縣正堂楊　官代書

12 道光二十年十二月十四日刘崇华哀状

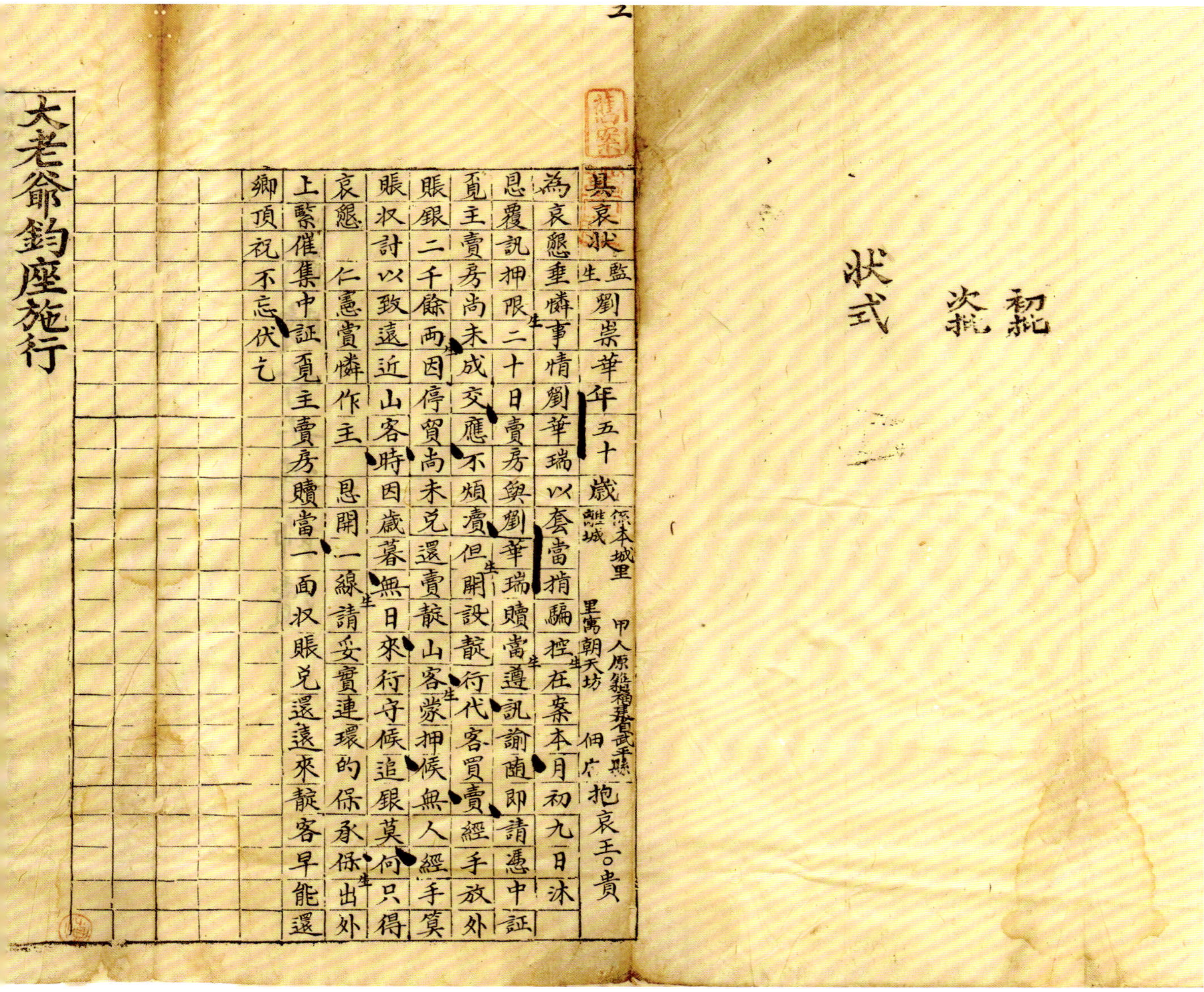
状式

具哀状監生劉崇華年五十歲係本城里甲人原籍福建省武平縣離城　里寓朝天坊　佃户　抱哀王〇貴
為哀懇垂憐事情劉華瑞以套當揹騙控在案本月初九日沐
恩覆訊押限二十日賣房與劉華瑞贖當遵訊諭隨即請憑中証
覓主賣房尚未成交應不煩賣但開設靛行代客買賣經手放外
賬銀二千餘両因停貿尚未兑還賣靛山客蒙押候無人經手算
賬收討以致遠近山客時因歲暮無日來行守候追銀莫何只得
哀懇　仁憲賞憐作主　恩開一線請妥實連環的保承保出外
上緊催集中証覓主賣房贖當一面收賬兑還遠來靛客早能還
鄉頂祝不忘伏乞
大老爺鈞座施行

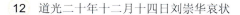

13 道光二十年十二月二十日刘宏道等保状

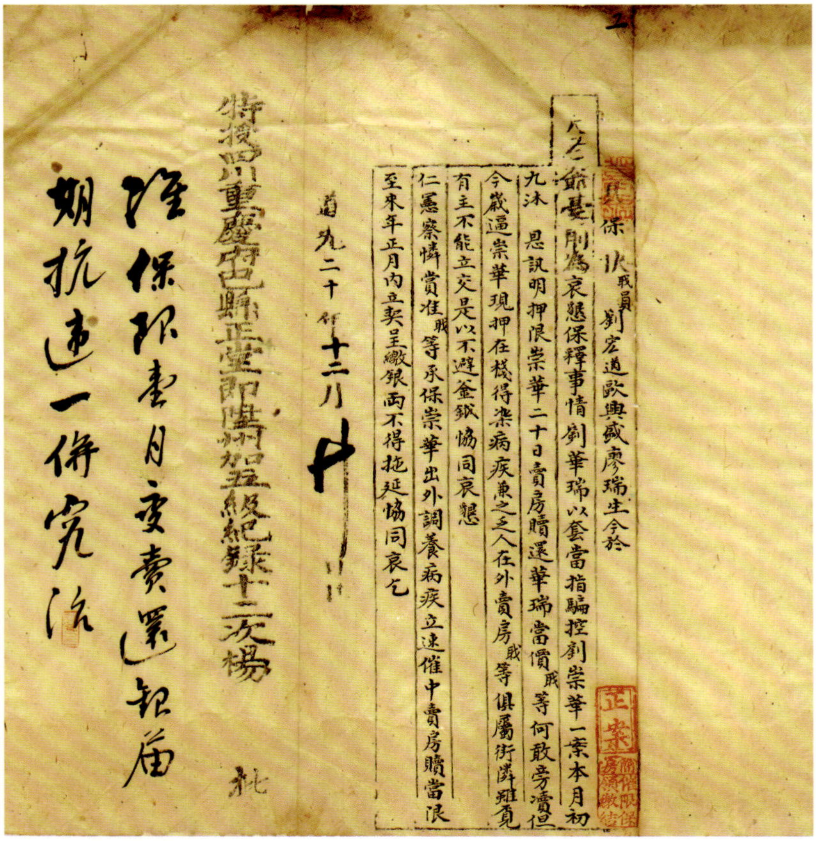

具保状民刘宏道、欧兴盛、廖瑞生，今於

大老爷台前为哀恳保释事。情刘华瑞以套当指骗控刘崇华一案，本月初

九沐

恩讯明，押限崇华二十日卖房赎还华瑞当价，民等何敢旁渎。但

今岁逼崇华现押在栈，得染病疾，东之之人在外卖房，民等俱属街邻，难见

有主不能立交，是以不避斧钺，协同哀恳

仁恩察怜赏准民等承保崇华出外调养病疾，立速催中卖房赎当，限

至来年正月内立契呈缴银两，不得拖延。协同哀乞

道光二十年十二月廿日

特授四川重庆府巴县正堂加五级纪录十二次杨

准保，限本月变卖还银。备期抗违，一併究治。

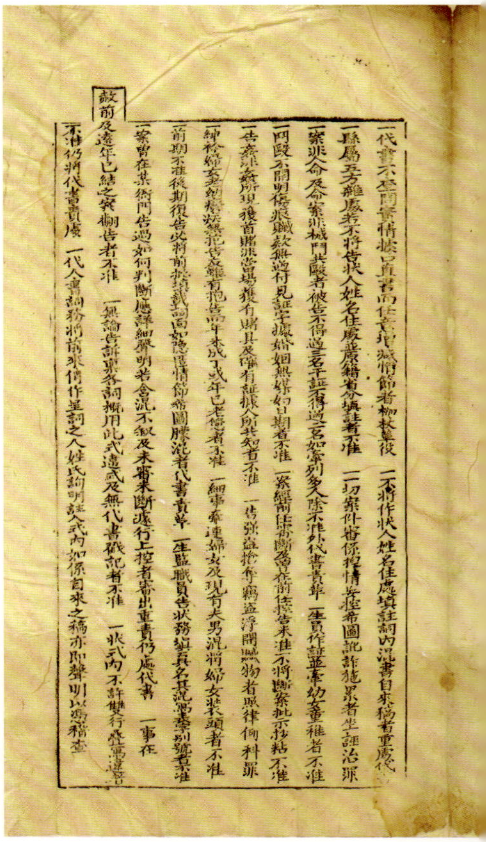

14 道光二十一年正月二十五日刘华瑞禀状

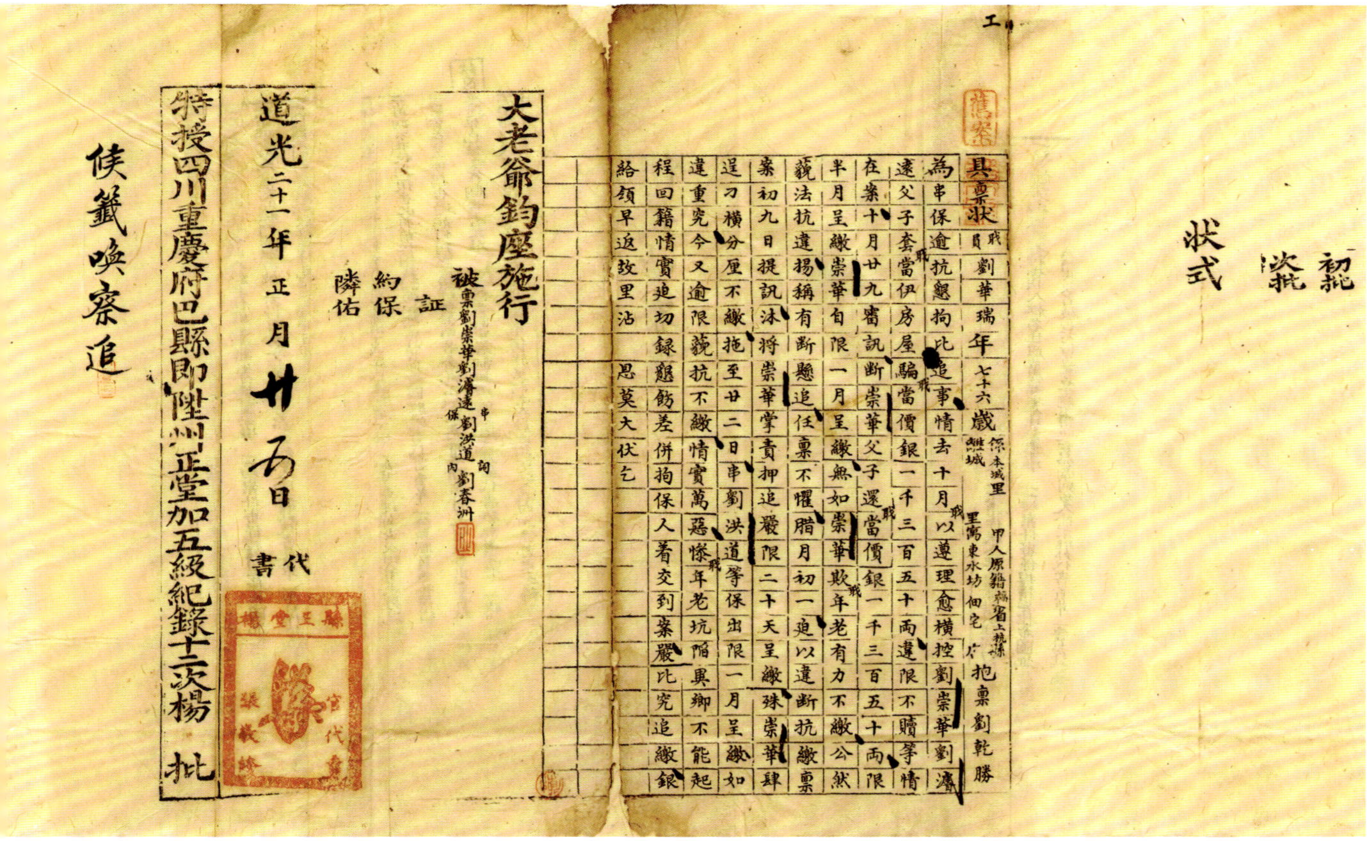
狀式

具禀狀 職員劉華瑞 年七十六歲 係本城里甲人原籍□省上杭縣 離城 里寓東水坊佃宅 抱禀劉乾勝

為串保逾抗懇拘比追事情去十月以蓮理愈横控劉崇華劉濬遠父子套當伊房屋騙當價銀一千三百五十兩違限不贖等情在案十月廿九審訊斷崇華父子還當價銀一千三百五十兩限半月呈繳崇華自限一月呈繳無如崇華欺年老有力不繳公然藐法抗違揚稱有斷懸追任禀不懼臘月初一追以違斷抗繳禀案初九日提訊沐將崇華掌責押追嚴限二十天呈繳殊崇華肆逞刁横分厘不繳拖至廿二日串劉洪道等保出限一月呈繳如違重究今又逾限藐抗不繳情實萬惡慘年老坑陷異鄉不能起程回籍情實迫切録懇飭差併拘保人着交到案嚴比究追繳銀給領早返故里沾
恩莫大伏乞

大老爺鈞座施行

被禀劉崇華 劉濬遠 串保劉洪道 詞內劉春洲

證 約保 隣佑

道光二十一年正月廿五日 代書

特授四川重慶府巴縣即陞州正堂加五級紀録十二次楊 批

候籤喚案追

15 道光二十一年正月二十九日巴县衙门拟唤票

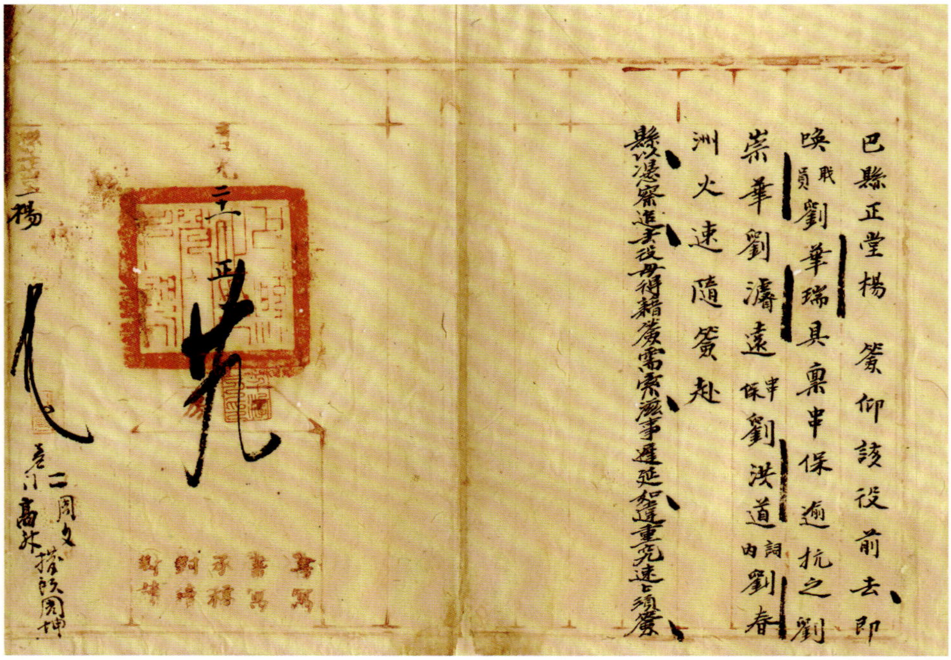
巴縣正堂楊　簽仰該役前去，即
喚戳員劉華瑞具稟串保逾抗之劉
崇華、劉濤遠，串保劉洪道，詞內劉春
洲火速隨簽赴
縣，以憑察進。去役毋得藉簽需索、滋事、遲延，如違重究。速速須簽。

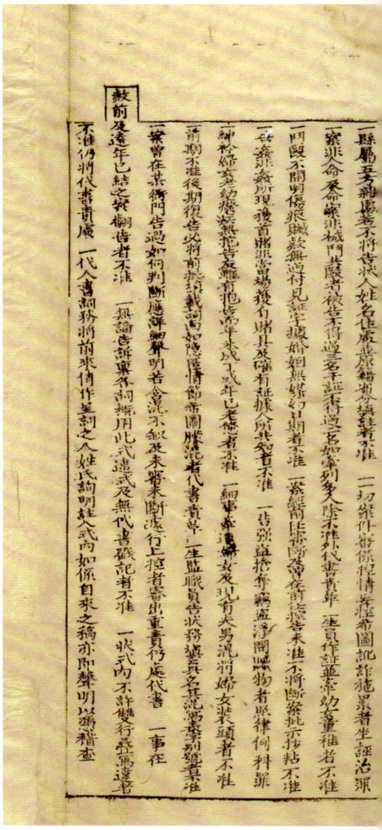

16 道光二十一年三月初五日刘崇华禀状

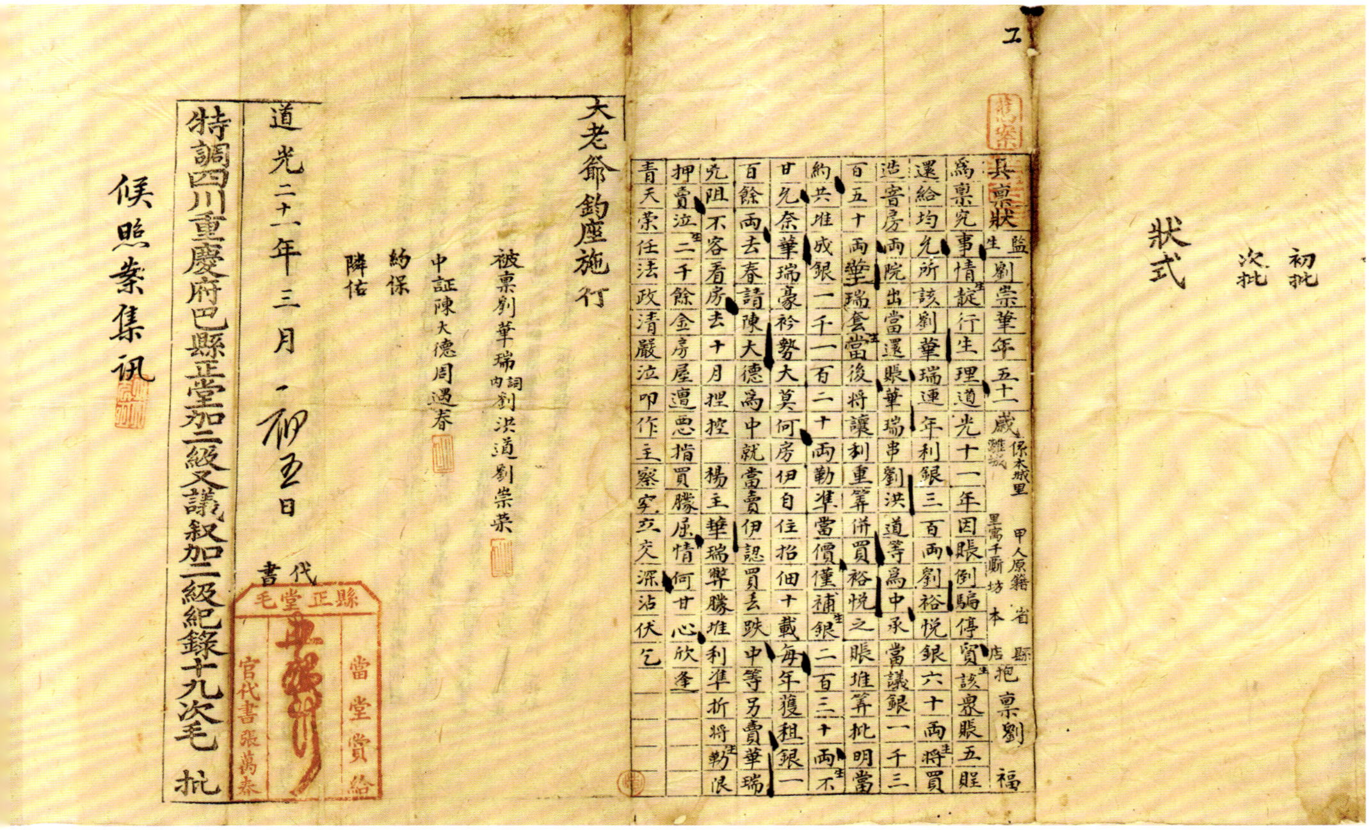
狀式 初批 次批

具禀狀 監生劉崇華 年五十一歲 係本城里甲人原籍 省 縣 抱禀劉福
離城 里 寓千厮坊本店

為禀究事情旋行生理道光十一年因賬倒騙停貿該衆賬五賬
還給均允所該劉華瑞運年利銀三百兩劉裕悅銀六十兩將買
造審房兩院出當還賬華瑞串劉洪道等為中承當議銀一千三
百五十兩華瑞套當後將讓利重算併買裕悅之賬堆算批明當
約共堆成銀一千一百二十兩勤準當價僅補銀二百三十兩不
甘允奈華瑞豪矜勢大莫何房伊自住佃十載每年獲租銀一
百餘兩去春請陳大德為中就當賣伊認買去跌中等另賣華瑞
充阻不容看房去十月捏控 楊主華瑞弊騰堆利準折將勒限
押賣泣二千餘金房屋遭惡指買騰屋情何甘心欣逢
青天案任法政清嚴泣叩作主察究交深沾伏乞

大老爺鈞座施行

被禀 劉華瑞
內詞 劉洪道 劉崇榮
中證 陳大德 周遇春
約保
鄰佑

道光二十一年三月初五日

代書
縣正堂毛 當堂賞給 官代書張萬泰

特調四川重慶府巴縣正堂加三級又議叙加一級紀錄十九次毛 批

候照案集訊

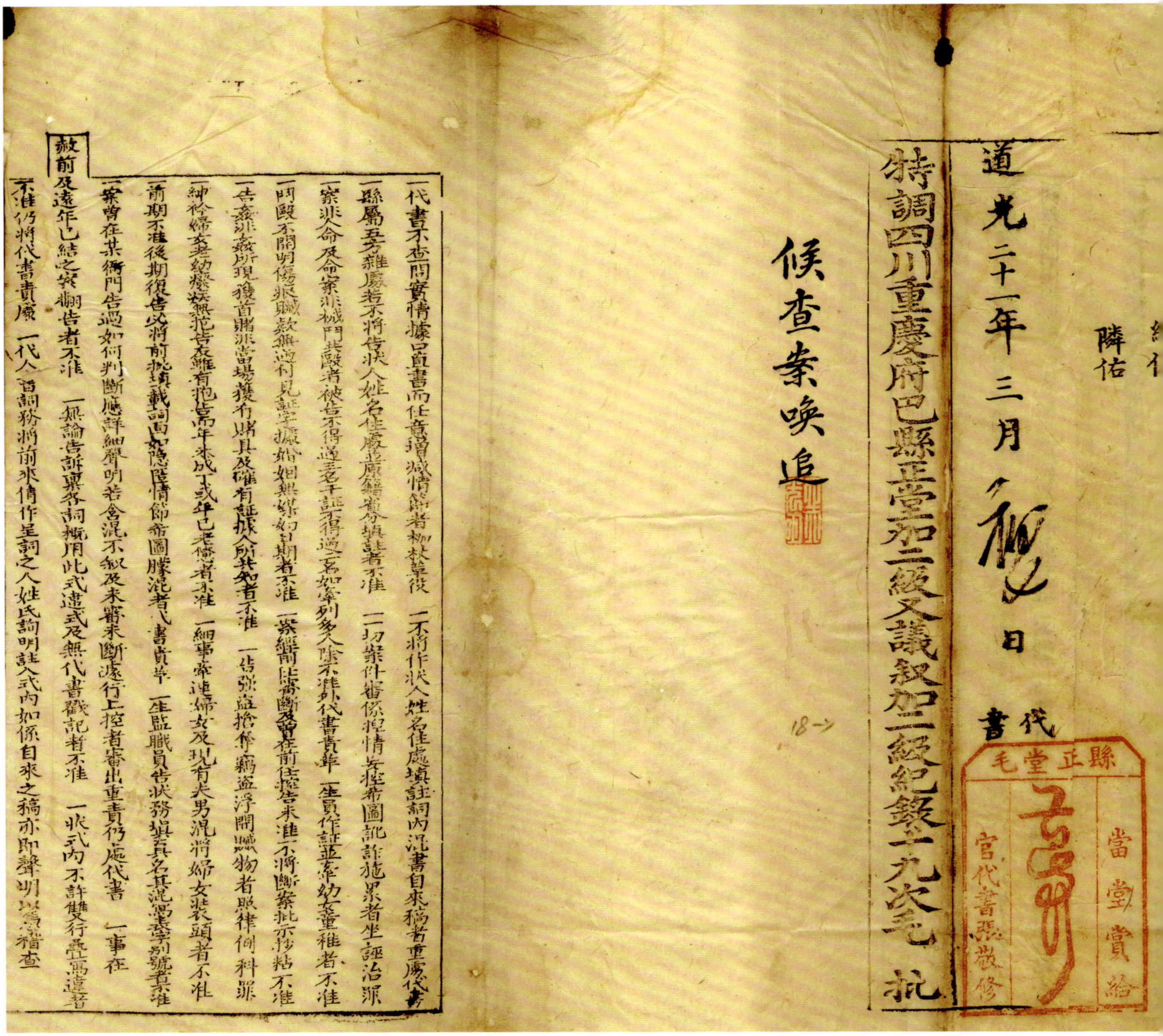
道光二十一年三月　日
代書
縣正堂毛
當堂賞給
官代書敬修
鄰佑
特調四川重慶府巴縣正堂加三級又議叙加一級紀錄十九次毛　批
候查案唤追
一代書不查問實情據口直書而任意增減情節者枷杖革役　一不將作狀人姓名住處填註詞內混書自來稿者重處代書
一縣屬五方雜處若不將告狀人姓名住處並原籍省分填註者不准　一一切案件若係捏情妄控希圖訛詐拖累者坐誣治罪
一命案非人命及命案非械鬥共毆者被告不得逾三名干證不得逾二名如牽列多人除不准外代書責革　一生員作証並牽幼女童稚者不准
一鬥毆不開明傷痕贓款無過付見証者抵婚姻無媒妁日期者不准　一案經訊斷及曾在前任控告未准不將斷案批示抄粘不准
一告姦非姦所現獲首賭非當場獲有賭具及確有証據人所共知者不准　一告竊盜搶奪竊盜浮開贓物者照律例科罪
一紳衿婦女老幼殘疾無抱告及雖有抱告而年未成丁或年已老憊者不准　一細事牽連婦女及現有夫男混將婦女裝頭者不准
一前期不准後期復告必將前批填載詞內如隱匿情節希圖朦混者代書責革　一生監職員告狀務填其名其混寫表字別號者不准
一案曾在某衙門告過如何判斷應詳細聲明若含混不叙及未審未斷遽行上控者審出重責仍處代書　一事在
赦前及遠年已結之案捌告者不准　一無論告訴稟呈詞概用此式違式及無代書戳記者不准　一狀式內不許雙行疊寫違者
不准仍將代書責處　一代人當詞務將前來倩作呈詞之人姓氏詢明註入式內如係自來之稿亦即聲明以憑稽查

17 道光二十一年三月初七日刘华瑞禀状

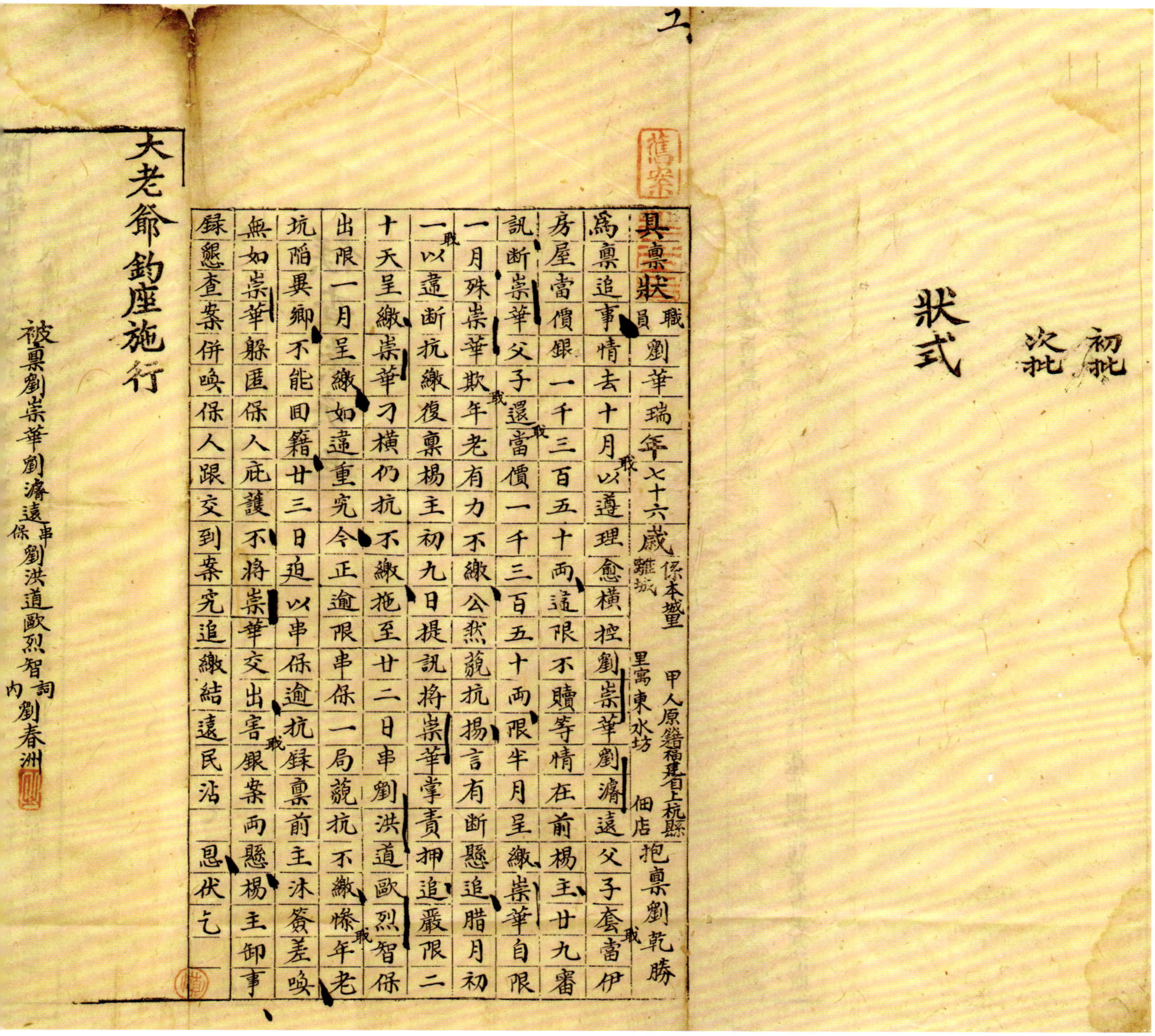

初批

次批

狀式

具禀狀 職員劉華瑞 年七十六歲 係本城壟雖城甲人原籍福建省上杭縣 里寓東水坊佃店 抱禀劉乾勝

為禀追事情去十月以遵理愈橫控劉崇華劉濬遠父子套當伊
房屋當價銀一千三百五十兩遠限不贖等情在前楊主廿九審
訊断崇華父子還當價一千三百五十兩限半月呈繳崇華自限
一月殊崇華欺年老有力不繳公然藐抗揚言有断懸追臘月初
一以遠断抗繳復禀楊主初九日提訊將崇華掌責押追嚴限二
十天呈繳崇華刁橫仍抗不繳拖至廿二日串劉洪道歐烈智保
出限一月呈繳如違重究令正逾限串保一局藐抗不繳憐年老
抗陷異鄉不能回籍廿三日迫以串保逾抗錄禀前主沐簽差喚
無如崇華躲匿保人庇護不將崇華交出害銀案兩懸楊主卸事
錄懇查案併喚保人跟交到案究追繳結遠民沾 恩伏乞

大老爺鈞座施行

被禀 劉崇華 劉濬遠 串保 劉洪道 歐烈智 詞內 劉春洲

18 道光二十一年三月初九日巴县衙门工房拟唤票

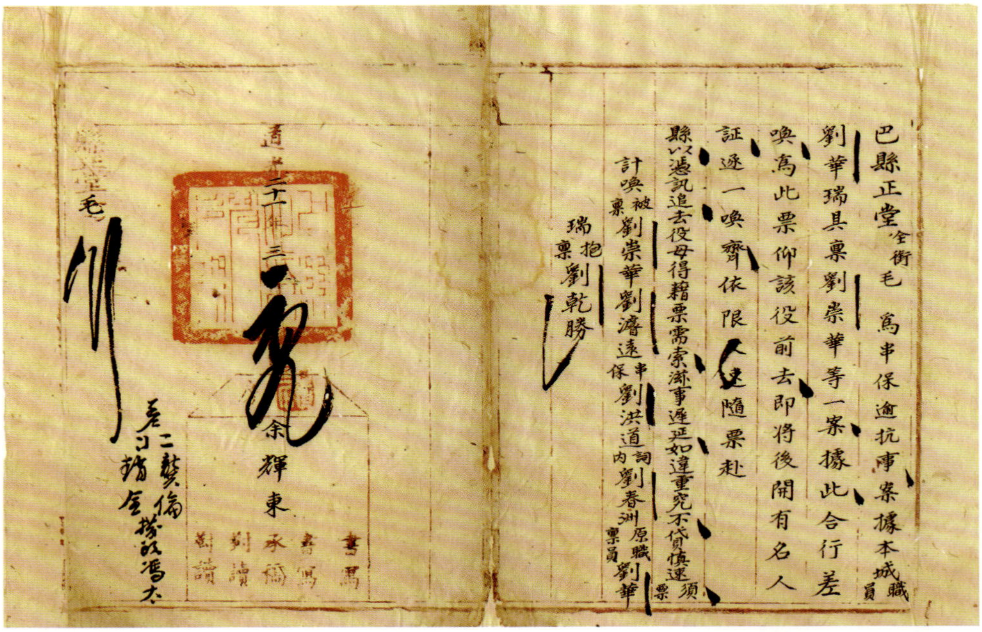
巴縣正堂全銜毛　爲串保逾抗事案據本城職員
劉華瑞具稟劉崇華等一案據此合行差
喚爲此票仰該役前去即將後開有名人
証逐一喚齊依限隨票赴
縣以憑訊追去役毋得藉票需索滋事遲延如違重究不貸慎速須票
計喚
被稟　劉崇華　劉濬遠
串保　劉洪道
詞內　劉春洲
原職稟員　劉華瑞
抱稟　劉乾勝

道光二十一年三月
差　余輝東
書寫　書寫　承稿　對讀　對讀
縣正堂毛
差　二龔倫
　　趙全

19 道光二十一年三月十九日巴县衙门工房开复讯单

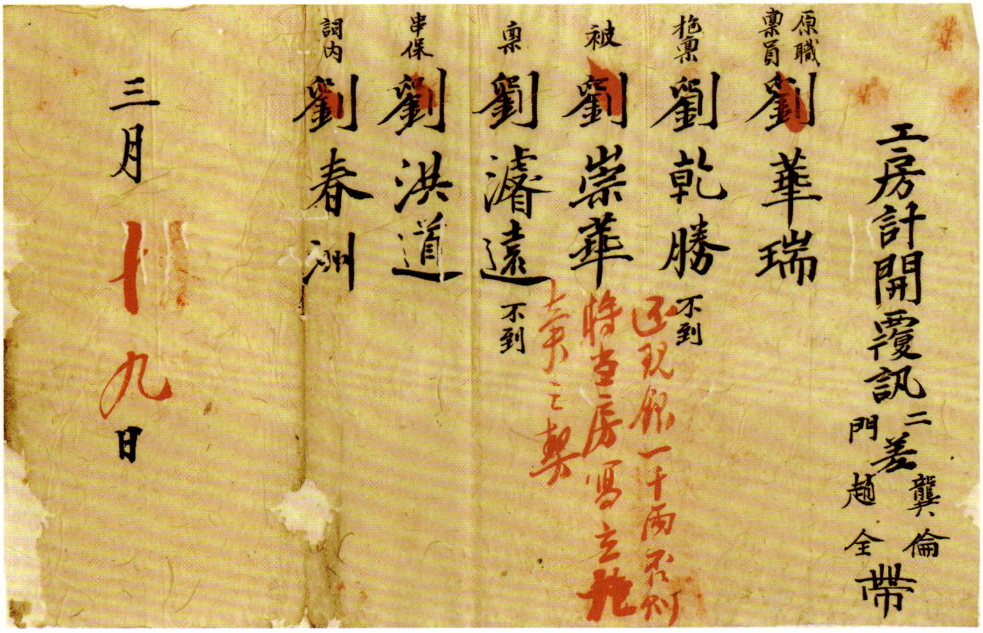
工房許開覆訊
二差　龔倫
門　趙全
帶
原職稟員　劉華瑞
抱稟　劉乾勝　不到
被　劉崇華
稟　劉濬遠　不到
串保　劉洪道
詞內　劉春洲
三月十九日

20 道光二十一年三月十九日巴县衙门工房讯问笔录

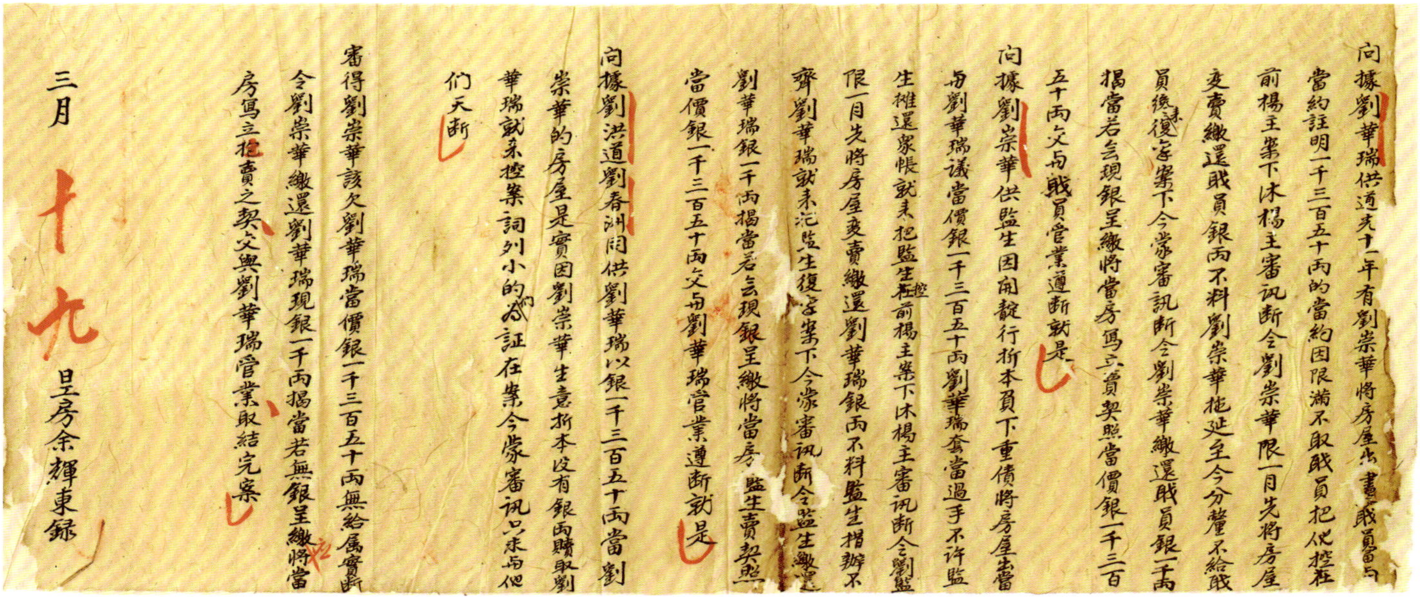
問
據劉華瑞供道光十一年有劉崇華將房屋出書戥員當與
當約註明一千三百五十兩的當約因限滿不取戥員把伊控在
前楊主案下沐楊主審訊斷令劉崇華限一月先將房屋
變賣繳還戥員銀兩不料劉崇華拖延至今分釐不給戥
員纔来復憲案下今蒙審訊斷令劉崇華繳還戥員銀一千兩
揭當若無現銀呈繳將當房寫立賣契照當價銀一千三百
五十兩交與戥員管業遵斷就是
問
據劉崇華供監生因開設行折本負下重債將房屋出當
與劉華瑞議當價銀一千三百五十兩劉華瑞套當過手不許監
生推還家帳就來把監生控在前楊主案下沐楊主審訊斷令監
限一月先將房屋變賣繳還劉華瑞銀兩不料監生措辦不
齊劉華瑞就來沱監生復在案下今蒙審訊斷令監生繳還
劉華瑞銀一千兩揭當若無現銀呈繳將當房監生賣契照
當價銀一千三百五十兩交與劉華瑞管業遵斷就是
問
據劉洪道劉春洲同供劉華瑞以銀一千三百五十兩當劉
崇華的房屋是實因劉崇華生意折本沒有銀兩贖取劉
華瑞就來控案詞列小的們為證在案今蒙審訊只求與他
們天斷
審得劉崇華該欠劉華瑞當價銀一千三百五十兩無給屬實斷
令劉崇華繳還劉華瑞現銀一千兩揭當若無銀呈繳將當
房寫立杜賣之契交與劉華瑞管業取結完案
三月 十九 呈房余輝東録

21 道光二十一年三月十九日刘崇华结状

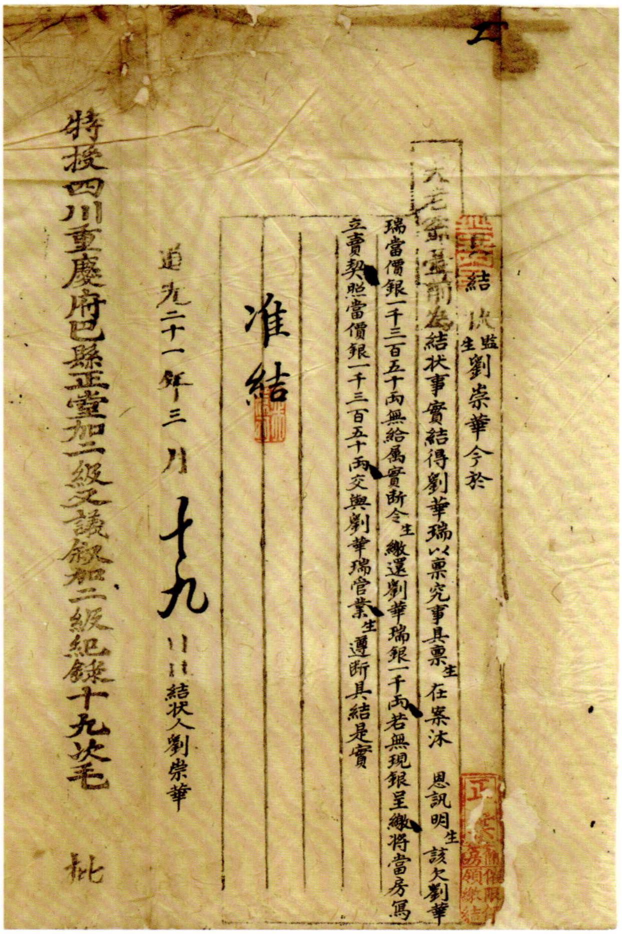
結狀
監生劉崇華今於
大老爺台前為結狀事實結得劉華瑞以稟究事具稟生在案沐
恩訊明生該欠劉華瑞當價銀一千三百五十兩無給屬實斷令生繳還劉華瑞銀一千兩若無現銀呈繳將當房寫立賣契照當價銀一千三百五十兩交與劉華瑞管業生遵斷具結是實
准結
道光二十一年三月十九日結狀人劉崇華
特授四川重慶府巴縣正堂加二級又議敘加二級紀錄十九次毛　批

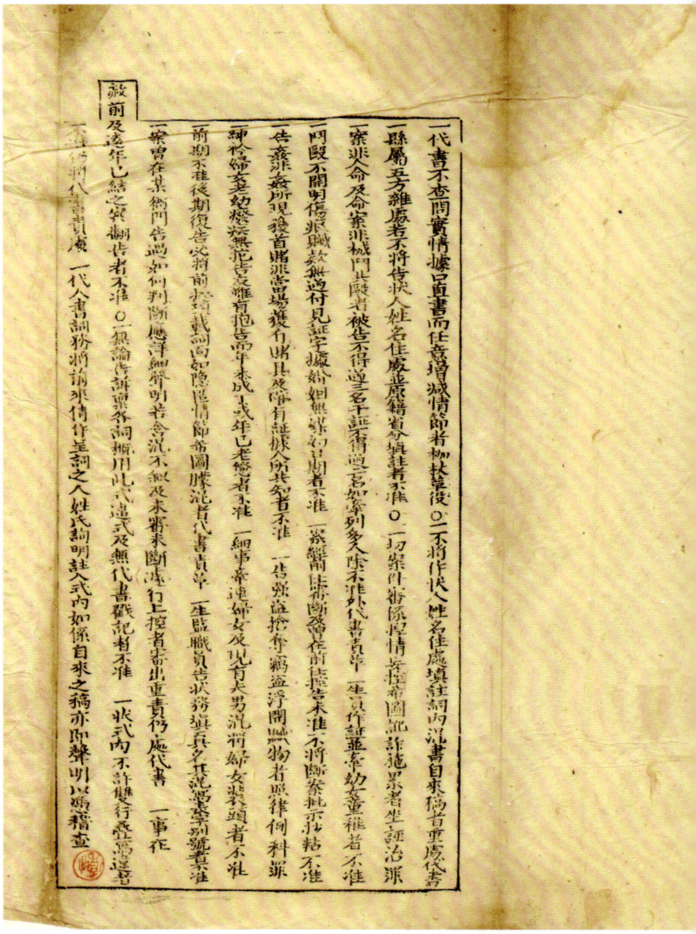

22 道光二十一年闰三月二十日刘华瑞禀状

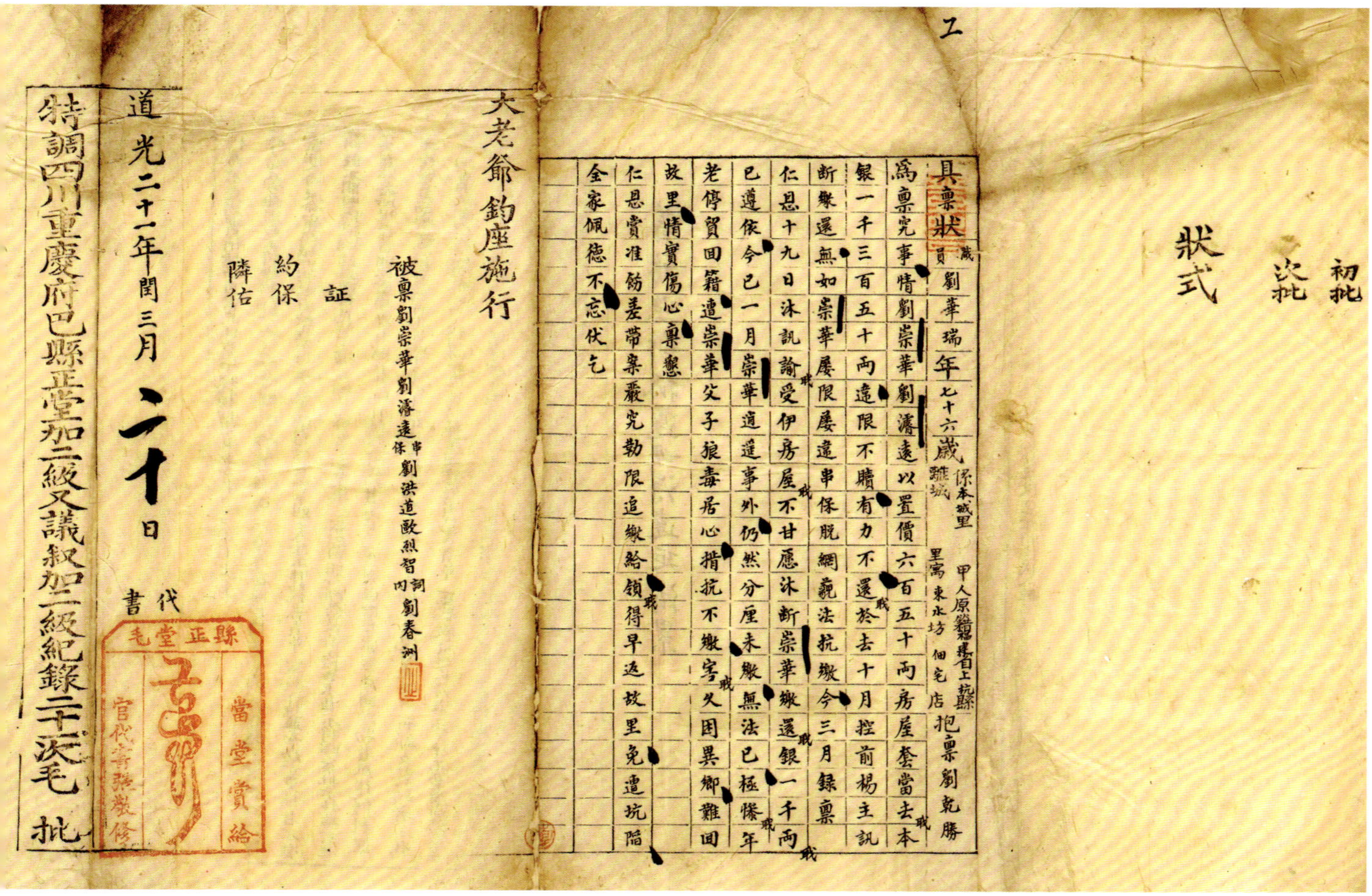

初批
次批
狀式

具禀状 歲員 劉華瑞 年七十六歲 係本城里甲人原籍福建省上杭縣 雜城里寓東水坊佃宅店 抱禀劉克勝

爲禀究事情劉崇華劉濬遠以置價六百五十兩房屋套當去本
銀一千三百五十兩違限不贖有力不還於去十月控前楊主訊
斷繳還無如崇華屢限屢違串保脫網藐法抗繳今三月録禀
仁恩十九日沐訊諭受伊房屋不甘愿沐斷崇華繳還銀一千兩
已遵依今已一月崇華遁逞事外仍然分厘未繳無法已極慘年
老停貿回籍遭崇華父子狼毒居心措抗不繳害久困異鄉難回
故里情實傷心禀懇
仁恩賞准飭差帶案嚴究勒限追繳給領得早返故里免遭坑陷
全家佩德不忘伏乞

大老爺鈞座施行

被禀 劉崇華 劉濬遠 串保 劉洪道 歐烈智 詞內 劉春洲

證 約保 隣佑

道光二十一年閏三月二十日

代書 縣正堂毛 官代書 當堂賞給

特調四川重慶府巴縣正堂加三級又議叙加一級紀錄二十次毛 批

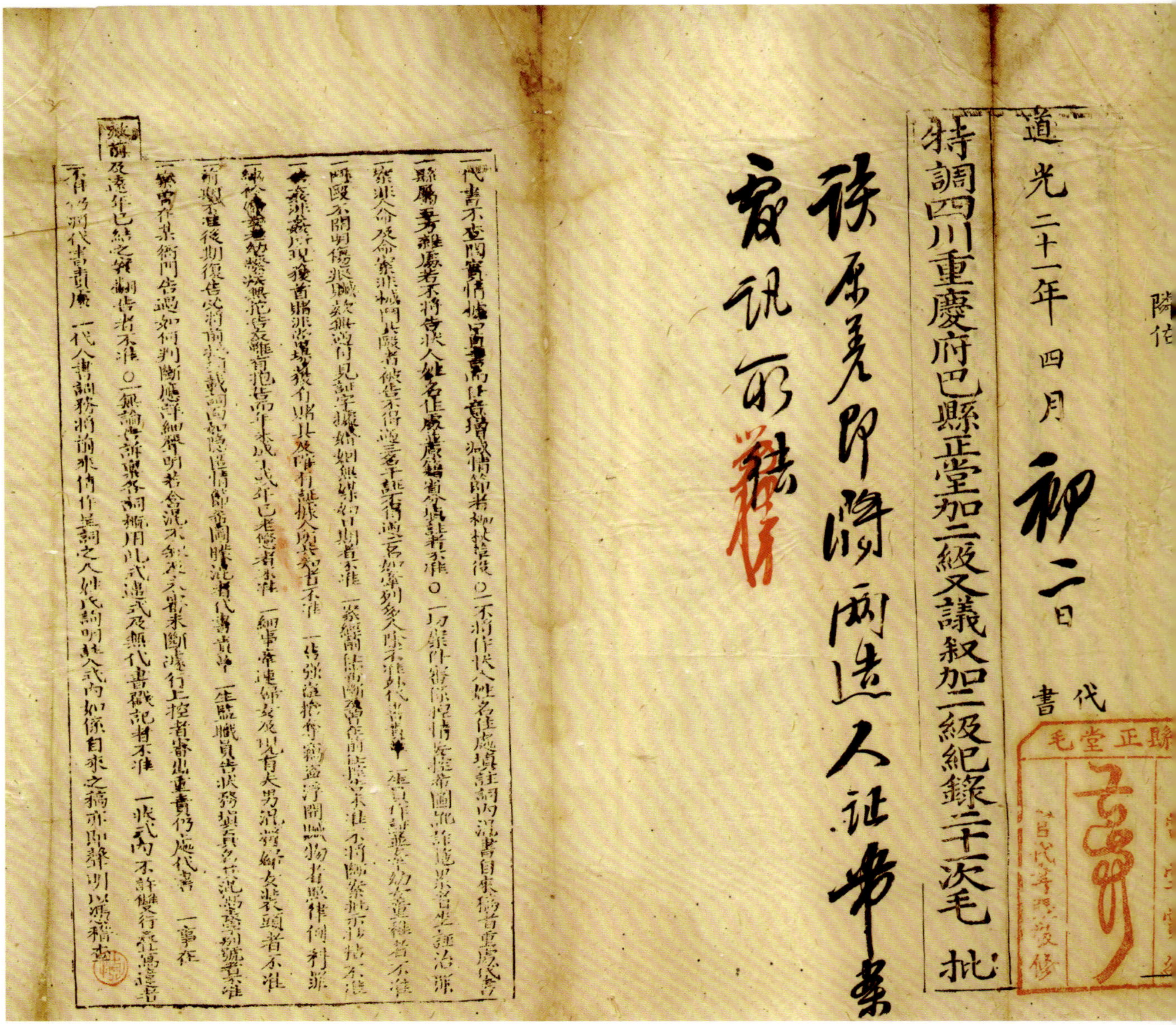
道光二十一年四月初二日
代書
縣正堂毛
特調四川重慶府巴縣正堂加二級又議敘加一級紀錄二十次毛 批
候原差即將兩造人証帶案審訊

23 道光二十一年四月初二日刘华瑞禀状

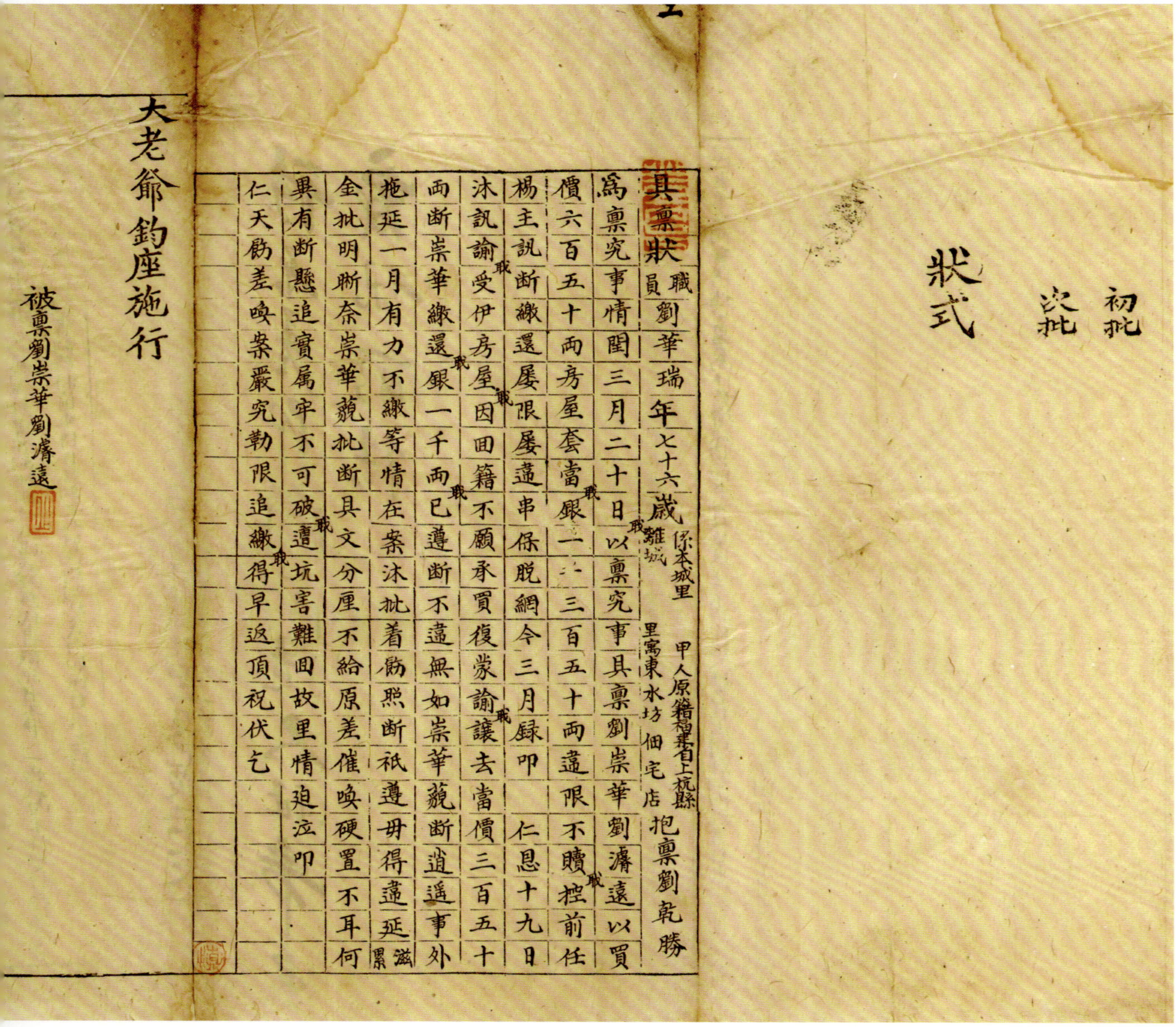

初批

批

狀式

具稟狀 職員劉華瑞 年七十六歲 係本城里甲人原籍福建省上杭縣里寓東水坊佃宅店 抱稟劉乾勝

爲稟究事情閏三月二十日以稟究事具稟劉崇華劉濬遠以買價六百五十兩房屋套當銀一千三百五十兩遠限不贖控前任楊主訊斷繳還屢限屢違串保脫網令三月録叩

仁息十九日沐訊諭受伊房屋因回籍不願承買復蒙諭讓去當價三百五十兩斷崇華繳還銀一千兩已遵斷不違無如崇華藐斷逍遥事外拖延一月有力不繳等情在案沐批着飭照斷祇遵毋得違延滋累

金批明晰奈崇華藐批断具文分厘不給原差催喚硬置不耳何異有断懸追實屬牢不可破遭坑害難回故里情迫泣叩

仁天飭差喚案嚴究勒限追繳得早返頂祝伏乞

大老爺鈞座施行

被稟劉崇華劉濬遠

24 道光二十一年四月初三日巴县衙门工房拟唤签

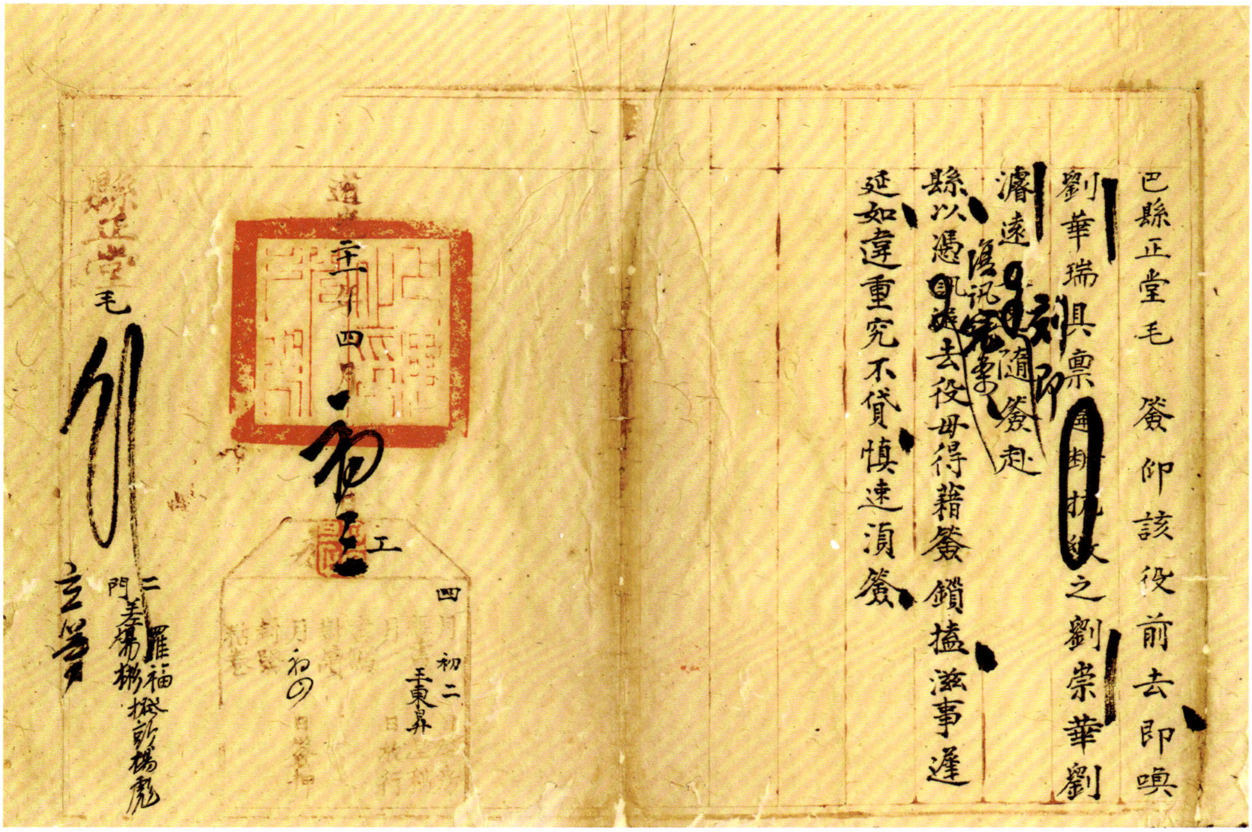
巴縣正堂毛 簽仰該役前去即喚
劉華瑞具稟[illegible]之劉崇華劉
濬遠[illegible]隨簽赴
縣以憑[illegible]去役毋得藉簽鎖擾滋事遲
延如違重究不貸慎速須簽

25 道光二十一年四月初七日巴县衙门差役罗福、杨彬禀状

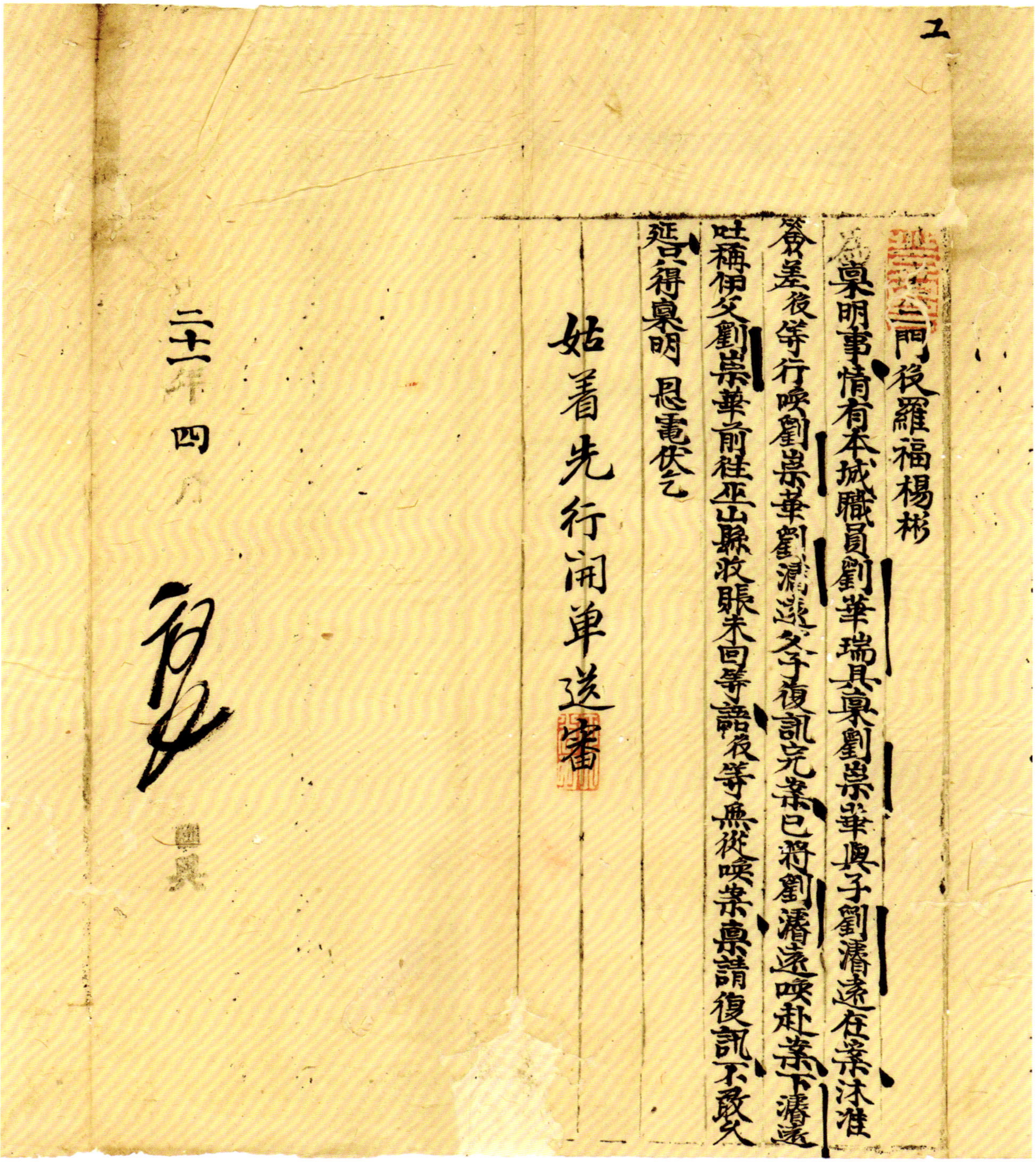

工

三門役羅福楊彬

為稟明事情有本城職員劉華瑞具稟劉崇華與子劉濬遠在案沐准

簽差役等行喚劉崇華劉濬遠父子復訊完案已將劉濬遠喚赴案下濬遠

吐稱伊父劉崇華前往巫山縣收賬未回等語役等無從喚案禀請復訊不敢久

延只得稟明 恩電伏乞

姑着先行開單送審

二十一年四月初七日具

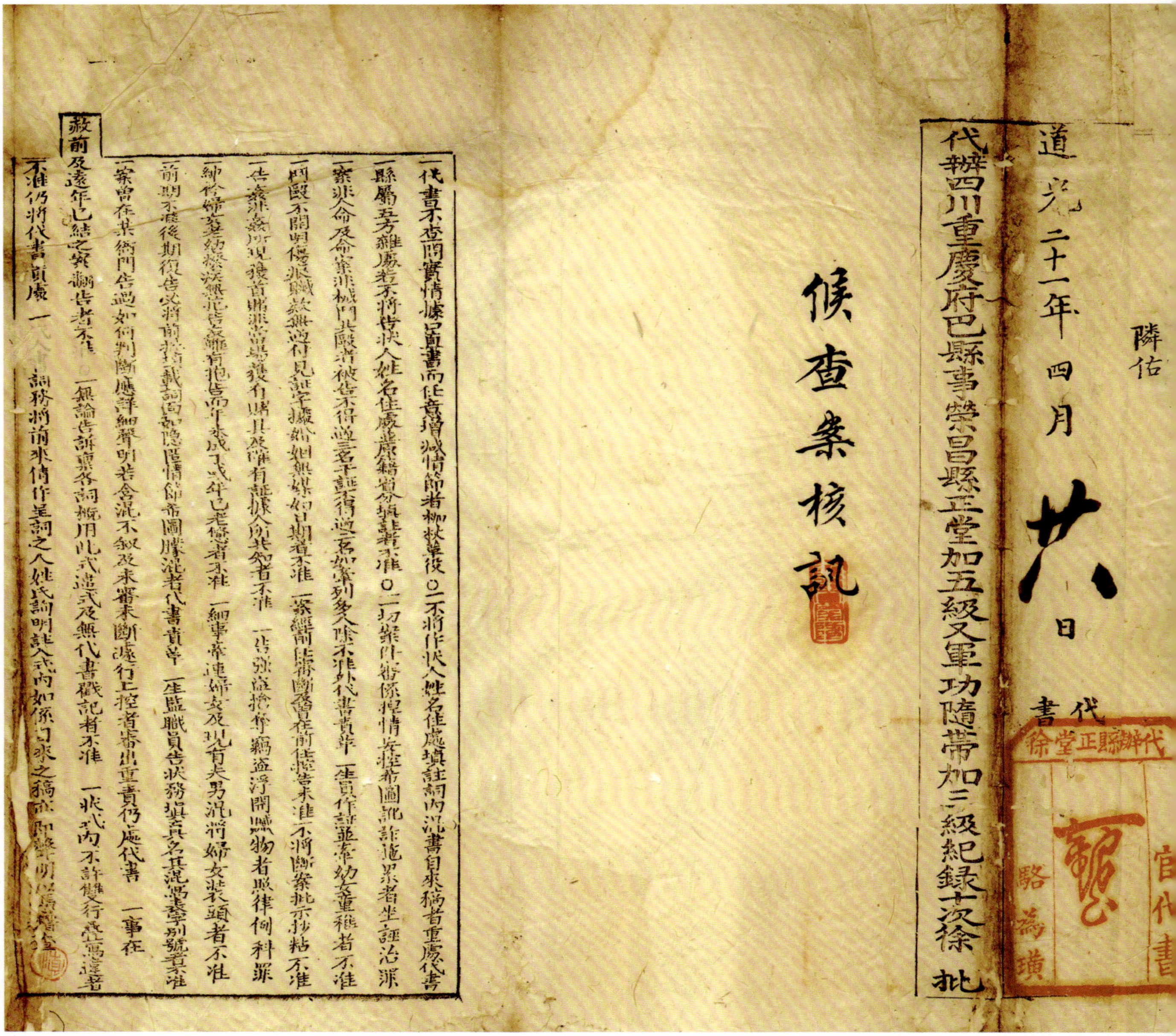
隣佑
道光二十一年四月廿六日
代書
代辦縣正堂徐
代辦四川重慶府巴縣事榮昌縣正堂加五級又軍功隨帶加三級紀録十次徐　批
候查案核訊

26 道光二十一年四月二十八日刘璹衍诉状

初批
次批
狀式

1

具訴狀人劉璹衍年二十九歲 係本城里甲人原籍本省上杭縣 雖城里寓洪岩坊 佃店 抱

爲據實訴明事情父劉崇華閏三月往外收賬未回本月初二劉華瑞以稟究事稟父併名爲濬遠在案差喚合訴切父晉房前當華瑞實得伊銀五百九十兩餘銀堆算勒寫一千三百五十兩當約去春有羅賢林唐玉亭等叠次理說華瑞認買房除伊當價僅補父房價銀三百兩父不肯賤售華瑞控案復稟毛主前八月十九沐訊斷華瑞就當承買除當價銀一千兩斷補父銀三百五十兩父遵斷隨請中証陳大德等催伊立契殊華瑞違斷抗不補銀中等另覓買主奈華瑞現在當房任家兇阻不容看房泣父子被華瑞卡掯圖賤外賣不能實無力贖控累兩載情慘已極為此據實訴明懇賞立交深沾伏乞

大老爺鈞座施行

被訴劉華瑞

27 道光二十一年五月二十八日巴县衙门工房开复讯单

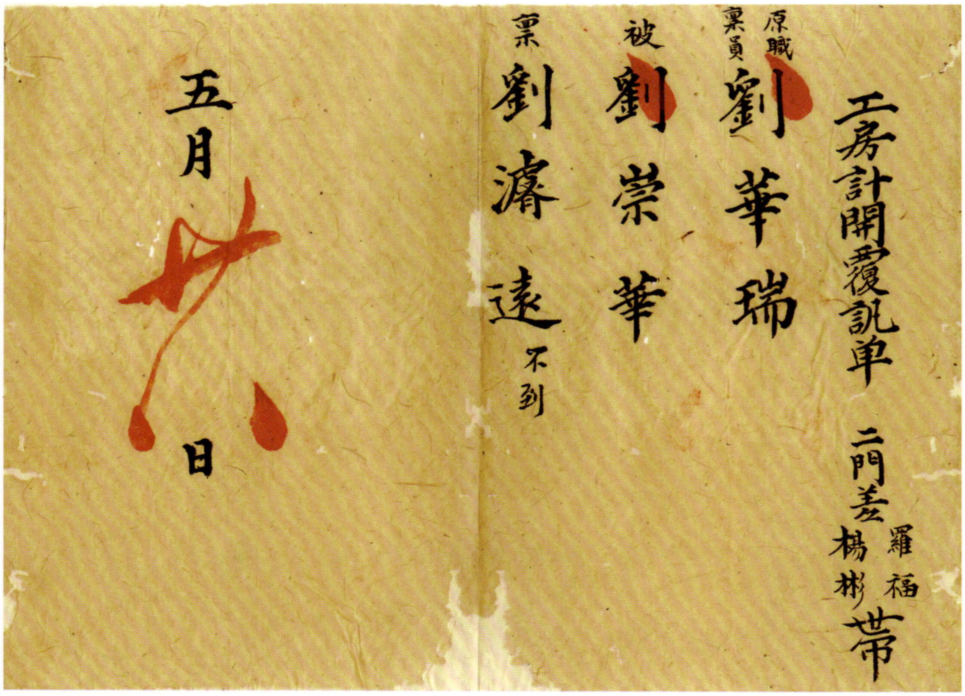

工房計開覆訊单　二門差 羅福 楊彬 带

原職粟員 劉華瑞

被 劉崇華

粟 劉濬遠 不到

五月 廿八 日

28 道光二十一年五月二十八日巴县衙门工房讯问笔录

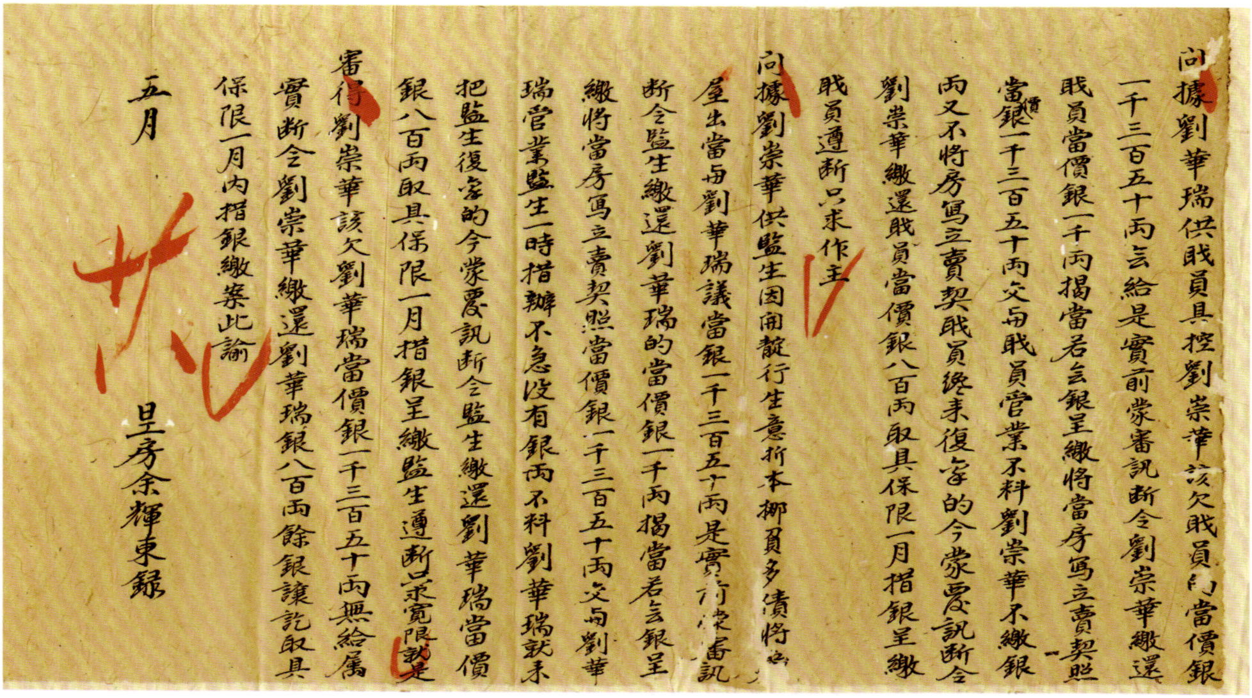

問據劉華瑞供職員具控劉崇華該欠職員的當價銀一千三百五十兩㕥給是實前蒙審訊斷令劉崇華繳還職員當價銀一千兩揭當若㕥銀呈繳將當房寫立賣契照當價銀一千三百五十兩交與職員管業不料劉崇華不繳銀兩又不將房寫立賣契職員纔來復案的今蒙覆訊斷令劉崇華繳還職員當價銀八百兩取具保限一月措銀呈繳職員遵斷只求作主

問據劉崇華供監生因開設行生意折本挪負多債將㕥屋出當與劉華瑞議當銀一千三百五十兩是實前蒙審訊斷令監生繳還劉華瑞的當價銀一千兩揭當若㕥銀呈繳將當房寫立賣契照當價銀一千三百五十兩交與劉華瑞管業監生一時措辦不急沒有銀兩不料劉華瑞就來把監生復案的今蒙覆訊斷令監生繳還劉華瑞當價銀八百兩取具保限一月措銀呈繳監生遵斷只求寬限就是

審得劉崇華該欠劉華瑞當價銀一千三百五十兩無給屬實斷令劉崇華繳還劉華瑞銀八百兩餘銀讓訖取具保限一月內措銀繳案此諭

五月 廿八

呈房余輝東録

29 道光二十一年五月二十八日萧玉珍保限状

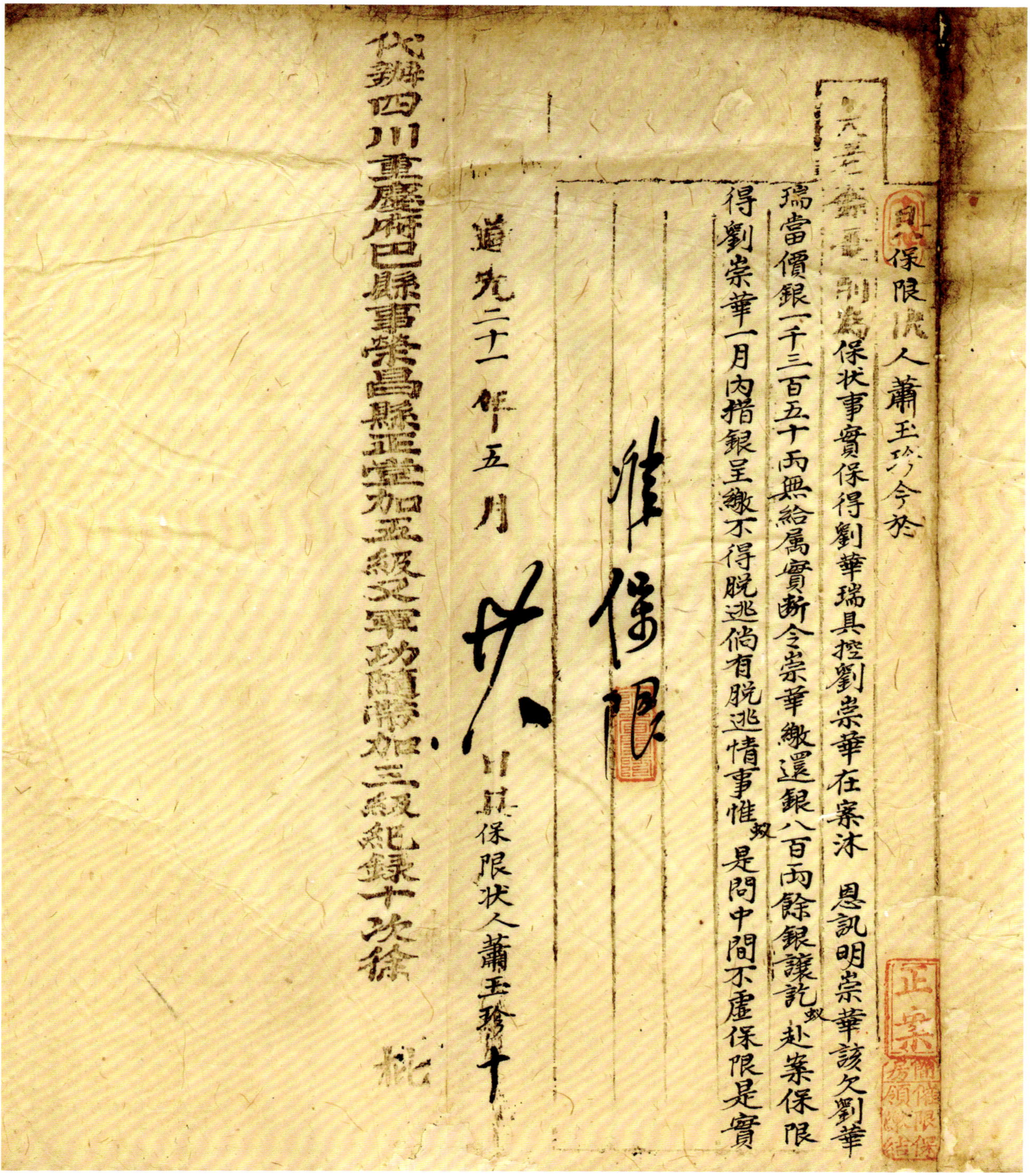

保限狀人蕭玉珍今於

大老爺台前為保狀事實保得劉華瑞具控劉崇華在案沐　恩訊明崇華該欠劉華

瑞當價銀一千三百五十兩無給属實斷令崇華繳還銀八百兩餘銀讓訖赴案保限

得劉崇華一月內措銀呈繳不得脫逃倘有脫逃情事惟蟻是問中間不虚保限是實

准保限

道光二十一年五月廿八日具保限狀人蕭玉珍十

代辦四川重慶府巴縣事榮昌縣正堂加五級又軍功隨帶加三級紀録十次徐　批

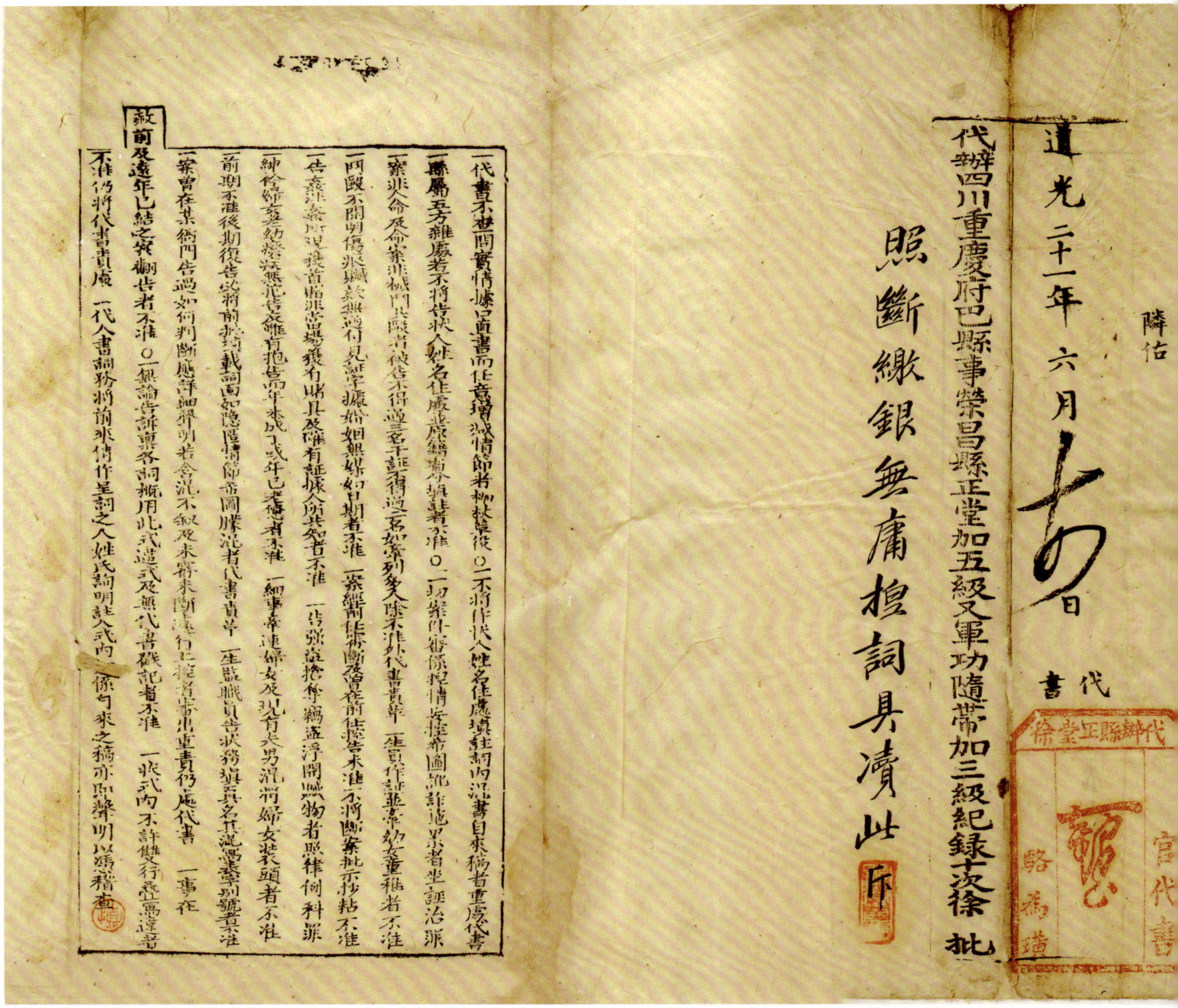
隣佑
道光二十一年六月十四日
代書
代辦四川重慶府巴縣事榮昌縣正堂加五級又軍功隨帶加三級紀錄十次徐 批
照斷繳銀無庸擅詞具瀆此斥
一代書不查問實情據口直書而任意增減情節者枷杖革役 ○一不將作狀人姓名住處填註詞內混書自來稿者重處代書
一縣屬五方雜處若不將告狀人姓名住處並原籍備細填註者不准 ○一切案件審係捏情妄控希圖詐騙誣累者坐誣治罪
一案非人命及命案非械鬥兇毆者被告不得過三名干證不得過二名如濫列多人除不准外代書責革 一生員作證並牽幼女童稚者不准
一鬥毆不開明傷痕贓竊無過付見證婚姻無媒妁日期者不准 一案經前任審斷及曾在前任控告未准不將斷案批示抄粘不准
一告姦非姦所現獲首臨非當場獲有賭具及確有証據人所共知者不准 一告強盜搶奪竊盜浮開贓物者照律例科罪
一紳衿婦女老幼廢疾無抱告而年未成丁或年已老衰者不准 一細事牽連婦女及現有夫男混將婦女裝頭者不准
一前期不准後期復告或將前批抹去載詞內如隱匿情節希圖朦混者代書責革 一生監職員告狀務填其名某某混寫堂號別號者不准
一案曾在某衙門告過如何判斷應詳細聲明若含混不敘及未審未斷遽行上控者查出重責仍處代書 一事在
赦前及遠年已結之案翻告者不准 ○一無論告訴稟各詞概用此式違式及無代書戳記者不准 一狀式內不許雙行疊寫違者
不准仍將代書責處 一代人書詞務將前來倩作是詞之人姓氏詢明註入式內 一係何人來之稿亦即聲明以憑稽查
代辦巴縣正堂徐
官代書
駱鴻瑞

30 道光二十一年六月十四日刘崇华禀状

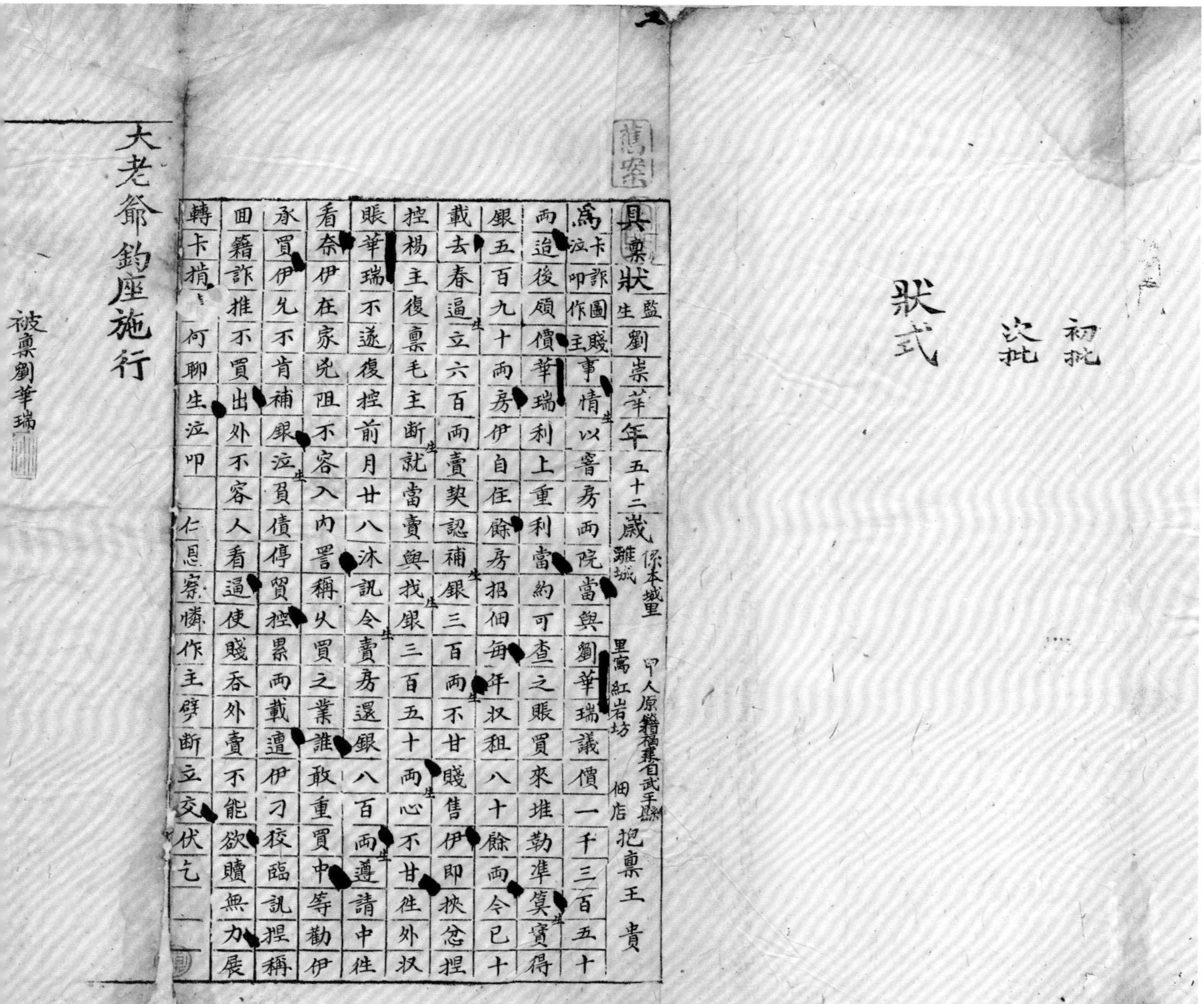
舊案

具稟狀 監生劉崇華年五十二歲 係本城里 雖城 甲人原籍福建省武平縣 里寓紅岩坊 佃店 抱稟王貴

爲卡詐圖賤泣叩作主事情以膏房兩院當與劉華瑞議價一千三百五十
兩迫後頎價華瑞利上重利當約可查之賬買來堆勒準筭寶得
銀五百九十兩房伊自住餘房招佃每年收租八十餘兩今已十
載去春逼立六百兩賣契認補銀三百兩不甘賤售伊即挾忿捏
控楊主復稟毛主斷就當賣與找銀三百五十兩心不甘往外收
賬華瑞不遂復控前月廿八沐訊令賣房還銀八百兩遵請中往
看奈伊在家兇阻不容入內詈稱从買之業誰敢重買中等勸伊
承買伊允不肯補銀泣負債停貿控累兩載遭伊刁狡臨訊捏稱
田籍詐推不買出外不容人看逼使賤吞外賣不能欲贖無力展
轉卡措何聊生泣叩
仁恩察憐作主劈斷立交伏乞

大老爺鈞座施行

被稟劉華瑞

狀式 初批 次批

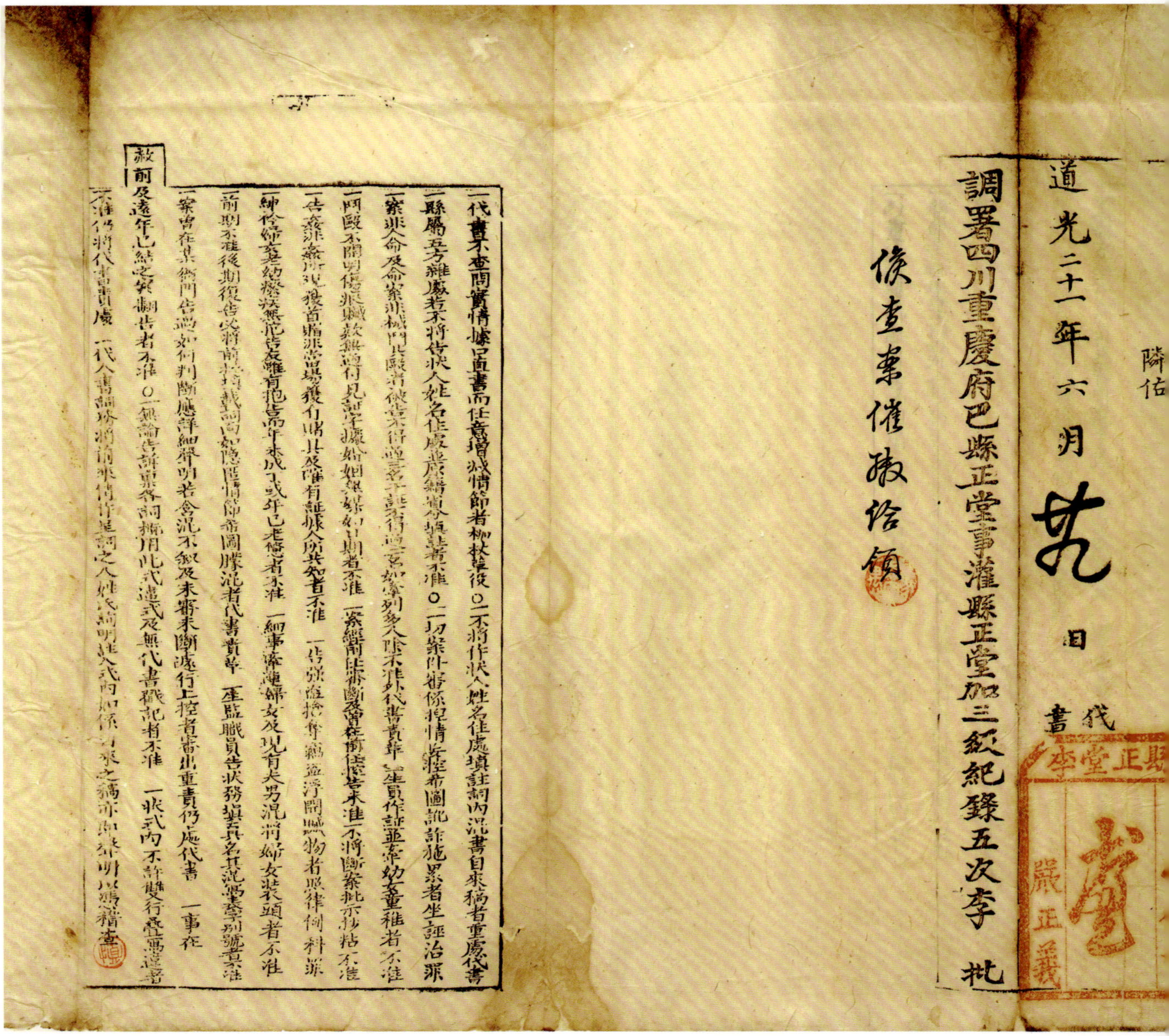

隣佑

道光二十一年六月廿九日

代書

調署四川重慶府巴縣正堂事灌縣正堂加三級紀錄五次李　批

候查案催緝給領

一代書不查問實情，據呈直書，而任意增減情節者，枷杖革役 ○ 一不將作狀人姓名住處填註詞內，混書自來稿者，重處代書

一縣屬五方雜處，若不將告狀人姓名住處並原籍實在填註者，不准 ○ 一切案件，務係捏情妄控，希圖訛詐拖累者，坐誣治罪

一竊非人命及命案非械鬥比毆，并被告不得過三名，干證不得過二名，如牽列多人，除不准外，代書責革　一生員作証，並牽幼女童稚者，不准

一鬥毆不開明傷痕，賊竊不開贓數，并無過付見証，及爭地婚姻無媒妁、日期者，不准　一案經前任審斷及曾在衙控告未准，不將斷案批示抄粘，不准

一告姦非姦所現獲，首贓非當場獲有贓據，及僅有証據人所共知者，不准　一告強盜搶奪竊盜浮開贓物者，照律例科罪

一紳衿婦女，老幼廢疾無抱告，及雖有抱告而年未成丁，或年已老憊者，不准　一細事牽連婦女及現有夫男混將婦女裝頭者，不准

一前期不准，後期復告，及將前控裁詞內，如隱匿情節，希圖朦混者，代書責革　一生監職員告狀，務填其名，其混寫書字別號者，不准

一案曾在某衙門告過，如何判斷，應詳細聲明，若含混不叙及未審未斷，遽行上控者，審出重責，仍處代書　一事在

赦前及遠年已結之案，翻告者不准 ○ 一無論告訴稟各詞，概用此式，違式及無代書戳記者，不准　一狀式內不許雙行叠寫，違者

不准，仍將代書責處　一代人書詞，務將前來情作是詞之人姓名，詞明注入式內，如係自來之稿，亦即註明，以憑稽查

31 道光二十一年六月二十九日刘华瑞禀状

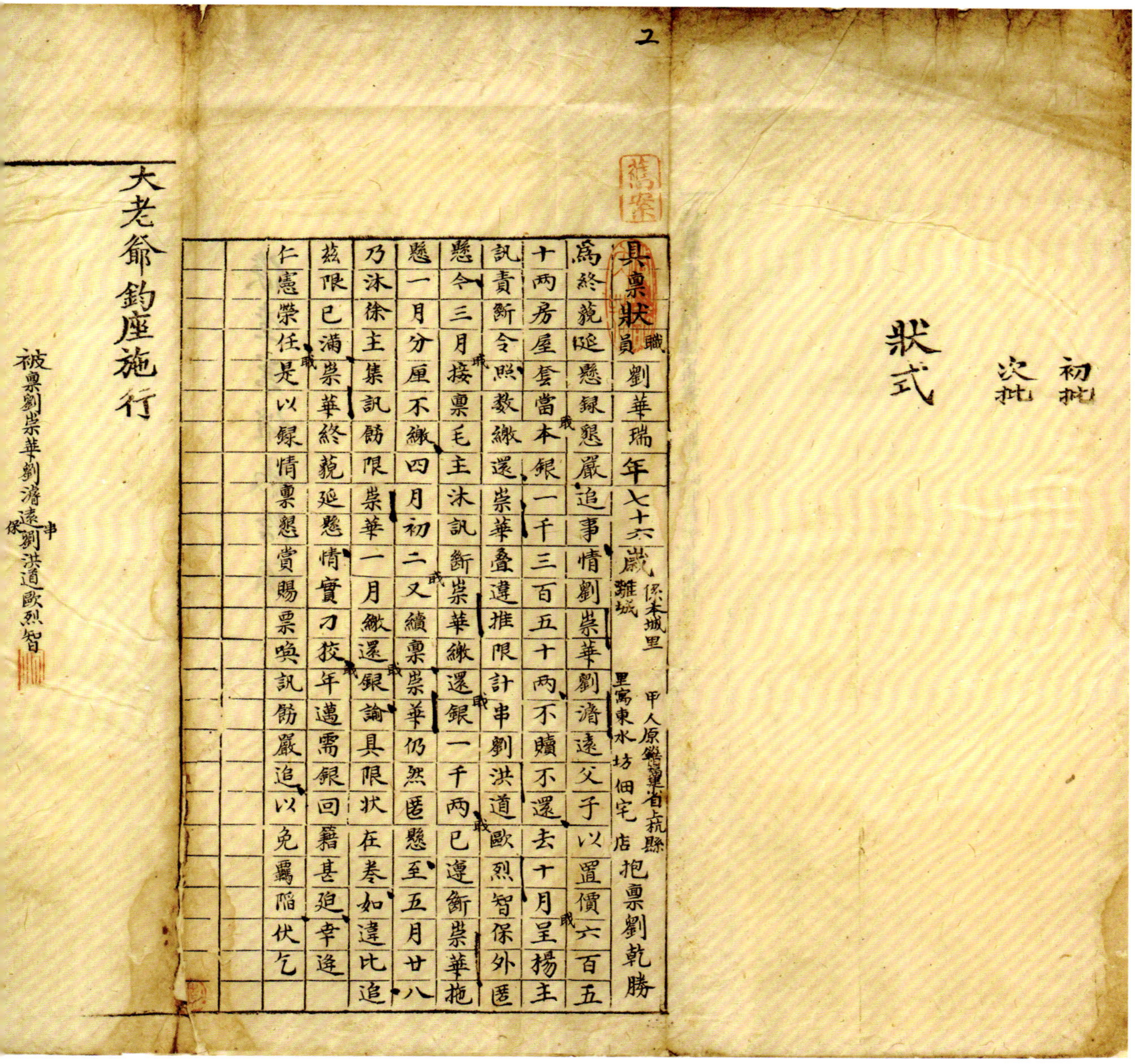
初批
次批
狀式
具禀狀職員劉華瑞年七十六歲係本城里甲人原籍福建省上杭縣離城里寓東水坊佃宅店抱禀劉乾勝
爲終藐延懸録懇嚴追事情劉崇華劉濬遠父子以置價六百五
十兩房屋套當本銀一千三百五十兩不贖不還去十月呈揚主
訊責斷令照數繳還崇華疊違推限計串劉洪道歐烈智保外匿
懸令三月接禀毛主沐訊斷崇華繳還銀一千兩已遵斷崇華拖
懸一月分厘不繳四月初二又續禀崇華仍然匿懸至五月廿八
乃沐徐主集訊飭限崇華一月繳還銀諭具限狀在卷如違比追
茲限已滿崇華終藐延懸情實刁狡年邁需銀回籍甚廹幸逢
仁憲榮任是以録情禀懇賞賜票喚訊飭嚴追以免羈陷伏乞
大老爺鈞座施行
被禀劉崇華劉濬遠串保劉洪道歐烈智

32 道光二十一年七月初三日巴县衙门拟签稿

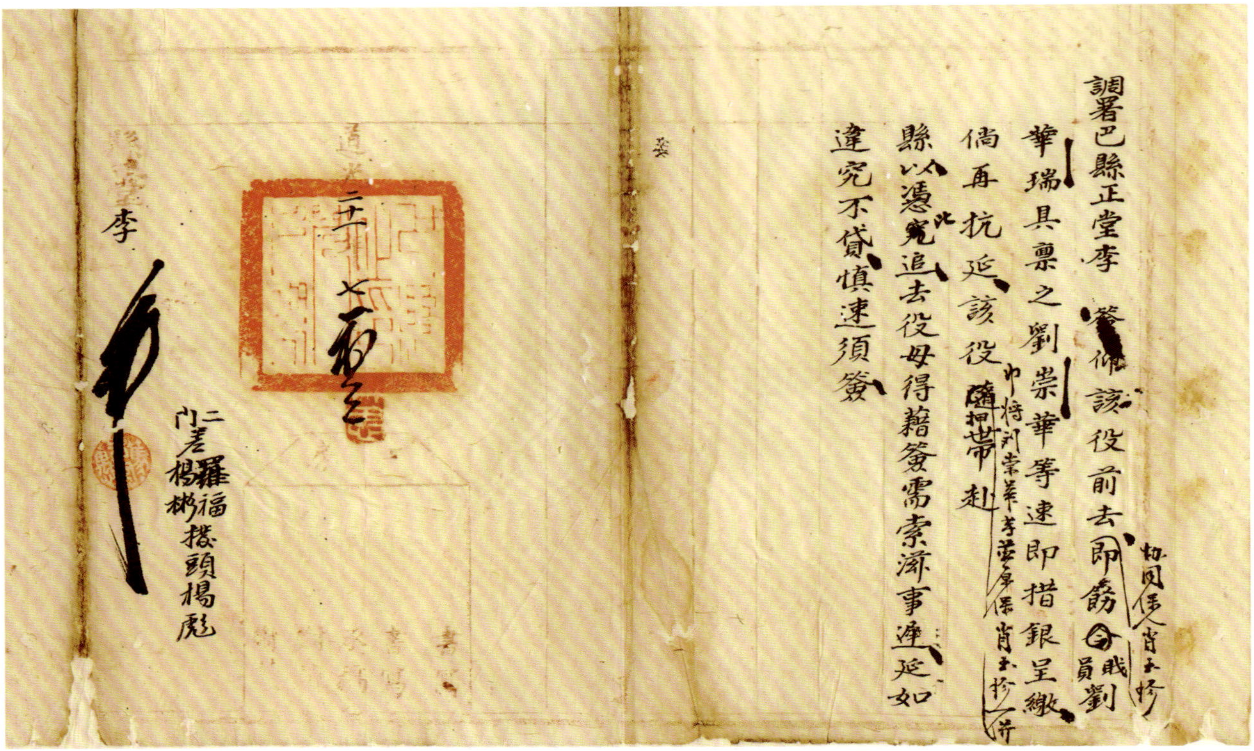
調署巴縣正堂李　簽仰該役前去，即飭令職員劉華瑞具禀之劉崇華等速即措銀呈繳，倘再抗延，該役隨押帶赴縣，以憑究追。去役毋得藉簽需索滋事，遲延如違，究不貸。慎速須簽

道光二十一年七月初三日

李

二門差羅福　楊彬　接頭楊彪

33 道光二十一年七月十六日刘崇华诉状

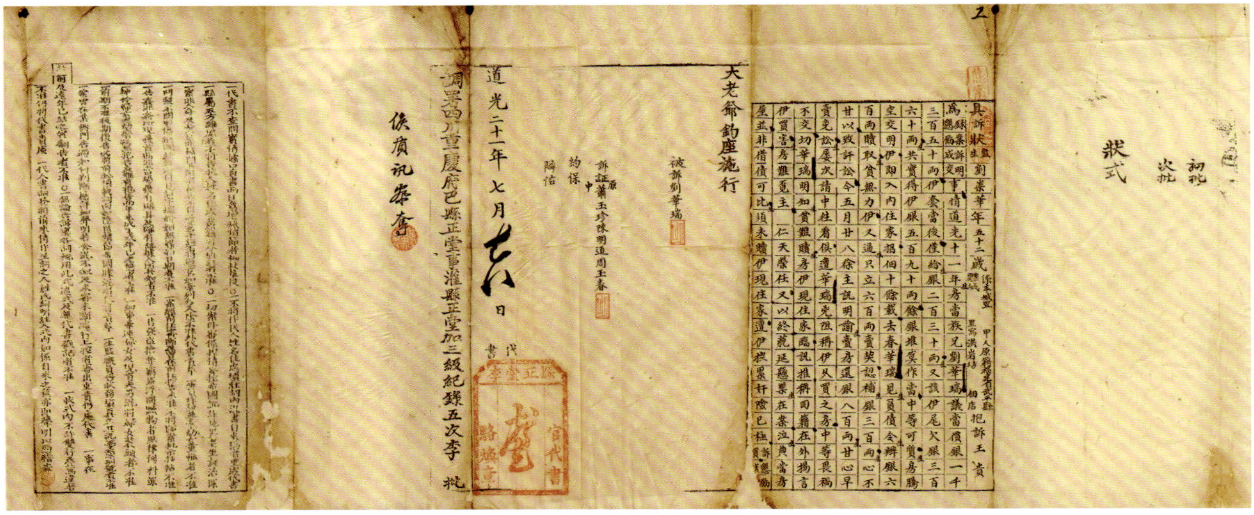
狀式　初批　次批

大老爺台前施行

被訴劉華瑞

訴證 蕭玉珍 陳明道 周玉春

約保　鄰佑

道光二十一年七月十六日

調署四川重慶府巴縣正堂事滙縣正堂加三級紀錄五次李　批

候質訊察奪

具訴狀生監劉崇華年五十二歲　係本城里甲人原籍福建省武平縣　離城里窩洪岩坊　佃店　抱訴王貴

為録案訴明懇勵成交事情道光十一年房當族兄劉華瑞議當價銀一千三百五十兩伊套當後僅給銀二百三十兩又該伊尾欠銀三百六十兩共實得伊銀五百九十兩餘銀堆奠作當中等可質房騰空交明伊即入內住家招佃十餘載去春華瑞見負債令辦銀六百兩贖取貧無力伊又逼只立六百兩賣契認補銀三百兩心不甘以致訐訟今五月廿八徐主訊明諭賣房還銀八百兩甘心早賣免訟屢次請中往看俱遭華瑞兇阻稱伊父買之房中等畏禍不交切華瑞明知貧難贖房伊現住家臨訊推稱田籍在外揚言伊買害房難覔主　仁天縈任又以終藐延懸禀在案泣典當房屋並非借債可比須未贖伊現住家遭伊拖累奸險已極　買訴懇勵

大老爺鈞座施行

被訴　劉華瑞

原中訴証　蕭玉珍　陳明道　周玉春

約保

隣佑

道光二十一年七月　日

代書

縣正堂李　官代書　駱煥章

調署四川重慶府巴縣正堂事灌縣正堂加三級紀錄五次李　批

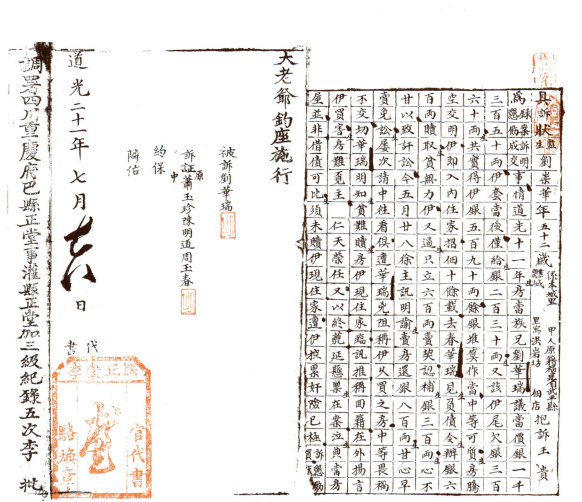

候質訊奪　李

34 道光二十一年七月二十一日巴县衙门差役罗福、杨彬禀状

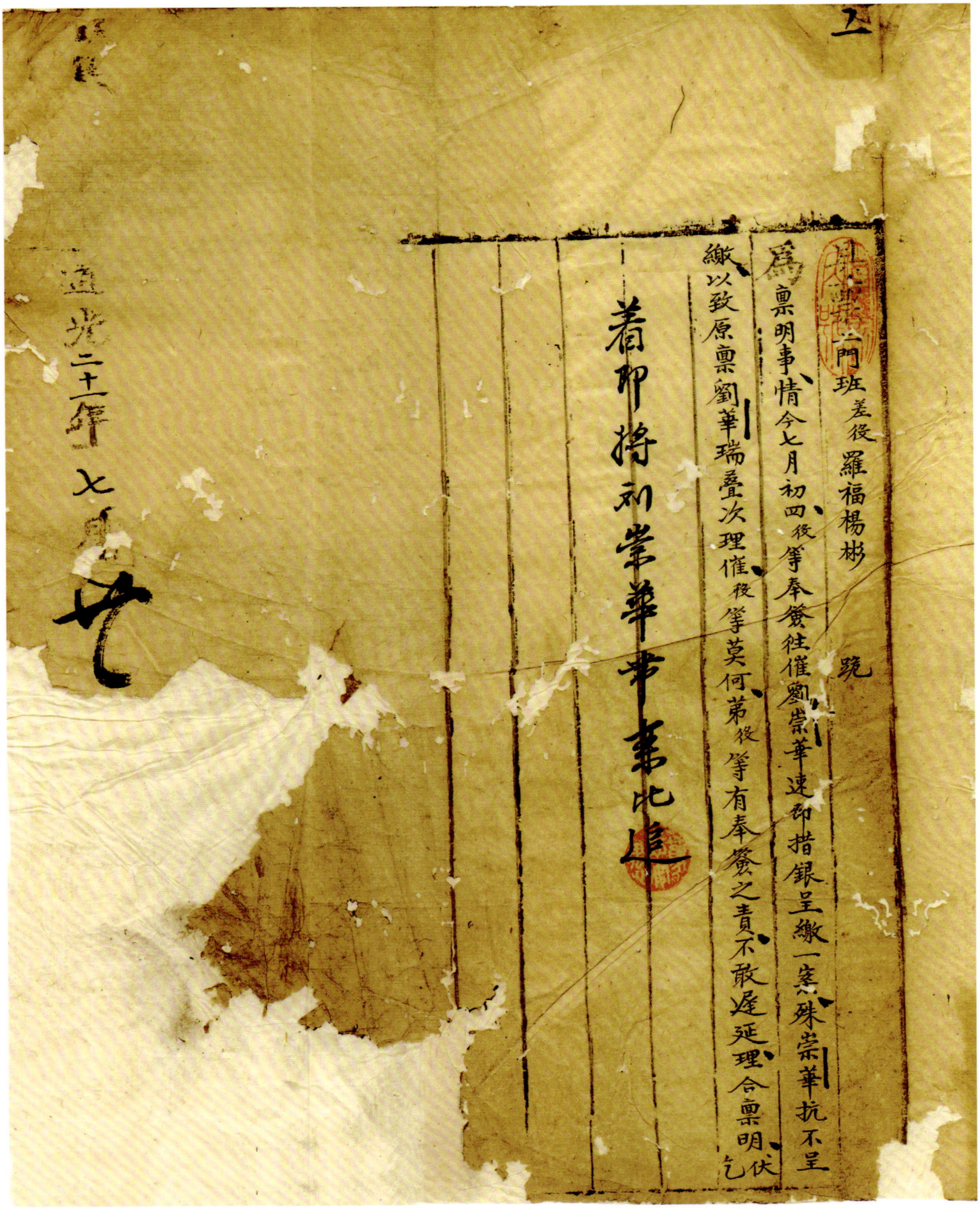
門班差役羅福楊彬 號

爲

稟明事情今七月初四役等奉簽往催劉崇華速即措銀呈繳一案殊崇華抗不呈

繳以致原稟劉華瑞叠次理催役等莫何第役等有奉簽之責不敢遲延理合稟明伏乞

着即將劉崇華帶案比追

道光二十一年七月廿一

案情导读

道光二十五年六月二十二日，巴县衙门奉到重庆府札文，札文说永川县典史陈廉与印管胡令为一件案子互禀，已令永川县将案件涉及的人证和卷宗解送重庆，令巴县衙门做好准备，“一俟永川县将人卷解到，立即会同江北厅提集人证，逐加研讯，彻底究明”。

原来，永川那件案子是县民杨世昌的兄弟杨世贵牵涉进一件贩牛案，县衙传唤杨世贵“赴案质讯”，但杨世贵不在家，就把他父亲杨国文喊去了，住在张春华店里，由县衙差役戴俸看管，但他父亲“乘间逃走”，“自缢身死”。

经数月审理，巴县衙门刑房于十一月初四日拟呈“委审永川县杨世昌控戴俸等一案详册稿”。

道光二十五年重庆府发永川县民杨世昌上控戴倖等案

1 原卷封面

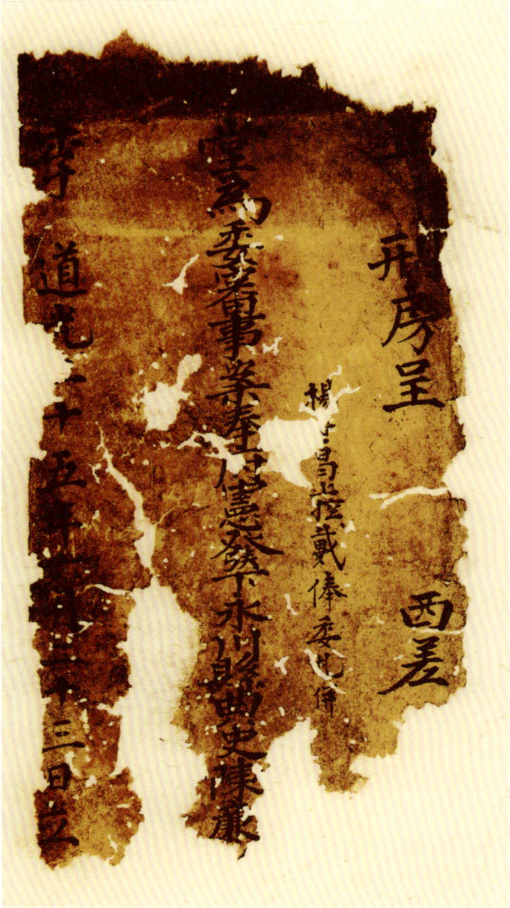

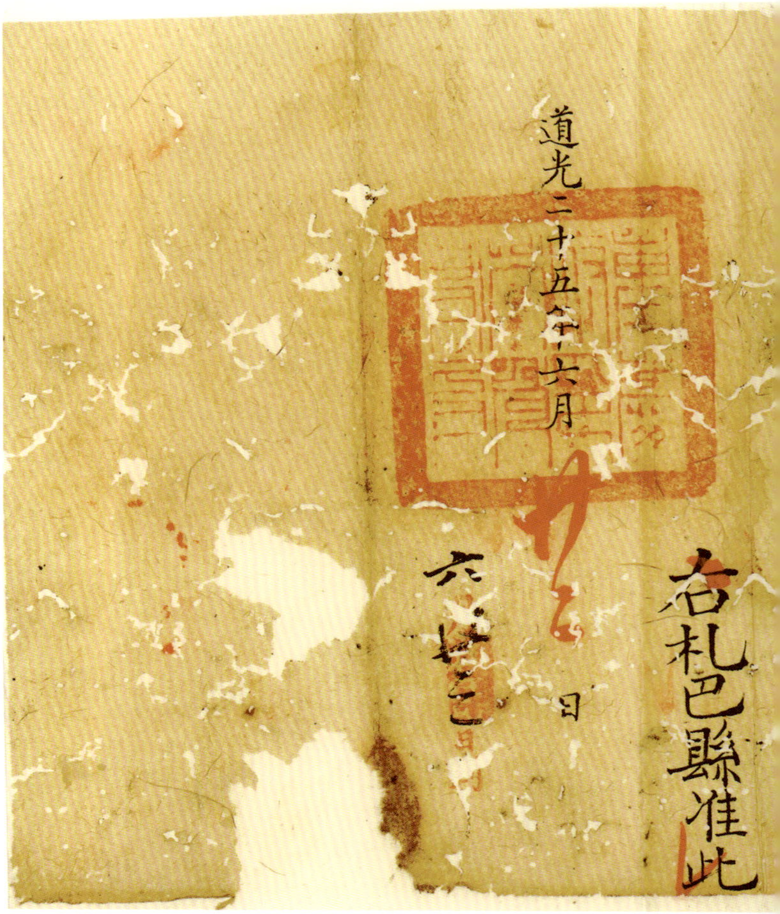

2　道光二十五年六月二十二日重庆府札

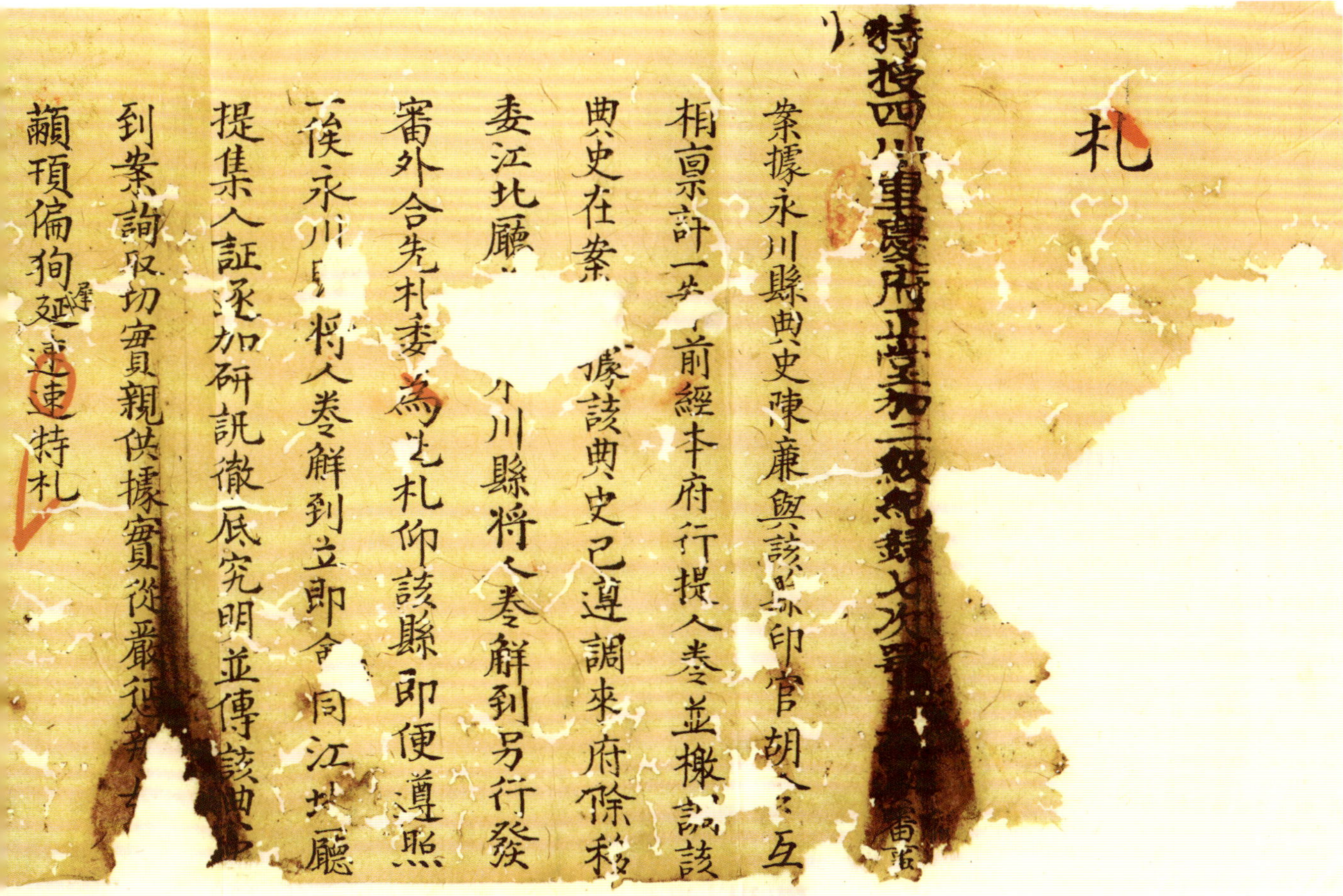
札
特授四川重慶府正堂加三級紀錄七次鄂
案據永川縣典史陳廉與該縣印官胡□互
相稟訐一案前經本府行提人卷並檄該
典史在案□據該典史已遵調來府除移
委江北廳□永川縣將人卷解到另行發
審外合先札委為此札仰該縣即便遵照
□候永川縣將人卷解到立即會同江北廳
提集人證逐加研訊徹底究明並傳該典史
到案詢取切實親供據實從嚴核□
顢頇偏徇延遲速特札

3 道光二十五年八月初五日巴县衙门刑房讯问笔录

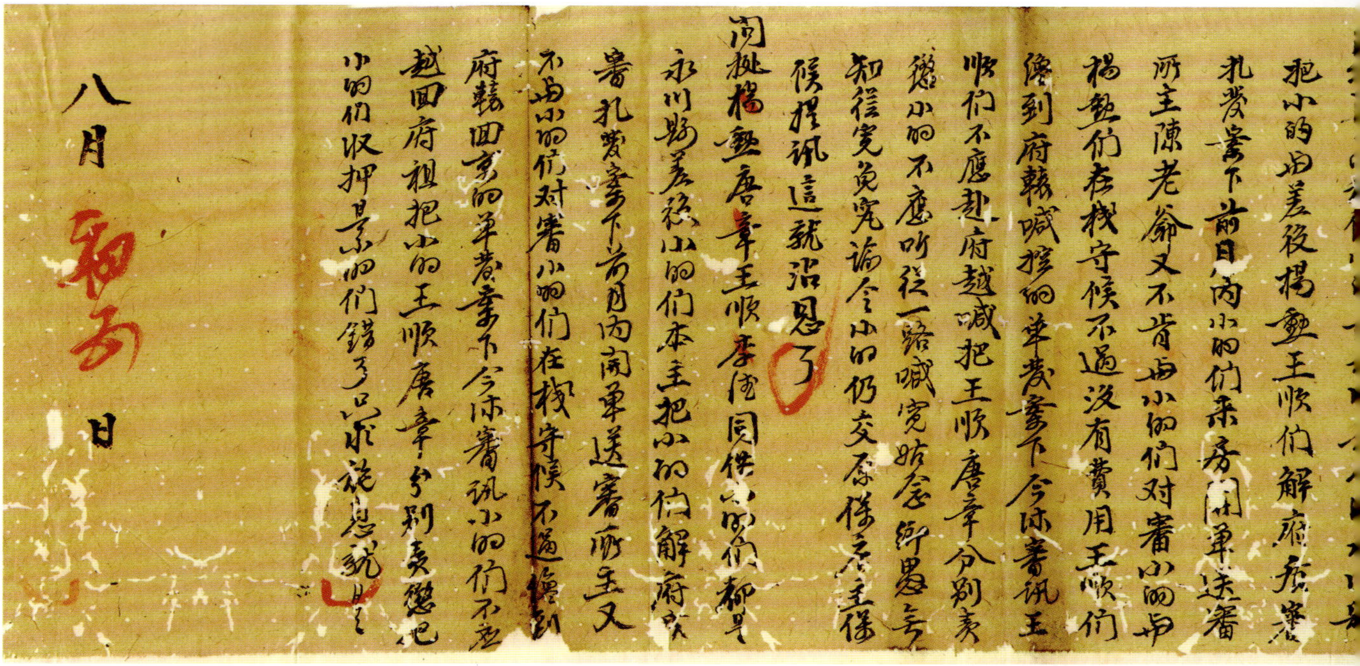

4 道光二十五年八月初七日永川县衙门发单

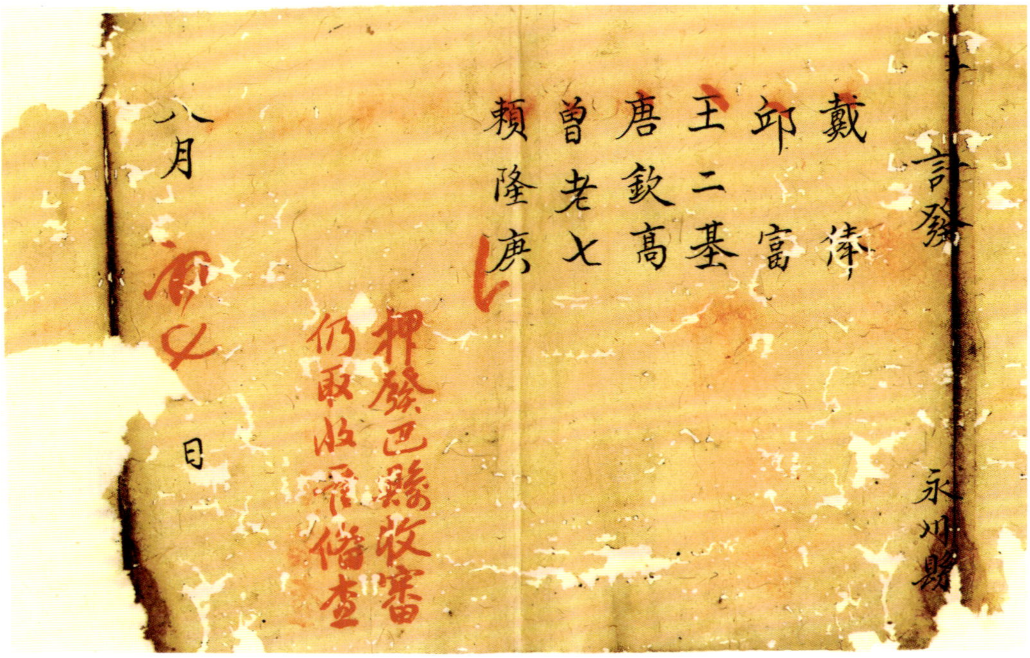
訐發
永川縣
戴俸
邱富
王二基
唐欽高
曽老七
賴隆庚
押發巴縣收審
仍取收管備查
八月　日

5 道光二十五年八月十一日重庆府札

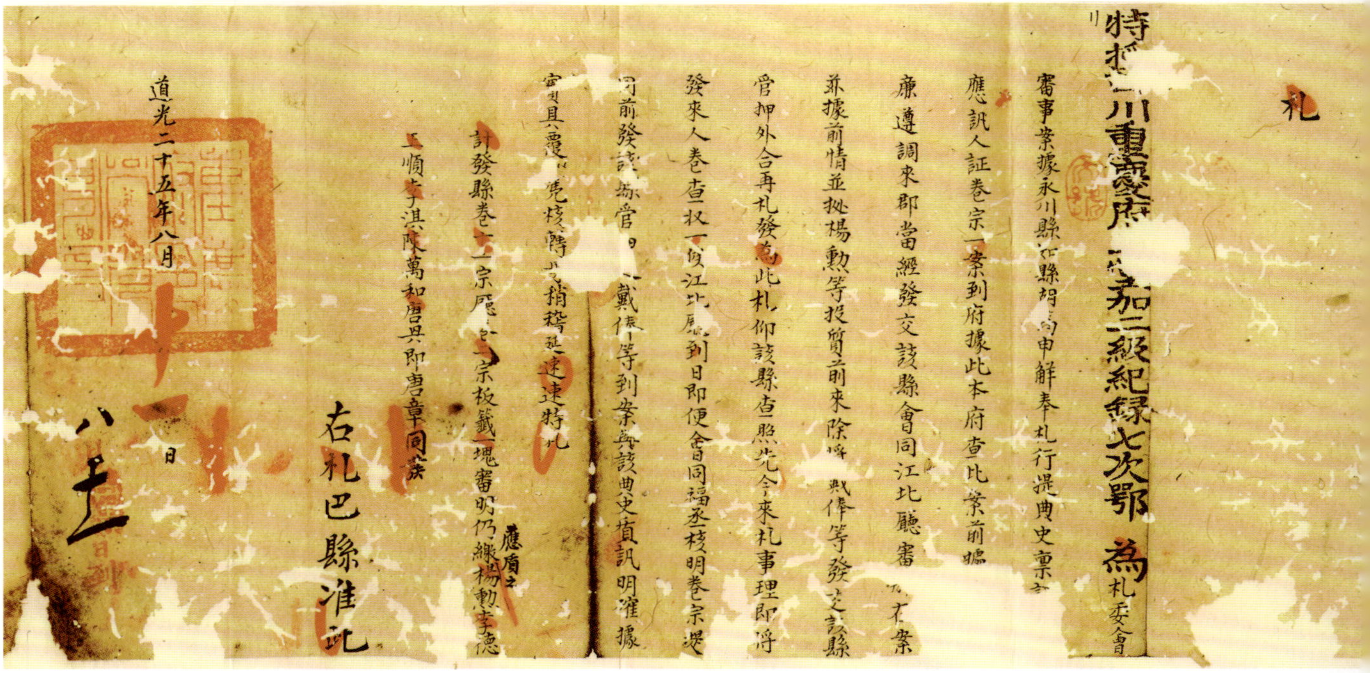

6 道光二十五年八月十一日曾云凌保状

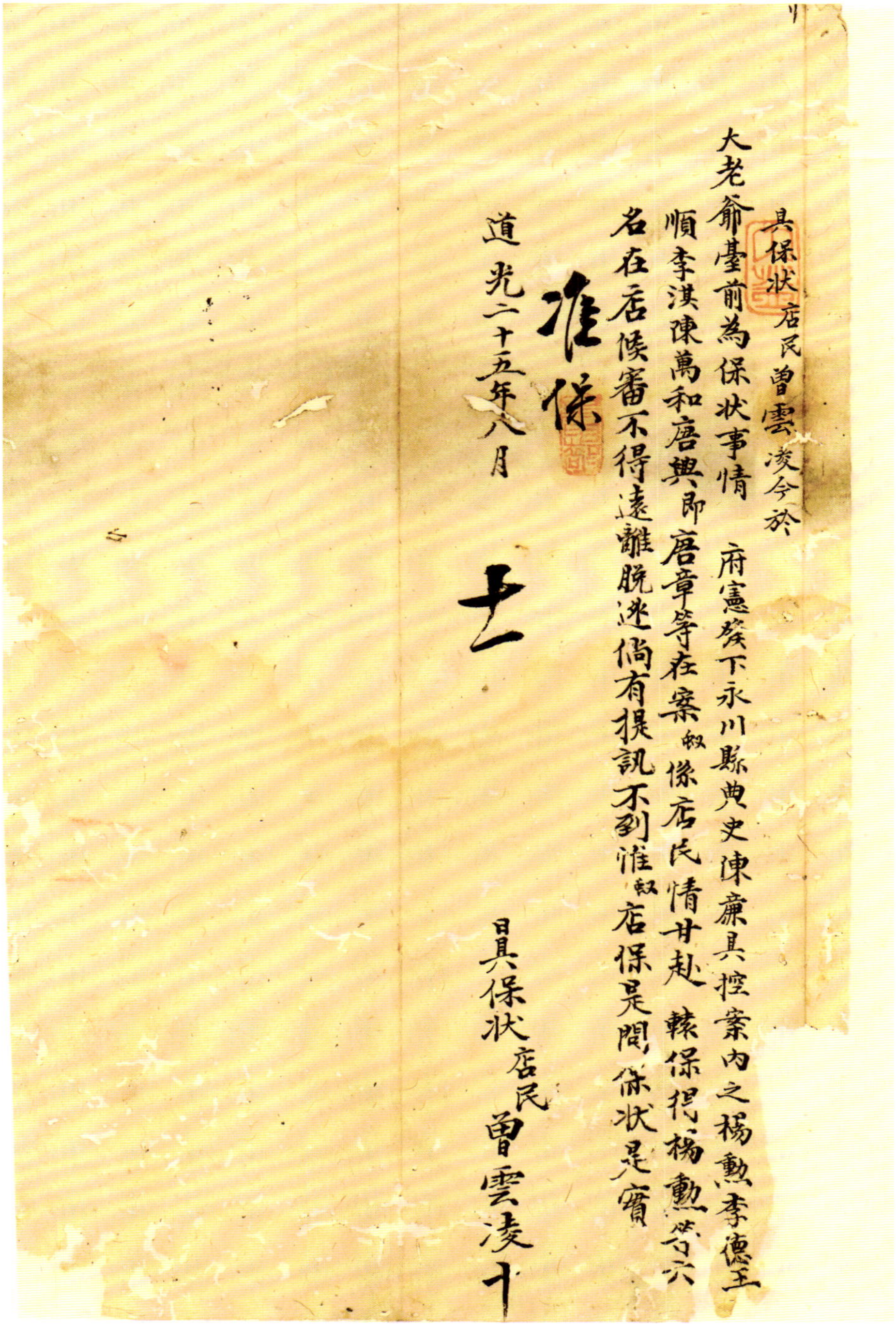
具保狀店民曾雲淩今於
大老爺臺前為保狀事情 府憲發下永川縣典史陳廉具控案内之楊勳李德王
順李淇陳萬和唐興即唐章等在案叙係店民情甘赴 轅保得楊勳等六
名在店候審不得遠離脫逃倘有提訊不到惟叙店保是問保狀是實
准保
道光二十五年八月 十一
具保狀店民曾雲淩十

7 道光二十五年八月十一日巴县衙门开单

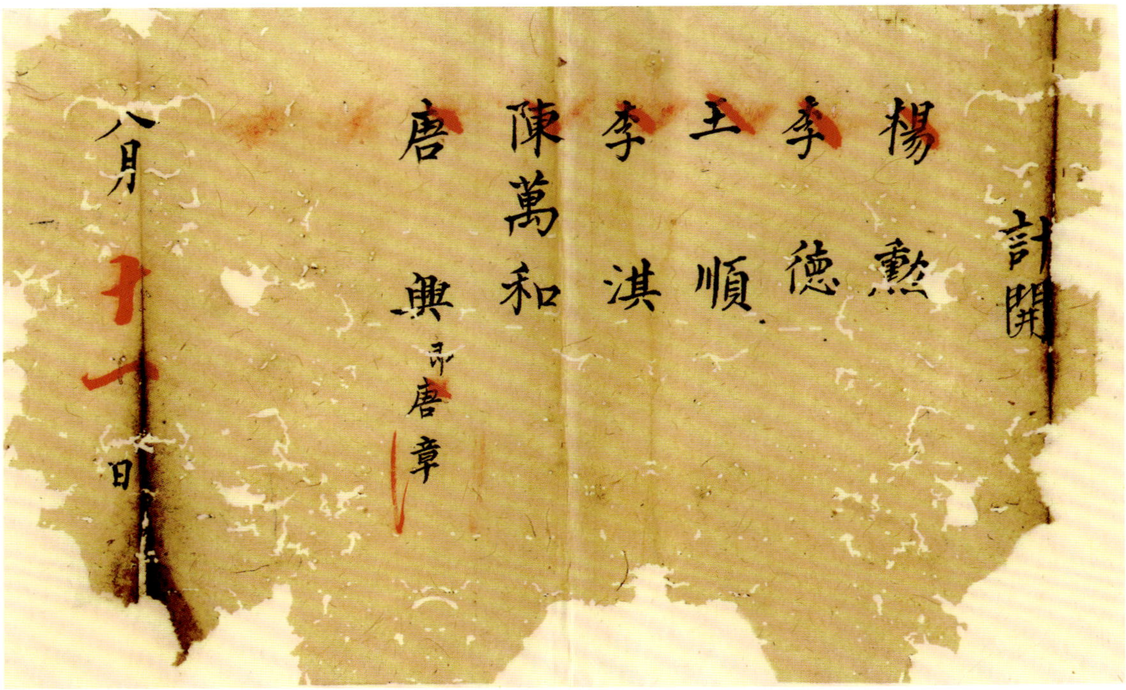
計開
楊勳
李德
王順
李淇
陳萬和
唐興
示
唐章
八月十一日

8 道光二十五年八月二十八日巴县衙门发单

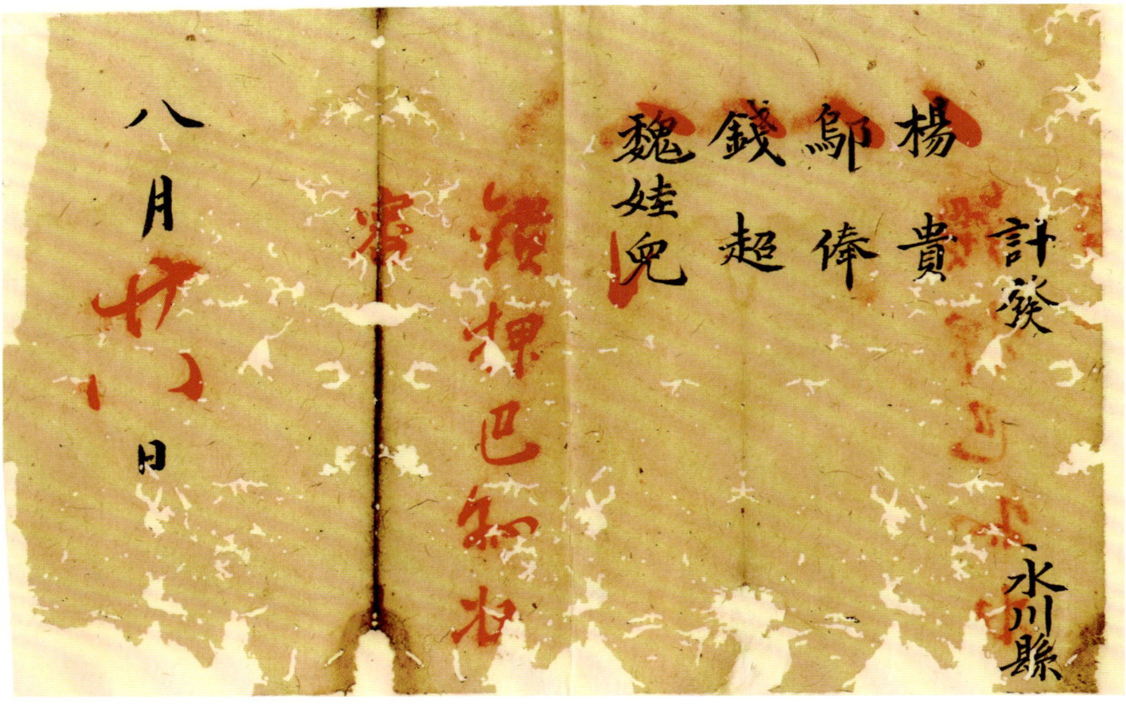
計發
永川縣
楊貴
鄔倖
錢超
魏娃兒
八月廿八日

9 道光二十五年九月初五日永川县衙门开发单

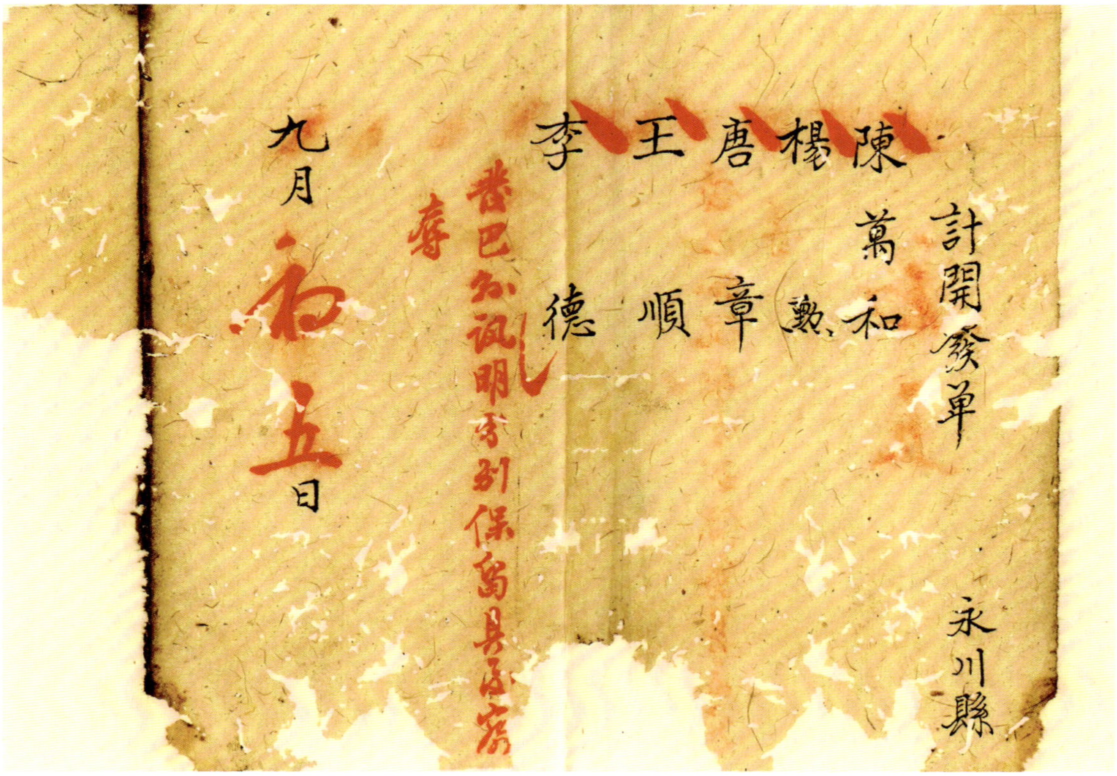
計開發單
陳萬和
楊勲
唐章
王順
李德
發巴縣訊明等到保寓具候審
奪
九月初五日
永川縣

10 道光二十五年九月初五日巴县衙门开单

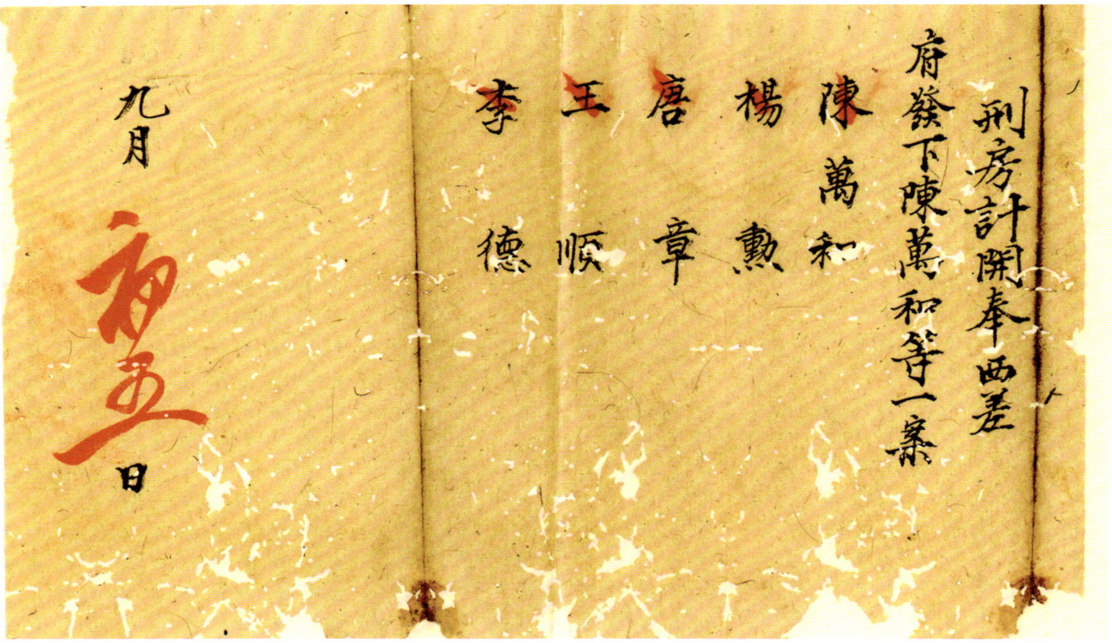
刑房計開奉西差
府發下陳萬和等一案
陳萬和
楊勲
唐章
王順
李德
九月初五日

11 道光二十五年九月十一日巴县衙门刑房讯问笔录

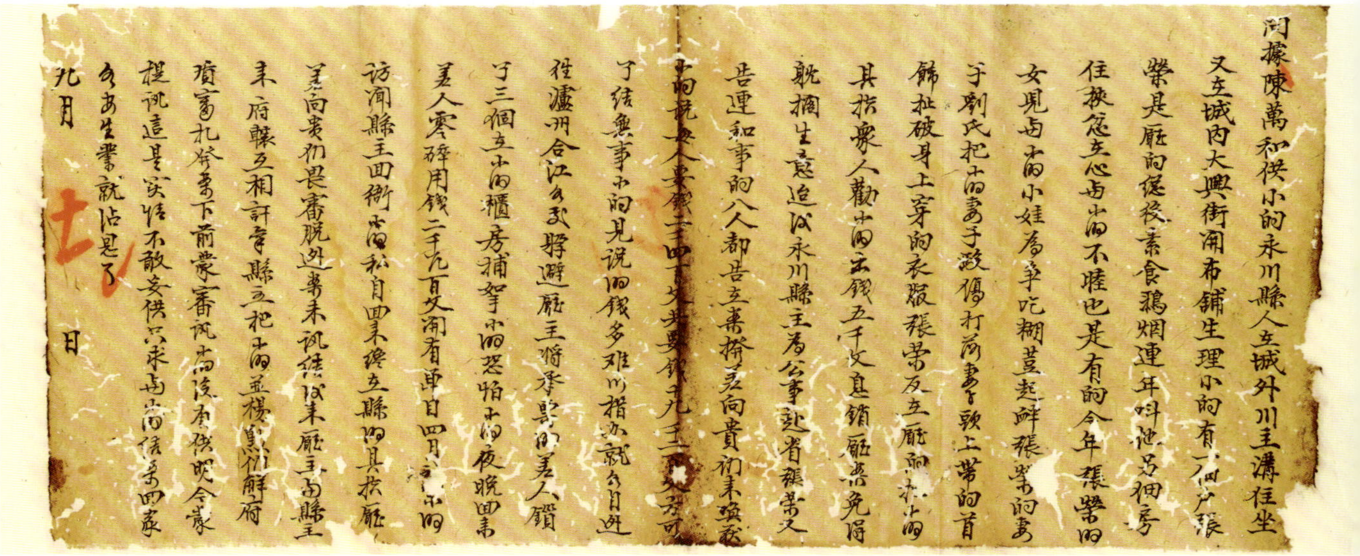
問據陳萬和供小的永川縣人在城外川主溝住坐
又在城內大興街開布鋪生理小的有個佃戶張
榮是廳的皂役素食鴉烟連年叫他另佃房
住挾忿在心與小的不睦也是有的今年張榮的
女兒與小的小娃為爭吃糊荳起衅張榮的妻
子劉氏把小的妻子毆傷打落妻子頭上帶的首
飾扯破身上穿的衣服張榮反在廳[illegible]小的
其指眾人勸小的出錢五千文息銷廳案免得
耽擱生意迨後永川縣主為公事赴省張榮又
告運和事的八人都告在案挾出向貴初未換獲
小的說要八人要錢二十四千文共要錢三十九千二百文方可
了結無事小的見說的錢多難以措辦就在日避
往瀘州合江各處躲避廳主將承票的差人鎖
了三個在小的櫃房補拏小的恐怕小的夜晚回來
差人零碎用錢二千九百文閒看單目四月初六小的
訪聞縣主回衙小的私自回來投在縣的具控廳
差向貴初甚審脫外券未訊後以來廳主與縣主
來府轅互相訐奪縣主把小的並楊興作解府
覆審札發下前蒙審訊小的後來供明今蒙
提訊這是實情不敢妄供只求與小的作主四家
各安生業就沾恩了
九月 十一 日

12 道光二十五年九月十一日巴县衙门开单

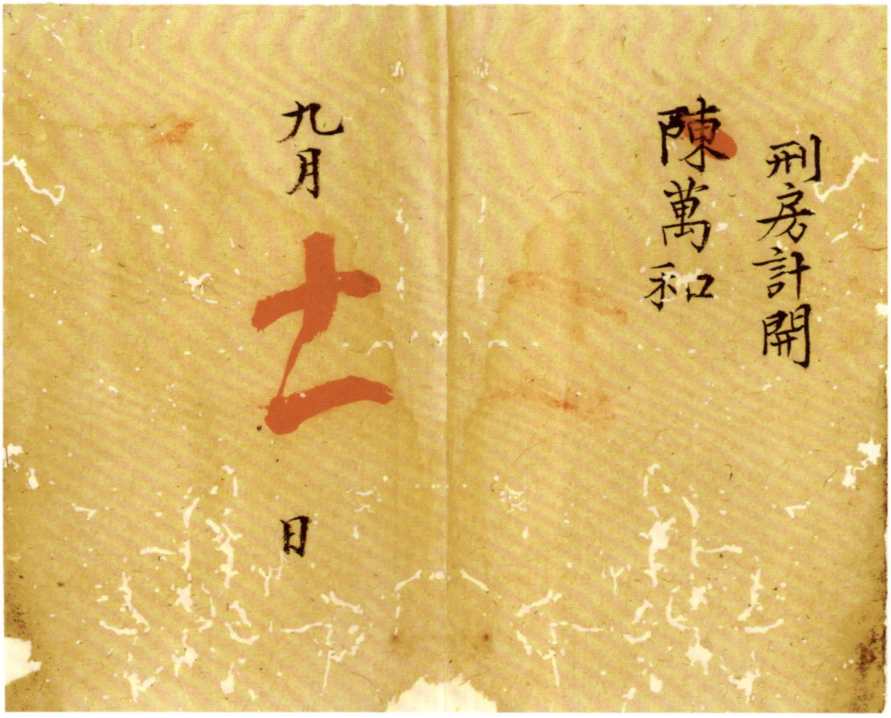
刑房許開
陳萬和
九月 十一 日

13 道光二十五年九月二十四日永川县民唐钦高哀状

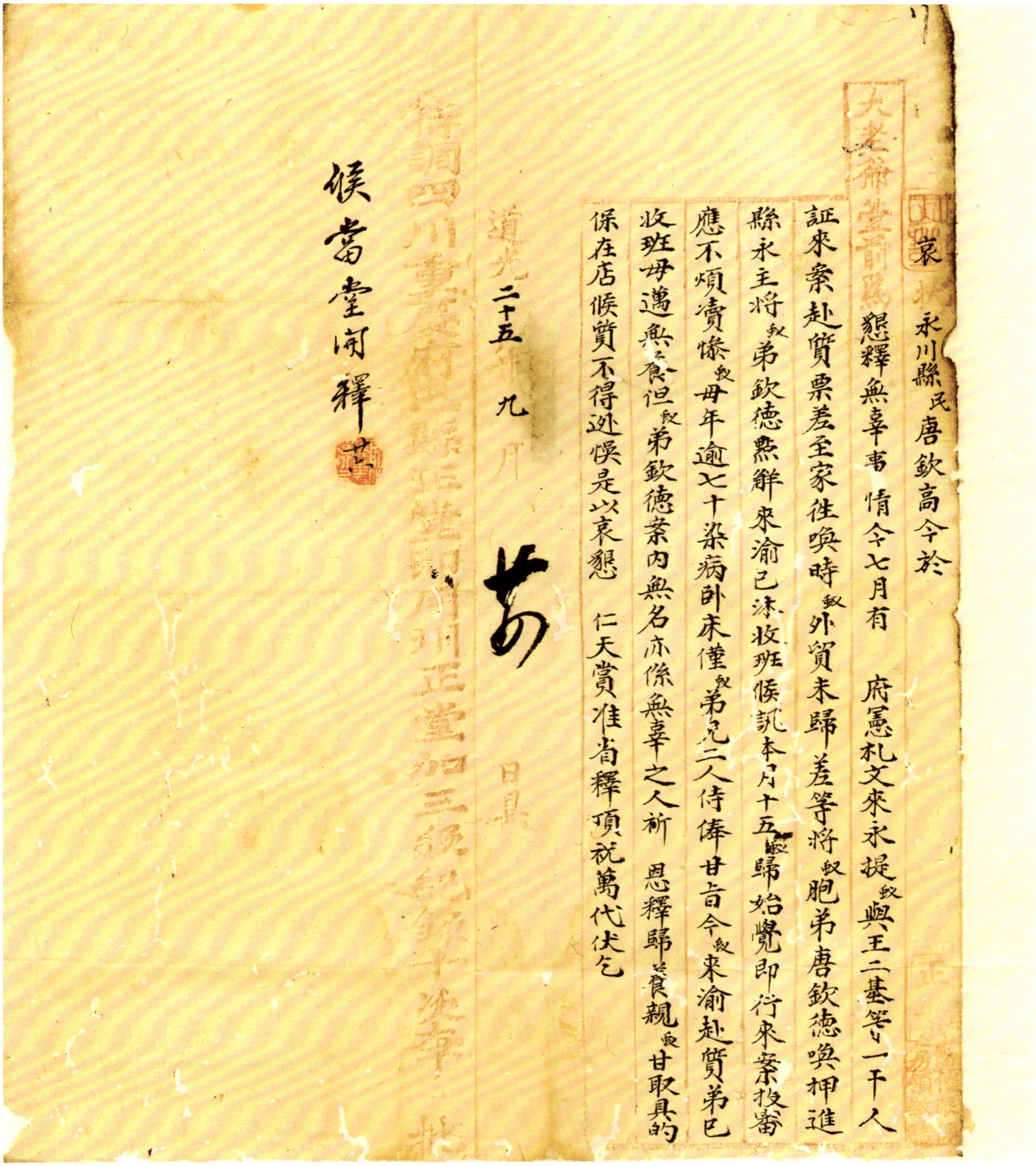
哀狀 永川縣民唐欽高今於

大老爺堂前

懇釋無辜事 情今七月有 府憲札文來永提叙與王二基等一干人証來案赴質票差至家往喚時叙外貿未歸差等將叙胞弟唐欽德喚押進縣永主將叙弟欽德羈押來渝已沐收班候訊本月十五叙歸始覺即行來案投審應不煩瀆緣叙母年逾七十染病卧床僅叙弟兄二人侍俸甘旨今叙來渝赴質弟巳收班母邁無人食但叙弟欽德案內無名亦係無辜之人祈 恩釋歸養親叙甘取具的保在店候質不得延悞是以哀懇

仁天賞准省釋頂祝萬代伏乞

道光二十五年九月 日具

候當堂開釋

14 道光二十五年九月二十六日永川县典史陈廉悔呈

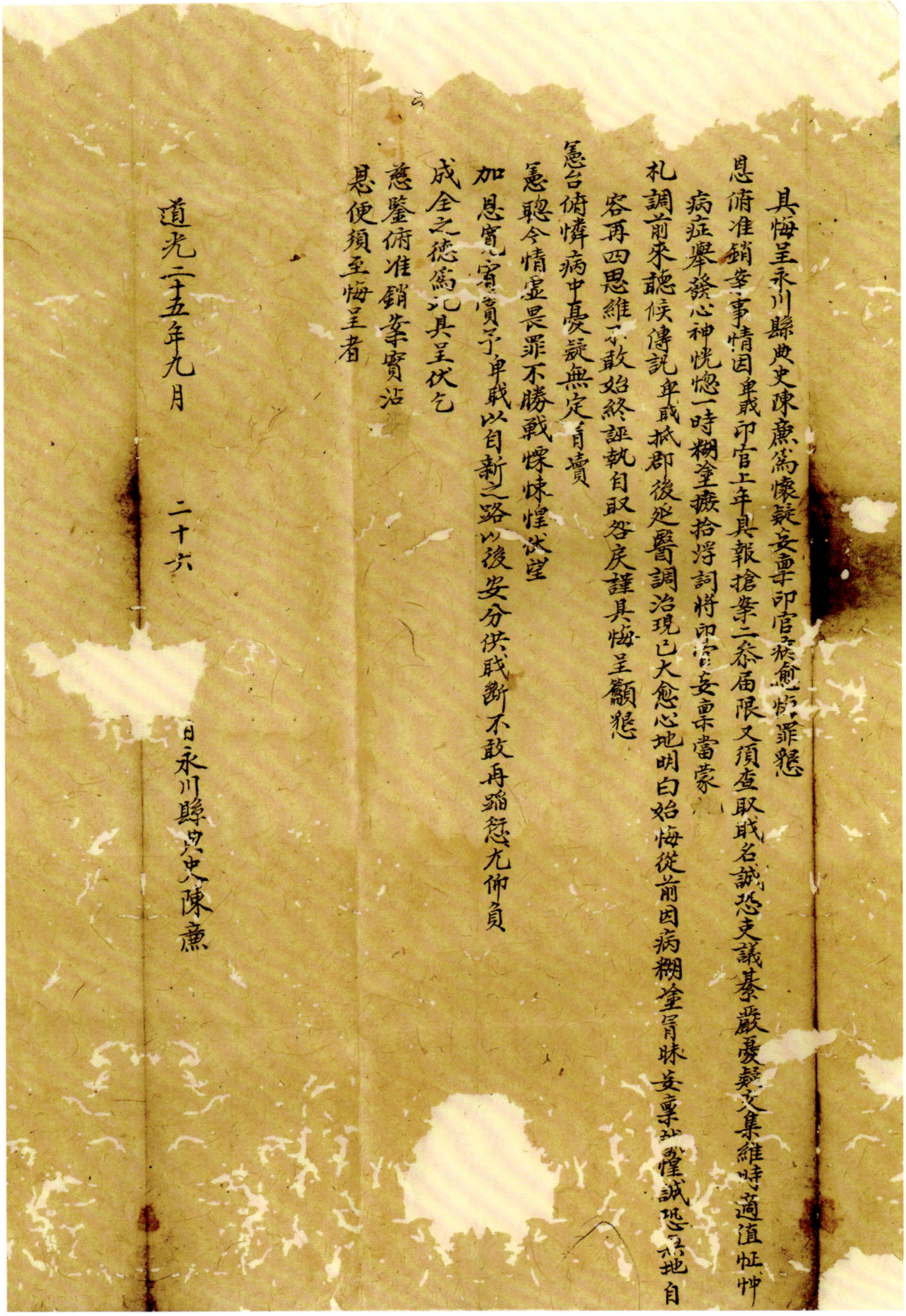
具悔呈永川縣典史陳廉爲懷疑妄稟印官疾愈悔罪懇
恩俯准銷案事情因卑職印官上年具報搶案二參届限又須查取職名誠恐吏議綦嚴憂疑交集維時適值怔忡
病症舉發心神恍惚一時糊塗據捨浮詞將印官妄稟當蒙
札調前來聽候傳訊卑職抵郡後延醫調治現已大愈心地明白始悔從前因病糊塗冒昧妄稟益增惶誠恐無地自
容再四思維不敢始終誣執自取咎戾謹具悔呈籲懇
憲台俯憐病中憂疑無定自瀆
憲聽今情虛畏罪不勝戰慄悚惶之至
加恩寬宥予卑職以自新之路以後安分供職斷不敢再蹈愆尤仰負
成全之德爲此具呈伏乞
慈鑒俯准銷案實沾
恩便須至悔呈者
道光二十五年九月　二十六　日永川縣典史陳廉

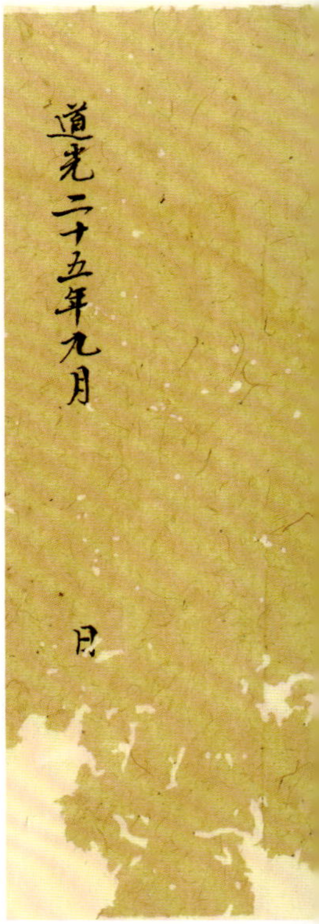
道光二十五年九月　日

15 道光二十五年九月重庆府江北厅移永川县典史陈廉悔呈牒

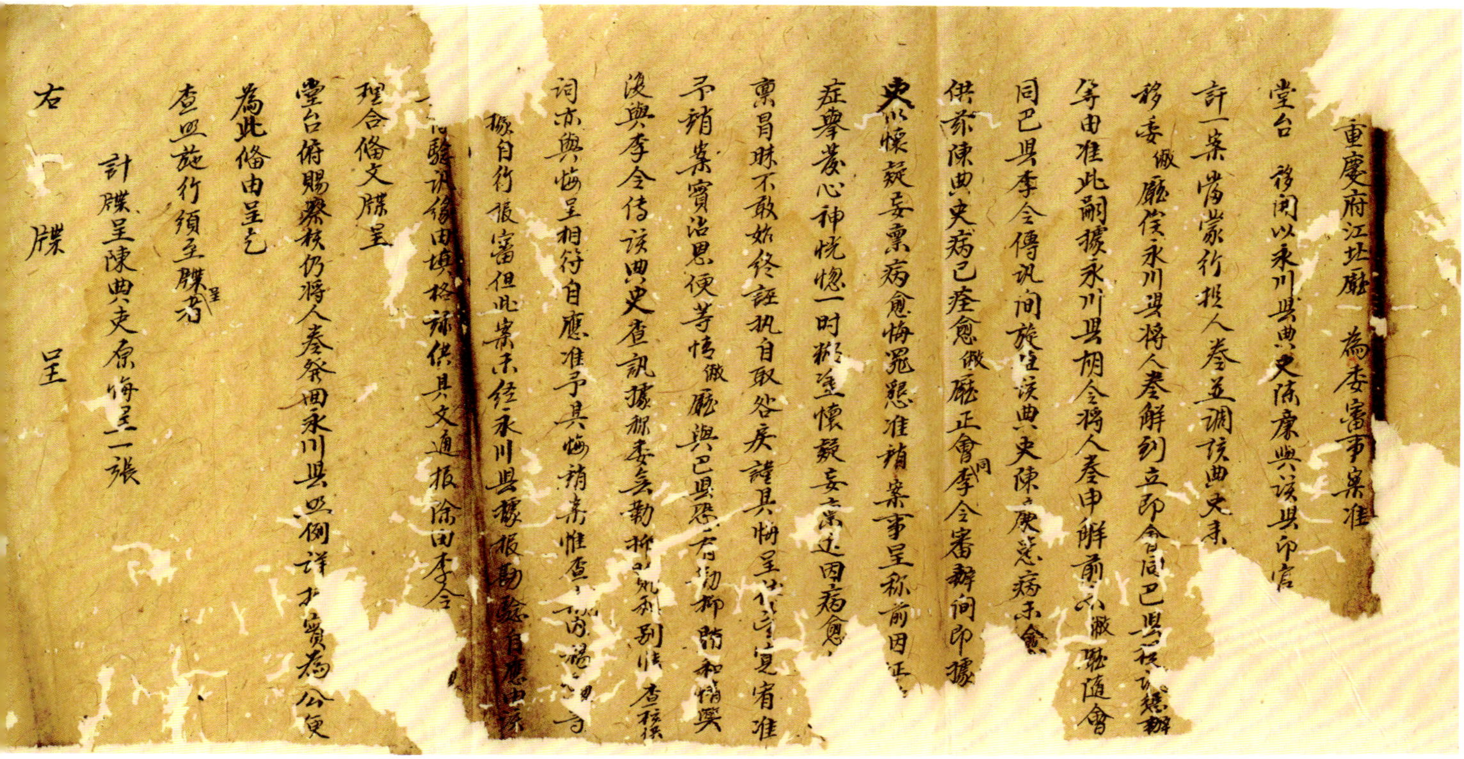
重慶府江北廳 為委審事案准
堂台 移開以永川縣典史陳康與該縣印官
許一案當蒙行拘人卷並調該典史來
移委 敝廳從永川縣將人卷解到立即會同巴縣[illegible]
等由准此嗣據永川縣胡令將人卷申解前來 敝廳隨會
同巴縣李令傳訊間旋准該典史陳[illegible]稟恙病未愈
供詞陳典史病已痊愈 敝廳正會同李令審辦間即據
史以懷疑妄稟病愈悔罪懇准銷案事呈稱前因怔[illegible]
症舉發心神恍惚一时[illegible]懷疑妄[illegible]迨因病愈[illegible]
稟冒昧不敢始終誣执自取咎戾謹具悔呈[illegible]寬宥准
予銷案實沾恩便等情 敝廳與巴縣[illegible]和情與
後與李令傳該典史查訊據稱委系[illegible]別[illegible]查核
詞亦與悔呈相符自應准予具悔銷案惟查[illegible]
據自行具稟但此案未经永川縣[illegible]勘驗自應由[illegible]
[illegible]驗訊[illegible]由填格結供具文通報除由李令
理合備文牒呈
堂台俯賜察核仍將人卷發回永川縣照例詳[illegible]實為公便
為此備由呈乞
查照施行須至牒呈者
計牒呈陳典史康悔呈一張
右 牒 呈

16-1 道光二十五年九月二十七日巴县衙门刑房呈及十月初六日重庆府批

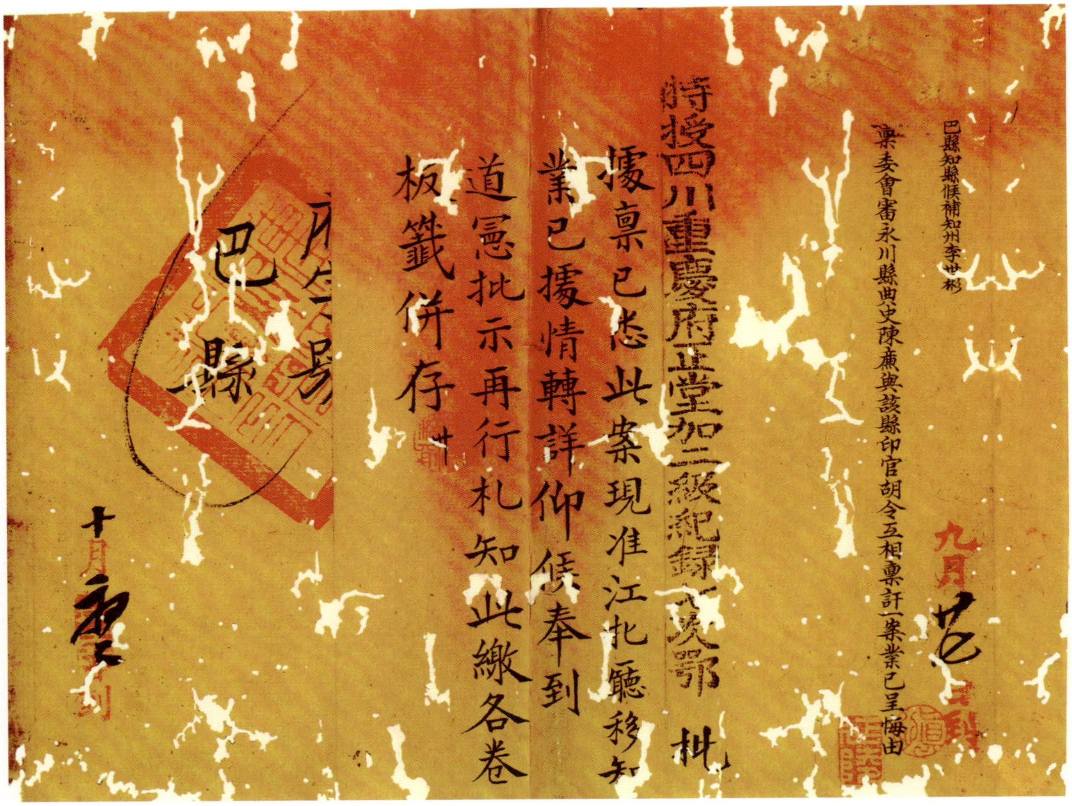
巴縣知縣候補知州李世彬
稟委會審永川縣典史陳廉與該縣印官胡令互相稟訐一案業已呈悔由
九月 廿七 日
特授四川重慶府正堂加三級紀錄一次鄂 批
據稟已悉此案現准江北廳移知
業已據情轉詳仰候奉到
道憲批示再行札知此繳各卷
板籤併存 廿
巴縣
十月 初六 日到

16-2

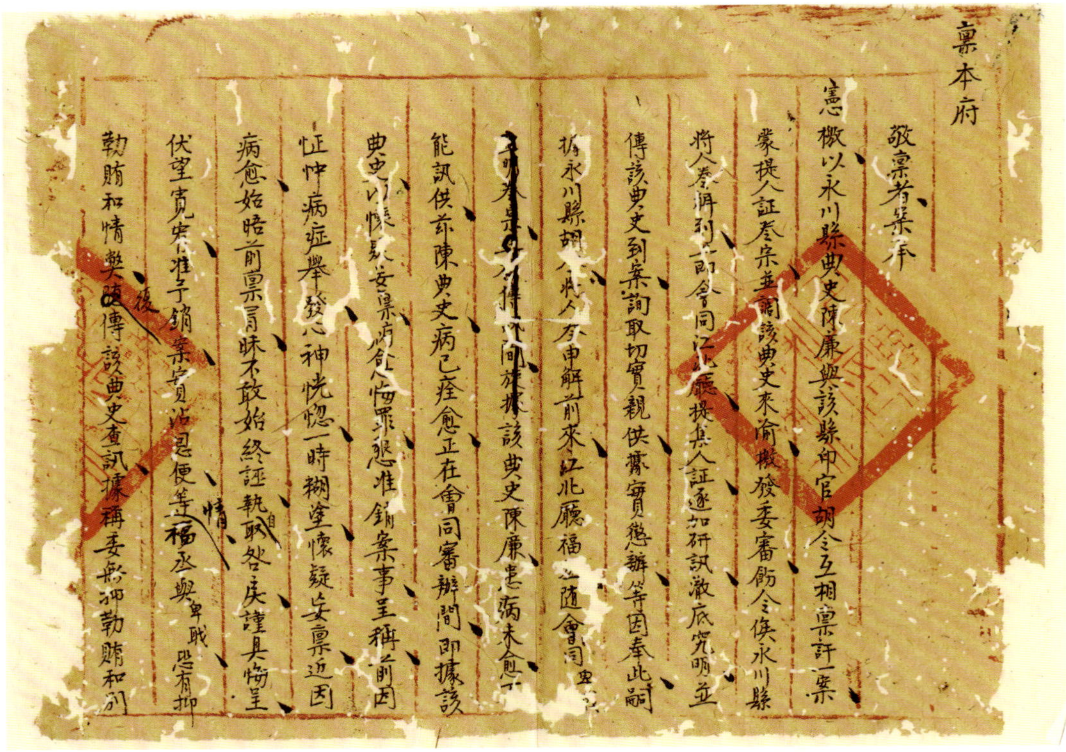
稟本府
敬稟者案奉
憲檄以永川縣典史陳廉與該縣印官胡令互相稟訐一案
蒙提人証卷宗並劄該典史來渝檄發委審飭令俟永川縣
將人卷解到亦即會同江北廳提集人証逐加研訊徹底究明並
傳該典史到案詢取切實親供齊案質懲辦等因奉此嗣
據永川縣胡令將人犯申解前來江北廳福□隨會同[illegible]
[illegible]該典史陳廉患病未愈[illegible]
能訊供茲陳典史病已痊愈正在會同審辦間即據該
典史以[illegible]妄稟所訴[illegible]懇准銷案事呈稱前因
怔忡病症舉發心神恍惚一時糊塗懷疑妄稟近因
病愈始晤前稟冒昧不敢始終誣執自怨咎戾謹具悔呈
伏望寬宥准予銷案實沾恩便等情福丞與卑職恐有
勒賄和情弊復傳該典史查訊據稱委無抑勒賄和[illegible]

16 - 3

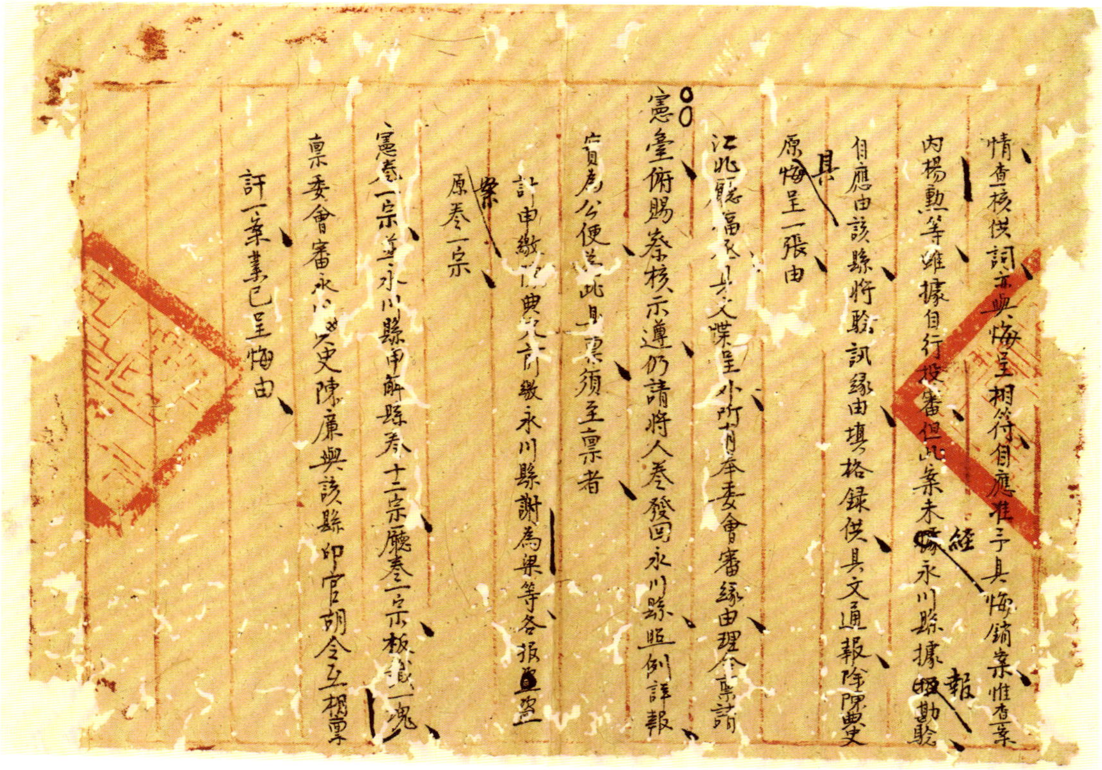
情查核供詞並與悔呈相符自應准予具悔銷案惟查案
內楊勳等雖據自行投審但此案未經永川縣據報勘驗
自應由該縣將驗訊緣由填格錄供具文通報除隱要史
具原悔呈一張由
江北廳富丞具文牒呈外所有奉委會審緣由理合禀請
憲臺俯賜察核示遵仍請將人卷發回永川縣照例詳報
實為公便為此具禀須至禀者
計申繳典契原繳永川縣謝為梁等各報盜
案原卷一宗
憲卷一宗並永川縣申解縣卷十二宗廳卷一宗板鎖一塊
禀委會審永川縣民史陳康與該縣印官胡令互控禀
許一案業已呈悔由

16 - 4

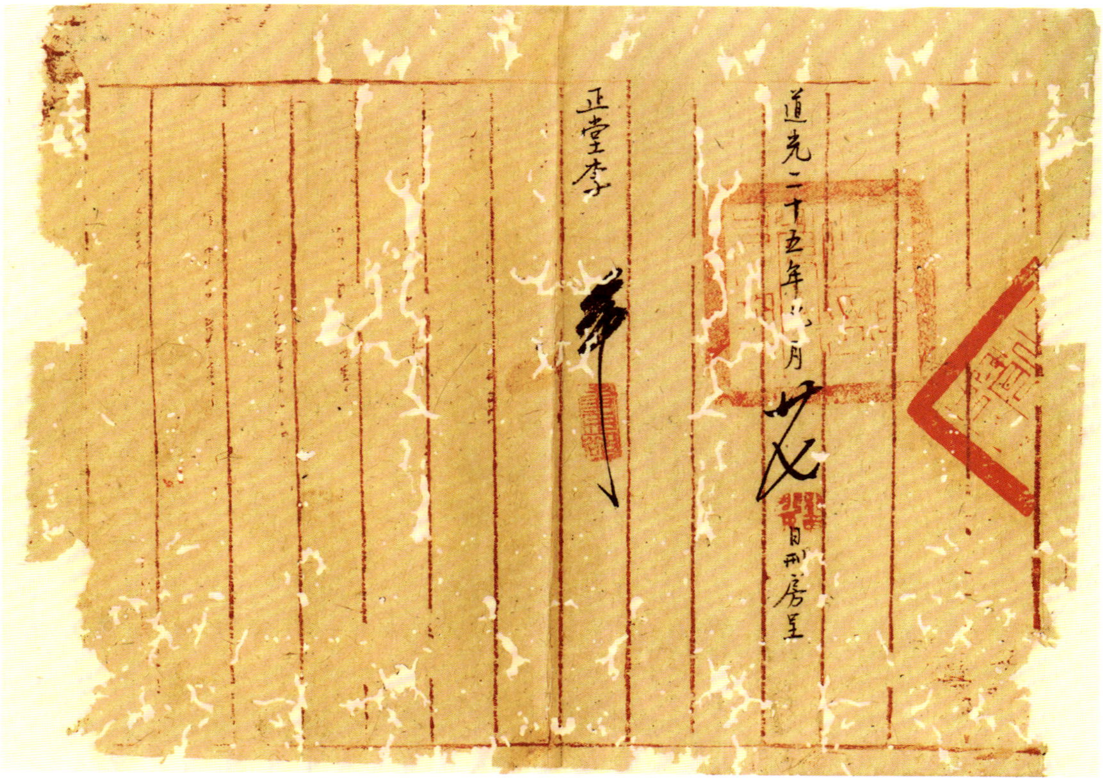
道光二十五年[illegible]月廿八日刑房呈
正堂李

17 道光二十五年九月三十日唐凌云保状

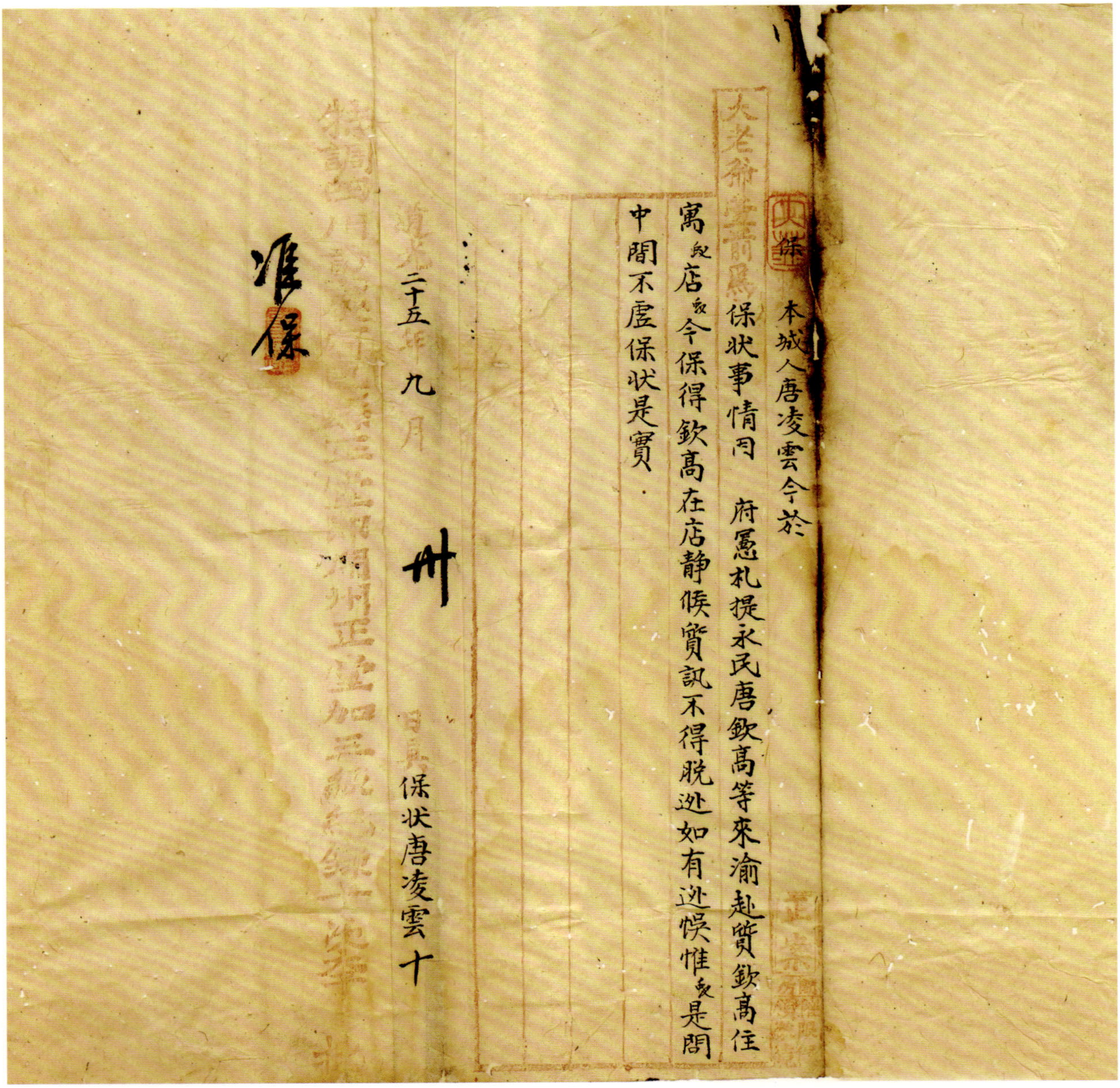

本城人唐凌雲今於
大老爺案前具保狀事情因 府憲札提永民唐欽高等來渝赴質欽高住
寓蟻店蟻今保得欽高在店靜候質訊不得脫逃如有逃悞惟蟻是問
中間不虛保狀是實
道光二十五年九月 卅 日具保狀唐凌雲十
准保

18 道光二十五年十月初一日永川县民陈万和哀状

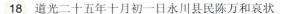

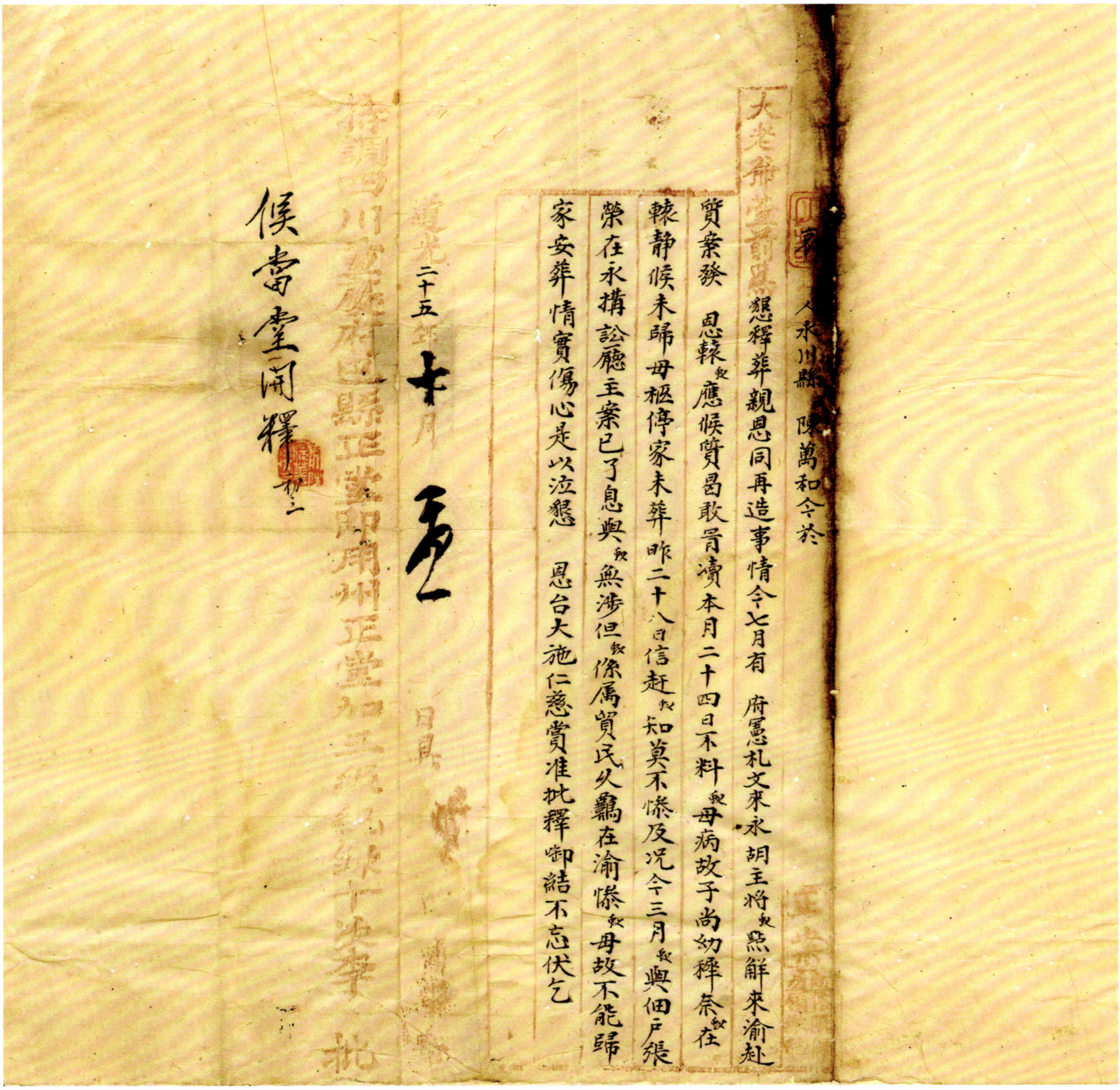
人永川縣 陳萬和 今於
大老爺堂前 懇釋葬親恩同再造事情 今七月有 府憲札文來永 胡主將蟻 縣解來渝赴
質案發 恩轅 蟻 應候質畧 敢冐瀆 本月二十四日不料 蟻 母病故 子尚幼稚 蟻 在
轅靜候未歸 母柩停家未葬 昨二十八日信赴 蟻 知莫不慘 及況今三月 蟻 與佃戶張
榮在永搆訟 廳主案已了息 與 蟻 無涉 但 蟻 係屬質人 民父羈在渝 慘 蟻 母故不能歸
家安葬 情實傷心 是以泣懇
恩台大施仁慈賞准批釋 啣結不忘 伏乞
道光二十五年十月 日具
特調四川重慶府巴縣正堂即補州正堂加三級紀錄十次李 批
候當堂開釋 初二

19 道光二十五年十月初五日巴县衙门发单

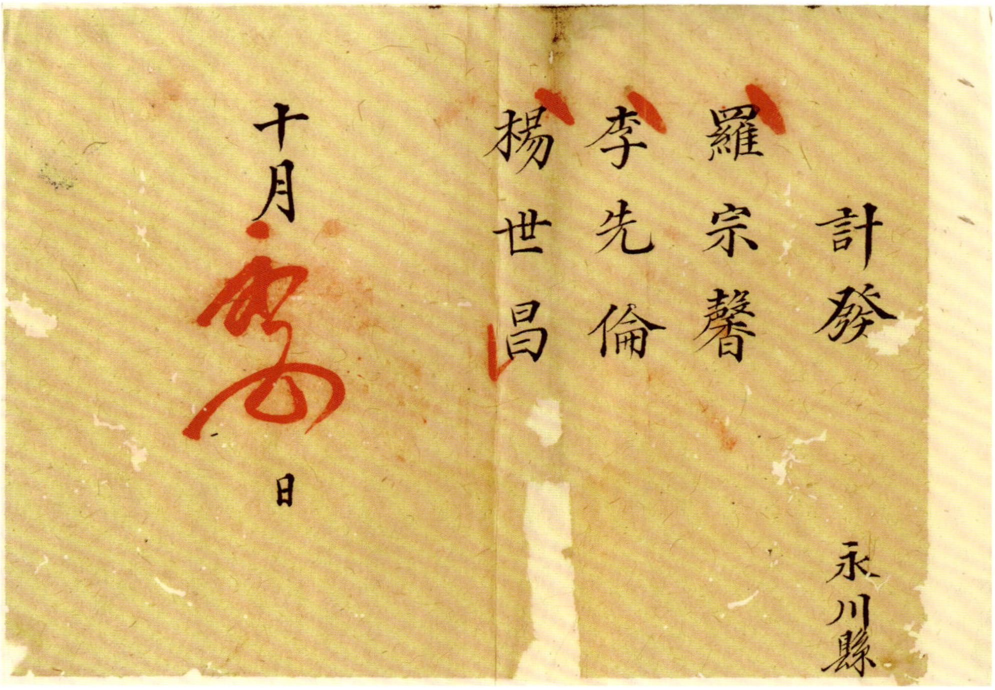

計發
羅宗馨
李先倫
楊世昌
十月 日
永川縣

20 道光二十五年十月初六日巴县衙门刑房开单

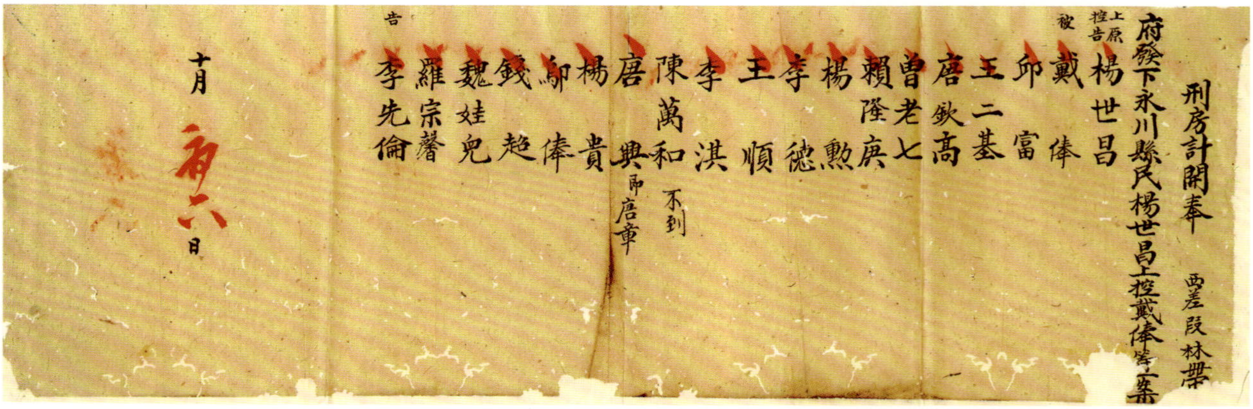

刑房計開奉
西差段林票
府發下永川縣民楊世昌上控戴俸等一案
上控原告 楊世昌
被 戴俸
卯富
王二基
唐欽高
曾老七
賴隆庚
楊勲
李德
王順
李淇
陳萬和 不到
唐興 即唐章
楊貴
卯俸
錢超
魏娃兒
羅宗馨
告 李先倫
十月初六日

21 道光二十五年十月初六日巴县衙门讯问笔录

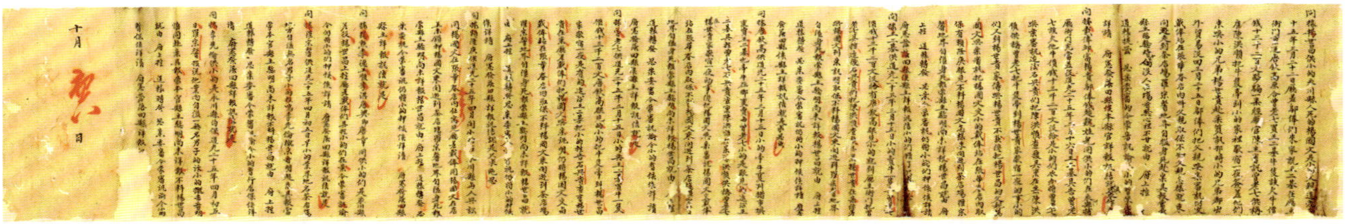

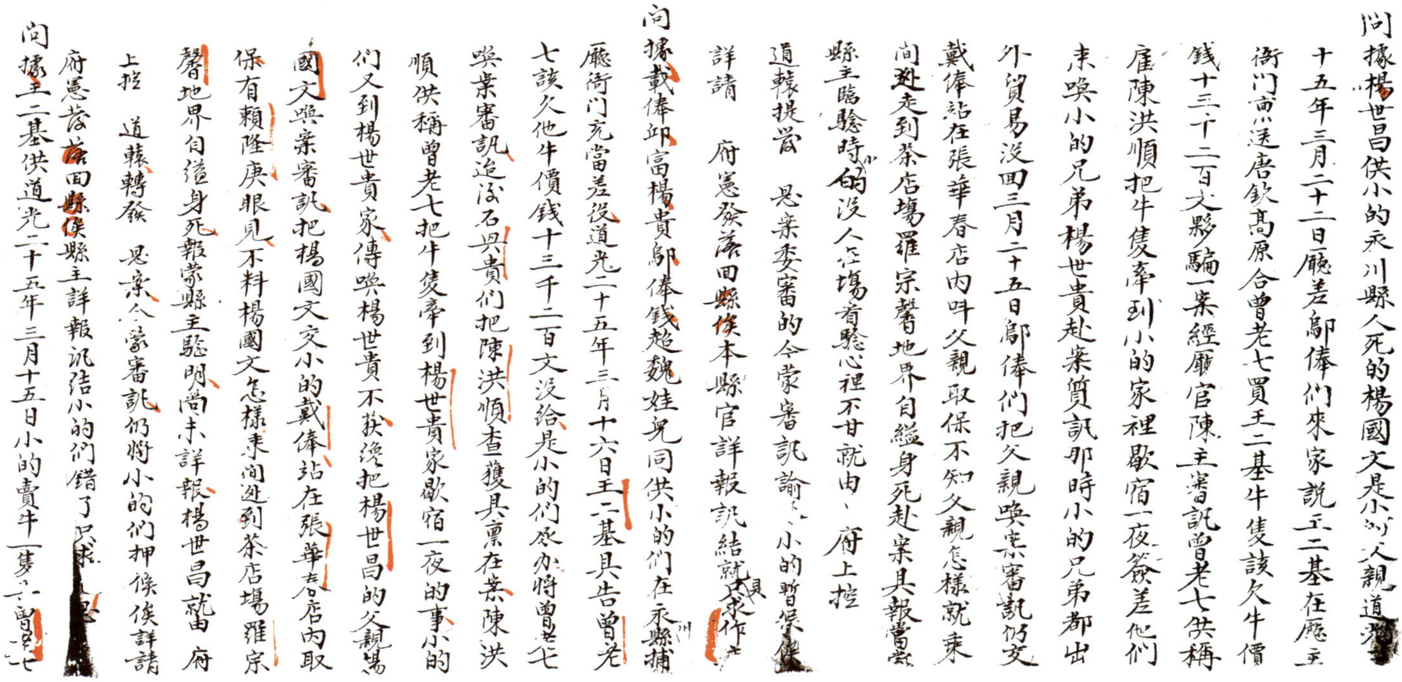

問據楊世昌供小的永川縣人死的楊國文是小的父親道光二十五年三月二十二日廳差鄔俸們來家說王二基在廳主衙门前控唐欽高原合曾老七買王二基牛隻該欠牛價錢十三千二百文夥騙一案經廳官陳主審訊曾老七供稱雇陳洪順把牛隻牽到小的家裡歇宿一夜發差他們來喚小的兄弟楊世貴赴案質訊那時小的兄弟都出外貿易沒回三月二十五日鄔俸們把父親喚案審訊仍交戴俸結在張華春店內叫父親取保不知父親怎樣就乘間逃走到茶店壋羅宗馨地界自縊身死赴案具報當蒙縣主臨驗時小的沒人在場看驗心裡不甘就由府上控道轅提審 憲案委審的今蒙審訊諭令小的暫保候詳請 府憲發落田縣候本縣官詳報訊結就是求作主

問據戴俸即富楊貴鄔俸錢超魏娃兒同供小的們在永川縣捕廳衙门充當差役道光二十五年三月十六日王二基具告曾老七該欠他牛價錢十三千二百文沒給是小的們承辦將曾老七喚案審訊追得石興貴們把陳洪順查獲具稟在案陳洪順供稱曾老七把牛隻牽到楊世貴家歇宿一夜的事小的們又到楊世貴家傳喚楊世貴不獲後把楊世昌的父親楊國文喚案審訊把楊國文交小的戴俸站在張華春店內取保有賴隆庚眼見不料楊國文怎樣乘間逃到茶店壋羅宗馨地界自縊身死報蒙縣主驗明尚未詳報楊世昌就由府上控 道轅轉發 憲案今蒙審訊仍將小的們押候候詳請府憲發落田縣候縣主詳報訊結小的們錯了只求

問據王二基供道光二十五年三月十五日小的賣牛一隻……曾老七

價錢十三千二百文沒給有唐欽高眼見小的就到廳主衙门把曾
老七具控追後石興貴們把陳洪順查获票示楊世貴在案繳著
與楊國文到案訊明取保不料楊國文乘間逃到羅宗馨管地界
自縊身死報蒙縣主驗明尚未詳報楊世昌就由　府上控
道轅轉發　恩案委審今蒙審訊仍將小的押候候詳請　憲
發落田縣係縣主詳報訊結就是求恩典

问據唐欽高供道光二十五年三月十五日小的牽牛一隻到猪市垻
変賣王二基也牽牛在那変賣由曾老七小的是眼見的追後王
二基具控曾老七石興貴查票陳洪順在案添洪順供稱曾老七
在楊世貴家歇宿一夜的事後把楊國文與案審訊楊國文交戴倖
站在張華春店内取保不料楊國文乘間逃到茶店塲羅宗馨管
地界自縊身死報蒙縣主驗明尚未詳報楊世昌就由　府上控
道轅轉發　恩案委審今蒙審訊諭令小的暫候候詳請
府憲發落田縣後縣主詳報訊結就是

问據曾老七供道光二十五年三月十五日小的與王二基買牛一隻
價錢十三千二百文唐欽高眼見的小的把牛隻牽到楊世昌
家歇宿一夜是有的追後王二基把小的控告石興貴查票楊世
貴在案廳差戴倖們把楊國文與案訊明仍將楊國文交由
戴倖站在張華春店内取保不料楊國文乘間逃到茶店塲
羅宗馨管地界自縊身死報蒙縣主驗明尚未詳報楊世昌就
由　府上控　道轅轉發恩案委審今蒙審訊仍將小的押候
候詳請　府憲發落田縣詳報訊結就是只求施恩

问據賴隆庚供道光二十五年四月间小的在永川縣與人興訟
同楊國文在張華春店内住寓見廳差戴倖同楊國文在店
丟未鎖押楊國文乘间逃到茶店塲羅宗馨地界自縊身死報
蒙縣主驗明尚未詳報楊世昌就由　府上控　道轅轉發　恩
案委訊今蒙審訊仍將小的押候候詳請　府憲發落田縣
縣主詳報訊結就是

问據楊勲李德王順李淇唐興即唐章同供小的們是永川縣
差役楊世昌上控廳差戴倖們具控小的們在案今蒙審訊諭
令仍將小的們押候候詳請　府憲發落田縣詳報訊結就是

问據羅宗馨供道光二十五年四月初五日早小的業界地名茶店塲
地方自縊無名男子小的投鳴李先倫撤宗看明赴案具報當
蒙本官縣主驗明尚未詳報不料楊世昌就由　府上控
道轅轉發　恩案委審今蒙審訊諭令小的暫行店保候詳
請　府憲發落田縣詳報訊結就是

问據李先倫供小的是永川縣約保道光二十五年四月初五
日羅宗馨投說他業内自縊一無名男子約小的撤去看明
協同赴案具報蒙本官縣主驗明尚未詳報不料楊世昌
就由　府上控　道轅轉發　恩案委審令蒙審訊諭令小的
暫保候詳請　府憲發落田縣詳報訊

十月　日

22 道光二十五年十月初六日阮联升保状

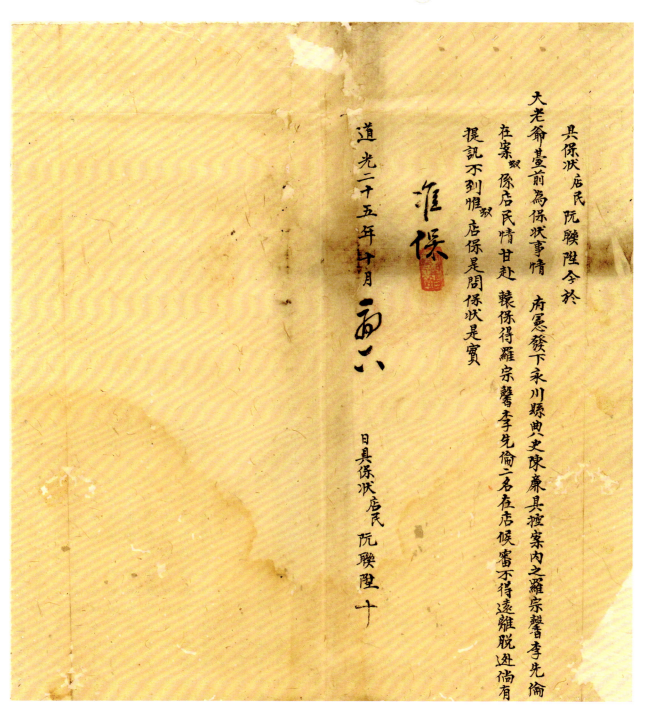
具保狀店民　阮聯陞今於
大老爺臺前為保狀事情　府憲發下永川縣典吏陳廉具控案內之羅宗馨李先倫
在案蟻係店民情甘赴　轅保得羅宗馨李先倫二名在店候審不得遠離脫逃倘有
提訊不到惟蟻店保是問保狀是實
准保
道光二十五年十月　初六
日具保狀店民　阮聯陞　十

23 道光二十五年十月初七日王高升保状

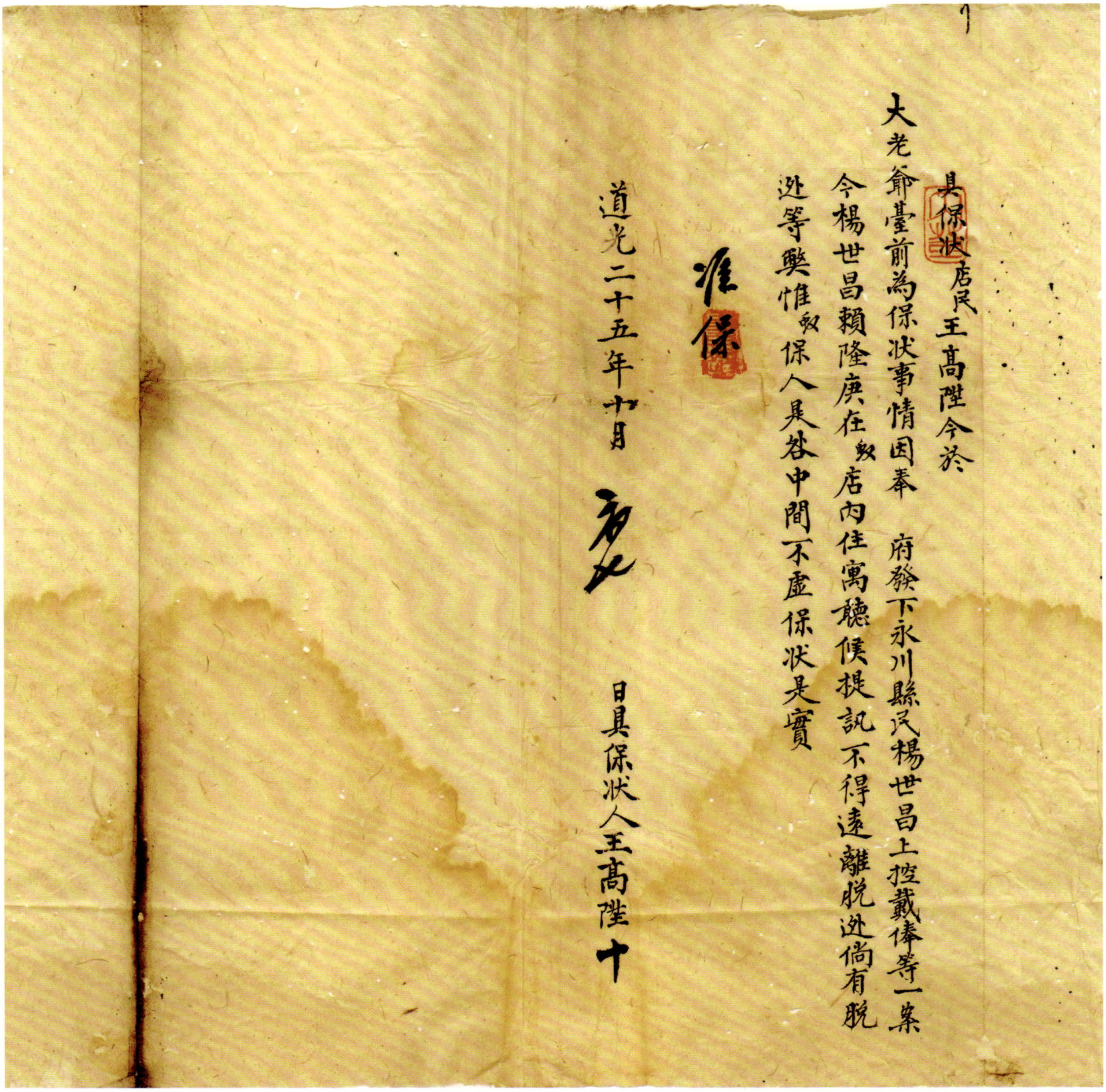
具保狀店民王高陞今於
大老爺臺前爲保狀事情因奉　府發下永川縣民楊世昌上控戴倖等一案
令楊世昌賴隆庚在蟻店內住寓聽候提訊不得遠離脫逃倘有脫
逃等弊惟蟻保人是咎中間不虛保狀是實
准保
道光二十五年十月　初七　日具保狀人王高陞十

24 道光二十五年十月初七日永川县罗宗馨、李先伦禀状

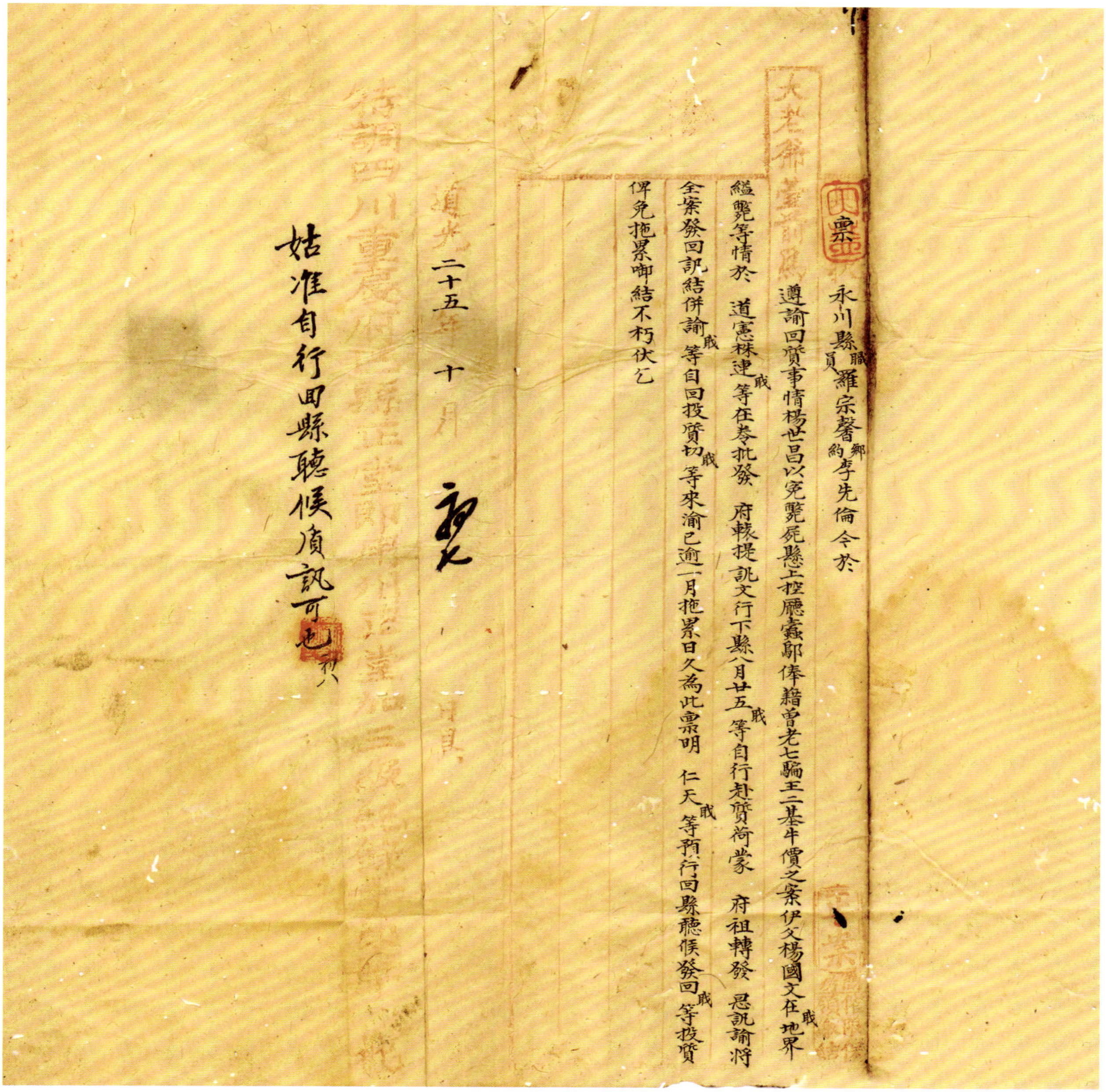
永川縣職員羅宗馨、鄉約李先倫今於
大老爺臺前具
遵諭回覆事情楊世昌以冤斃屍懸上控廳蠹戴俸藉曾老七騙王二基牛價之案伊父楊國文在戢地界
縊斃等情於 道憲株連戢等在卷批發 府轅提訊文行下縣八月廿五戢等自行赴覆荷蒙 府祖轉發 恳訊諭將
全案發回訊結併諭戢等自回投覆切戢等來渝已逾一月拖累日久為此稟明 仁天戢等預行回縣聽候發回戢等投覆
俾免拖累啣結不朽伏乞
道光二十五年十月 日具
姑准自行回縣聽候質訊可也 初八

25-1 道光二十五年十月初七日巴县衙门刑房拟禀及重庆府批

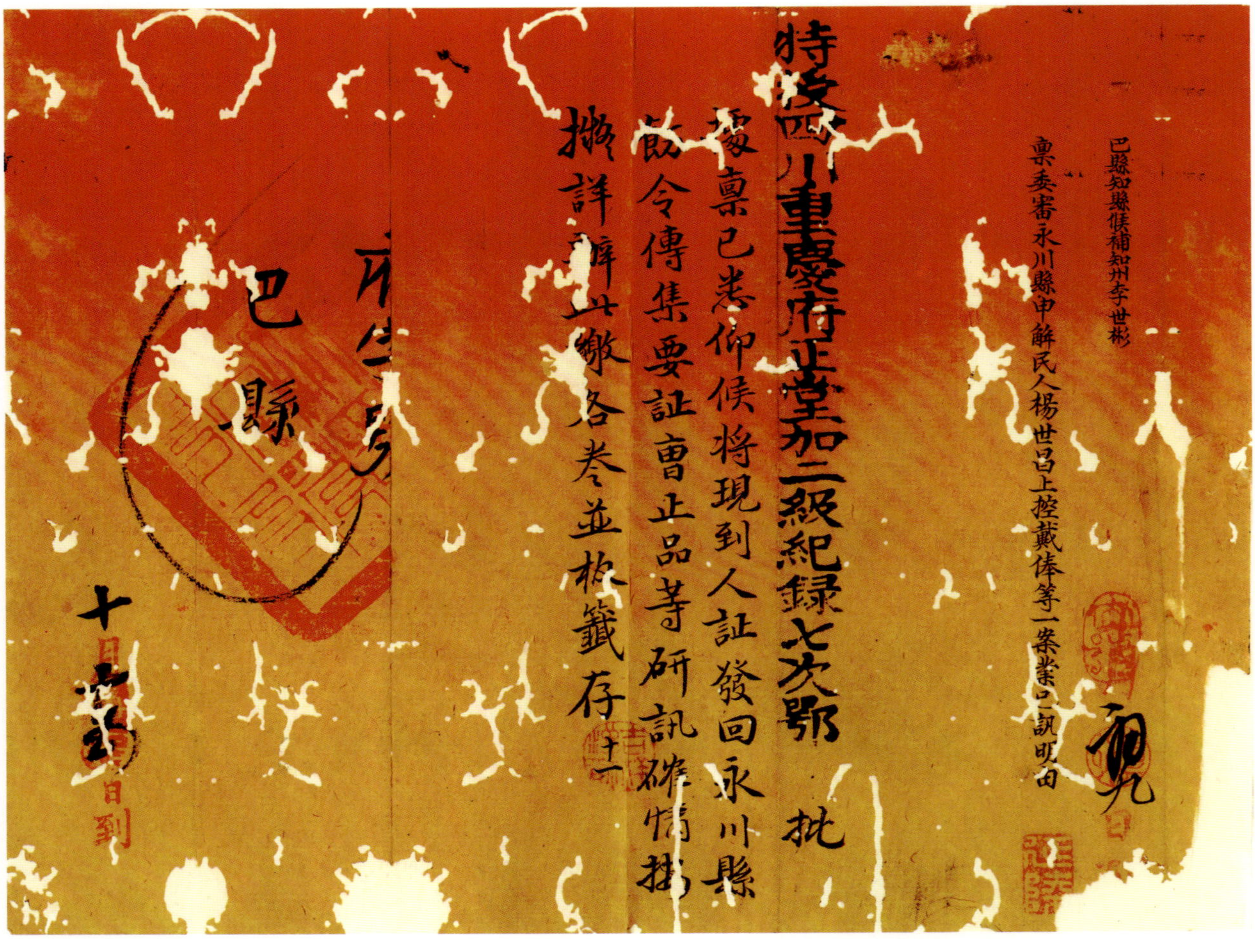
巴縣知縣候補知州李世彬
稟委審永川縣申觧民人楊世吕上控戴倖等一案業已訊明由
特授四川重慶府正堂加二級紀録七次鄂 批
據稟已悉仰候將現到人証發回永川縣
飭令傳集要証曹正品等研訊確情擬
撥詳辦此繳 各卷並抄鐵存 十一
府生房
巴縣
十月十七日到

25 - 2

禀本府

敬禀者，竊奉

憲檄以永川縣甲解民人楊世昌上控戴倖等一案，蒙提人証來郡，檄發

委審，飭令按照所控情節逐一研訊，據實具覆等因。奉此，遵即提

集人証逐一研訊，據楊世昌供：永川縣人，楊世貴是小的胞兄，現在患病

臥床，不能到案。死的楊國文是小的父親。道光二十五年三月間，縣官因

公晉省，捕衙代拆代行。三月二十三日，廳差鄔倖們來家説王二基在廳

禀送唐欽尚、原合曾老七買王二基牛隻，該欠牛價錢十三千二百文，粉

騙一案。經廳官審訊，曾老七供稱雇陳洪順牽牛到小的家住宿

一夜，差他們來喚小的弟兄赴案質訊。那時小的弟兄出外貿易，沒

回。鄔倖們、鄔倖們進城候審，父親取保在張華春店內歇宿，不知

怎樣就乘間逃走到茶店場羅宗馨地界自縊身死，經羅宗馨看見投鳴

約鄰赴案報驗。廳官正要申請鄰封[illegible]來相驗，適值縣官回署，親臨相

驗，明確實係自縊身死，並無別故，將屍棺殮，取結附卷。小的同哥子楊世

貴因痛父情切，那日相驗時又外出沒回，並未在場眼見，心不甘服，纔來

25 - 3

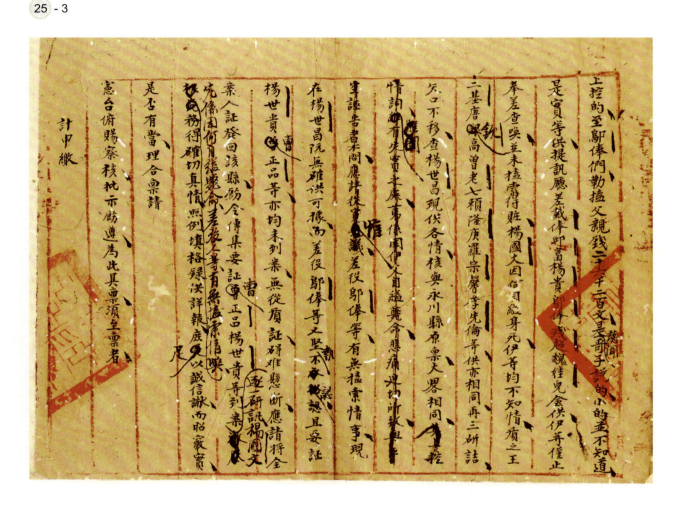

上控的至鄔俸們勒搕父親錢二千六千二百文是哥子說的小的並不知道
是實等供提訊廳差戴俸郎當楊貴鄔俸錢超魏佳兒僉供伊等僅止
奉差查唤並未搕索得贓楊國文因何自縊身死伊等均不知情質之王
二基唐欽高曾老七賴隆庚羅宗馨李先倫等供亦相同再三研詰
矢口不移查楊世昌現供各情核與永川縣原稟大畧相同李控
情詞惟有失實之處第係因伊父自縊斃命悲痛迷妄所致但
事誣告者未問應擬得實惟議差役鄔俸等有無搕索情事現
在楊世昌既無確供可據而差役鄔俸等又堅不承認且要証
楊世貴曹正品等亦均未到案無從質証碍难懸斷應請將全
案人証發回該縣飭令傳集要証曹正品楊世貴等到案研訊楊國文
究係因何自縊斃命差役人等有無搕索情弊
務得確切真情照例填格録供詳報庶足以誠信讞而昭覈實
是否有當理合稟請
憲台俯賜察核批示飭遵為此具稟須至稟者
計申繳

25 - 4

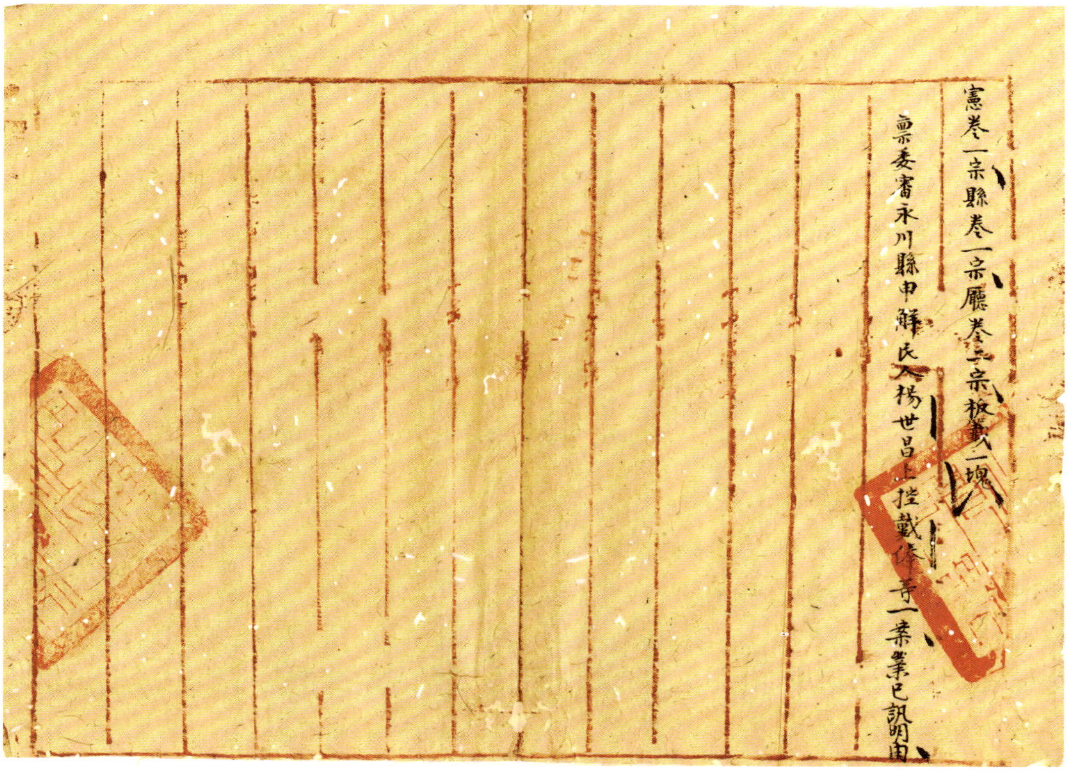

憲卷一宗、縣卷一宗、屢卷二宗、板凳二塊、

稟委審永川縣申解民人楊世昌上控戴倖等一案業已訊明由、

25 - 5

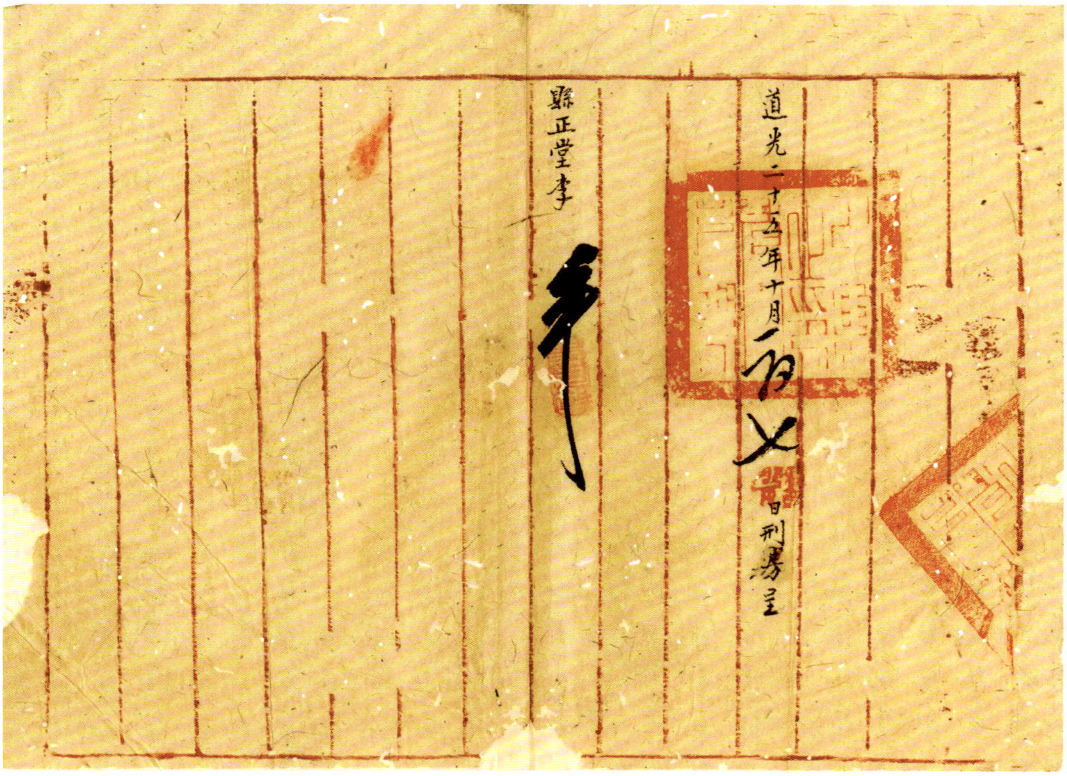

道光二十五年十月初八日刑房呈

縣正堂李

行

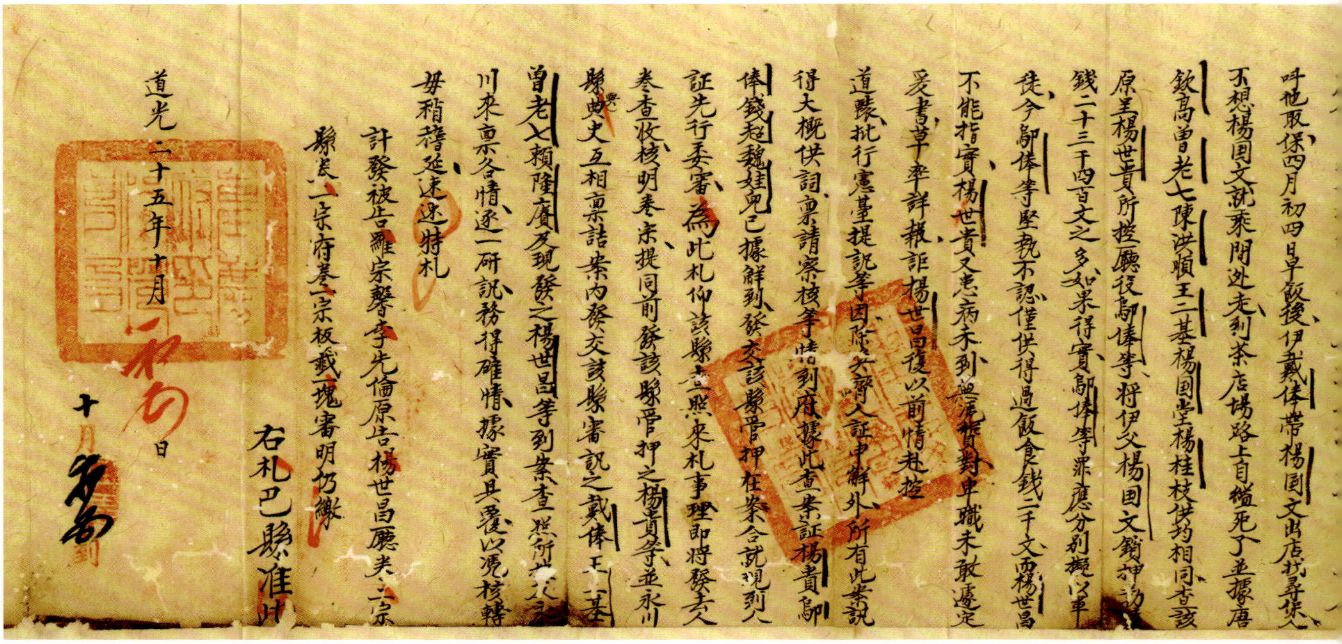
呼他取保，四月初四日早飯後，伊與戴倖帶楊國文出店找尋保人，
不想楊國文就乘間逃走，到茶店場路上自縊死了。並據唐
欽、高曾老七、陳洪順、王二基、楊國堂、楊桂枝供均相同。查該
原呈楊世貴所控廳役鄔倖等將伊父楊國文鎖押勒
錢二十三千四百文之多，如果得實，鄔倖等罪應分別擬以軍
徒。今鄔倖等堅執不認，僅供得過飯食錢二千文，而楊世昌
不能指實。楊世貴又患病未到，無從質對，卑職未敢遽定
爰書，草率詳報。詎楊世昌復以前情赴控
道轅，批行憲臺，提訊等因。除人證申解外，所有此案訊
得大概供詞，稟請察核等情到府。據此，查案証楊貴、鄔
倖、錢超、魏娃兒已據解到，發交該縣管押在案。合就現到人
證，先行委審。為此，札仰該縣立照來札事理，即將發去人
卷查收，核明卷宗，提同前發該縣管押之楊貴等，並永川
縣典史互相稟詰案內發交該縣審訊之戴倖、王二基、
曾老七、賴隆廣及現發之楊世昌等到案，查照所發永
川來稟各情，逐一研訊，務得確情，據實具覆，以憑核轉，
毋稍稽延，速速，特札。
計發被告羅宗馨、李先倫，原告楊世昌廳夫一宗，
縣卷一宗，府卷一宗，板載一塊，審明仍繳。
右札巴縣准此
道光二十五年十月初四日
十月 到

26 道光二十五年十月初五日重庆府委巴县审案札

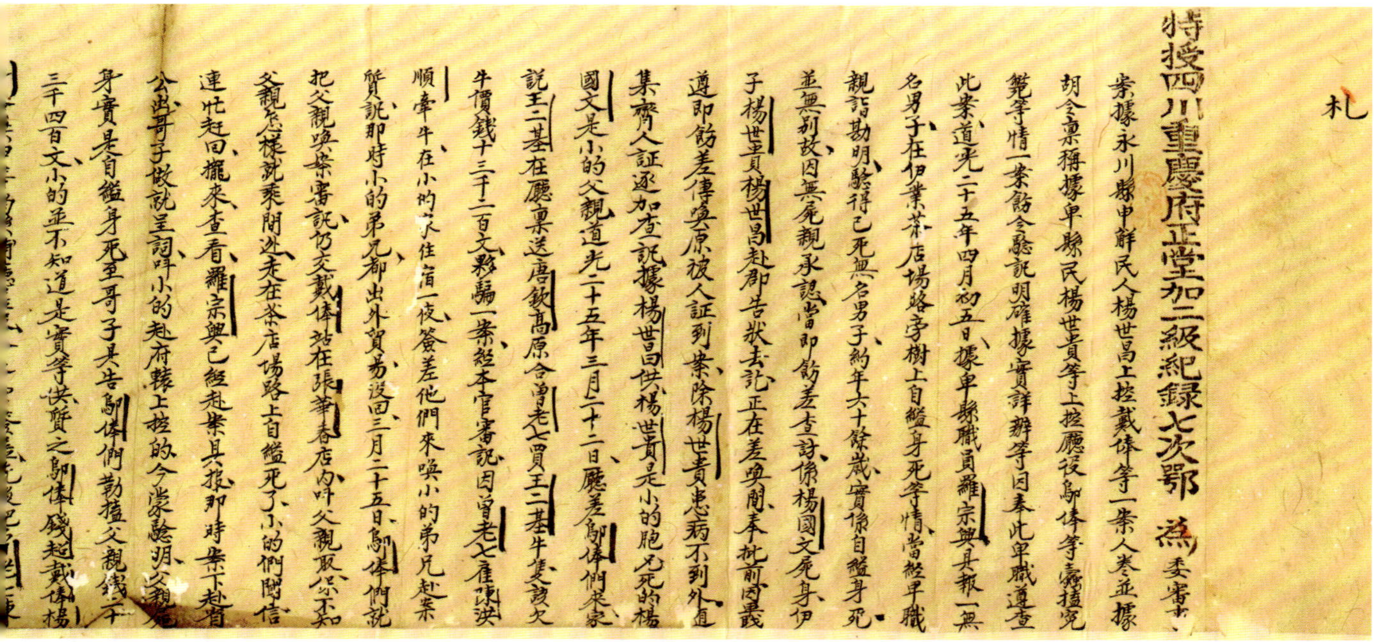
札
特授四川重慶府正堂加二級紀錄七次鄂 為委審事
案據永川縣申解民人楊世昌上控戴俸等一案人卷並據
胡含稟稱據卑縣民楊世貴等上控應役鄔倖等竊控兇
斃等情一案飭令驗訊明確據實詳辦等因奉此卑職遵查
此案道光二十五年四月初五日據卑縣職員羅宗興具報一無
名男子在伊業茶店場路旁樹上自縊身死等情當經卑職
親詣勘明驗得已死無名男子約年六十餘歲實係自縊身死
並無別故因無屍親承認當即飭差查訪係楊國文屍身伊
子楊世貴楊世昌赴郡告狀去訖正在差喚間奉批前因義
道即飭差傳喚原被人証到案除楊世貴患病不到外查
集齊人証逐加查訊據楊世昌供楊世貴是小的胞兄死的楊
國文是小的父親道光二十五年三月二十二日應差鄔倖們來家
說王二基在應票送唐欽高原合曾老七買王二基牛隻說欠
牛價錢十三千二百文夥騙一案經本官審訊因曾老七雇陳英
順牽牛在小的家住宿一夜簽差他們來喚小的弟兄赴案
質訊那時小的弟兄都出外貿易沒回三月二十五日鄔倖們就
把父親喚案審訊仍交戴俸站在張第春店內叫父親取保不知
父親怎樣就乘閒逃走在茶店場路上自縊死了小的們聞信
連忙趕回攏來查看羅宗興已經赴案具報那時案下都看
公出哥子被說呈詞叫小的赴府轅上控的今蒙驗明父親
身實是自縊身死至哥子具告鄔倖們勒揸父親錢二千
三千四百文小的並不知道是實等供質之鄔倖戴俸楊

27 道光二十五年十月十二日重庆府札

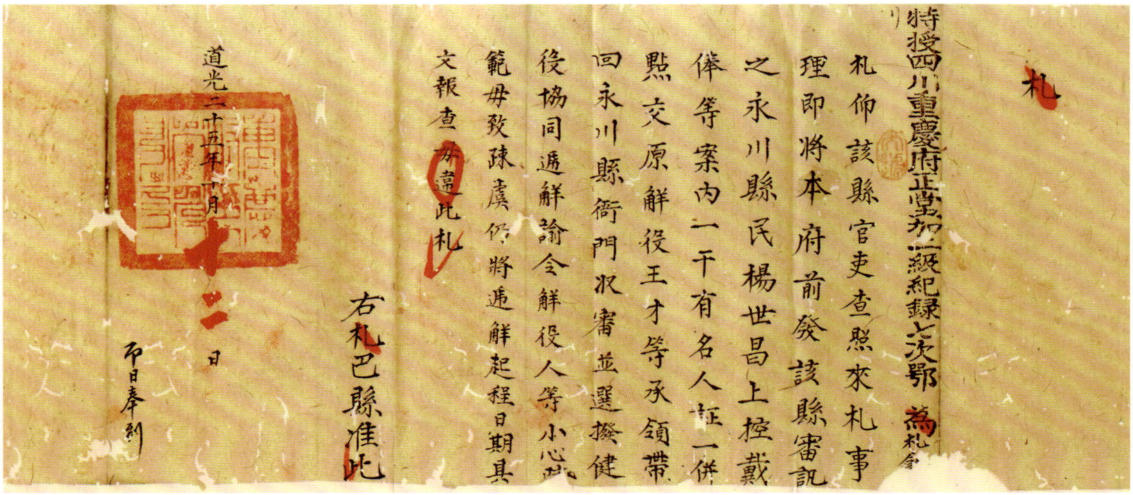
札
特授四川重慶府正堂加三級紀録七次鄂　為札令
札仰該縣官吏查照來札事
理即將本府前發該縣審訊
之永川縣民楊世昌上控戴
倖等案内一干有名人証一併
點交原解役王才等承領帶
回永川縣衙門収審並選撥健
役協同逓解諭令解役人等小心[illegible]
範毋致疎虞仍將逓解起程日期具
文報查毋違此札
右札巴縣准此
道光二十五年十月十二日
[illegible]日奉到

28 道光二十五年十月十三日巴县衙门刑房开点解单

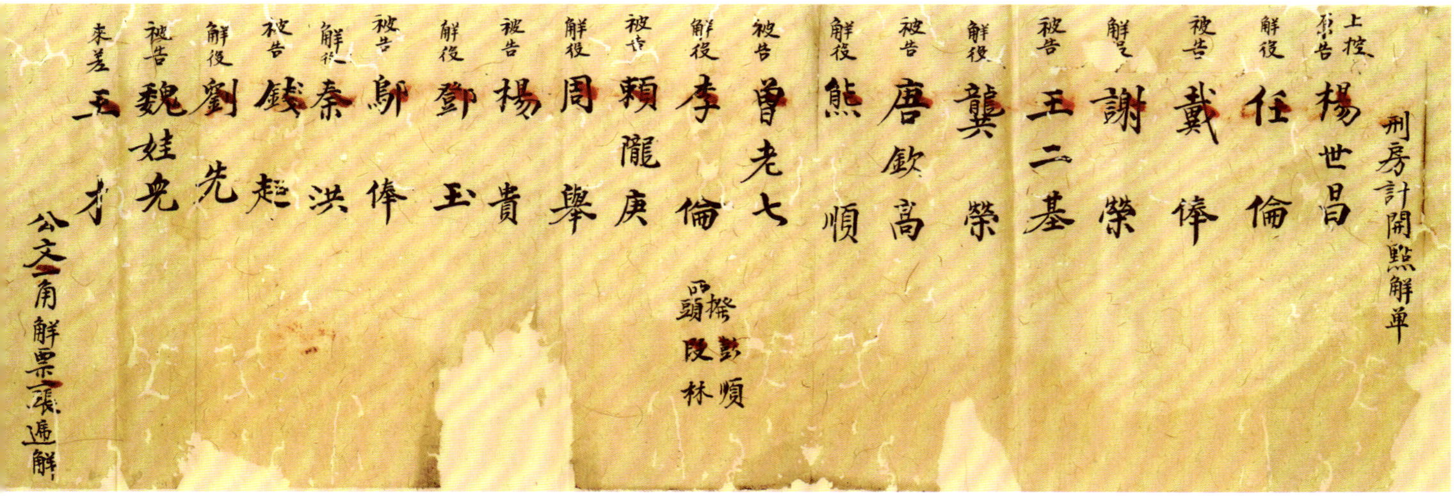
刑房計開點解单

上控原告 楊世昌

解役 任倫

被告 戴俸

解役 謝榮

被告 王二基

解役 龔榮

被告 唐欽高

解役 熊順

被告 曾老七

解役 李倫

兩頭搭 彭順 段林

被告 賴隴庚

解役 周舉

被告 楊貴

解役 鄧玉

被告 鄔俸

解役 秦洪

被告 錢超

解役 劉先

被告 魏娃兒

來差 王才

公文一角 解票一張 遞解

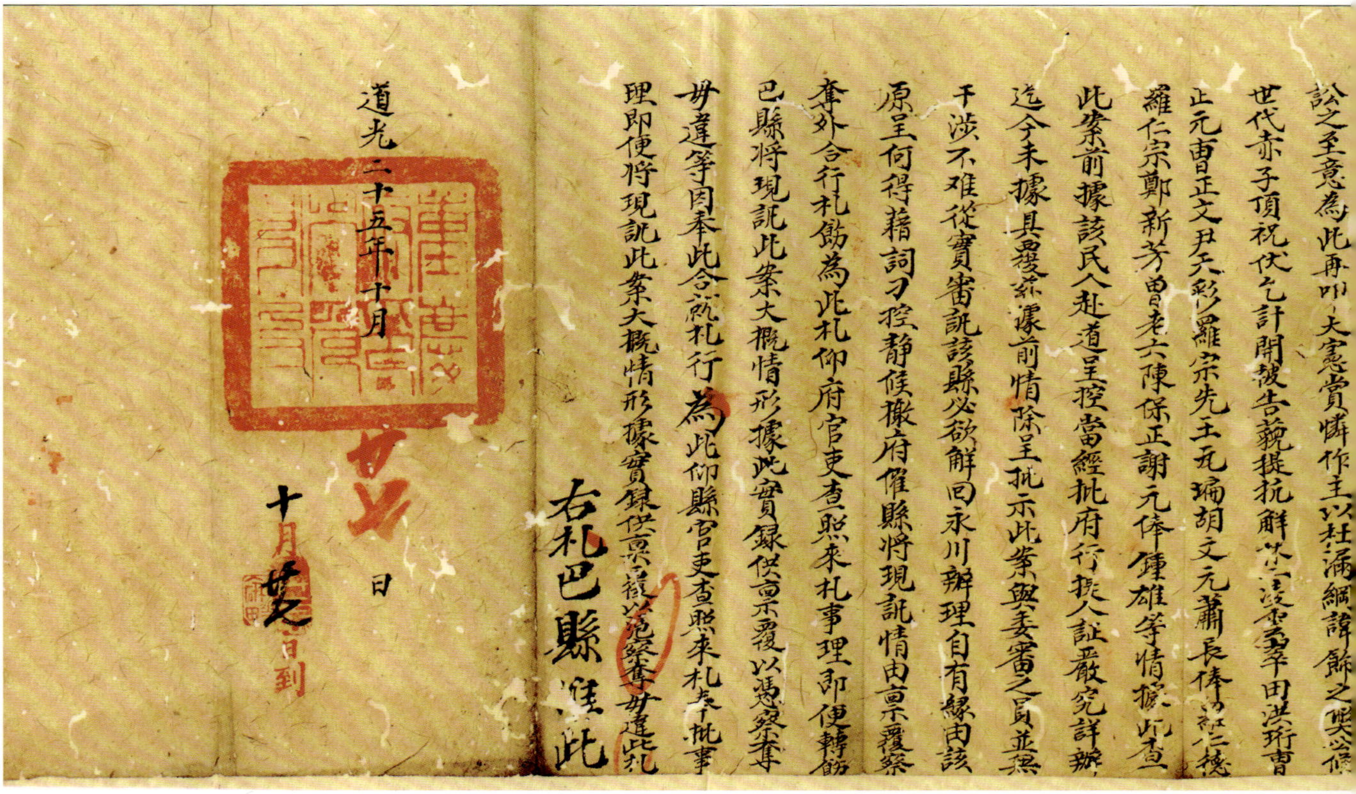
訟之至意為此再叩大憲賞憐作主以杜濫網詐飾之奸公候
世代赤子頂祝伏乞計開被告藐提抗解蘇[illegible]田洪珩曹
止元曹正文尹天彩羅宗先王元瑞胡文元蕭長倖[illegible]德
羅仁宗鄭新芳曾老六陳保正謝元倖鍾雄等情據此查
此案前據該民人赴道呈控當經批府行提人証嚴究詳辦
迄今未據具覆茲據前情除呈批示此案與委審之員並無
干涉不难從實審訊該縣必欲解回永川辦理自有緣由該
原呈何得藉詞刁控靜候檄府催縣將現訊情由稟覆察
奪外合行札飭為此札仰府官吏查照來札事理即便轉飭
巴縣將現訊此案大概情形據實録供稟覆以憑察奪
毋違等因奉此合就札行為此仰縣官吏查照來札奉批事
理即便將現訊此案大概情形據實録供稟覆以憑察奪毋違此札

右札巴縣准此

道光二十五年十月 日

十月廿二 到

29 道光二十五年十月二十七日重庆府札

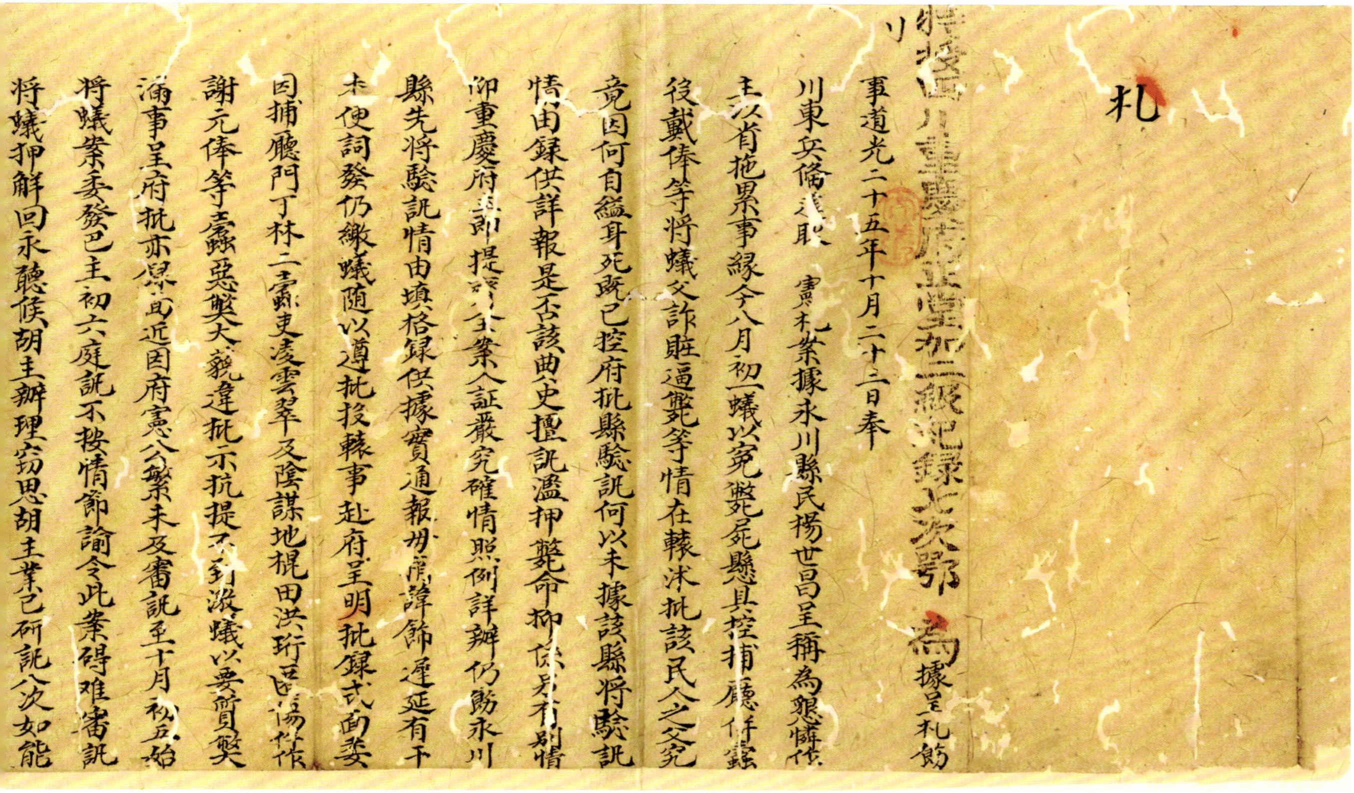
札
特授四川重慶府正堂加三級紀録七次鄂　為據呈札飭
事道光二十五年十月二十二日奉
川東兵備道　憲札　案據永川縣民楊世昌呈稱為懇憐作
主以首拖累事緣今八月初一蟻以冤斃屍懸具控捕廳仵
役戴俸等將蟻父詐贓逼斃等情在轅沭批該民人之父究
竟因何自縊身死既已控府批縣驗訊何以未據該縣將驗訊
情由録供詳報是否該典史擅訊濫押斃命抑係另有别情
仰重慶府立即提同全案人証嚴究確情照例詳辦仍飭永川
縣先將驗訊情由塡格録供據實通報毋庸諱飾遲延有干
未便詞發仍繳蟻隨以遵批投轅事赴府呈明批録式面委
因捕廳門丁林二、書吏凌雲翠及陰謀地棍田洪珩、吕啚、楊作依
謝元俸等蠧惡奸大貌違批不抗提不到潑蟻以要質奸
滷事呈府批亦未近因府憲公繁未及審訊至十月初五始
將蟻案委發巴主初六庭訊不按情節諭令此案碍难審訊
將蟻押解回永聽候胡主辦理竊思胡主業已研訊八次如能

30-1 道光二十五年十一月初四日巴县刑房拟呈委审杨世昌案详册稿

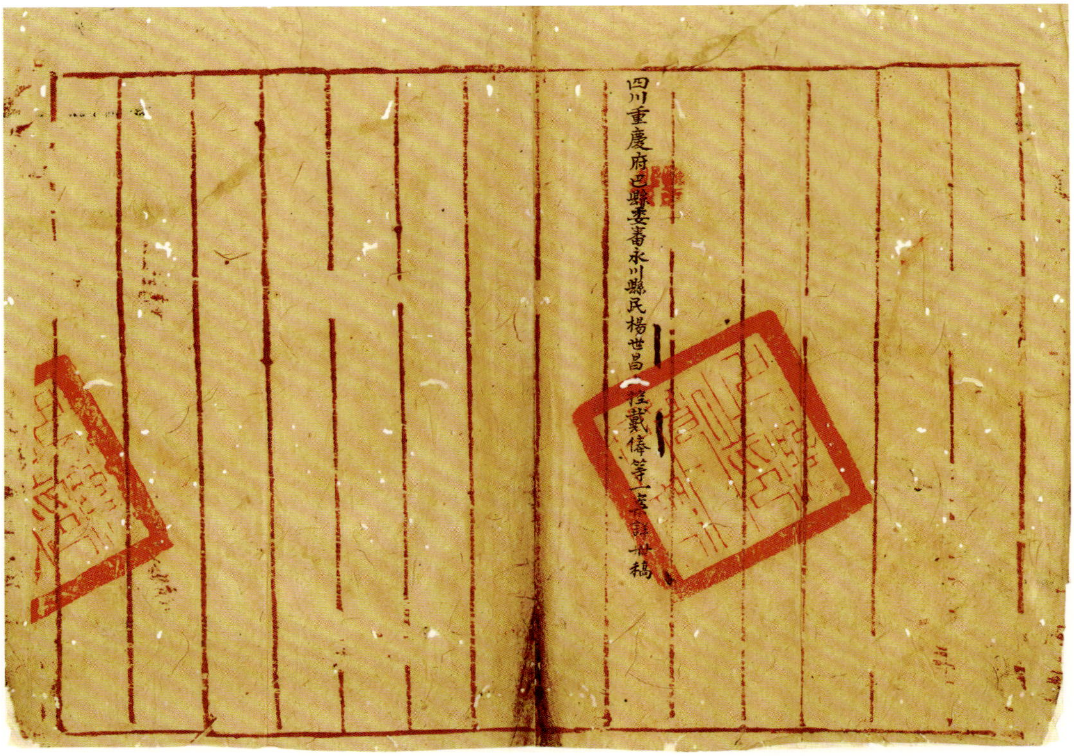
四川重慶府巴縣委審永川縣民楊世昌控戴倖等一案詳冊稿

30-2

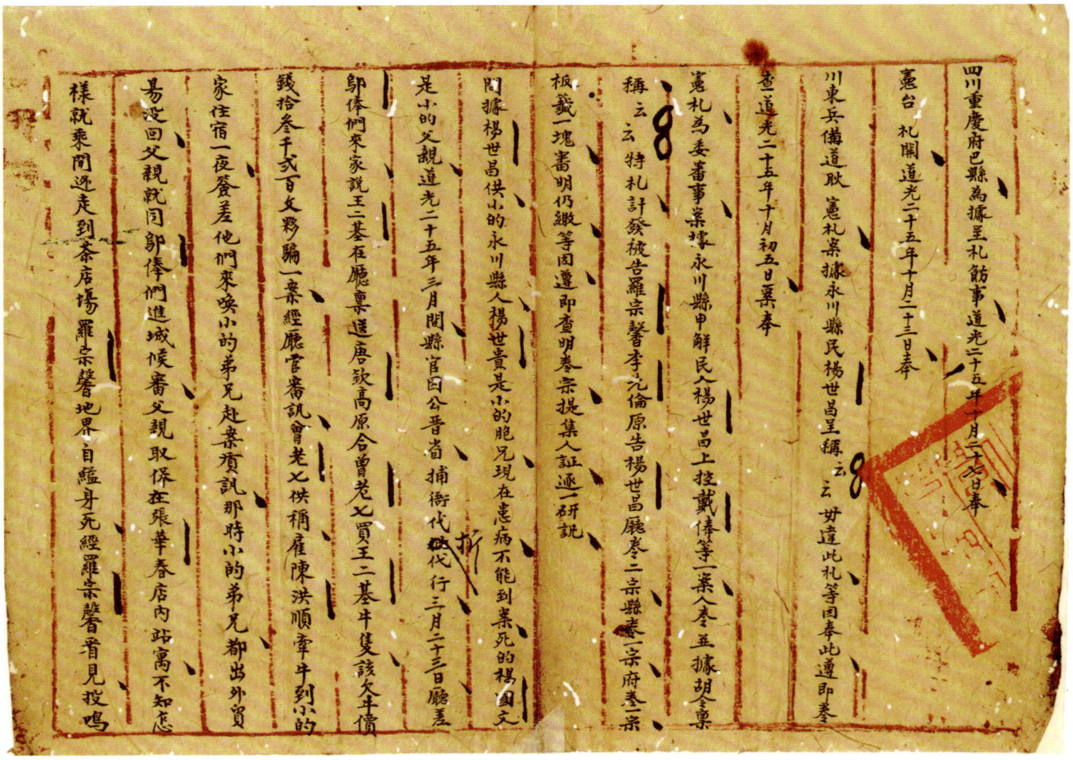
四川重慶府巴縣為據呈札飭事道光二十五年十一月二十七日奉
憲台 札開道光二十五年十月二十三日奉
川東兵備道耿 憲札案據永川縣民楊世昌呈稱云云 毋違此札等因奉此遵即奉
查道光二十五年十月初五日案奉
憲札為委審事案據永川縣申解民人楊世昌上控戴倖等一案人卷並據胡令稟
稱云云 特札計發被告羅宗馨李光倫原告楊世昌廳卷二宗縣卷一宗府卷一宗
板鐵一塊審明仍繳等因遵即查明卷宗提集人証逐一研訊
問據楊世昌供小的永川縣人楊世貴是小的胞兄現在患病不能到案死的楊國文
是小的父親道光二十五年三月聞縣官回公晉省捕衙代代行三月二十三日廳差
鄔倖們來家說王二基在廳稟送唐致高原合曾老七買王二基牛隻該欠牛價
錢拾叁千弍百文夥騙一案經廳官審訊曾老七供稱雇陳洪順牽牛到小的
家住宿一夜簽差他們來喚小的弟兄赴案質訊那時小的弟兄都出外貿
易沒回父親就同鄔倖們進城候審父親取保在張華春店內歇寓不知怎
樣就乘間逃走到茶店場羅宗馨地界自縊身死經羅宗馨看見投鳴

30 - 3

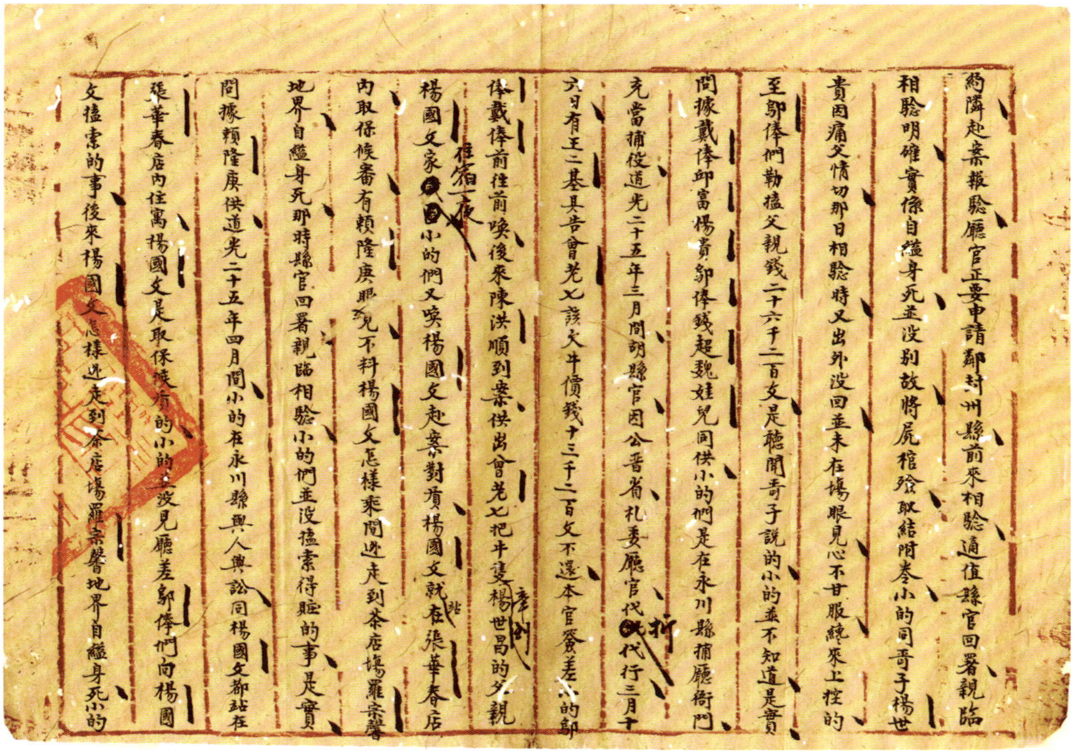

約隣起案報驗廳官正要申請鄰封州縣前來相驗適值縣官回署親臨
相驗明確實係自縊身死並没别故將屍棺殮取結附卷小的同哥子楊世
貴因痛父情切那日相驗時又出外没回並未在場眼見心不甘服纔來上控的
至鄧倖們勒搕父親錢二十六千二百文是聽聞哥子説的小的並不知道是實
問據戴倖即富楊貴鄧倖錢超魏娃兒同供小的們是在永川縣捕廳衙門
充當捕役道光二十五年三月間胡縣官因公晋省札委廳官代代行三月十
六日有王二基具告曾老七該欠牛價錢十三千二百文不還本官簽差小的鄧
倖戴倖前往前喚後來陳洪順到案供出曾老七把牛賣楊世昌的父親
楊國文家住宿一夜小的們又喚楊國文起案對質楊國文就在張華春店
內取保候審有賴隆庚服[illegible]兒不料楊國文怎樣乘間逃走到茶店塲羅宗馨
地界自縊身死那時縣官回署親臨相驗小的們並没搕索得贓的事是實
問據賴隆庚供道光二十五年四月間小的在永川縣與人興訟同楊國文都站在
張華春店内住寓楊國文是取保候審的小的並没見廳差鄧倖們向楊國
文搕索的事後來楊國文怎樣逃走到茶店塲羅宗馨地界自縊身死小的

30 - 4

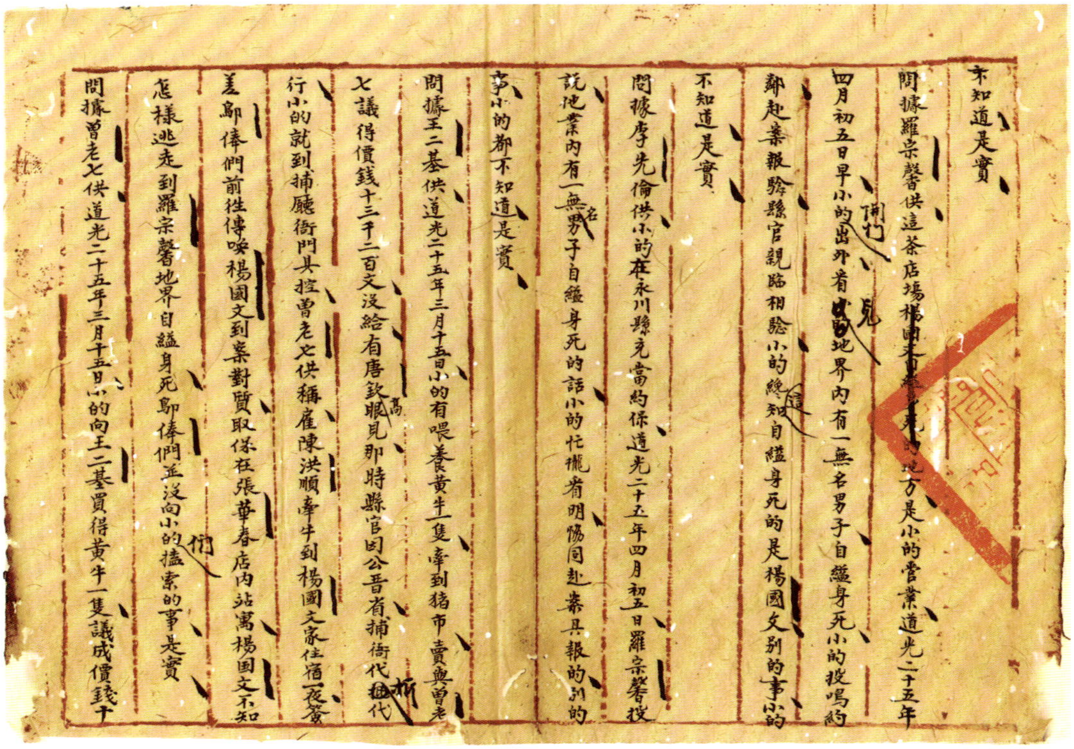

亦知道是實
問據羅宗馨供這茶店塲楊國文自縊身死的地方是小的管業道光二十五年
四月初五日早小的出外看見地界內有一無名男子自縊身死小的投鳴約
鄰起案報驗縣官親臨相驗小的纔知自縊身死的是楊國文別的事小的
不知道是實
問據李先倫供小的在永川縣充當約保道光二十五年四月初五日羅宗馨投
説地業內有一無名男子自縊身死的話小的忙攏看明協同赴案具報的別的
事小的都不知道是實
問據王二基供道光二十五年三月十五日小的有喂養黃牛一隻牽到豬市賣與曾老
七議得價錢十三千二百文没給有唐欽眼見那時縣官因公晋省捕衙代代
行小的就到捕廳衙門具控曾老七供稱雇陳洪順牽牛到楊國文家住宿一夜簽
差鄧倖們前往傳喚楊國文到案對質取保在張華春店內站寓楊国文不知
怎樣逃走到羅宗馨地界自縊身死鄧倖們並没向小的搕索的事是實
問據曾老七供道光二十五年三月十五日小的向王二基買得黃牛一隻議成價錢十

30 - 5

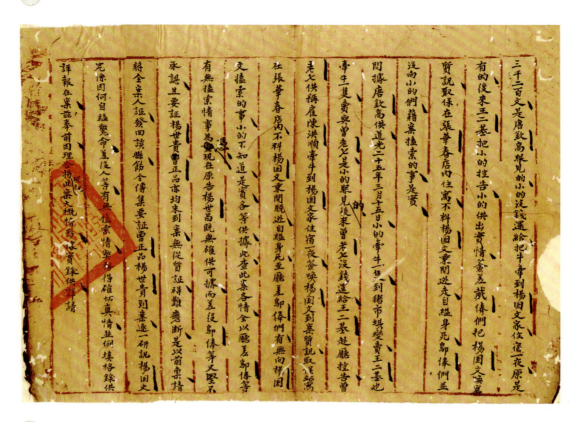

三千二百文是唐欽高眼見的小的沒錢還給把牛牽到楊国文家住宿一夜原是
有的後來王二基把小的控告小的供出實情簽差戴俸們把楊国文喚案
質訊取保在張華春店內住寓不料楊国文乘閒逃走自縊身死鄔俸們並
沒向小的們藉案搕索的事是實
問據唐欽高供道光二十五年三月十五日小的牽牛一隻到豬市場變賣王二基也
牽牛一隻賣與曾老七是小的眼見後來曾老七沒錢還給王二基赴廳控告曾
老七供稱雇陳洪順牽牛到楊国文家住宿一夜簽喚楊国文到案質訊取保在寓
在張華春店內不料楊国文乘閒脫逃自縊身死至廳差鄔俸們有無向楊国
文搕索的事小的不知道是實各等供據此查此案各情全以廳差鄔俸等
有無搕索情事為重現在原告楊世昌既無確供可據而差役鄔俸等又堅不
承認且要証楊世貴曾正品亦均未到案無從質証碍難懸斷是以前稟請
將全案人証發回該縣飭仝傳集要証曾正品楊世貴到案逐一研訊楊国文
究係因何自縊斃命差役人等有無搕索情弊務得確切真情照例填格錄供
詳報在案茲奉前因理合將此案大概情形現訊據實錄供詳請

30 - 6

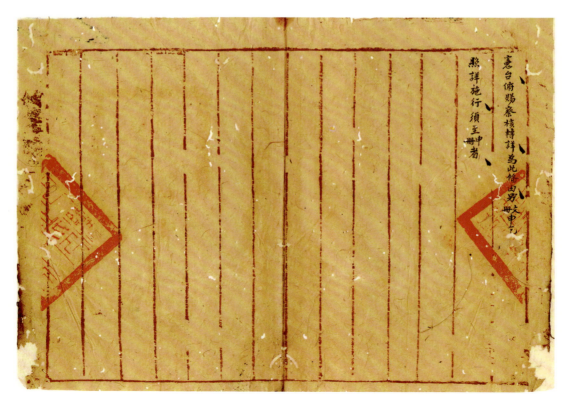

憲台俯賜察核轉詳為此備由另文申乞
照詳施行須至申冊者

30 - 7

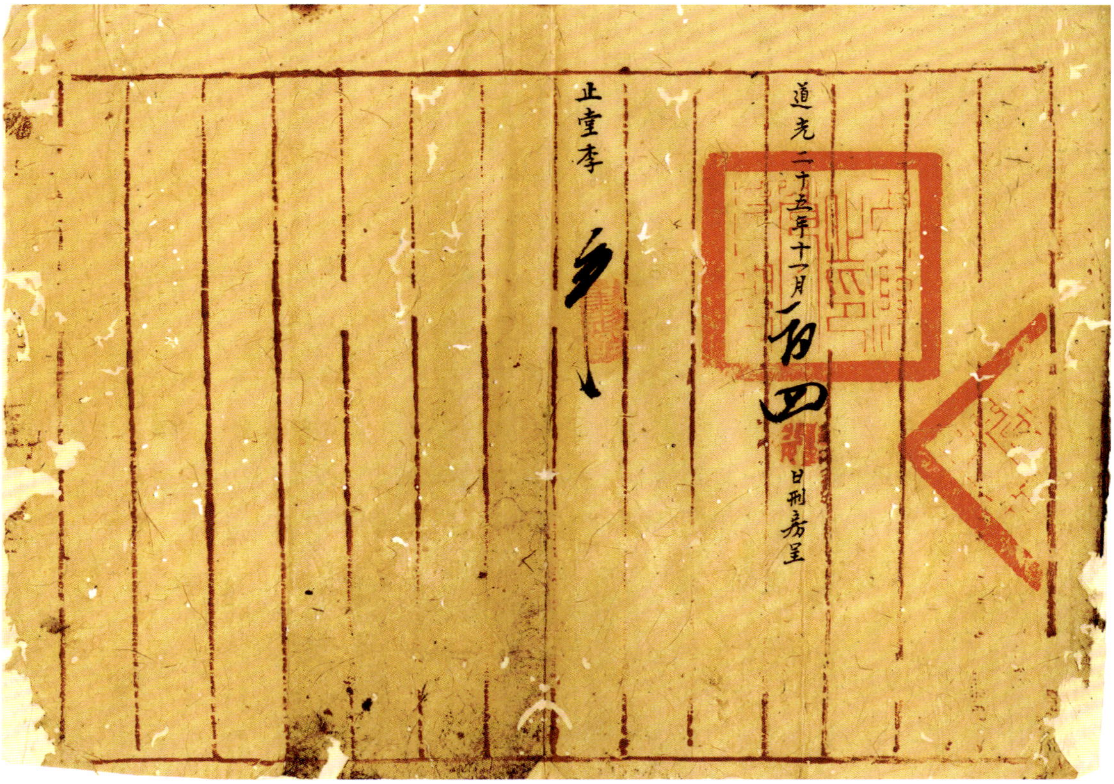

道光二十五年十一月十四日刑房呈

止堂李

案情导读

本案档案疑有残缺，未见“告状”，且道光三十年三月二十日后档案未见。通读全卷后，推测案情如下：

不迟于道光二十九年四月，巴县衙门接到本案，进行了传唤取证。九月十七日，巴县衙门断案，判定王登寿十日内措银还给债主萧罗氏。但王登寿诉以“独子病故乏人调办”，因而请中间人蓝廷液找买主陈永和售业还债，可中间人和买主“串索”，“高坐不耳”，故无法依断案限期还债。

为此，县衙又传唤了中间人和买主。中间人屡次诉告自己“无辜受累”，但县衙责令他“着上紧将王登寿田产觅主售卖，缴还萧罗氏银两，毋得推延，自取讼累”。

延至道光三十年三月二十四日，县衙刑房两次传唤了人证，判定：将王登寿锁押，令蓝廷液等上紧觅主售卖王登寿田业。

道光二十九年萧罗氏禀王登寿借银拖骗案

1 道光二十九年四月初十日王登寿诉状

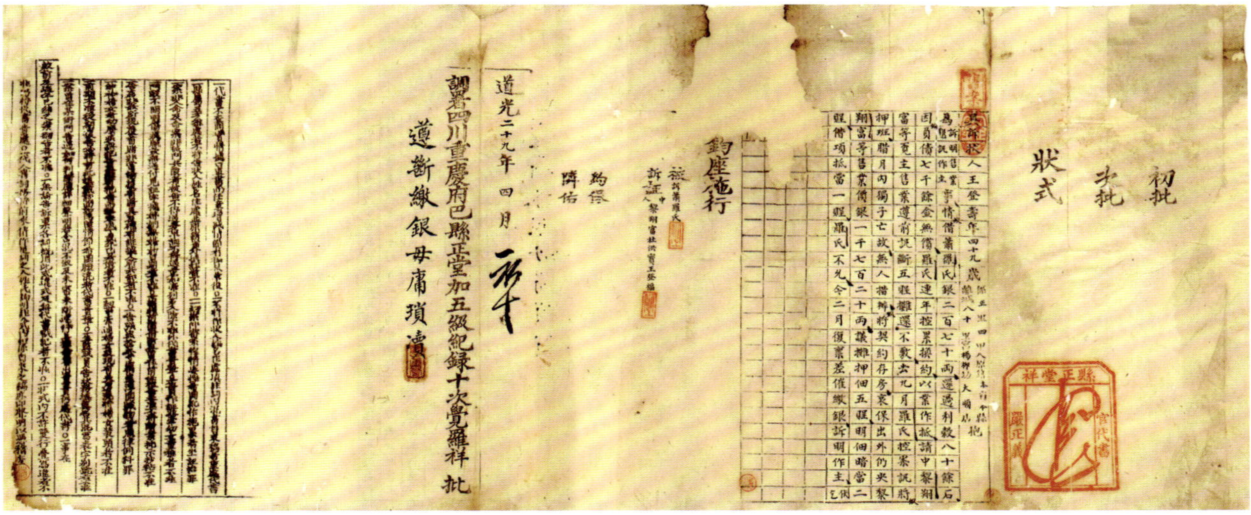

初批
次批
狀式

縣正堂祥
官代書
嚴正義

具訴狀人王登壽，年四十九歲，係正里四甲人，原籍本省本縣，離城八十里，住楊柳場大順店，抱

為訴明售業懇訊作主事。情借蕭羅氏銀二百七十兩，還過利穀八十餘石，因負債七千餘金無償，羅氏連年控累，換約以業作抵，請中黎翔富等覓主售業，遵前訊斷五堰攤還不敷。去九月羅氏控案，訊將押班，臘月內獨子亡故，無人措辦，將契約存房，哀保出外，仍央黎翔富等售業價銀一千七百二十兩，議攤押佃五堰，明佃暗當二堰，借項抵當一堰，羅氏不允，今二月復稟差催繳銀，訴明作主。乞伏

鈞座施行

被訴 蕭羅氏
干證 中人 黎翔富 杜洪寶 王登福

為保
隣佑

道光二十九年 四月 初十

調署四川重慶府巴縣正堂加五級紀錄十次覺羅祥 批

遵斷繳銀，毋庸瑣瀆。

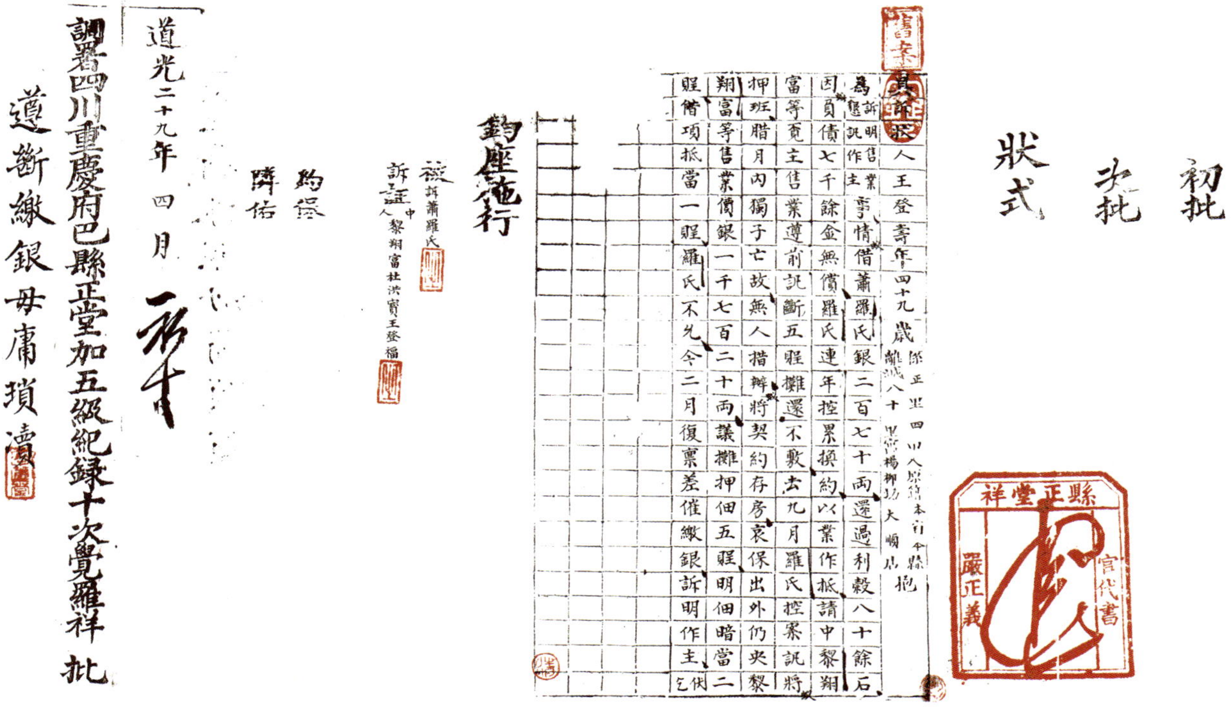

2 道光二十九年七月十一日萧罗氏禀状

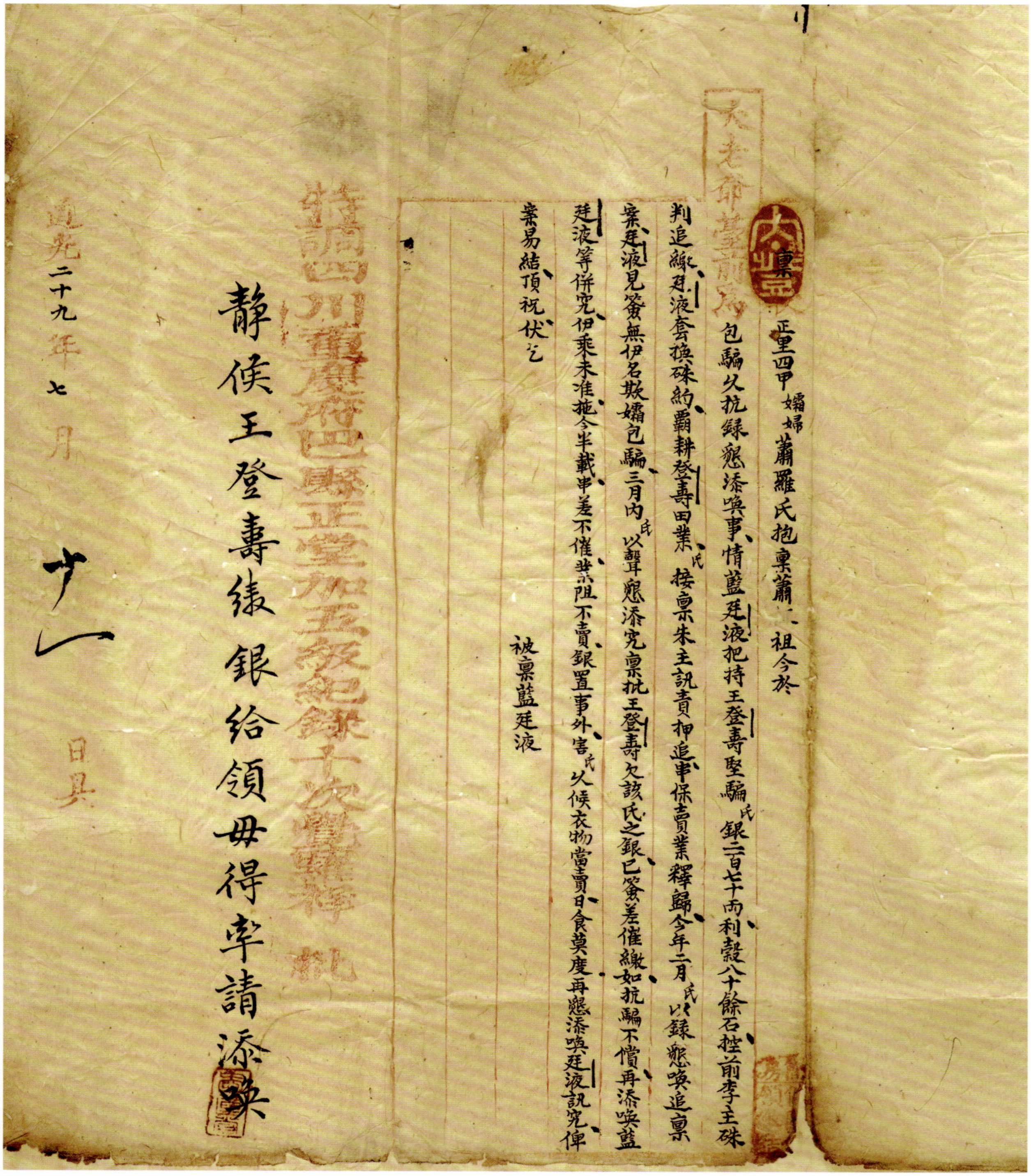
大老爺臺前為

稟

正里四甲孀婦蕭羅氏抱稟蕭〻祖今於

包騙久抗録懇添喚事。情藍廷液把持王登壽堅騙氏銀二百七十兩、利穀八十餘石，控前李主硃

判追繳。廷液套換硃約，霸耕登壽田業。氏接稟朱主，訊責押追，串保賣業釋歸。今年二月氏以録懇喚追稟

案，廷液見貧無伊名，欺孀包騙。三月內氏以聾懇添究稟，批：王登壽欠該氏之銀，已貧差催繳，如抗騙不償，再添喚藍

廷液等併究。伊乘未准，拖今半載，串差不催，並阻不賣，銀置事外，害氏以候衣物當賣，日食莫度，再懇添喚廷液訊究，俾

案易結，頂祝。伏乞

被稟　藍廷液

特調四川重慶府巴縣正堂加五級紀錄十次覺羅祥　批

静候王登壽繳銀給領，毋得率請添喚。

道光二十九年七月十一日具

3 道光二十九年九月十七日巴县衙门刑房开比单

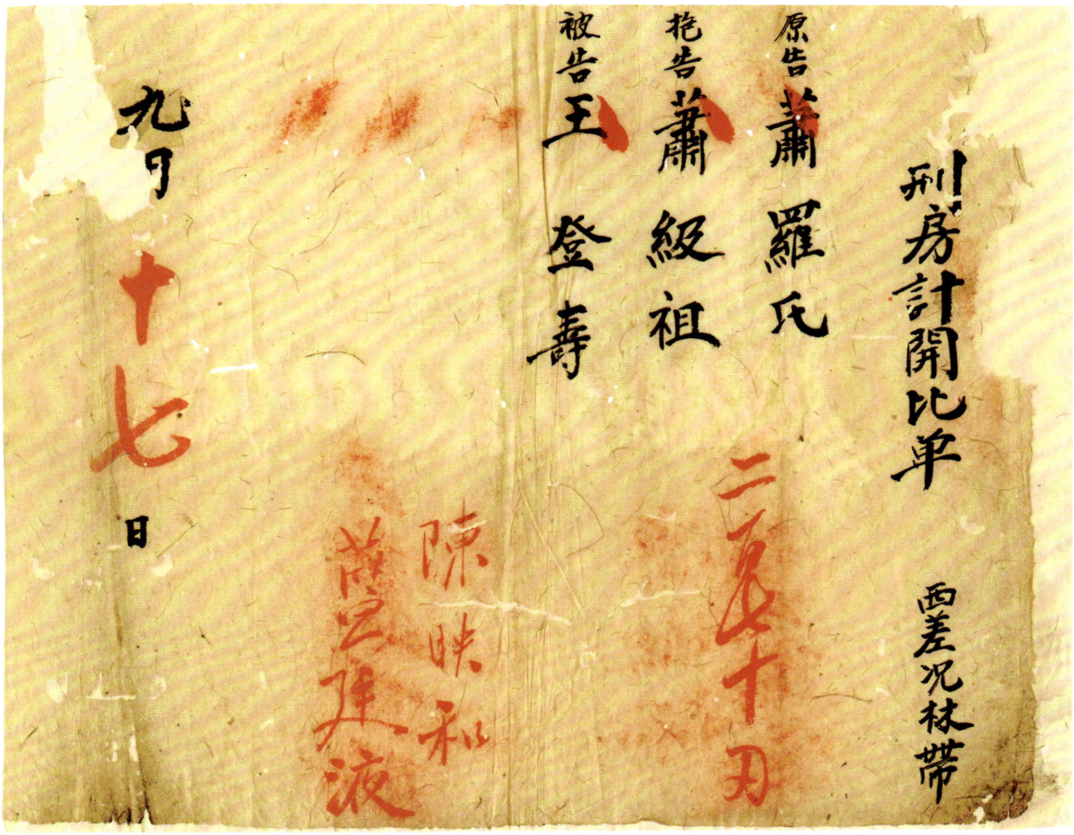
刑房計開比單

西差况林帶

原告蕭羅氏

抱告蕭級祖

被告王登壽

二限十日

陳映和

蔡建滚

九月十七日

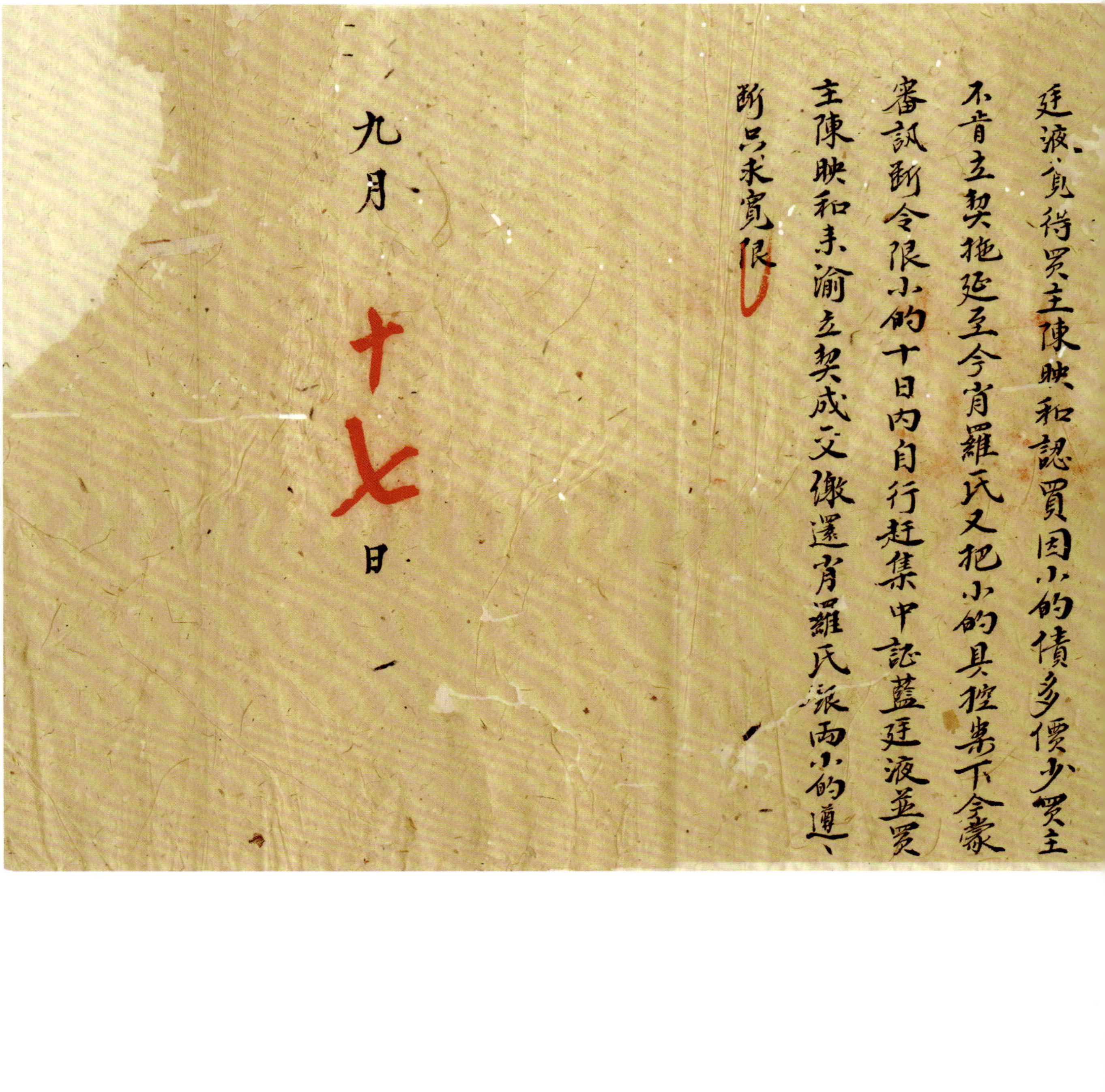

廷渡、負待買主陳映和認買因小的債多價少買主
不肯立契拖延至今甯羅氏又把小的具控案下今蒙
審訊斷令限小的十日內自行赶集中認藍廷渡並買
主陳映和來渝立契成交繳還甯羅氏銀兩小的遵、
斷只求寬限

九月十七日

4 道光二十九年九月十七日巴县衙门刑房讯问笔录

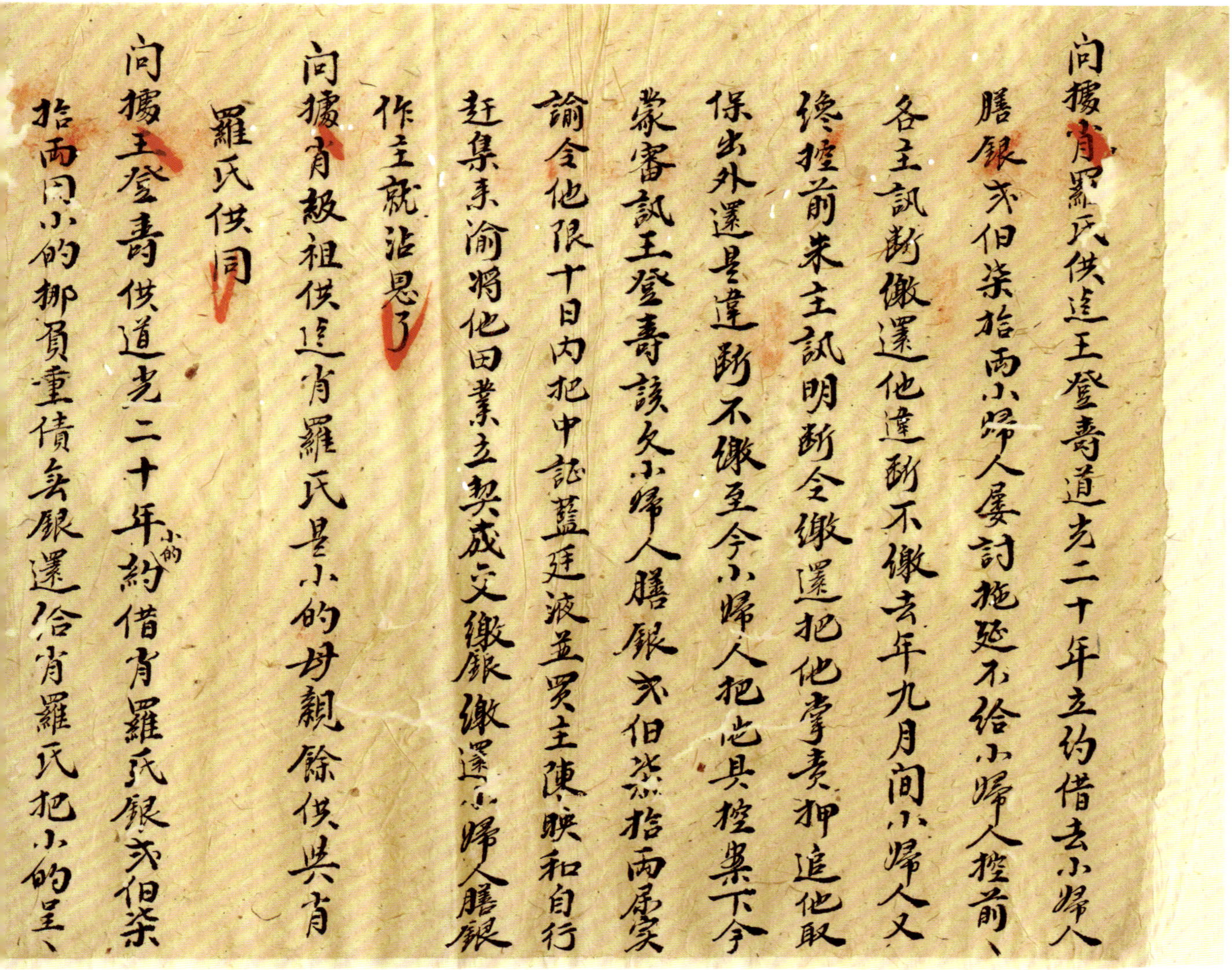
问據肖羅氏供：這王登壽道光二十年立約借去小婦人
膳銀弍佰柒拾两，小婦人屢討拖延不給，小婦人控前、
各主訊斷繳還，他違斷不繳，去年九月间小婦人又
復控前朱主訊明斷令繳還，把他拿責押追，他取
保出外，還是違斷不繳，至今小婦人把他具控案下，今
蒙審訊，王登壽該欠小婦人膳銀弍佰柒拾两，屡蒙
諭令他限十日内把中証藍廷滾並買主陳映和自行
赶集来渝將他田業立契成交，繳銀繳還小婦人膳銀，
作主就沾恩了。
问據肖級祖供：這肖羅氏是小的母親，餘供與肖
羅氏供同。
问據王登壽供：道光二十年小的約借肖羅氏銀弍佰柒
拾两，因小的挪買重債，無銀還給肖羅氏，把小的星、

5 道光二十九年十月二十五日蕭罗氏禀状

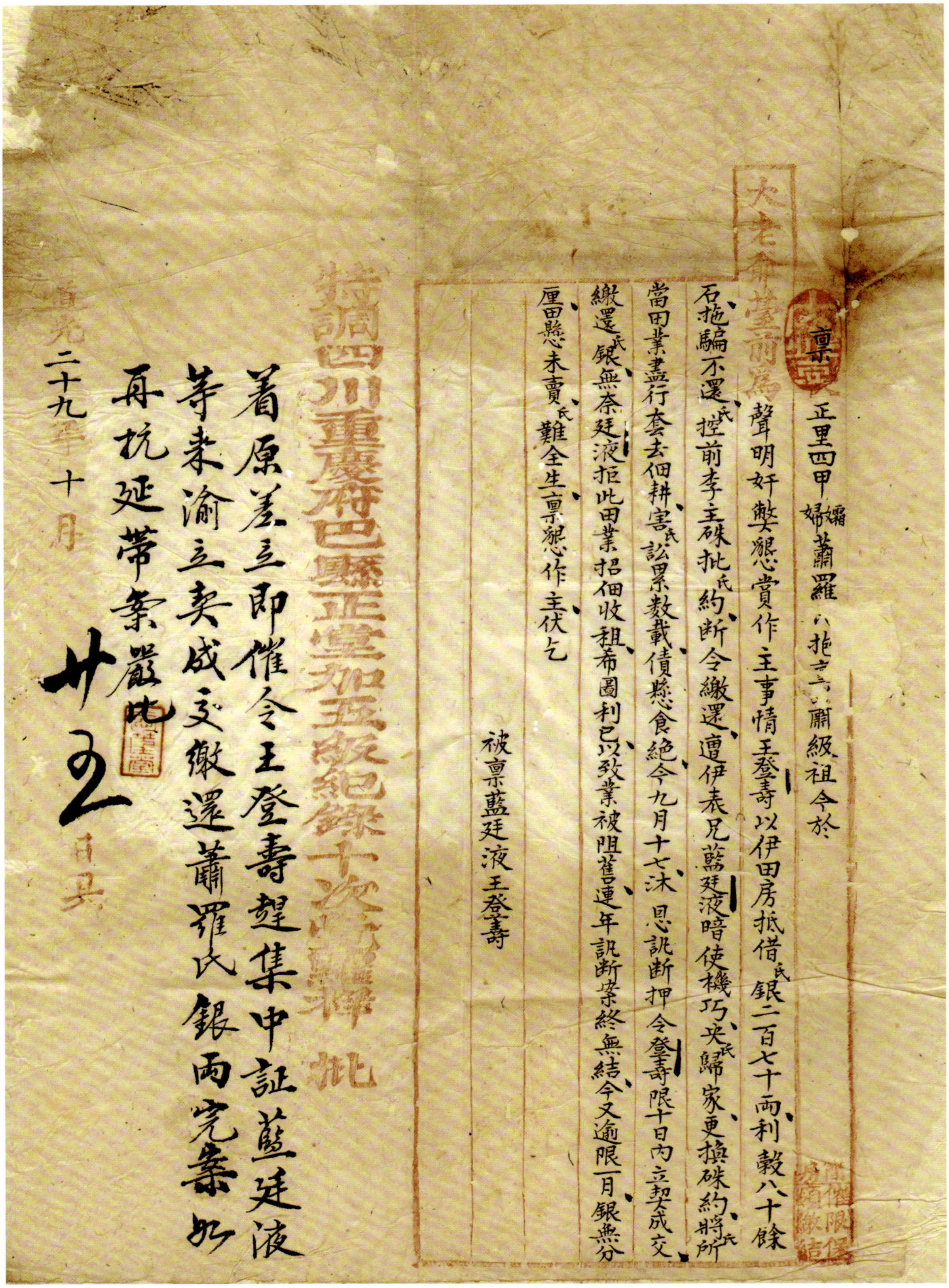

稟

正里四甲孀婦蕭羅氏 抱告 蕭級 祖今於

大老爺臺前爲聲明奸弊懇賞作主事情。王登壽以伊田房抵借氏銀二百七十兩、利穀八十餘石，拖騙不還。氏控前李主，硃批氏約，斷令繳還。遭伊表兄藍廷滾暗使機巧，夾氏歸家，更換硃約，將所當田業盡行套去佃耕，害氏訟累數載，債懸食絶。今九月十七沐恩訊斷，押令登壽限十日內立契成交，繳還氏銀。無奈廷滾拒此田業，招佃收租，希圖利己，以致業被阻舊，連年訊斷，案終無結。今又逾限一月，銀無分厘，田懸未賣，氏難全生。稟懇作主。伏乞

被稟 藍廷滾 王登壽

特調四川重慶府巴縣正堂加五級紀錄十次□□□批

着原差立即催令王登壽趕集中証藍廷滾等來渝立契成交，繳還蕭羅氏銀兩完案。如再抗延，帶案嚴比。

道光二十九年十月 廿五 日具

6 道光二十九年十一月十八日王登寿禀状

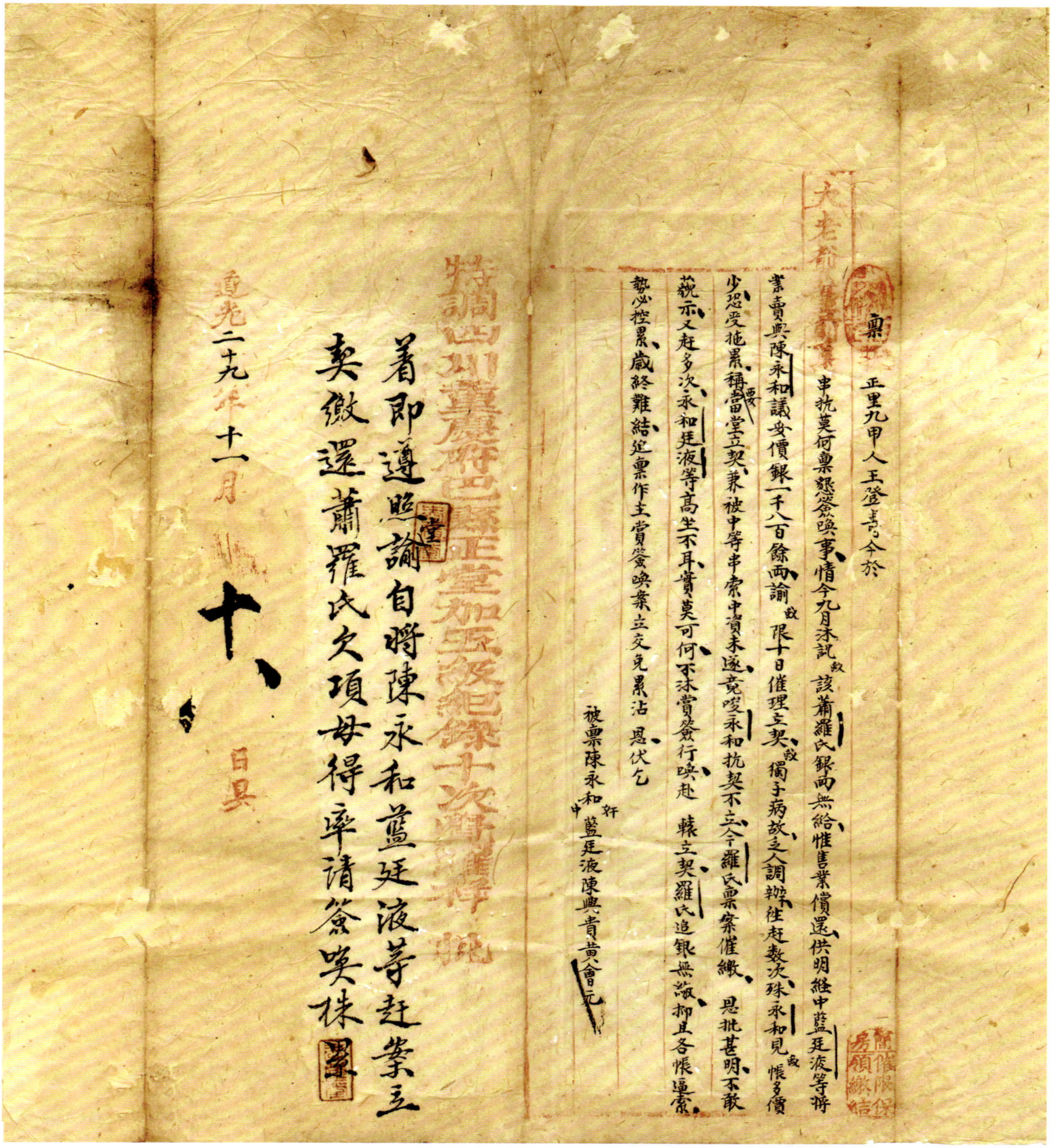
正里九甲人王登壽，今於
大老爺台前為串抗莫何稟懇簽喚事。情今九月沐訊，該蕭羅氏銀兩無給，惟售業償還，供明經中藍廷淩等將
業賣與陳永和，議妥價銀一千八百餘兩，諭限十日催理立契。獨子病故之人調辦往赶數次，殊永和見帳多價
少，恐受拖累，稱當堂立契，兼被中等串索中資未遂，竟唆永和抗契不立。今羅氏稟案催繳，是批甚明，不敢
藐示，又赶多次，永和、廷淩等高坐不耳，實莫可何。不沐賞簽行喚赴轅立契，羅氏追銀無歸，抑且各帳逼索，
勢必控累，歲終難結。迫稟作主，賞簽喚案立交，免累沾恩。伏乞
被稟 陳永和 中 藍廷淩 陳興貴 黃會元

特調四川重慶府巴縣正堂加五級紀錄十次 批
着即遵照諭，自將陳永和、藍廷淩等赶案立契，繳還蕭羅氏欠項，毋得率請簽喚。株

道光二十九年十一月 十八 日具

7 道光二十九年十一月三十日巴县衙门刑房开比单

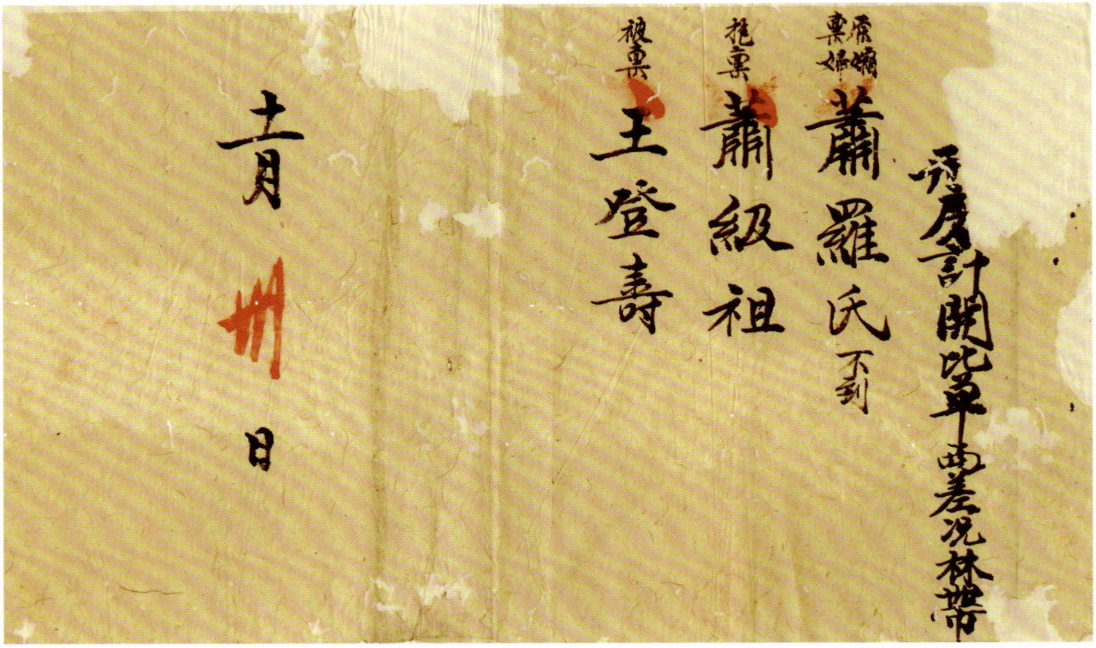

刑房計開比單 西差況林帶

原稟孀婦 蕭羅氏 不到

抱稟 蕭級祖

被稟 王登壽

十一月 卅 日

8 道光二十九年十一月三十日巴县衙门刑房讯问笔录

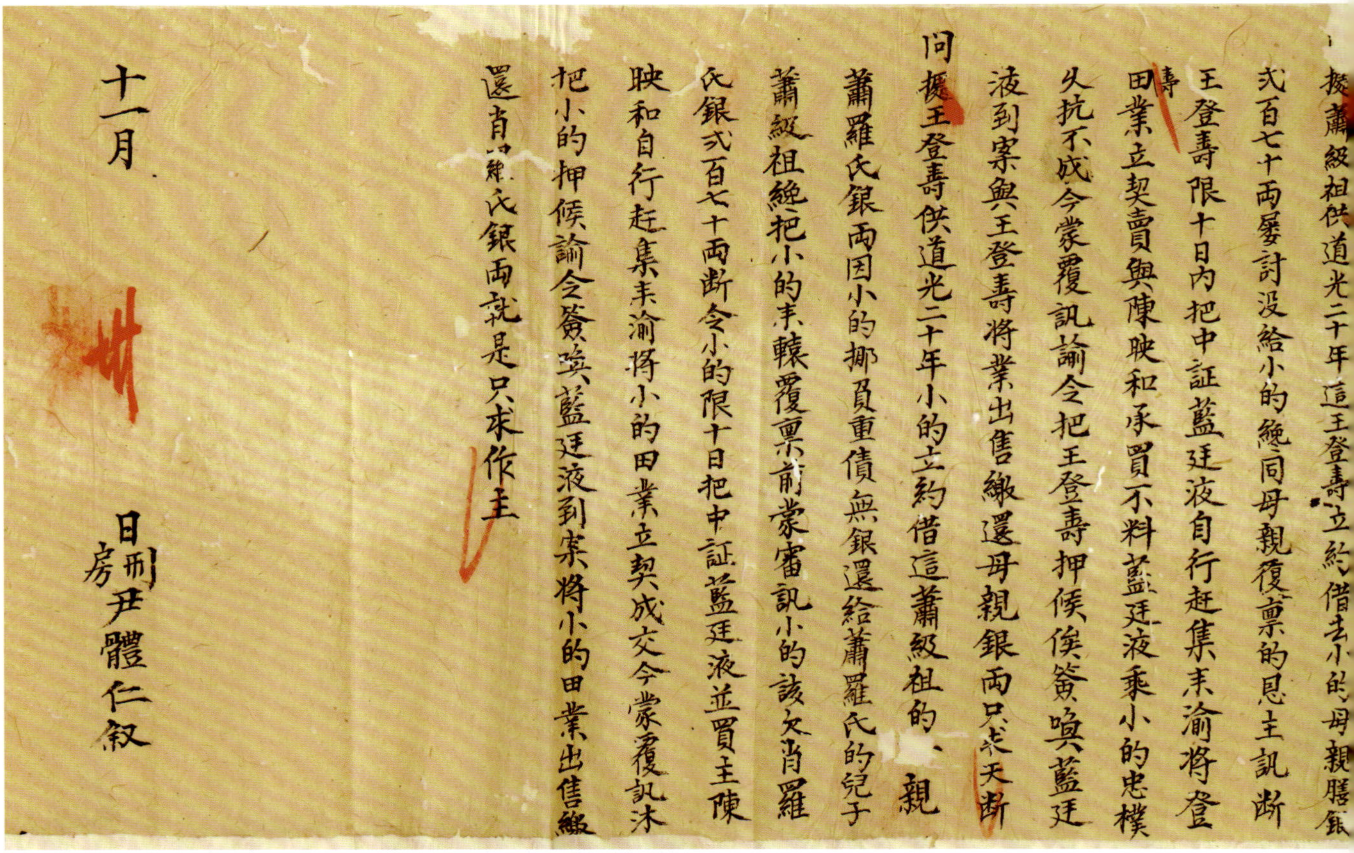

據蕭級祖供道光二十年這王登壽立約借去小的母親膳銀弍百七十兩屢討没給小的纔同母親復稟的恩主訊斷王登壽限十日內把中証藍廷液自行赶集朱渝將登壽田業立契賣與陳映和承買不料藍廷液秉小的忠樸久抗不成今蒙覆訊諭令把王登壽押候俟簽喚藍廷液到案與王登壽將業出售繳還母親銀兩只求天斷

問據王登壽供道光二十年小的立約借這蕭級祖的親蕭羅氏銀兩因小的挪負重債無銀還給蕭羅氏的兒子蕭級祖纔把小的朱轅覆稟前蒙審訊小的該欠肖羅氏銀弍百七十兩斷令小的限十日把中証藍廷液並買主陳映和自行赶集朱渝將小的田業立契成交今蒙覆訊沐把小的押候諭令簽喚藍廷液到案將小的田業出售繳還肖羅氏銀兩就是只求作主

十一月 卅 日

刑房尹體仁叙

9 道光二十九年十二月初七日巴县衙门刑房拟签稿

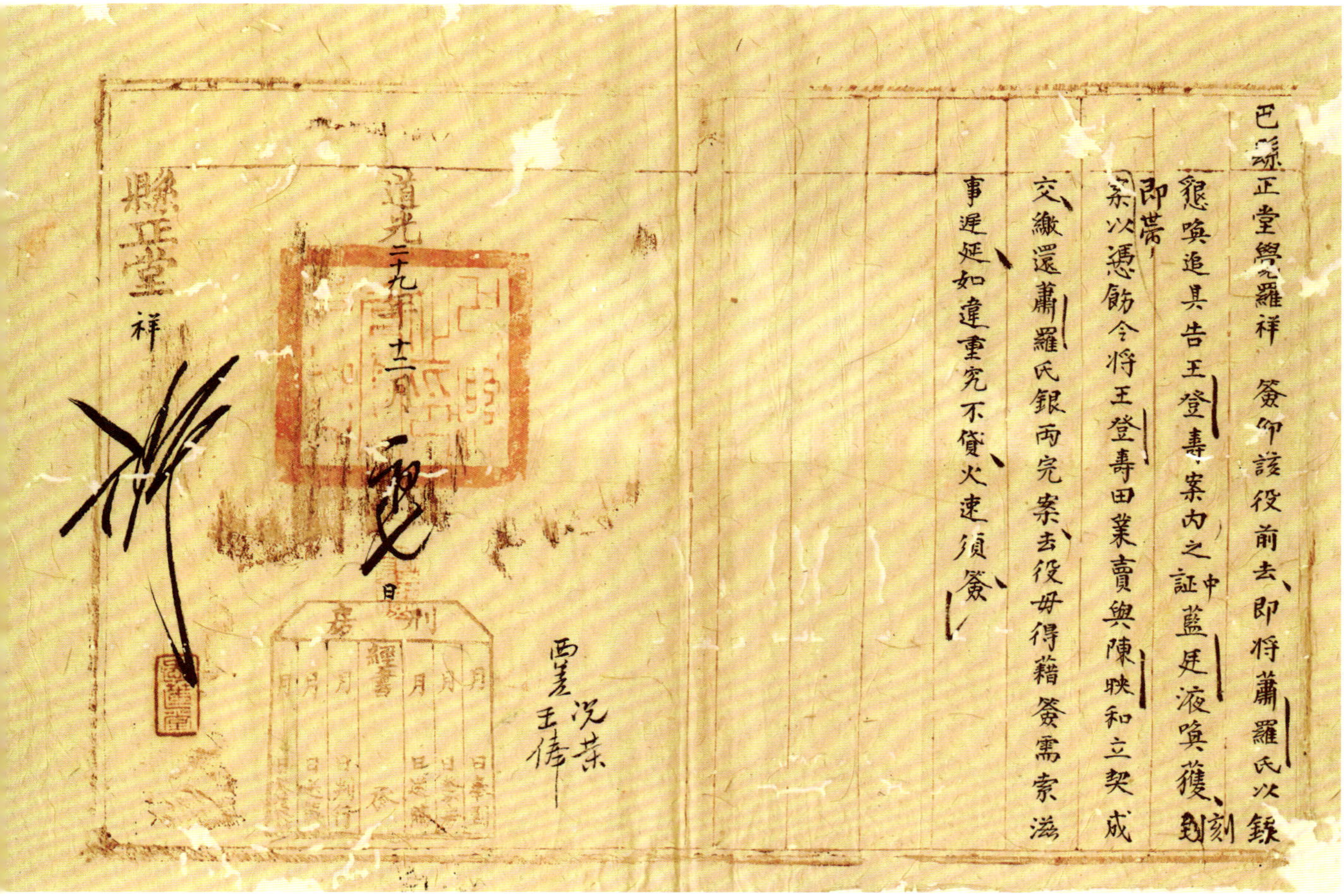
巴縣正堂覺羅祥　簽仰該役前去，即將蕭羅氏以録
懇喚追具告王登壽案內之証中藍廷滾喚獲，刻
即帶
案以憑飭令將王登壽田業賣與陳映和立契成
交，繳還蕭羅氏銀兩完案。去役毋得藉簽需索滋
事遲延，如違重究不貸。火速須簽
縣正堂祥
道光二十九年十二月　日
刑房
經書
差 況荣 王偉

10 道光二十九年十二月二十三日巴县衙门刑房开比单

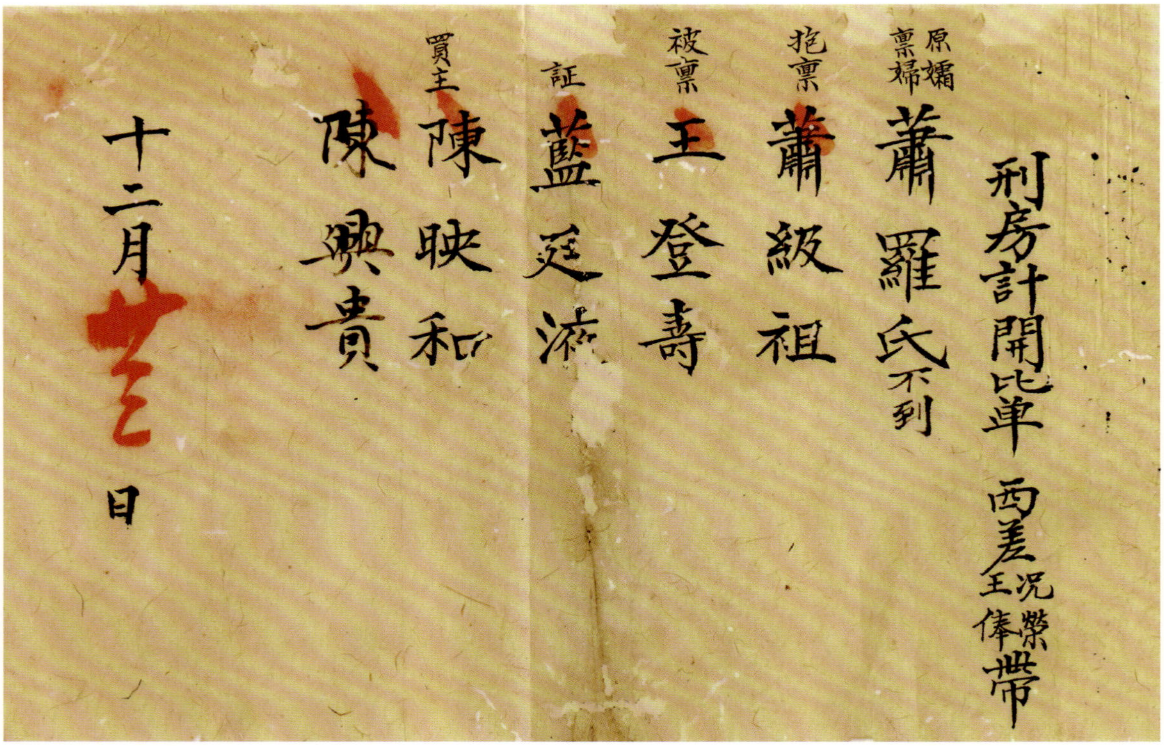
刑房計開比單 西差况榮王倖帶

原稟孀婦 蕭羅氏不到

抱稟 蕭級祖

被稟 王登壽

証 藍廷添

買主 陳映和

陳興貴

十二月廿三日

11 道光二十九年十二月二十三日巴县衙门刑房讯问笔录

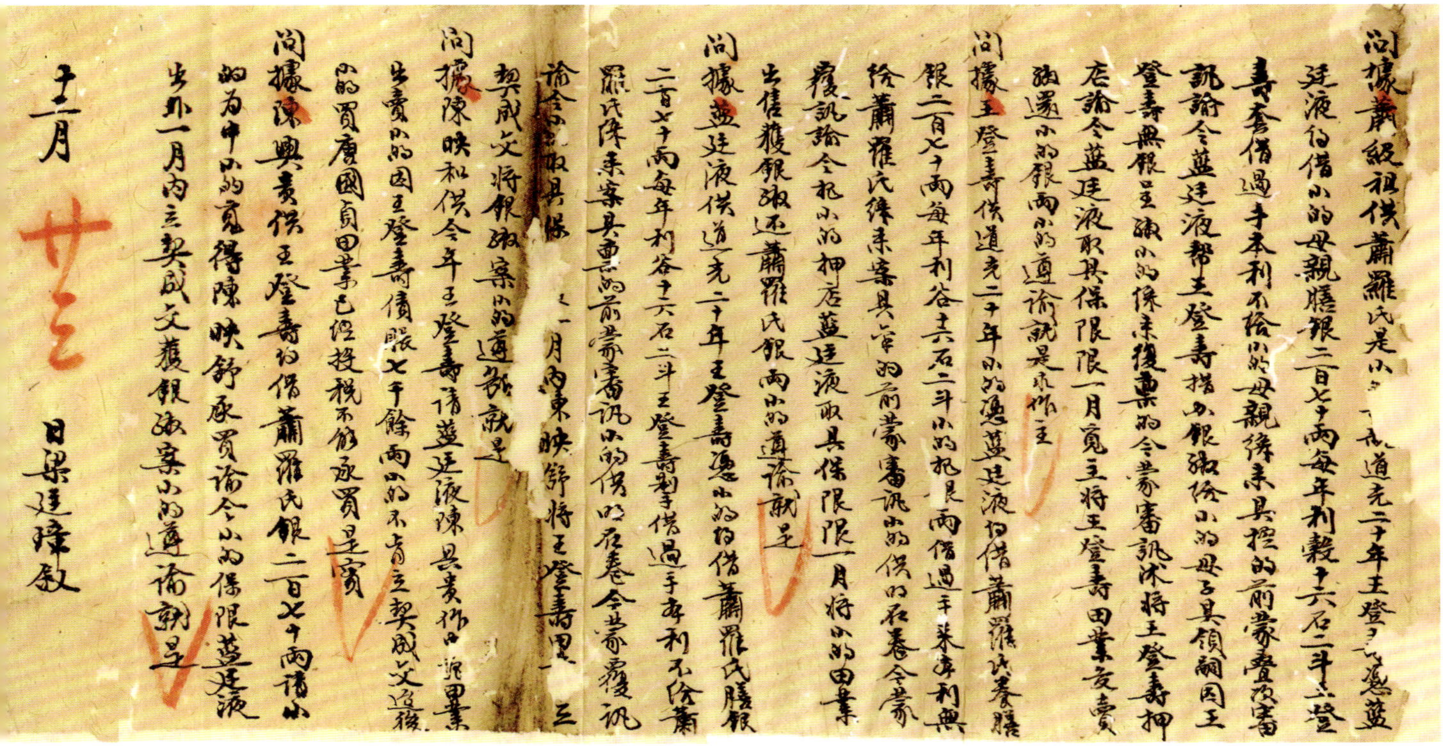
问据萧级祖供：萧罗氏是小的[illegible]道光二十年王登寿凭蓝廷液约借小的母亲膳银二百七十两，每年利谷十六石二斗。王登寿参借过手，本利不给小的母亲，係来具控的。前蒙审讯，谕令蓝廷液帮王登寿措出银两给小的母子具领。嗣因王登寿无银呈缴，小的係来复禀的。今蒙审讯，沐将王登寿押店，谕令蓝廷液取具保限，限一月覔主将王登寿田业变卖缴还小的银两。小的遵谕就是，求作主。
问据王登寿供：道光二十年小的凭蓝廷液约借萧罗氏养膳银二百七十两，每年利谷十六石二斗。小的把银两借过手，来本利无给萧罗氏，係来案具禀的。前蒙审讯，小的供明在卷。今蒙覆讯，谕令把小的押店，蓝廷液取具保限，限一月将小的田业出售，获银缴还萧罗氏银两。小的遵谕就是。
问据蓝廷液供：道光二十年王登寿凭小的约借萧罗氏膳银二百七十两，每年利谷十六石二斗，王登寿亲手借过，本利不给萧罗氏，係来案具禀的。前蒙审讯，小的供明在卷。今蒙覆讯，谕令小的取具保[illegible]一月内陈映舒将王登寿田[illegible]三契成交，将银缴案。小的遵谕就是。
问据陈映和供：今年王登寿请蓝廷液、陈具贵作中说田业出卖小的，因王登寿债账七千余两，小的不肯立契成交。迨后小的买受国贞田业，已经投税，不能承买是实。
问据陈兴贵供：王登寿约借萧罗氏银二百七十两，请小的为中。小的覔得陈映舒承买。谕令小的保限蓝廷液出外一月内立契成交，获银缴案。小的遵谕就是。
十二月 廿三 日 梁廷璋叙

12 道光二十九年十二月二十三日陈永和禀状

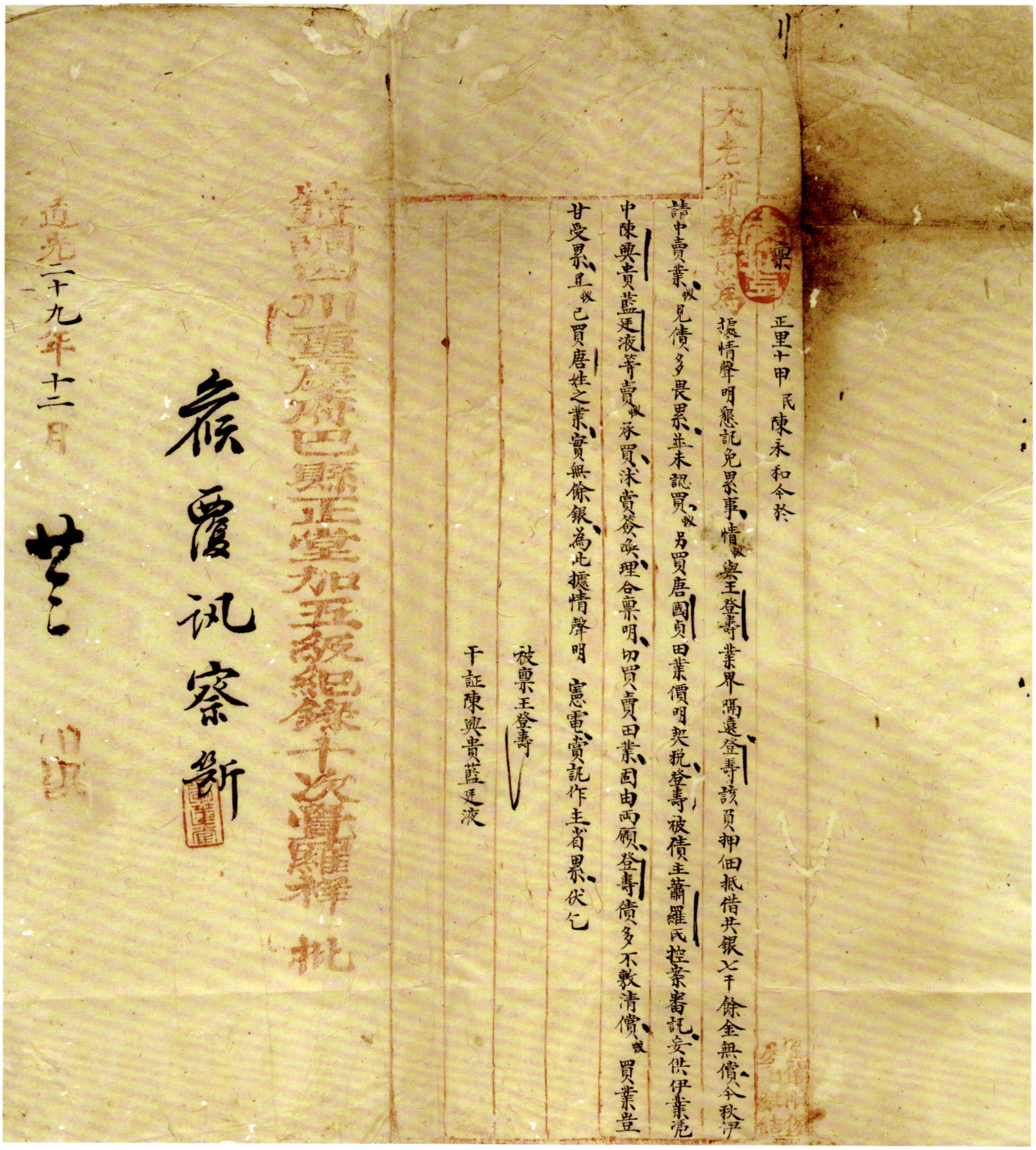
大老爺臺前
禀 正里十甲民陳永和今於
據情聲明懇訊免累事情蟻與王登壽業界隔遠登壽該員押佃抵借共銀七千餘金無償今秋伊
請中賣業蟻見債多畏累並未認買蟻另買唐國貞田業價明契稅登壽被債主蕭羅氏控案審訊妄供伊業凭
中陳興貴藍廷波等賣蟻承買沐賞簽喚理合禀明切買賣田業固由兩願登壽債多不敷清償蟻買業豈
甘受累且蟻已買唐姓之業實無餘銀為此據情聲明 憲電賞訊作主省累伏乞
被禀 王登壽
干証 陳興貴 藍廷波
特授四川重慶府巴縣正堂加五級紀錄十次覺羅祥 批
候覆訊察斷
道光二十九年十二月 廿三 日

13 道光二十九年十二月二十五日陈兴贵、蓝廷液保限状

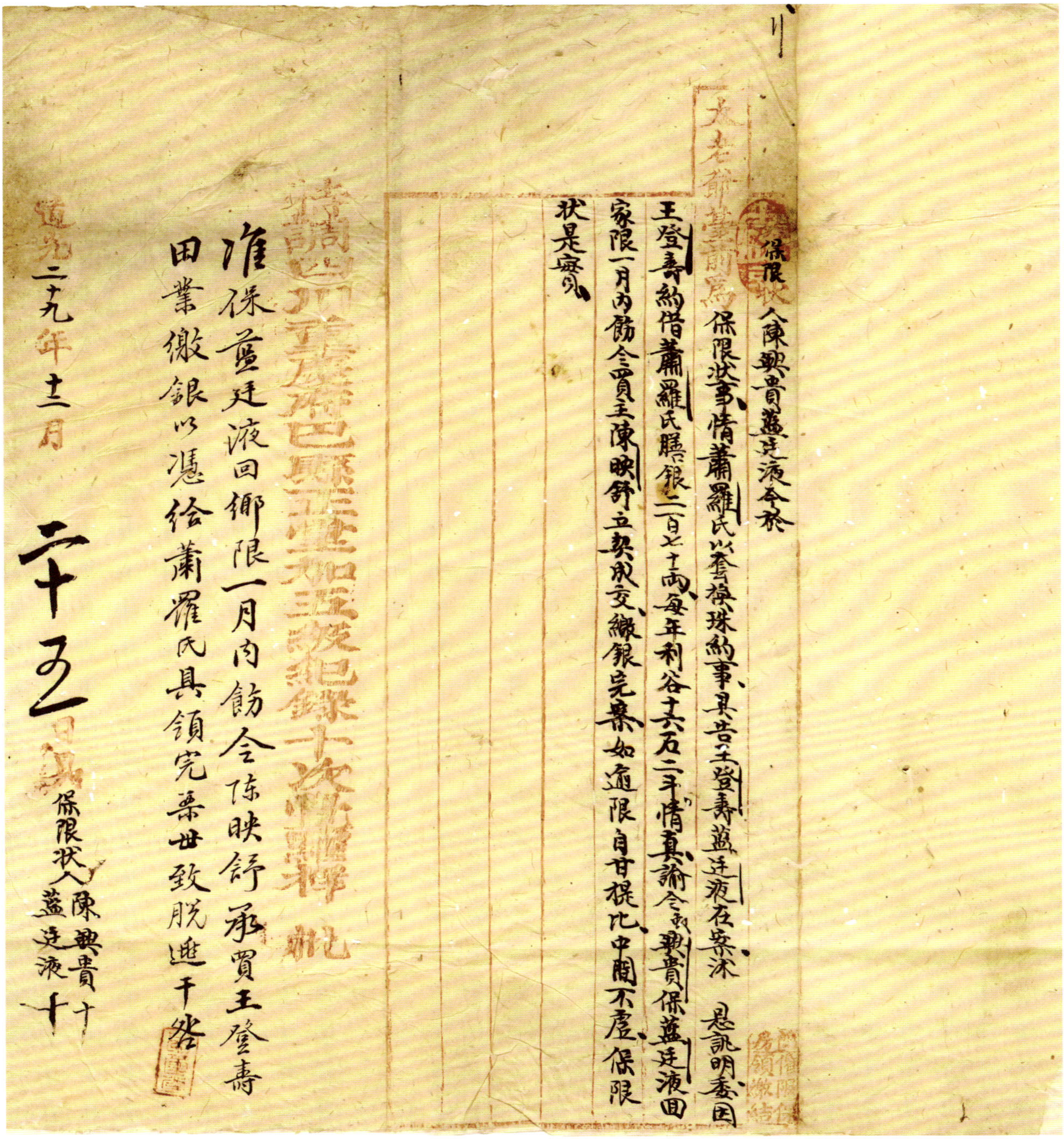
保限状人陳興貴、藍廷液今於
大老爺台前爲保限状事。情蕭羅氏以套換珠約事，具告王登壽、藍廷液在案，沐
恩訊明，委因
王登壽約借蕭羅氏膳銀二百七十兩，每年利谷十六石二斗，情真。諭令興貴保藍廷液回
家，限一月内飭令買主陳映舒立契成交，繳銀完案。如逾限，自甘提比，中間不虚。保限
状是實。

准保藍廷液回鄉，限一月内飭令陳映舒承買王登壽田業，繳銀以憑給蕭羅氏具領完案，毋致脱延干咎。

道光二十九年十二月二十五日具保限状人陳興貴十
藍廷液十

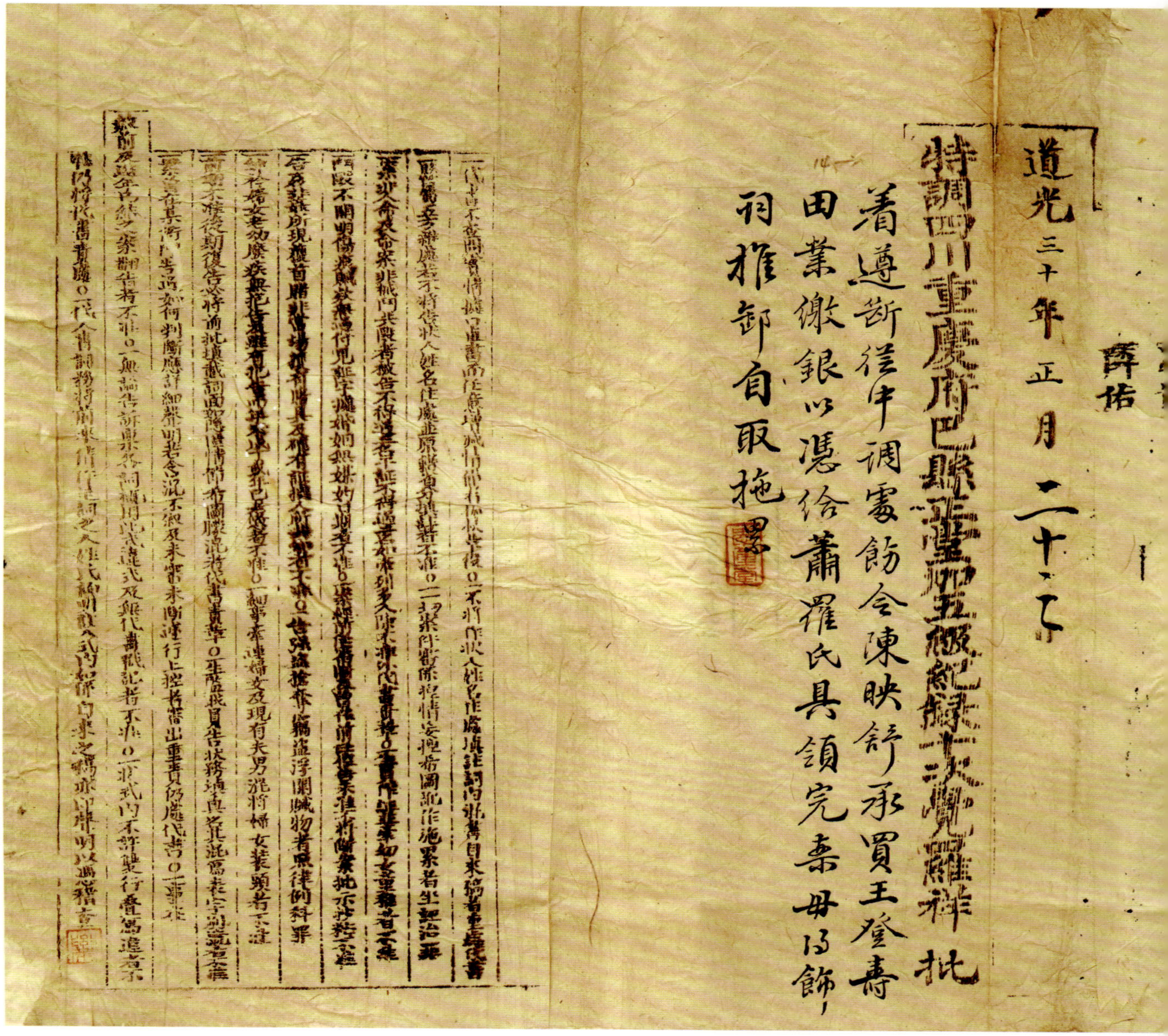

特調四川重慶府巴縣正堂加五級紀録十次覺羅祥 批

着遵斷從中調處，飭令陳映舒承買王登壽田業，繳銀以憑給蕭羅氏具領完案，毋得飾詞推卸，自取拖累。

道光三十年正月二十六日

14 道光三十年正月二十三日蓝廷液禀状

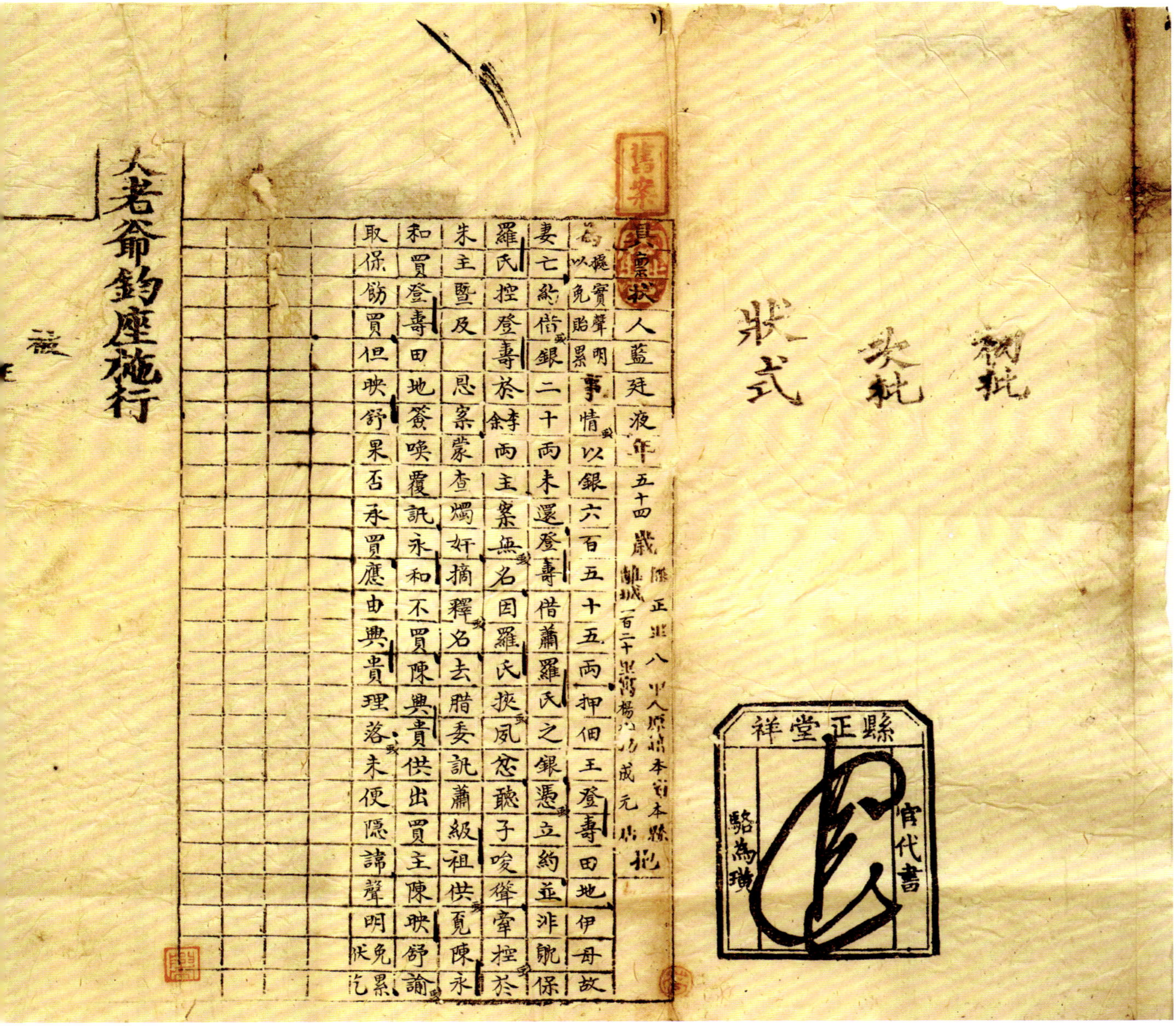
初批
次批
狀式
縣正堂祥
官代書
駱為璣
書案
具禀狀人藍廷液年五十四歲 係正里八甲人原籍本省本縣 離城一百二十里[illegible]楊[illegible]成元店 抱
為擬實聲明以免貽累事情以銀六百五十五兩押佃王登壽田地伊母故
妻乜約借銀二十兩未還登壽借蕭羅氏之銀憑立約並非詭保
羅氏控登壽於李余兩主案無名因羅氏挾夙忿聽子唆聳牽控於
朱主暨及
恩案蒙查燭奸摘釋名去臘委訊蕭級祖供覔陳永
和買登壽田地瑩喚覆訊永和不買陳興貴供出買主陳映舒諭
取保飭買但映舒果否承買應由興貴理落未便隱諱聲明免累 伏乞
大老爺鈞座施行

15 道光三十年正月二十四日萧罗氏禀状

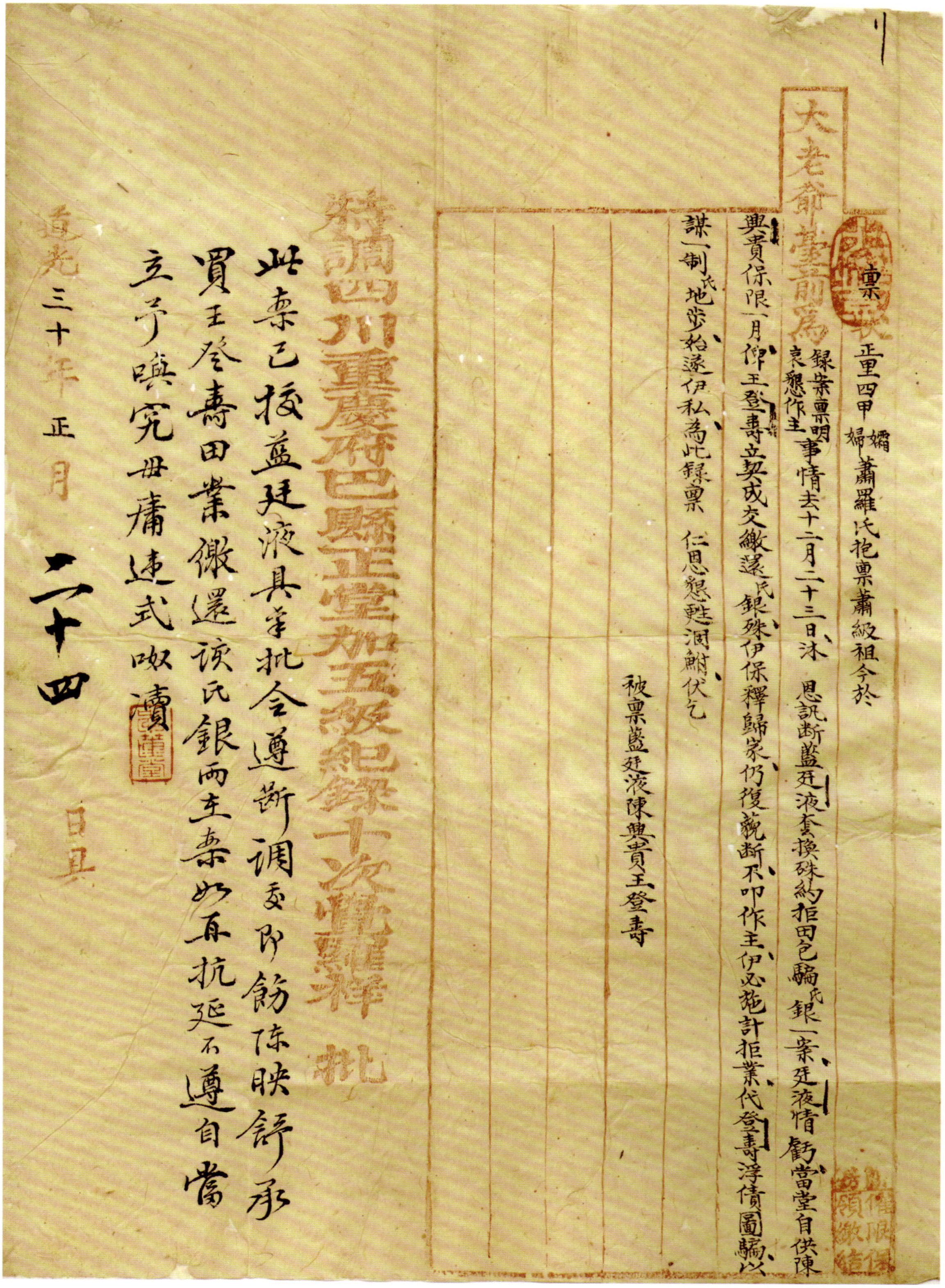
稟狀
正里四甲 婿婦蕭羅氏抱稟蕭級祖今於
大老爺臺前爲錄案稟明哀懇作主事情去十二月二十三日沐恩訊斷藍廷液套換殊約拒田包騙氏銀一案廷液情虧當堂自供陳
興貴保限一月仰王登壽立契成交繳還氏銀殊伊保釋歸家仍復藐斷不叩作主伊必覆計拒業代登壽浮債圖騙以
謀一制氏地步始遂伊私為此錄稟仁恩懇甦涸鮒伏乞
被稟藍廷液 陳興貴 王登壽
特調四川重慶府巴縣正堂加五級紀錄十次覺羅祥 批
此案已據藍廷液具結批令遵斷調妥即飭陳映餘承
買王登壽田業繳還該氏銀兩去案如有抗延不遵自當
立予喚究毋庸違式呶瀆
道光三十年正月二十四日具

16 道光三十年二月十三日萧罗氏禀状

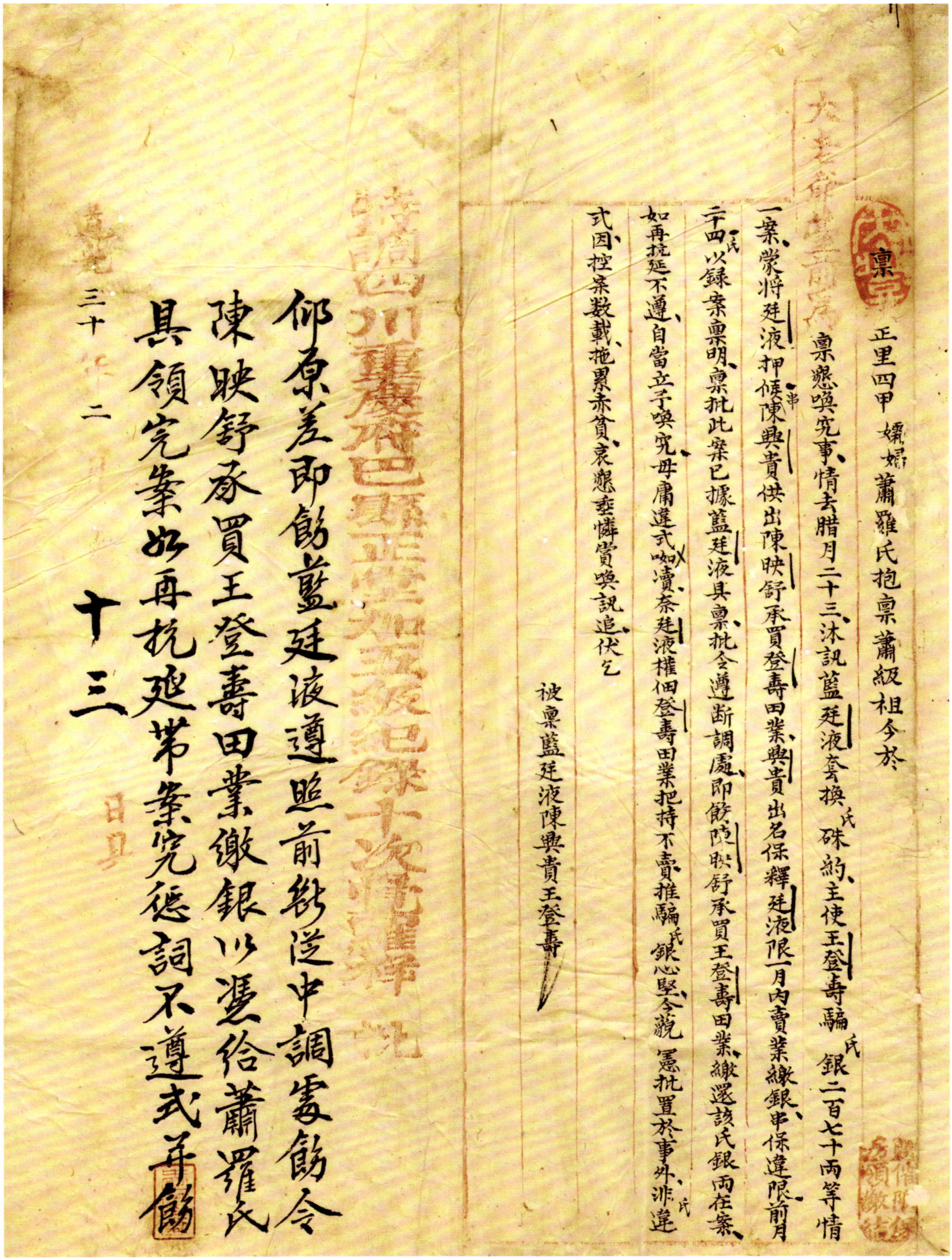

禀
正里四甲 孀婦蕭羅氏抱禀蕭級祖今於
禀懇喚究事情去腊月二十三沐訊藍廷液套換氏硃約主使王登壽騙氏銀二百七十兩等情
一案蒙將廷液押候陳興貴供出陳映舒承買登壽田業興貴出名保釋廷液限一月內賣業繳銀串保違限前月
二十四氏以録案禀明禀批此案已據藍廷液具禀批令遵斷調處即飭陳映舒承買王登壽田業繳還該氏銀兩在案
如再抗延不遵自當立予喚究毋庸違式呶瀆奈廷液權佃登壽田業把持不賣推騙氏銀心堅今蒙憲批置於事外非逆
式因控案數載拖累赤貧哀懇垂憐賞喚訊追伏乞
被禀 藍廷液 陳興貴 王登壽

仰原差即飭藍廷液遵照前斷從中調處飭令陳映舒承買王登壽田業繳銀以憑給蕭羅氏具領完案如再抗延帶案究懲詞不遵式并飭

三十年二月 十三 日具

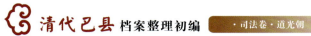

17 道光三十年二月二十三日巴县衙门刑房拟签稿

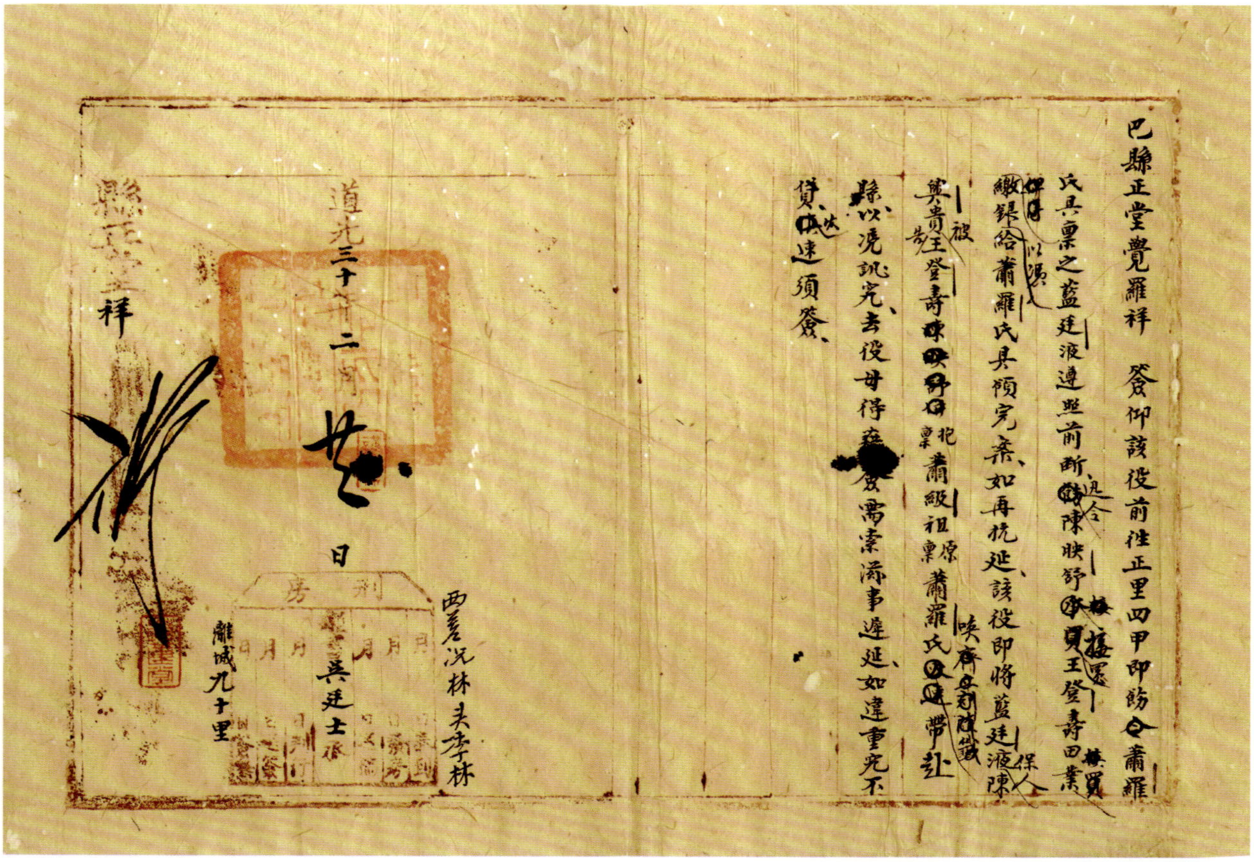
巴縣正堂覺羅祥　簽仰該役前往正里四甲即飭令蕭羅
氏具稟之藍廷淑遵照前斷，迅令陳映舒、王登壽、田業
繳銀給蕭羅氏具領完案。如再抗延，該役即將藍廷淑、陳
被告王登壽
原稟蕭羅氏帶赴
縣，以憑訊究。去役毋得需索滋事遲延，如違重究不
貸。速須簽。
縣正堂祥
道光三十年二月廿三日
刑房
吳廷士承
離城九十里
沈林
李林

18 道光三十年三月初八日陈兴贵禀状

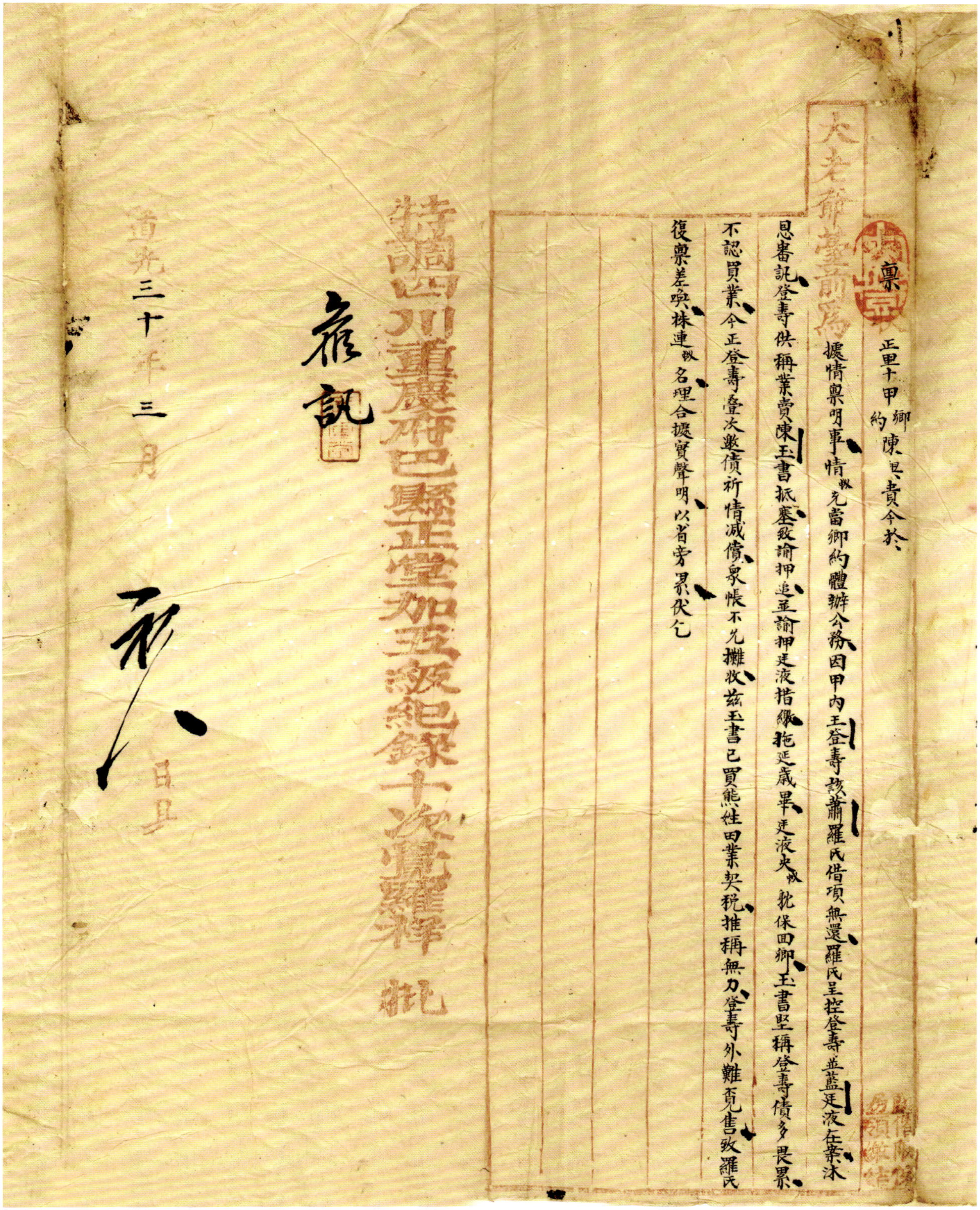
禀
大老爺臺前為
正里十甲鄉約陳興貴今於
據情禀明事情。蟻充當鄉約，體辦公務，因甲內王登壽該蕭羅氏借項無還，羅氏呈控登壽，並蓋廷波在案。沐
恩審訊，登壽供稱業賣陳玉書抵塞，致諭押追，並諭押廷波措繳，拖延歲畢，廷波央蟻就保回鄉，玉書堅稱登壽債多畏累，
不認買業。今正登壽叠次邀債祈情減償，衆帳不允攤收，茲玉書已買熊姓田業，契稅推稱無力，登壽外難覓售，致羅氏
復禀，差喚株連蟻名，理合據實聲明，以省旁累。伏乞
特調四川重慶府巴縣正堂加五級紀錄十次覺羅祥 批
候訊
道光三十年三月初八日具

道光三十年三月十七日

著上紧将王登寿田产覔主售卖缴还

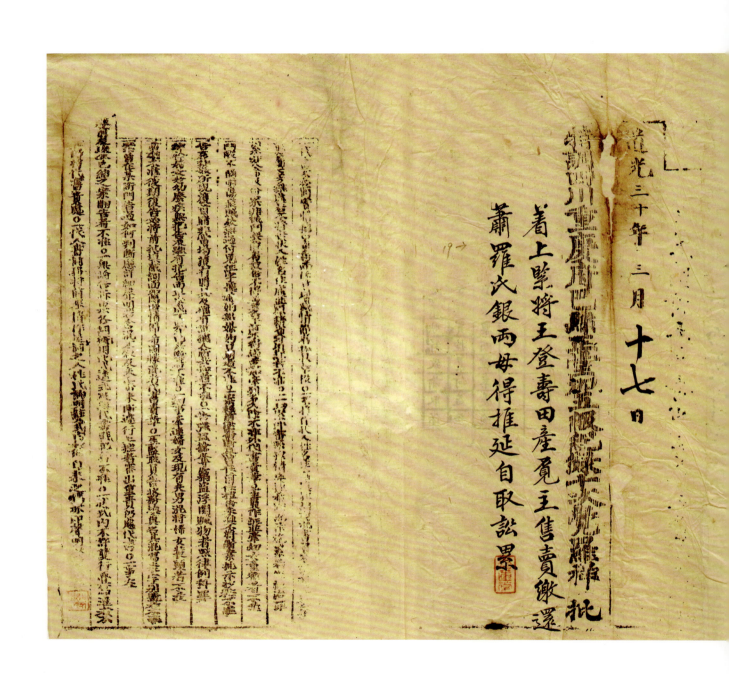

萧罗氏银两毋得推延自取讼累

19 道光三十年三月十七日蓝廷液诉状

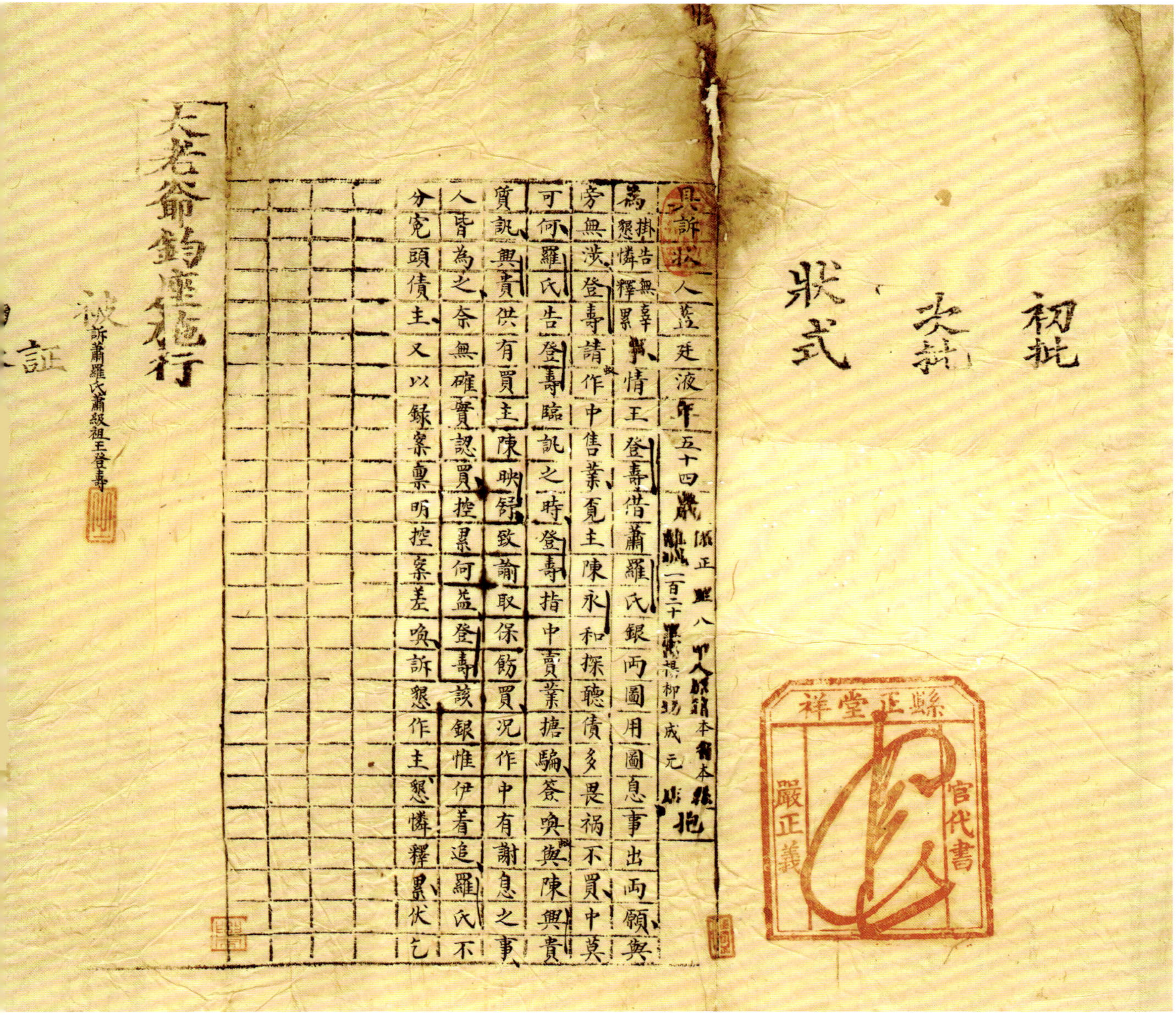
初批
次批
狀式
具訴狀人藍廷液年五十四歲
為掛告無辜懇憐釋累事。情王登壽借蕭羅氏銀兩，圖用圖息，事出兩願，與
旁無涉。登壽請作中售業，覓主陳永和，探聽債多畏禍不買，中莫
可何。羅氏告登壽，臨訊之時，登壽指中賣業搪騙，簽喚與陳興貴
質訊。興貴供有買主陳映舒，致諭取保飭買。況作中有謝息之事，
人皆為之，奈無確實。認買控累，何益？登壽該銀，惟伊着追。羅氏不
分冤頭債主，又以錄案稟明控案，差喚。訴懇作主，懇憐釋累。伏乞
大老爺鈞鑒施行
被訴蕭羅氏、蕭級祖、王登壽
証
縣正堂祥
官代書嚴正義

20 道光三十年三月二十四日巴县衙门刑房开单

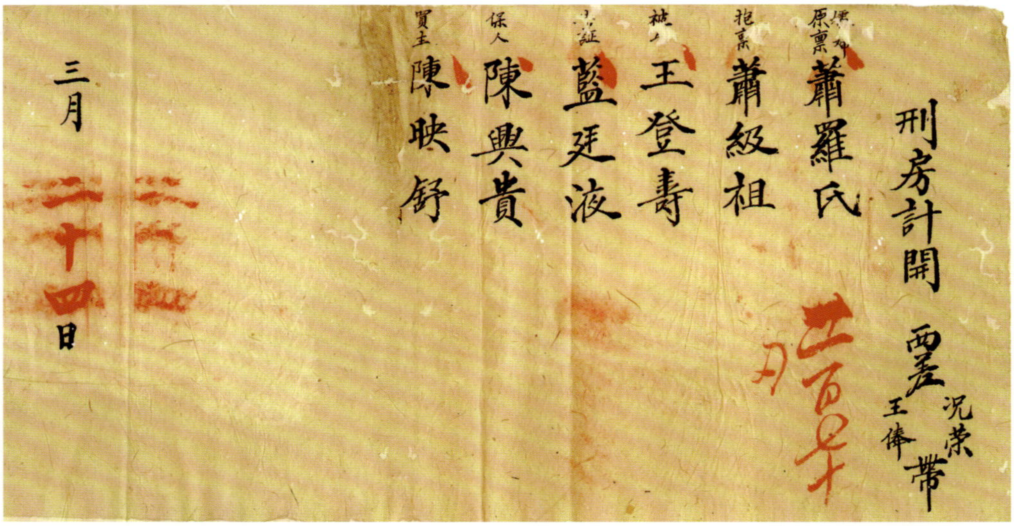
刑房計開
西差 況榮 王倖 帶
原稟 蕭羅氏
抱稟 蕭級祖
被告 王登壽
中證 藍廷液
保人 陳興貴
買主 陳映舒
三月 二十四 日

21 道光三十年三月二十四日巴县衙门刑房讯问笔录

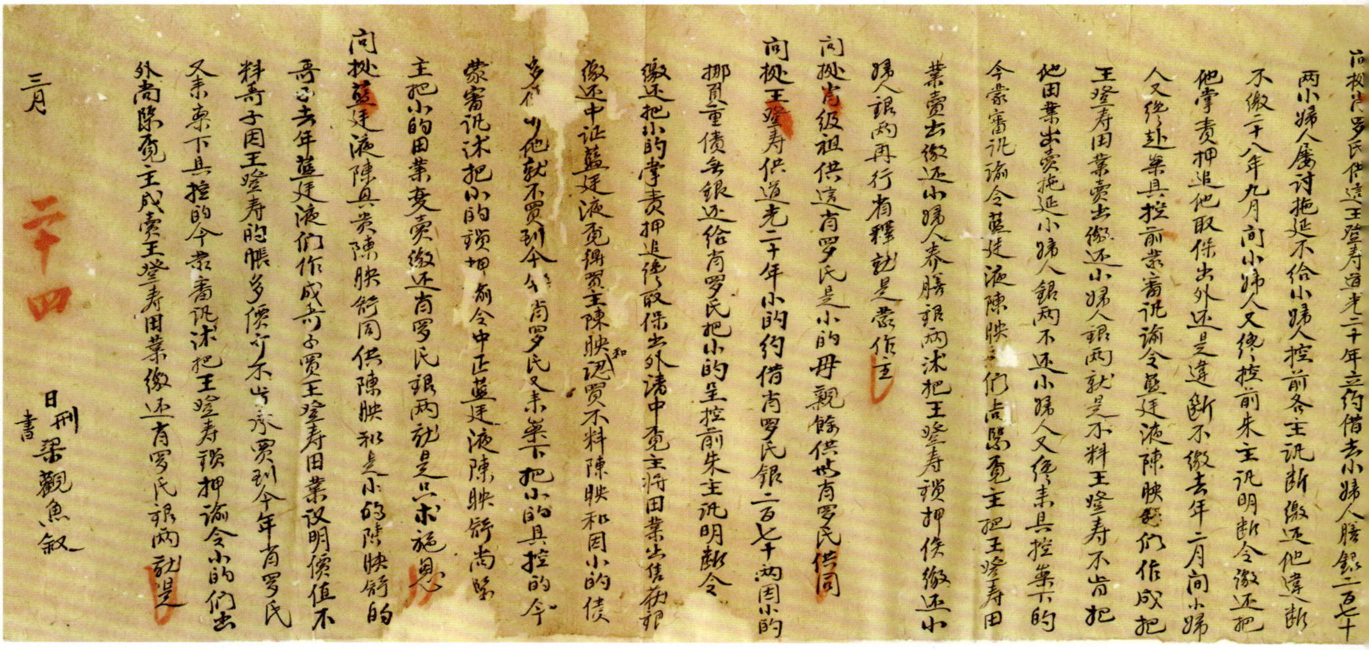
問據肖羅氏供這王登壽道光二十年立約借去小婦人銀一百七十
兩小婦人屢討拖延不給小婦人控前各主訊斷繳還他違斷
不繳二十八年九月間小婦人又復控前朱主訊明斷令繳還把
他掌責押追他取保出外還是違斷不繳去年二月間小婦
人又復赴案具控前崇審訊諭令藍廷液陳映舒們作成把
王登壽田業賣出繳還小婦人銀兩就是不料王登壽不肯把
他田業出賣拖延小婦人銀兩不還小婦人又復來具控案下的
今蒙審訊諭令藍廷液陳映舒們點覓主把王登壽田
業賣出繳還小婦人本勝銀兩沐把王登壽頂押候繳還小
婦人銀兩再行省釋就是恩作主
問據肖級祖供這肖羅氏是小的母親餘供如肖羅氏供同
問據王登壽供道光二十年小的約借肖羅氏銀一百七十兩因小的
挪用重債無銀還給肖羅氏把小的呈控前朱主訊明斷令
繳還把小的掌責押追後取保出外請中覓主將田業出售
繳還中證藍廷液覓得買主陳映舒和説賣不料陳映和因小的債
多不肯出錢不買到今 肖羅氏又來案下把小的具控的今
蒙審訊沐把小的頂押諭令中正藍廷液陳映舒尚覓
主把小的田業變賣繳還肖羅氏銀兩就是只求施恩
問據藍廷液陳興貴陳映舒同供陳映和是小的們
哥子去年藍廷液們作成哥子買王登壽田業議明價值不
料哥子因王登壽的帳多價不肯承買到今年肖羅氏
又來案下具控的今蒙審訊沐把王登壽頂押諭令小的們出
外尚覓主成賣王登壽田業繳還肖羅氏銀兩就是
三月 二十四 日刑書 翟觀魚敘